跨国劳动监管制度的重构

ON THE RECONSTRUCTION OF
TRANSNATIONAL LABOR
REGULATION REGIME

郑丽珍　著

社会科学文献出版社
SOCIAL SCIENCES ACADEMIC PRESS (CHINA)

内容摘要

当前跨国劳动监管实践呈现碎片化特点。其中既包括以国家为对象的国际劳动公约、宣言以及某些发达国家的单边措施和条约中的劳动标准实践，也包括针对跨国企业的指南、三方宣言和全球契约，甚至还包括公司行为守则和全球框架协议等跨国企业的自愿性承诺。面对当前充分复杂的跨国劳动问题，传统的以国家为对象的公力硬法监管（包括国际劳动公约、国家的单边措施和条约实践中的严格要求）陷入困境，正在走向解构；更具回应能力的以公力软法安排（政府间组织分别针对国家和跨国企业的促进性安排、国家单边措施和条约实践中针对国家的促进性安排）和私人机制（公司行为守则和全球框架协议）为主导的跨国劳动监管的新框架，正在建构。

借鉴反思法理论蕴含的"公力硬法监管的克制"、"法律的实验与学习精神"、"导引私人自我监管"以及"构建沟通与交流的渠道"的基本监管框架，本文认为，跨国劳动问题的根源在于以跨国企业为主体的跨国经济子系统的自利性扩张，因此，有效回应这一问题的跨国劳动监管应该把重点放在建构能够导引跨国经济子系统进行自我限制的外部压力机制之上。符合反思理性的跨国劳动监管制度的新框架应该是一个以跨国企业自我监管为基础，以政府间组织、国家、非政府间组织为外部压力的"金字塔模型"。其中，跨国企业自我监管位于塔基，是跨国劳动监管的基础，其他各层是导引跨国企业自我监管的外部压力。

塔尖是针对国家的最低限度的公力硬法监管，以国际劳动组织的硬法监管为主，国家的硬法监管为辅。"金字塔模型"从上往下第一层（包括塔尖）是针对国家的公力监管，以政府间组织（其中国际劳动组织居于中心地位）的监管为主，国家的监管为辅。除塔尖外，该层其他部分都是针对国家的公力软法监管。该层监管的作用主要是，促进国家尽快批准并通过国内法实施国际劳动组织管辖下的八个核心劳动公约，创设国家之间最低限度的硬法协调，预防跨国经济子系统的扩张在一国国内引发严重且整体性的违反基本劳动权利的后果。"金字塔模型"从上往下第二层是针对跨国企业的公力软法监管。从上往下第三层为关注劳动问题的非政府组织（包括工会组织）的监督。这两层的结合最为密切，前者为后者提供了具有公认合法性的申诉权、话语依据、对话与监督平台等战斗武器，使后者能够更有力地敦促跨国企业进行自我监管。

本文包含导论、本论（主文）和尾论三大部分。

导论对论文的研究背景与研究框架做出说明，包括论文的选题、对现有研究的突破、具体的论证逻辑等。

主文共六章。第一章提出论题与论证方法。该章指出，面对当前日益复杂的跨国劳动问题，传统的以国家和政府间组织为主要监管主体的硬法监管模式已显出"力不从心"。因此，跨国劳动监管制度的变革已经不是"应不应该"的问题，而是"应如何改变"的问题。当前跨国劳动监管制度的变革所需要解决的"公""私"监管力量以及"软""硬"规范的具体结构，正是反思法理论重点关注的问题，因此该理论可以用来分析传统的跨国劳动监管模式的问题症结并探索相应的变革之道。第二章至第四章为具体论证。该部分结合反思法理论分析政府间组织、某些发达国家、私人（包括跨国企业与非政府组织）这些主体的监管实践在回应跨国劳动问题方面的不同方式和效果。分析揭示，传统的以国家为对象的公力硬法监管模式正在解构，新的以公力软法和私人机制为主导的监管框架正在建构。因此，该部分论证回答了跨国劳动监管制度为什么需要重构的问题。第五章析出观点。基于第一章提出的问题和第二至第四章所揭示的事实，第五章进一步论证，符合反思理性的跨国劳动监管框架的具体结构是什么，以及若要建成该新框架，需要先解决现有的跨国劳动监管制度存在的哪些主要问题。第六章是观点的延伸应用，主要检视跨国劳动监管制度的重构之于中国的意义、挑战及应对。

尾论用七组意思相对的概念（"本"与"末"、"私"与"公"、"软"与"硬"、作为"主体"的国家和作为"对象"的国家、"解构"与"建构"、"应然"与"实然"、"国际视野"与"本土情怀"）对全文做出总结，并指出在反思性跨国劳动监管框架真正实现之前值得进一步探索的其他问题。

关键词：跨国劳动监管；制度重构；反思法

ABSTRACT

Transnational labor regulation is a good example of fragmentation. It could be the practice in the name of international convention or declaration, or unilateral measures and treaties from some developed countries, where states are objects of regulation. It also takes the form of guidelines, tripartite declaration, and global compact, which directly regulate multinational enterprises. It even appears as voluntary promises of multinational enterprises, such as corporate codes of conduct and global framework agreements. Traditional state-targeted public regulation with strict requirements from international labor conventions, unilateral measures and treaties by some developed countries, has fallen into difficulties in solving transnational labor problems, and is deconstructing itself. A new regulation framework dominated by public soft arrangements from international governmental organizations and states, is being constructed.

Basic regulation elements implied in the theory of reflexive law are as follows: firstly, public hard arrangements should be restrained from using; secondly, the law shall have the courage to experiment and learn; thirdly, private self-regulation shall be encouraged and guided; fourthly, the law shall focus on structuring and restructuring internal discourse and external coordination. This can be applied to transnational labor regulation. Since roots of transnational labor problems lie in self-benefiting expansion of transnational economy subsystem, where multinational enterprises are the subjects of major interest, the main task of transnational labor regulation is to make the external pressures work towards guiding the self-regulation of multinational enterprises. Then the reflexive regulation framework could be depicted as a pyramid model, where the self-regulation of multinational enterprises sits at the base, and will play the fundamental role. The upper floors are external pressures that drive multinational enterprises into self-regulation.

On the roof of the pyramid sits the public hard regulation, who will work with minimum sufficiency principle. International Labour Organisation is capable for this role with the support of states. The first floor from the top stands for stated-targeted public regulation, mainly in the form of soft arrangements; only in extremely rare cases will hard regulation be exerted (the roof). Its main task is to promote states to ratify and implement domestically eight core labor conventions. This minimal compatibility will be activated when the expansion of transnational economy subsystem has led to serious systematic violation of fundamental labor rights in one country. The second floor from the top represents public regulation targeting multinational enterprises, all in the form of soft arrangements. The third floor from the top sits non-governmental organizations including trade unions. The second and third floor from the top work closely as external pressures. It is from the public soft arrangements targeting multinational enterprises that non-governmental organizations gain complaining right as well as authoritative discourse of labor right and platform for dialogue and supervision. Therefore, non-governmental organizations are empowered to urge multinational enterprises into self-regulation.

This dissertation is composed of three parts, i. e. Introduction, the Main Text and Conclusion.

The Introduction will explain research topic, research question, research justification, and research methodology and research structure.

The Main Text includes six chapters. Chapter one focuses on the relevance between the research question, i. e. reconstruction of transnational labor regulation, and the research methodology, i. e. the theory of reflexive law. Traditional mode of state-targeted transnational labor regulation, which is dominated by international governmental organizations and some developed countries, has suffered difficulties. Obviously, the Reform of the traditional regulation mode is a matter of how to change rather than whether to change. Since the gist in reconstructing the traditional regulation mode, i. e. the relationship between public and private regulators, between hard and soft arrangements, are topics of reflexive law theory, this theory can be a useful tool to analyze the crux and seek the solution. Chapter two, three and four provide main arguments for the deconstruction of the traditional regulation mode. In this part, extent of reflexive rationality in the regulation practice of international governmental organizations, some developed countries and private entities including multinational enterprises and non-governmental organizations are analyzed. It can be seen that the traditional regulation mode is under self-deconstruction and a new framework which is dominated by public soft arrangements and private regimes is being reconstructed. Chapter five delivers the author's main opinion based on the former four chapters. It answers how to reconstruct a new regulation mode that is based on reflexive rationality, and provides solutions for problems to be solved before completion of the reconstruction. Chapter six is an outreach of the main opinion to the case of China. It Provides an insight on what significance the new reflexive regulation framework will have for China, what role China shall play, and how to respond to China's current challenges.

The Conclusion is a summarization of the dissertation with seven groups of antonymous words, including essential vs. peripheral, private vs. public, soft vs. hard, states as subjects vs. states as objects, deconstruction vs. reconstruction, ideality vs. reality, internationalization vs. localization. Further research is needed as to the reconstruction of the transnational labor regulation.

Key Words: Transnational Labor Regulation; Reconstruction of Regime; Reflexive Law

缩略语表

AFL-CIO	American Federation of Labor and Congress of Industrial Organizations （美国劳联－产联）
BIAC	Business and Industry Advisory Committee （商会顾问委员会）
BIT	Bilateral Investment Treaty （双边投资协定）
BWI	Building and Woodworkers International （建筑与木材劳动者国际联盟）
CCC	Clean Clothes Campaign （洁净服装运动）
CI	Communications International （国际通讯工会）
ETI	Ethical Trading Initiative （有道德的贸易倡议）
FIET	International Federation of Commercial, Clerical Professional and Technical Employees （国际商业文书及技术雇员联合会）
FLA	Fair Labor Association （公平劳动协会）
FTA	Free Trade Agreement （自由贸易协定）
GATT	General Agreement on Tariffs and Trade （《关贸总协定》）
GFA	Global Framework Agreement （全球框架协议）
GUF	Global Union Federation （全球工会联盟）
IBRD	International Bank for Reconstruction and Development （国际复兴与开发银行）

续表

ICEM	International Federation of Chemical, Energy, Mine and General Workers' Unions（国际化学能源矿业和普通劳动者工会联盟）	
ICFTU	International Confederation of Free Trade Unions（国际自由工会联合会）	
IDA	International Development Association（国际开发协会）	
IFA	International Framework Agreement（全球框架协议）	
IFC	International Finance Corporation（国际金融公司）	
IFI	International Fund for Ireland（爱尔兰国际基金）	
IGF	Inter-national Graphic Federation（国际制图工会）	
IGO	Inter-Governmental Organization（政府间组织）	
ILO	International Labour Organization（国际劳动组织）	
IMF	International Monetary Fund（国际货币基金组织）	
IMF	International Metalworkers' Federation（钢铁加工业劳动者联盟）	
IndustriALL	IndustriALL Global Union（全球工业总工会）	
ITGLWF	International Textile, Garment and Leather Workers' Federation（国际纺织服装和皮革劳动者联盟）	
ITS	International Trade Secretariat（国际贸易秘书处）	
IUF	The International Union of Food, Agricultural, Hotel, Restaurant, Catering, Tobacco and Allied Workers' Associations（国际食品劳联）	
MAI	Multilateral Agreement on Investment（《多边投资协定》）	

续表

MEI	Media and Entertainment International（国际媒体暨娱乐产业联合会）
MIGA	Multilateral Investment Guarantee Agency（多边投资担保机构）
MNE	Multinational Enterprise（跨国企业）
NAFTA	North American Free Trade Agreement（《北美自由贸易协定》）
NGO	Non-Governmental Organization（非政府组织）
OECD	Organisation for Economic Co-operation and Development（经济合作与发展组织）
OTLA	Office of Trade and Labor Affairs（美国贸易与劳动事务办公室）
PIG	Public Interest Group（公共利益集团）
RTA	Regional Trade Agreement（区域贸易协定）
SAI	Social Accountability International（社会责任国际）
SARW	Southern Africa Resource Watch（《南非资源观察》）
TFT	Tit-for-Tat（投桃报李，以牙还牙）
TPP	Trans-Pacific Partnership（《跨太平洋伙伴协定》）
TTIP	Transatlantic Trade and Investment Partnership（《跨大西洋贸易与投资伙伴协定》）
TUAC	Trade Union Advisory Committee（工会顾问委员会）
UN	United Nations（联合国）
UNI	Union Network International（国际网络工会）

续表

USTR	Office of United States Trade Representative（美国贸易代表办公室）
WCL	World Confederation of Labour（世界劳动联盟）
WFTU	World Federation of Trade Unions（国际工会联盟）
WRC	Worker Rights Consortium（工人权利联盟）
WTO	World Trade Organization（世界贸易组织）
WWC	World Works Council（世界企业工会委员会）

术语解释

基于不同学科对同一或类似概念的理解可能有不同的侧重，在借鉴其他学科的知识时，需要结合法学的逻辑界定其含义。同时，对英文法律术语的翻译不能脱离具体的制度背景。为此，本文对若干术语进行功能界定，以便阅读理解。

1. 劳动标准（labour/labor standard）

本文将国际劳动公约或国内法规定的劳动者权益保护的最低要求称为劳动标准。本文有关概念中的 labour，包括 international labour standard、International Labour Organisation，统一翻译为"劳动"，而非"劳工"。

中国大陆文献将"劳工"与"劳动"混用，可能与早期引入国际劳动法的翻译有关系。最早将国际劳动法引入中国的是刘由锦先生。他当时组织编译欧洲著名的国际劳动法学者 Nicolas Valticos 的专著 *International Labour Law*（1975 年版）以及国际劳动组织编写的 *International Labour Standards*（1978 年版）时，编著的名称就叫《国际劳工法》，其中 labour standard 翻译为"劳工标准"。此后，中国很多学者沿用了这种翻译，如余云霞著《国际劳工标准：演变与争议》（2006）、杜晓郁著《全球化背景下的国际劳工标准》（2007）、林燕玲主编《国际劳工标准》（2007）。1991 年王家宠先生所著的《国际劳动公约概要》则稍有不同，他将 ILO 翻译为国际劳工组织，ILO 大会翻译为国际劳工大会，其他情况下都翻译为劳动，如国际劳动立法，国际劳动条约等。关怀先生 1994 年主编的《劳动法学基础》也采取了类似的区分。

相比之下，我国台湾地区学者对于"劳工"和"劳动"的区分比较严格。史尚宽先生的《劳动法原论》（正大印书馆 1978 年重刊）对 labour 的翻译一致，均为"劳动"，如"国际劳动会议""国际劳动机构"等。而"劳工"被指为"劳动者"，可见于我国台湾地区学者林丰宾和刘邦栋所著的《劳动基准法论》（三民书局股份有限公司 2011 年第 5 版）附录——劳动基准法第 2 条的解释。因此，在台湾地区有关劳动基准的法规中，"劳工"指代劳动者，而"劳动基准"指的是劳动条件最低标准，与"劳动标准"意思一致。

事实上，中国大陆文献所用的"劳工"及"劳动"英文都是 labor，翻译为"劳工"不太准确。理由是，按词语的通俗意思解释，"劳工"更宜被理解为劳动者。若将 labor standard 翻译为劳工标准，容易引人误以为是关于劳动者的标准，无法直接体现劳动保护的本意。同样，International Labour Organisation 的翻译也应该还原为"国际劳动组织"，因为国际劳动组织的主体为三方（即成员国政府、劳动者组织和雇主组织）而不仅仅是劳工（劳动者）。

2. 反思法（reflexive law）

反思法又译为"反身型法""反思性法"。1997 年，在首篇关于图依布纳的反思法理论的中文译文——《现代法中的实质要素和反思要素》中，矫波先生将 reflexivity 翻译为"反思性"，但将 reflexive law 翻译为"反身型法"。2007 年，冯健鹏先生对图依布纳另一论文（《法律与社会中的自创生：对勃兰根堡的反驳》）进行翻译时，沿用"反身型法（反身法）"。我国台湾学者廖义铭在《行政法基本理论之改革》一书中也运用了该理论，他的翻译是"反思性法"。这些学者都未指出如此翻译的原因。本文采纳"反思法"的翻译，认为该译法更接近反思法理论所要表达的意思。

反思法理论建立在系统论的基础上。系统论认为，基于功能分化，整个社会细分为若干子系统，其中法律与其他社会子系统互为环境，遵循各自的结构和运作逻辑。这些子系统虽然在认知上是开放的，但在结构上相互封闭。[1] 法律变迁遵循自身的发展逻辑，即便是最强大的社会压力也将被有选择地过滤到法律结构中，适应法律规范发展的独特逻辑。反过来，其他社会子系统的变化也非法律直接硬性调整就能实现。法律只能通过对这些社会子系统的内在自我管理过程施以外部刺激，依赖这些系统内部的自我管理才能实现所期待的变化。因此，法律对社会的调整不是传统意义上的点到点的直线解决问题的思路，而是通过导引调整对象的自我调整迁

---

[1] TEUBNER, GüNTER. Autopoiesis in Law and Society: a Rejoinder to Blankenburg [J]. *Law and Society Review*, 1984, 18 (2): 291; TEUBNER, GüNTER. Substantive and Reflexive Elements in Modern Law [J]. *Law and Society Review*, 1983, 17 (2): 249;〔德〕卢曼：《社会中的法律》，郑伊倩译，人民出版社，2009，第 38 页。

回地解决问题。

"反身型法"的翻译似乎把侧重点放在法律结构的自我封闭性上,较难看出这种新的法律理性在合法性与外在功能方面的新特点。相反,"反思"的中文意思是"思考过去的事情,从中总结经验教训"。总结过去的不足是为了更好地应对未来。图依布纳提出反思理性的目的也是为了克服传统的法律调整应对社会问题的理性不足,追求更有效地回应社会问题。因此,用"反思法"或"反思性法"的翻译更容易引人理解传统的法律理性的不足,以及这种新型法律理性在内在规范和外在功能方面的新变化。据此,以反思法理论为指导的监管称为"反思性监管"或"回应性监管"。

3. 自我指涉（self-referential）

自我指涉的概念来源于生物学,它标示由主体生产和再生产所构成的要素的系统。图依布纳和卢曼都认为,法律系统的运作具有自成一体性,它通过观察其他社会子系统的运作,尝试理解或误解它们的结构和变化规律,并基于所理解的信息自我生产适应外部环境的规则。[①] 在法律的自我指涉中,法律系统既是主体,又是对象。反过来,由于许多其他社会子系统的运作也自成一体,因此,法律试图直接将规则强加给这些子系统的做法,也不符合这些子系统的运作规律。对法律而言,更明智的做法是创设沟通与对话的渠道,便利这些社会子系统对环境系统的观察和学习,帮助它们自我生产出更好地适应外部环境系统的规则。

社会子系统的自我指涉特点实际上对法律提出了更高的要求。法律首先必须是积极的,即必须发挥劝说和促进的功能,导引其他社会子系统的自我监管,组织其他社会子系统之间的相互学习、相互对话与相互沟通。同时,法律又必须是消极的,即应该尽量避免对社会子系统的直接干预。只有当社会子系统的自利性扩张令环境系统无法容忍的时候,法律才适宜启动传统的强制功能。

4. 跨国经济子系统

全球化导致全球社会分化为多个自主或半自主的跨国社会子系统,包

---

① TEUBNER, GüNTER. Autopoiesis in Law and Society: aRejoinder to Blankenburg [J]. *Law and Society Review*, 1984, 18 (2): 292; TEUBNER, GüNTER. Substantive and Reflexive Elements in Modern Law [J]. *Law and Society Review*, 1983, 17 (2): 249;〔德〕卢曼:《社会中的法律》,郑伊倩译,人民出版社,2009,第 18~25 页。

括但不限于经济、科学、文化、技术、卫生、交通、旅游、体育。利用政治子系统的全球化程度远低于这些经济子系统的客观情况,跨国经济子系统建构了促进自身扩张的规则,其中既包括宏观的多边自由贸易协定、投资协定和金融自由化规则,也包括微观的合同意思自治与仲裁意思自治规则。由于跨国经济子系统运作的自成一体性(例如复杂的网络结构),对其盲目扩张引起的劳动保护、环境保护等社会问题,国家或政府间组织的直接干预若非不可能,也难以奏效。因此,法律应该通过导引跨国经济子系统的自我限制来解决其所引起的跨国劳动问题,从而维护其与环境系统的兼容。

5. 跨国企业网络结构

跨国企业是典型的跨国经济子系统的利益主体。相比二战后初期跨国企业简单的垂直结构,即"母公司与子公司"或"总公司与分公司"的结构,当前的跨国企业呈现网络化结构。围绕供货关系,跨国企业与其附属单位(包括子公司、分公司、供货商、承包商、销售商)形成了复杂的横向与纵向交错的网络化结构。跨国企业的网络化结构具有两面性。一方面,这是跨国企业制造严重的社会问题的根源,其复杂结构决定了法律的直接调整不能根本解决跨国劳动问题;另一方面,这可能是支持跨国企业进行自我劳动监管的有利条件,因为它包含了促进跨国劳动问题更有效解决的内部机制。因此,如果导引适当,跨国劳动问题有望通过跨国企业的网络化结构获得解决。

目 录
contents

导 论 ·· 001
 一 问题的缘起 ·· 001
 二 问题的研究现状 ·· 002
 三 改变现状的资源 ·· 006
 四 问题的研究规划 ·· 008

第一章 跨国劳动监管制度的变革
   ——反思法理论之视域 ····································· 014
 第一节 反思法理论的提出 ··· 015
  引 言 ·· 015
  一 反思法理论创立的初衷 ······································ 015
  二 作为反思法理论起点之"回应型法" ················ 020
  三 反思法理论的要义 ·· 023
 第二节 从反思法（理性）到反思性监管 ·················· 025
  引 言 ·· 025
  一 反思法理论中国家监管与私人自我监管（自治）的
    辩证关系 ·· 026
  二 反思法理论中程序化规范与程序性和实体性规则的
    辩证关系 ·· 032
  三 反思性监管的基本框架 ······································ 034
  四 反思法理论的定位 ·· 041
 第三节 反思法理论与跨国劳动监管制度的变革 ······ 043
  引 言 ·· 043
  一 跨国劳动监管面临的挑战 ·································· 043
  二 跨国劳动监管可能的主体 ·································· 047

三　反思法理论契合跨国劳动监管制度的变革需求 ………… 049
　本章小结 ………………………………………………………… 053

第二章　跨国劳动监管中的政府间组织实践 ……………………… 055
　第一节　政府间组织跨国劳动监管的创新策略
　　　　　——以跨国企业为对象的软法机制 ………………… 056
　　引　言 ……………………………………………………… 056
　　一　直接针对跨国企业的劳动监管安排之特点 …………… 059
　　二　以软法监管跨国企业劳动问题的成因 ………………… 062
　　三　针对跨国企业的软法监管安排之规范性 ……………… 069
　　四　针对跨国企业的软法监管安排之实效与作用机理 …… 071
　　五　三大软法安排中反思理性的异同 ……………………… 081
　第二节　国际劳动组织硬法监管模式的改革 ………………… 086
　　引　言 ……………………………………………………… 086
　　一　1998年前ILO硬法监管模式的实践 …………………… 088
　　二　1998年后ILO硬法监管模式的改革及其初步效果 …… 095
　　三　ILO硬法监管模式改革中的反思理性 ………………… 099
　第三节　国际金融机构回应跨国劳动问题的促进性安排 …… 100
　　引　言 ……………………………………………………… 100
　　一　国际金融机构推进核心劳动标准的实践 ……………… 101
　　二　劳动标准纳入国际金融体制的特点 …………………… 108
　　三　国际金融机构在反思性跨国劳动监管框架中的地位 …… 110
　本章小结 ………………………………………………………… 114

第三章　跨国劳动监管中的国家单边措施与条约实践 ………… 117
　第一节　跨国劳动问题的单边监管措施
　　　　　——以美国和欧盟为例 ………………………………… 117
　　引　言 ……………………………………………………… 117
　　一　美国和欧盟的各自实践 ………………………………… 118
　　二　美国和欧盟实践的比较 ………………………………… 122
　第二节　区域贸易体制中的跨国劳动监管 …………………… 124
　　引　言 ……………………………………………………… 124
　　一　劳动标准纳入区域贸易协定的模式 …………………… 126
　　二　区域监管之于单边监管的结构性变革 ………………… 140

三　结构性变革蕴含的反思理性 …………………………… 143
　第三节　双边或诸边投资体制中的跨国劳动监管 …………… 150
　　　引　言 ………………………………………………………… 150
　　　一　劳动标准纳入双边或诸边投资体制的条约实践 ……… 151
　　　二　投资体制中劳动标准实践的特点 ……………………… 165
　　　三　既有投资体制劳动标准实践中的反思理性 …………… 167
　第四节　TPP谈判中的劳动标准问题 ………………………… 176
　　　引　言 ………………………………………………………… 176
　　　一　TPP谈判方现行贸易协定实践中的劳动标准问题 …… 178
　　　二　TPP谈判中的劳动标准之内容 ………………………… 184
　　　三　TPP谈判中的劳动标准之纳入模式 …………………… 192
　　　四　TPP框架下跨国劳动监管应有的反思理性 …………… 198
　本章小结 …………………………………………………………… 202

第四章　跨国劳动监管中的私人机制 ……………………………… 205
　第一节　跨国劳动监管之公司行为守则 ……………………… 205
　　　引　言 ………………………………………………………… 205
　　　一　公司行为守则对跨国劳动问题调整的历史演进 ……… 206
　　　二　调整跨国劳动问题的公司行为守则的内容和
　　　　　实施机制 ………………………………………………… 215
　　　三　公司行为守则符合反思理性的监管创新 ……………… 225
　　　四　公司行为守则在反思性监管框架中的地位 …………… 230
　第二节　跨国劳动监管之全球框架协议 ……………………… 233
　　　引　言 ………………………………………………………… 233
　　　一　全球框架协议产生及发展的原因 ……………………… 235
　　　二　全球框架协议与公司行为守则的主要区别 …………… 237
　　　三　全球框架协议之于公司行为守则的监管创新 ………… 245
　　　四　全球框架协议在反思性监管框架中的地位 …………… 250
　本章小结 …………………………………………………………… 256

第五章　跨国劳动监管制度的新框架 ……………………………… 300
　第一节　"软""硬"监管与"公""私"监管的重新定位 …… 300
　　　引　言 ………………………………………………………… 300
　　　一　以公力软法监管与私人自我监管为主的必然性 ……… 301

二　政府间组织的公力软法监管与私人自我监管的
　　　　不同反思理性 ……………………………………… 307
　　三　公力硬法监管的合理定位 ……………………………… 309
第二节　反思性跨国劳动监管的框架 ………………………………… 311
　　引　言 ………………………………………………………… 311
　　一　跨国劳动监管的基础对象 …………………………………… 312
　　二　跨国企业自我监管的外部压力 ……………………………… 314
　　三　公力硬法监管的具体结构 …………………………………… 322
第三节　当前跨国劳动监管制度存在的问题与基本对策 …………… 328
　　引　言 ………………………………………………………… 328
　　一　主要问题 ……………………………………………………… 328
　　二　基本对策 ……………………………………………………… 331
本章小结 ………………………………………………………………… 335

第六章　跨国劳动监管与中国的法律选择 …………………………… 338
第一节　中国对传统的公力硬法监管的态度 ………………………… 338
　　引　言 ………………………………………………………… 338
　　一　对政府间组织传统的硬法监管之审慎态度 ………………… 339
　　二　反对国家的单边措施和条约实践的硬性要求 ……………… 341
第二节　中国面对公力软法和私人自我监管的法律选择 …………… 343
　　引　言 ………………………………………………………… 343
　　一　面对公力软法监管之选择 …………………………………… 343
　　二　面对私人监管机制之选择 …………………………………… 345
第三节　中国应对有关协定劳动标准问题谈判的法律对策 ………… 351
　　引　言 ………………………………………………………… 351
　　一　应对贸易协定谈判中的劳动标准问题之建议 ……………… 352
　　二　应对投资协定谈判中的劳动标准问题之建议 ……………… 362
本章小结 ………………………………………………………………… 369

尾　论 ………………………………………………………………… 371

参考文献 ……………………………………………………………… 374

后　记 ………………………………………………………………… 407

CONTENTS

Introduction / 001

    1. Research question / 001

    2. Current Research Literature / 002

    3. New Methodology and Material / 006

    4. Research Structure / 008

Chapter 1 Renovation of Transnational Labor Regulation under Theory of Reflexive Law / 014

    Subchapter 1 Background of Theory of Reflexive Law / 015

        Introduction / 015

        Section 1 Aim of Theory of Reflexive Law / 015

        Section 2 Responsive Law as the Starting Point of Reflexive Law Theory / 020

        Section 3 Essence of Theory of Reflexive Law / 023

    Subchapter 2 From Reflexive Law (Rationality) to Reflexive Regulation / 025

        Introduction / 025

        Section 1 Dialectical Relationship between State Regulation and Private Self-regulation (Autonomy) in Theory of Reflexive Law / 026

        Section 2 Dialectical Relationship between Proceduralization and Procedural and Substantive Rules in Theory of Reflexive Law / 032

        Section 3 Framework of Reflexive Regulation / 034

        Section 4 Status of Theory of Reflexive Law / 041

    Subchapter 3 Theory of Reflexive Law and Renovation of Transnational

Labor Regulation / 043

Introduction / 043

Section 1　Challenges on Transnational Labor Regulation / 043

Section 2　Possible Subjects of Transnational Labor Regulation / 047

Section 3　Match between Theory of Reflexive Law and Reform of Transnational Labor Regulation / 049

Summary / 053

Chapter 2　Inter-Governmental Organization's Practice in Transnational Labor Regulation / 055

Subchapter 1　Innovation of IGO's Regulation Practice：Soft Arrangements Targeting Multinational Enterprises / 056

Introduction / 056

Section 1　Character of MNEs-Targeted Regulation Arrangements / 059

Section 2　Reasons for MNEs-Targeted Soft Regulation Arrangements / 062

Section 3　Legality of MNEs-Targeted Soft Regulation Arrangements / 069

Section 4　Effects of Soft Regulation Arrangements amd Their Function Mechanism / 071

Section 5　Similarity and Difference of Reflexivity Rationality among the Three Soft Regulation Arrangements / 081

Subchapter 2　Reform of ILO's Hard Regulation Mode / 086

Introduction / 086

Section 1　Practice of ILO's Hard Regulation Mode before 1998 / 088

Section 2　Reform of ILO's Hard Regulation Mode after 1998 and Its Effects / 095

Section 3　Reflexivity Rationality in the Reform of ILO's Hard Regulation Mode / 099

Subchapter 3　Promotive Arrangements by International Financial Institutions as the Response to Transnational Labor

Problems / 100

Introduction / 100

Section 1　Promotive Practice by International Financial Institutions on Core Labor Standards / 101

Section 2　Feature of the Linkage between Labor Standard and International Financial System / 108

Section 3　Status of International Financial Institutions in the Reflexive Framework of Transnational Labor Regulation / 110

Summary / 114

Chapter 3　State's Unilateral Measures and Treaty Practice in Transnational Labor Regulation / 117

Subchapter 1　Unilateral Measures in Transnational Labor Regulation: Cases of US and EU / 117

Introduction / 117

Section 1　US and EU's Practice / 118

Section 2　Comparison of US and EU's Practice / 122

Subchapter 2　Transnational Labor Regulation in Regional Trade Regime / 124

Introduction / 124

Section 1　Linkage Mode of Labor Standard in Regional Trade Agreements / 126

Section 2　Structural Reform of Regional Regulation Compared to Unilateral Regulation / 140

Section 3　Reflexivity Rationality in the Structural Reform / 143

Subchapter 3　Transnational Labor Regulation in Bilateral or Plurilateral Investment Regime / 150

Introduction / 150

Section 1　Treaty Practice in Linking Labor Standard with Bilateral or Plurilateral Investment Regime / 151

Section 2　Character of Labor Standard Practice in Investment

Regime / 165

Section 3　Reflexivity Rationality in Current Labor Standard Practice of Investment Regime / 167

Subchapter 4　Issue of Labor Standard under TPP Negotiation / 176

Introduction / 176

Section 1　Issue of Labor Standard in TPP Negotiators' Current FTA Practice / 178

Section 2　Content of Labor Standard under TPP Negotiation / 184

Section 3　Linkage Mode of Labor Standard under TPP Negotiation / 192

Section 4　Reflexivity Rationality that ought to be Considered in Transnational Labor Regulation under TPP / 198

Summary / 202

Chapter 4　Private Regime in Transnational Labor Regulation / 205

Subchapter 1　Corporate Codes of Conduct in Transnational Labor Regulation / 205

Introduction / 205

Section 1　History of Corporate Codes of Conduct in Regulating Transnational Labor Problems / 206

Section 2　Substantive Rules and Implementation Mechanism in Corporate Codes of Conduct / 215

Section 3　Regulation Innovation with Reflexivity Rationality in Corporate Codes of Conduct / 225

Section 4　Status of Corporate Codes of Conduct in the Reflexive Framework of Transnational Labor Regulation / 230

Subchapter 2　International Framework Agreements in Transnational Labor Regulation / 233

Introduction / 233

Section 1　Reasons for Birth and Growth of International Framework Agreements / 235

Section 2　Difference between International Framework Agreements

and Corporate Codes of Conduct / 237
 Section 3　Regulation Innovation of International Framework Agreements Compared to Corporate Codes of Conduct / 245
 Section 4　Status of International Framework Agreements in the Reflexive Framework of Transnational Labor Regulation / 250
 Summary / 256

Chapter 5　New Framework of Transnational Labor Regulation / 300
 Subchapter 1　Reposition of Soft Regulation, Hard Regulation, Public Regulation and Private Regulation / 300
  Introduction / 300
  Section 1　Inevitability of the Dominant Status of Public Soft Regulation and Private Regulation / 301
  Section 2　Different Reflexivity Rationality in IGO's Soft Arrangements and Private Self-regulation / 307
  Section 3　Appropriate Position of Public Hard Regulation / 309
 Subchapter 2　Framework of Reflexive Transnational Labor Regulation / 311
  Introduction / 311
  Section 1　Fundamental Objects of Transnational Labor Regulation / 312
  Section 2　External Pressures on MNEs' Self-regulation / 314
  Section 3　Structure of Public Hard Regulation / 322
 Subchapter 3　Problems in Current Transnational Labor Regulation Regime and Basic Responsive Strategy / 328
  Introduction / 328
  Section 1　Main Problems / 328
  Section 2　Basic Responsive Strategy / 331
 Summary / 335

Chapter 6　Transnational Labor Regulation and China's Legal Choice / 338

　　Subchapter 1　China's Stance to Traditional Public Hard Regulation / 338

　　　Introduction / 338

　　　　Section 1　China's Prudential Attitude to IGO's Traditional Public Hard Regulation / 339

　　　　Section 2　China's Obejction to Strict Requirements in State's Unilateral Measures and Treaty Practice / 341

　　Subchapter 2　China's Legal Choice in Face of Public Soft Arrangements and Private Self-regulation / 343

　　　Introduction / 343

　　　　Section 1　China's Legal Choice in Face of Public Soft Arrangements / 343

　　　　Section 2　China's Legal Choice in Face of Private Self-regulation / 345

　　Subchapter 3　China's Legal Response to Labor Standard Issues in Relevant Agreement Negotiations / 351

　　　Introduction / 351

　　　　Section 1　Response Suggestions on Labor Standard Issues in Trade Agreement Negotiations / 352

　　　　Section 2　Response Suggestions on Labor Standard Issues in Investment Agreement Negotiations / 362

　　Summary / 369

Conclusion / 371

Bibliography / 374

Epilogue / 407

导 论

本书选题源于对跨国劳动监管实践的碎片化现象的关注。较之既有研究仅针对局部问题从点到点的直线型解决思路，本书尝试挖掘跨国劳动监管的实践碎片之间的关联以及实践整体的发展规律。与既有的研究不同，本书建立在大量新的一手资料的基础上，在研究方法上借鉴德国法理学家图依布纳教授提出的反思法理论。本书基于如何更好地回应跨国劳动问题之主旨，对"软""硬"监管与"公""私"监管之间的重新定位进行深入思考，提出新的关系模型。限于资料和研究能力，本书未对某些相关问题进行扩展。以下将从四个方面阐述论文的研究背景与研究框架。

一　问题的缘起

20世纪70年代末以来，在新自由主义经济观念占据主流的全球化背景下，市场与社会关系紧张。跨国经济子系统的自利性扩张，对发达国家和发展中国家的劳动保护均造成冲击。前者主要体现为因跨国企业（MNEs）转移投资到劳动标准较低的发展中国家，导致发达国家国内工人谈判力量的削弱；后者主要体现为跨国企业在劳动保护不完善或实施不力的发展中国家，为获取超额投资利润，不惜牺牲劳动者利益，引发了大量被西方非政府组织（NGO，包括工会组织）斥为"血汗工厂"的问题。更为复杂的跨国劳动问题对国际劳动组织（ILO）的监管提出了挑战。在劳动标准与竞争优势关系方面，国家之间的理念差距甚大。出于丧失与同类国家在对外贸易和吸引投资方面竞争优势的担忧，发展中国家之间相互观望，缺乏先行批准 ILO 管辖下的劳动公约的意愿。某些发达国家对 ILO 的能力缺乏充分的信任，最典型的是美国。1975 年，美国曾因不信任 ILO 的监管而选择退出。自 1980 年重新加入 ILO 迄今，美国对劳动公约的批准一直持审慎怀疑的态度。在此情况下，ILO 于 20 世纪 90 年代开始改变原来要求成员国全面批准其所通过的劳动公约的做法。以 1998 年通过的《关于劳动权利和基本原则及其后续措施的宣言》为标志，ILO 开始将重点放在推动成员国对八个核心劳动公约的批准上。

然而，在国内 NGOs 的推动下，美国、加拿大、欧盟等发达国家或国家集团将贸易赤字和国内劳动问题归咎于所谓的发展中国家的"社会倾销"。从关贸总协定（GATT）框架下的东京回合谈判到世界贸易组织（WTO）框架下的坎昆部长级会议期间，他们多次试图推动劳动标准进入 WTO 这一多边贸易体制。美国、加拿大、欧盟、新西兰、欧洲自由贸易联盟（EFTA）、日本等发达国家或国家集团还通过单边措施、自由贸易协定（FTA）和双边投资协定（BIT）要求发展中国家达到其所设定的劳动标准要求。至 20 世纪 90 年代，发展中国家似乎成为各种跨国劳动监管实践的"众矢之的"，因为连世界银行集团和国际货币基金组织（IMF）也在其贷款、援助、担保等项目中纳入了对申请国或申请项目的劳动标准要求。

与此同时，也有部分跨国劳动实践针对 MNEs。继 20 世纪 70 年代经济合作与发展组织（OECD）和 ILO 分别通过形式为 MNEs 指南和三方宣言直接设定义务之后，联合国（UN）前秘书长安南先生在 20 世纪 90 年末继续通过"全球契约"的形式直接表达对 MNEs 自我劳动监管的期待。在这些政府间组织（IGOs）的软法性倡导以及 NGOs 的压力下，体现 MNEs 自我监管的私人机制（包括公司行为守则和全球框架协议）开始兴起。

由此，跨国劳动监管实践呈现碎片化的状态。这些实践的产生是社会经济发展的偶然现象还是必然结果？这些实践碎片是国际法碎片化在跨国劳动领域的表现，抑或是彼此之间存在某种联系？跨国劳动监管整体将走向何方？作为当前贸易总量最大的发展中国家，中国在跨国劳动监管发展的新阶段中应该如何定位自己？基于这些问题，本文尝试探究这些跨国劳动监管实践碎片的成因，试图在这些看似分散的监管实践中挖掘它们之间的横向联系与动态变化的规律，在此基础上建构跨国劳动监管制度的应然模式。论文最后将结合中国的实际，探讨跨国劳动监管制度的整体发展趋势之于中国的意义、挑战及应对。

二 问题的研究现状

跨国劳动监管的历史几乎与国内劳动法一样悠久。1802 年英国议会通过的《学徒健康与道德法》被誉为国内劳动法的起源。而几乎同时期，英国空想社会主义者罗伯特·欧文和法国达尼埃尔·勒格朗通过企业实验，开始呼吁欧洲各国政府进行劳动问题的国家间协调。在欧洲空想社会主义者和工人运动的刺激下，以瑞士为代表的某些欧洲工业国家开始进行跨国劳动监管的早期协调，如在1906年瑞士召开的伯尔尼会议上，与会的14个国家就禁止制造含白磷的火柴以及禁止妇女从事夜间劳动分别缔结了国际条约。一战之后的1919年，国际社会根据《凡尔赛和约》成立了专门负责国际劳动监管的国际劳动组织（ILO），跨国劳动监管开始进入常规化、组织化阶段。于是，ILO的运作就成为早期研究跨国劳动监管的主要对象。晚近，随着经济自由化引起的社会问题日益被重视，针对跨国劳动问题的研究也日渐丰富。以下对跨国劳动问题的研究现状进行梳理，以便将论文对准尚未引起注意的新领域。

（一）国外的研究现状

国外对跨国劳动监管问题的研究起步较早，目前国际劳动法方面的专著主要集中于欧洲学者。早期研究跨国劳动法比较有影响的欧洲学者当属尼古拉·瓦尔蒂克斯（Nicolas Valticos）。他在1979年就撰写 International Labor Law（《国际劳动法》）一书。1995年，该书由他与 Geraldo von Potobsky 合作进行修订，形成第2版。尼古拉·瓦尔蒂克斯的著作主要关注国际劳动条约的实体内容以及程序机制，但缺乏对国际劳动法形成与发展的动态过程的关注。近年来在该领域影响较大的专著应属鲍勃·赫普尔（Bob Hepple）的 Global Trade and Labor Laws（《国际贸易与劳动法》）与菲利普·奥尔斯顿（Philip Alston）的 Labor Rights and Human Rights（《劳动权与人权》）。这两本书分别从国际贸易和人权的角度展开对劳动法的研究。围绕劳动标准与贸易和人权的关系，这两位学者还撰写了不少的论文。此外，也有其他学者，如 Brian A Langille（2005）、Hilary K. Josephs（2001）、David J. Doorey（2010）也加入该问题的探讨。其中，Brian A Langille 还就 ILO 确立的四方面核心劳动标准是否合理与 Philip Alston 展开针锋相对的辩论。

从涉及的领域看，国外既有的研究主要集中在贸易领域中的劳动标准实践，针对投资和金融领域劳动标准的研究很少。既有的对贸易领域中的劳动标准问题的研究仅停留于局部问题，缺乏对该领域的整体特点与发展规律的研究。在贸易领域的论文中，相当一部分仍然停留于讨论贸易制裁与劳动标准应不应该挂钩以及应该如何挂钩的问题上，诸如 Farkhanda Mansoor（2005）、Junlin Ho（2006）、Kevin Kolben（2007）等的论文。尽管有一些学者（主要是美国的学者）已经注意到 FTA 中的劳动标准问题，诸如 Jack I. Garvey（1995）、Benjamin Holt and Michael Waller（2004）、Marisa Anne Pagnattaro（2004）、Brandie Ballard Wade（2007）、Lyndsay D. Speece（2007）、Michael A. Cabin（2009）、Andrea R. Schmidt（2009）、Eli J. Kirschner（2011）、Marisa Anne Pagnattaro（2011）等，但这些研究仅以美国个别 FTA 中的劳动标准条款作为对象，不仅缺乏对美国 FTA 劳动标准实践的整体特点与变化规律的研究，也缺乏对加拿大、新西兰、欧盟等其他发达国家或国家集团的 FTA 劳动标准实践的研究。对于投资领域和金融领域中的跨国劳动监管问题，国外英文论文非常少，仅少数论文做了初步的分析，如 Mary E. Footer（2009）等。

从涉及的主体看，国外专门从监管主体的角度分析跨国劳动监管不同效果的论著很少。既有的少量研究主要针对 ILO，如 Laurence R. Helfer（2006）。这些针对 ILO 的研究主要揭示国际劳动条约的缔结问题。然而，这仅仅是 ILO 监管内容的一部分，对 ILO 监管的研究还应包括其针对国家与 MNEs 的软法安排。国外也有一些研究涉及 MNEs 自愿承担的义务。例如，针对 ILO《关于跨国企业和社会政策的三方宣言》的研究，有 Virginia A. Leary（1997）等；针对 OECD《关于跨国企业行为的指南》的研究，有 Leyla Davarnejad（2011）等；针对 UN 全球契约的研究，有 Katarina Weilert（2010）和 Evaristus Oshionebo（2007）等。这些研究重在揭示规则的自愿性质并预判其作用有限。它们既没有对这些规则的成因展开研究，因而看不到作为监管主体的 IGOs 的积极作用；也没有对这些 IGOs 之间的互动进行研究，因而看不到这些规则交织所形成的监管网络。

此外，国外既有的研究中，对于 MNEs 的自愿承诺（包括公司行为守则和全球框架协议）的文章主要关注可诉性问题，诸如 Haley Revak（2012）、Sarah Coleman（2010）、Alvin L. Goldman（2012）等，却少有从 MNEs 作为监管主体的角度看这些规则的生成过程与作用机制，更没有深入研究这些自我监管规则与 IGOs 的软法监管安排之间的互动。

不可否认，国外既有的研究对本书的撰写有很大的启发，其中所呈现的跨国劳动监管实践的碎片化特点成为论文研究的起点。但是，本书若仅仅停留于揭示这一碎片化特点，仍然无助于问题的解决。因此，论文更适宜跳出单个的实践碎片的有限视野，站在更高的角度涵摄所有的碎片。其中，不仅各个实践碎片的成因与演变规律值得研究，碎片之间的联系与碎片整体的发展趋势更值得探索。

（二）国内的研究现状

反观国内，关于跨国劳动监管的研究是从中国参与国际劳动立法活动开始的。早期研究国内劳动法的部分著作中有的附带提及跨国劳动监管。例如，1928年（中华民国十七年），由当时的国民政府财政部驻沪调查货价处编印的《中国劳动问题之现状》中就提到当时中国参与的跨国劳动监管的情况。史尚宽先生1978年所著的《劳动法原论》以及关怀先生1994年主编的《劳动法学基础》也略微提及中国参与国际劳动立法的早期历史。把国际劳动法概念引进中国的当属刘由锦先生，1985年，他在翻译尼古拉·瓦尔蒂克斯所著的《国际劳动法》（1979年版）与ILO发行的《国际劳动标准》（*International Labour Standards*）（1978版）这两本著作的基础上，编写了《国际劳工法概要》。这是中国第一本关于国际劳动法的教材，主要介绍ILO制订劳动标准的程序以及监督劳动标准实施的机制。王家宠先生1991年所著的《国际劳动公约概要》更详细地介绍ILO的由来及由ILO主导的劳动公约的制定与监督机制。但是，以这两部著作为代表的20世纪80年代和90年代中国关于国际劳动法的研究，仅仅停留在对ILO公约的研究上。

近几年，国内关于国际劳动法的研究有了很大的进展，出现了一些关于核心劳动标准的专著。其中，比较具代表性的有余文霞所著的《国际劳工标准：演变与争议》（2006年）、杜晓郁所著的《全球化背景下的国际劳工标准》（2007）及林燕玲主编的《国际劳工标准》（2007）等。前两本著作主要在国际贸易背景下讨论国际劳动标准，对国际劳动标准的不同实施机制进行了介绍和分析。第三本著作主要就中国国内劳动法与ILO确立的国际劳动标准之间的差距进行分析。另外，还有一些学者撰写论文讨论劳动标准与贸易制裁的关系，如鄂晓梅（2010）。

国内的新近研究反映出，随着中国国际贸易地位的提高，中国学者非常敏锐地抓住对国际贸易有重要影响的劳动标准问题，对劳动标准的多种实施方式进行分析论证。显然，这些属于局部领域的静态研究。因此，若欲更系统、更深刻地认识国际劳动标准对中国的影响，研究的视野应该扩及国际经济更广阔的领域（如国际投资和国际金融等领域）以及更多样化的主体（如 ILO 之外的 IGOs、国家、NGOs 与 MNEs）。并且，研究也有必要转变传统的从点到点的直线思维方式，从跨国劳动监管实践整体的发展趋势考虑中国的定位与选择问题。

三　改变现状的资源

本文对跨国劳动监管问题的进一步深入研究主要得益于新的研究方法和新材料。

首先，本文研究借鉴了探索法律理性危机的法理学理论——反思法理论。面对当前更为复杂的跨国劳动问题，寄希望于先由 ILO 主持制定国际劳动公约，再由各成员国通过批准公约内化实施国际劳动标准的做法，已不现实。传统的跨国劳动监管所蕴含的理性是否完全适应当前的国际社会现实之问题，值得思考。事实上，对于包括劳动监管在内的法律的理性危机早在 20 世纪 70 年代就引起了西方学者的关注。来自美国的诺内特和塞尔兹尼克教授以及来自欧洲的卢曼和哈贝马斯教授分别从法律发展的内部动力与外在社会环境思考如何应对法律的理性危机。图依布纳教授则在有效整合这四位学者观点的基础上，于 20 世纪 80 年代进一步提出了区别于法律形式理性和实质理性的反思理性。有鉴于此，论文首先对图依布那的反思法理论进行解读，发现反思法理论所揭示的"国家监管与私人自我监管之间的关系"以及"程序化规范与程序性规则和实体性规则的关系"实际上隐含"公力硬法监管的克制"、"法律的实验与学习精神"、"导引私人自我监管"以及"构建沟通与交流的渠道"的基本监管框架。由于跨国劳动监管制度的变革需要解决的也是"公""私"监管力量以及"软""硬"规范的结构问题，可以认为，反思法理论契合跨国劳动监管制度的变革需求，不失为分析传统的跨国劳动监管模式的问题症结与探索相应的变革之道的有益路径。

其次，本文研究建立在对大量一手资料的归类整理与比较分析的基础上。主要包括：

（1） ILO 成员在四个不同阶段（1919~1939 年、1946~1975 年、1976~1998 年、1999~2013 年间）达成劳动公约的比率，以及截至 2014 年 1 月 20 日，ILO185 个成员国对 189 个公约的整体批准率、对 8 个核心劳动公约的批准率；

（2） 1976 年 OECD 制定《关于跨国企业行为的指南》以及该指南于 1979 年、1984 年、1991 年、2000 年、2011 年 5 次修改的资料，1977 年 ILO 制定《关于跨国企业和社会政策的三方宣言》以及该三方宣言于 2000 年和 2006 年两次修改的资料，1999 年联合国提出全球契约倡议的背景以及倡议具体实施的资料；

（3） 世界银行集团成员（国际复兴与开发银行、国际开发协会、国际金融公司和多边投资担保机构）融资及担保项目中的劳动标准审查政策，国际货币基金组织的金融援助贷款、汇率监督和技术援助项目与核心劳动标准之间关系的资料；

（4） 美国 1984 年纳入劳动标准要求的普惠制方案及其后续修改，美国包含劳动标准内容的其他国内法案，欧盟 1995 年纳入劳动标准要求的普惠制法案及欧盟理事会第 250/2001 号规章、第 980/2005 号规章、第 732/2008 号规章对劳动标准内容的修改；

（5） 截至 2014 年 2 月底，美国对外缔结的包含劳动标准内容的 13 个 FTA 与 28 个 BIT，加拿大对外缔结的包含劳动标准内容的 7 个 FTA，欧盟分别与 78 个非加太国家、15 个加勒比论坛国家、8 个地中海国家、韩国、秘鲁和哥伦比亚以及中美洲国家签订的 FTA 中的劳动标准实践，新西兰对外缔结的包含劳动标准内容的 5 个 FTA，欧洲自由贸易联盟（EFTA）对外缔结的包含劳动标准内容的 8 个 FTA，比利时和卢森堡对外缔结的包含劳动标准内容的 11 个 BIT，奥地利对外缔结的包含劳动标准内容的 11 个 BIT，日本对外缔结的包含劳动标准内容的 2 个 FTA 和 7 个 BIT；

（6） 截至 2013 年 12 月 10 日，在跨太平洋伙伴协定（TPP）已完成的 18 轮谈判与多次局部磋商会议中，劳动标准议题的谈判情况；

（7） 2000 年之后比较典型的 MNEs（如 Levi Strauss、Nike、Adidas 等）新制定的公司行为守则在内容和实施机制方面的变化，比较典型的多方利益相关者倡仪（如洁净服装运动、社会责任国际、有道德的贸易倡议、公平劳动协会、工人权利联盟）在公司行为守则运动中的作用与它们倡议的公司行为守则的最新修订内容；

（8）跨国企业与主要国际工会组织［如建筑与木材劳动者国际联盟（BWI）、国际网络工会（UNI）、全球工业总工会（IndustriALL）、国际食品劳联（IUF）］签订的 95 个全球框架协议；

（9）中国对外缔结的包含劳动标准内容的 2 个 FTA，中国批准和履行 ILO 公约的情况，中国争取 ILO 技术性援助的情况，中国企业制定或实施公司行为守则和全球框架协议的情况，中国正在进行或重点关注的 BIT 或 FTA 谈判中的劳动标准问题。

四 问题的研究规划

本文将以跨国劳动监管实践的碎片化为研究起点，以新材料和新思路探讨跨国劳动监管制度的重构问题。论文的命题、研究框架、可能的创新及不足如下。

（一）命题的界定

首先，论文将劳动问题界定为"跨国"。理由在于，政治系统与经济系统的全球化程度差距较大，前者低，后者高；经济子系统超越国界的扩张所引起的劳动问题非一国独力可以解决，故而形成跨国劳动问题。相应地，本文将劳动监管的范围界定为"跨国"，是因为当前的劳动问题超出一国国内法的管辖，已成为整个国际社会（包括 IGOs、NGOs、部分国家以及 MNEs 等）共同关注的问题。来自 IGOs 和部分国家的监管可以称为公力监管，而来自 NGOs 的要求和 MNEs 的承诺可以称为私人监管。

其次，跨国劳动监管制度的"重构"相对于传统的跨国劳动监管制度的解构而言。传统的跨国劳动监管主要指针对国家的硬法监管模式，典型的例子有两个：一个是 ILO 于 1919 年至 1975 年采取的推进成员国对国际劳动公约的广泛批准的监管模式；另一个是美国、加拿大等国家以发展中国家作为对象，通过单边措施或条约实践强制要求后者遵循其所设定的劳动标准的做法。

最后，论文中硬法和软法的区分是相对的，仅参照大略的标准。肯尼斯·阿博特（Kenneth . Abbott）、罗伯特·基欧汉（Robert O. Keohane）等学者将法律化的制度的三个变量（要素）概括为义务性（法律约束力的明确程度)、精确性(解释空间)和授权性(移交第三方解释及裁断的程度)。根据该观点,每个变量都有高低程度之分,它们的不同组合决定法律化制度的不同硬度,其中义务性变量对制度硬度的影响最大,授权性变量次之,精确性变量的影响最小。在义务性变量低的情况下,授权性变量一般也不会高。义务性和授权性程度较高的法律化制度类似于国内法的硬法,可以称为国际法中的"硬法";相应地,义务性和授权性程度都较低的法律化制度可以称为国际法中的"软法"。本文采纳这两位学者的观点,将义务性和授权性程度较高的针对国家的跨国劳动标准实践归为硬法(性)实践,将义务性和授权性程度都较低的针对国家的跨国劳动标准实践归为软法(性)实践。

(二)研究框架

本文的结构和论证方法借鉴了反思法理论(第一章)。反思法理论通过厘清"国家监管与私人自我监管之间的关系"以及"程序化规范与程序性规则和实体性规则的关系",重在强调国家的监管应该"回应"社会。然而,该理论并未对反思性监管的框架做出具体说明。为此,论文引入伊恩·艾尔斯(Ian Ayres)和约翰·布雷斯韦特(John Braithwaite)的"强制实施金字塔"模型来佐证反思法理论所暗含的"公力硬法监管的克制"、"法律的实验与学习精神"、"导引私人自我监管"以及"构建沟通与交流的渠道"的基本监管框架。符合反思理性的跨国劳动监管框架将以此为基础,突出跨国劳动监管的特色。

基于所要证明的命题是跨国劳动监管制度的重构,本文首先需要论证传统的跨国劳动监管制度的解构。论文所要论证的问题细分如下:

1. 传统的跨国劳动监管模式正在解构的证据何在

较之既有的研究以具体领域的规则为研究对象,论文根据反思法理论所关注的是国家与私人的关系,从主体的角度将跨国劳动监管实践分为三大块,即IGOs的监管(第二章)、国家的单边措施和条约实践(第三章)、私人监管机制(第四章)。本文用来证明传统的以国家为直接对象的硬法监管模式正在解构的论据主要有:其一,ILO传统的以国家为对象的全面硬法监管模式在20世纪70年代中期开始陷入制度性停滞,ILO于20世纪90年代中期开始收缩针对国家的硬法监管模式,将硬法目标设定在8个核心劳动公约的批准上（第二章第二节）；其二，受 ILO 针对国家的硬法监管模式改革的影响，世界银行集团和 IMF 采取促进而非强制性手段促进核心劳动标准的实施（第二章第三节）；其三，面对 MNEs 引起的跨国劳动问题，OECD、ILO 与 UN 创新监管模式，在针对国家的监管制度之外，实验性地引入针对 MNEs 的软法安排（第二章第一节）；其四，美国、加拿大等发达国家的单边措施与条约实践中的劳动标准要求未能被发展中国家普遍接受，它们在解决跨国劳动问题方面效果有限（第三章）。

2. 跨国劳动监管制度面临重构的依据何在

本文之所以认为跨国劳动监管框架面临重构，理由如下。

第一，ILO 收缩硬法监管的范围至八个核心劳动公约的批准，并采取软法措施促进成员国尽快批准核心劳动公约的做法，体现了"最低限度的硬法协调"的反思理性。国家不再被期待成为冲锋陷阵的统帅，相反，它们仅被硬性要求达到或守住与其他国家之间最低限度兼容的监管制度（即八个核心劳动公约的批准）（第二章第二节、第五章第一节第三目）。同时，ILO 在 1998 年之后，也改变了对金融类国际组织强制执行核心劳动标准的期待，转而鼓励它们发挥"促进"作用（第二章第三节）。至此可以证明，IGOs 的监管实践对国家的定位已经改变。

第二，ILO、OECD 和 UN 针对 MNEs 的公力软法监管体现反思法理论要求的"实验与学习"精神。它们采取共同而有区别的"劝说与促进"策略，在促进 MNEs 自我监管方面取得了积极的效果。OECD 指南、ILO 三方宣言与 UN 全球契约根据 MNEs 自我监管的具体情况，及时进行修改或改革（第二章第一节）。至此可以证明，IGOs 的监管实践日益重视 MNEs 在跨国劳动监管中的基础性作用。

第三，以公司行为守则和全球框架协议为主要形式的私人机制都包含符合反思理性的监管创新。前者的创新之处在于调动各方力量（NGOs、IGOs、国家、消费者、机构投资者、股东等）共同参与监管，形成推动 MNEs 持续进行自我劳动监管的社会学习机制。后者更进一步，通过构建确保跨国劳动问题中最主要的利益相关者（劳资双方）有效进行社会对话的框架与程序，直接解决具体的劳动问题（第四章）。至此可以证明，在适当的外部压力下，实现 MNEs 自我监管的目标是可能的。

第四，美国、加拿大、新西兰、EFTA、欧盟、日本等发达国家或国家集团的单边措施和条约实践，要么"过度回应"跨国劳动问题，要么"回应不足"的事实揭示了两个问题：其一，以国家为基础对象的监管不能根本解决跨国劳动问题；其二，把希望寄托于少数国家的公力监管上，并不现实（第三章）。这样的事实反过来证明，跨国劳动监管不可能以国家（主要指发展中国家）为基础对象，也不可能以少数国家（主要指美国、加拿大等发达国家）的公力监管为主导。

可见，目前碎片化的跨国劳动监管实践内部实际隐含了转型的动力，因为基础对象已经改变，主导策略也已经改变。

3. 应该如何建构跨国劳动监管的新框架

根据反思法理论，重构跨国劳动监管的新框架需要厘清"公""私"监管与"软""硬"监管的定位。

首先，总体格局的变换。公力软法监管和私人自我监管以其存在联系但有区别的反思理性，发挥上位导引和基础监管的不同作用，它们将以强大的适应性取代公力硬法监管，在新的跨国劳动监管框架中占据主导地位。与此同时，公力硬法监管并没有被抛弃，而是被要求克制，主要任务是维持国内劳动标准较高的国家与国内劳动标准较低的国家的劳动管理制度之间的最低限度的兼容（第五章第一节）。

其次，新的框架模型。较之传统的公力硬法监管模式以 IGOs 和部分发达国家或国家集团为监管者，以劳动标准较低的发展中国家为主要监管对象的做法，符合反思理性的跨国劳动监管框架将重新定位监管的基础对象和监管策略。具体的结构可以用金字塔模型来表示。"金字塔模型"从上往下第二层（针对 MNEs 的公力软法监管）和第三层（NGOs）结合最为密切，前者为后者提供了具有公认合法性的申诉权、话语依据、对话与监督平台等战斗武器，使得这部分关注劳动问题的 NGOs（包含工会组织）能够更有力地敦促 MNEs 进行自我监管。"金字塔模型"从上往下第一层的公力软法监管主要是促进国家尽快批准并通过国内法实施 ILO 管辖下的八个核心劳动公约，创设国家之间最低限度的硬法协调，预防跨国经济子系统的扩张在一国国内引发严重且整体性的违反基本劳动权利的后果。反过来，即便国家尚未完全批准并有效实施 ILO 管辖下的八个核心劳动公约，若跨国经济子系统的扩张导致这些国家出现严重整体性违反行为，公力监管者也将启动最低限度的硬法监管。因此，"金字塔模型"从上往下第一层的核心功能是为 MNEs 自我监管设置基本底线,推动 MNEs 的自我监管整体向上发展(第五章第二节)。

4. 当前跨国劳动监管制度距离反思理性有多远以及如何解决存在的问题

以反思性跨国劳动监管的框架观之,现有的跨国劳动监管制度存在"部分实践的基础对象不当""公力监管者之间缺乏协调""部分实践监管标准不一致""NGOs 的合法性与问责性"等问题。这些问题的解决都需要以 ILO 为主导,通过促进性措施逐步改变国家观念(第五章第三节)。

5. 跨国劳动监管的整体发展趋势之于中国的意义、挑战与对策

作为正在崛起的发展中贸易大国,中国不可缺位于跨国劳动监管制度的重构。反思性跨国劳动监管的新框架总体对中国有利,但也将带来一定的挑战。通过分析中国对传统的公力硬法监管模式的态度(第六章第一节)以及面对公力软法和私人机制的选择(第六章第二节),论文认为,中国可以继续坚持对公力硬法监管的审慎态度,但应该结合本国的发展规划,继续争取来自 ILO 和其他方面的资金支持和技术援助,争取尽快具备批准更多核心劳动公约的国内条件。这样,中国可以更加靠近反思性跨国劳动监管框架对国家的定位,成为重构跨国劳动监管新框架的力量之一。

当前中国参与或重点关注的几个主要的 FTA 或 BIT 谈判中较严格的劳动标准要求,反映了目前部分发达国家的单边措施和条约实践在国家经济利益驱动下,不当地将发展中国家作为跨国劳动监管的基础对象的问题。这样的实践将严重背离反思性监管的精神。为了减少这些协定的劳动标准实践对反思理性的偏离,同时减少对中国国内实施能力可能带来的冲击,中国在这些已进行或将来可能进行的劳动标准问题的谈判中,应首先强化谈判方之间在软法机制方面的共识,其次应尽力削弱其中的硬性规定。反过来,现在的中国也应该以更具建设性的眼光看待劳动标准问题的国际合作。这不仅是外部的贸易环境和投资环境的要求,也是中国内部的发展动力和结构性改革所必需的。中国可以借这些协定中劳动标准问题的谈判契机,适度倒逼国内深化劳动法实施方面的改革(第六章第三节)。

(三) 可能的创新与不足

1. 创新

基于对大量一手文献的消化与对问题的深入思考,本文可能的创新之处是以下几点。

第一，论证方法创新。与既有的研究针对规则内容进行分析不同，论文借鉴反思法理论，转换视角，从各个监管主体切入，研究这些规则的生成机理、规则的动态演变以及各个监管主体之间的互动。在此基础上，以传统规则的解构与新规则的建构为主线，对跨国劳动监管的整体发展趋势进行论证，并提出新的监管模型。根据建构的跨国劳动监管的新框架，揭示目前跨国劳动监管存在的主要问题，并提出有针对性的建议。

第二，观点创新。这方面主要体现自论文所建构的符合反思理性的跨国劳动监管的金字塔模型。

第三，连接"地气"。本文的研究契合中国需要。论文以跨国劳动监管的整体发展趋势对照中国目前的实践，论证中国在反思性跨国劳动监管重构中的定位和需要进一步努力的方向，并就当前正在进行的中国－美国BIT、中国－欧盟BIT协定以及将来可能加入的TPP协定谈判中的劳动标准问题提出对策。

2. 不足

首先，跨国劳动监管中有一部分是跨国劳动诉讼的问题，由于涉及国别研究，限于研究资源，论文未涉及此方面。

其次，囿于资料与研究能力，本文在论证如何解决目前跨国劳动监管所存在的主要问题方面或尚欠深入。

第一章

跨国劳动监管制度的变革
——反思法理论之视域

著名的法国社会学家埃米尔·涂尔干指出，劳动分工导致人类社会由机械团结走向有机团结，劳动越加分化，个人就越贴近社会，同时，个人活动越专门化，他就越成为个人。① 一百二十多年前，涂尔干先生的此论断已为全球化背景下日益复杂的社会关系所印证。劳动关系（问题）作为最基本的社会关系和生产关系，其复杂程度不言而喻。19 世纪兴起的形式法以及 20 世纪中叶福利国家推崇的实质法，在面对 20 世纪 70 年代中期之后更加复杂的社会问题时，显出了理性不足。有鉴于此，欧洲和美洲一些知名的法社会学家开始思考如何应对法律的理性危机。其中，来自美国的诺内特（Philippe Nonet）和塞尔兹尼克（Philip Selznick）教授针对法律的形式理性危机和实质理性危机提出了回应型法律（responsive law）理论，而来自欧洲的卢曼和哈贝马斯教授则分别提出"功能分化社会"以及"社会组织原则"等主张。来自德国的法理学家图依布纳则站在这两派学者的肩膀上，认为这四位教授不过是从不同的角度阐述了一种正在兴起且区别于形式理性和实质理性的新的法律理性——反思理性。据此，图依布纳提出了反思法（reflexive law，又译为"反身型法"）理论，该理论就法律如何充分回应复杂的社会问题提出了全新的观点。

在回应跨国劳动问题方面，鉴于传统的公力监管模式自 20 世纪 70 年代中后期已经显出困境，从反思法理论中寻求适合解决跨国劳动问题的新路径，不失为一种有益的尝试。为此，本章重点分析论证，反思法理论是寻求更有效、更科学的跨国劳动监管所需要的。

---

① 〔法〕埃米尔·涂尔干：《社会分工论》，渠东译，生活·读书·新知三联书店，2000，第 97 页。

第一节　反思法理论的提出

引　言

图依布纳的反思法理论始创于 20 世纪 80 年代。在此之前，来自美国的诺内特和塞尔兹尼克教授以及来自欧洲的卢曼和哈贝马斯教授已经分别从法律发展的内部动力与外在社会环境思考如何应对法律的理性危机。图依布纳在有效整合这四位学者的观点的基础上，提出了区别于法律形式理性和实质理性的反思理性。20 世纪 80 年代至 90 年代，图依布纳的反思法理论的代表性论著主要是《现代法的实质要素与反思要素》（1983 年）、《法律与社会中的自创生：对勃兰根堡的反驳》（1984 年）以及《作为自创生系统的法律》（1993 年）等。自 20 世纪末以来，图依布纳的反思法理论有了进一步的发展，其中国家机制与私人机制的关系受到关注。这方面的内容可见其代表性论著《国王的多个身体：法律等级的自我解构》（1997 年）、《私有化之后的法律是什么？诸多自主性的私法》（1998 年）、《制度之间的冲突：寻求全球法中法律的统一是徒劳无益的》（2004 年）、《私法中有国家政策吗？对汉诺克·达冈观点的评论》（2008 年）、《"上帝在笑……"：法律的不确定性、自我指涉性与自相矛盾》（2011 年）以及《建构性规则的碎片化：建构性社会规则与全球化》（2012 年）等。

为了更好地理解反思法理论，本节将首先阐述该理论创立的初衷——应对传统法律调整的理性危机（第一部分），在分析反思法理论研究的起点——回应型法（第二部分）之后，概括出反思法理论的三方面要义——合法性、外在功能以及规范结构（第三部分），最后是简短的结论。

一　反思法理论创立的初衷

图依布纳提出反思法理论主要是为了回应形式法和实质法在理性方面的结构性缺陷。

（一）法律的形式理性危机

在国家与法律关系问题上，马克斯·韦伯所强调的法律理性（尤其是形式理性）型的统治对自由主义法治国家①的法律发展具有深刻的影响，以至于法律的形式理性思想自19世纪被承继至今。追求形式理性的法律制度（以下简称"形式法"）的突出特点是寻求规则的普遍适用性、专门的法律职业群体以及保证法律制度一致性和连续性的方法论（如法律推理、法律发现、法律解释和法律论证等）。形式法追求个人主义、自主性以及这些价值的持续有效性。② 由于形式法将自身限定于抽象的行为领域，让个人能够自主地追求私人权利，因此其"形式性"（formality）能够促进私人部门的秩序。这是形式法的正当性基础。外在功能方面，由于形式法确立了个人自主行为领域的界限，因此有助于发达市场社会资源的流通和分配。③ 同时，形式法的价值中立和法律自主特点，也为资本主义的政治体制的合法权威提供了结构性前提。④ 内在结构方面，形式法以规则作为导

---

① 根据朱景文教授的观点，自由主义法治国家是第二阶段的全球化所对应的法律形式。全球化发展经历的前现代、现代和后现代三个大致阶段相对应的大致的法律形式分别为前法治国家（1500～1850年）、自由主义法治国家（1850～1945年）和后法治国家（1945年至今）。前法治国家的法律特点是与中央集权相适应的法律统一性，如英国的普通法、德国的普鲁士统一邦法。这个时期，国家内部既相互斗争又相互制约的君主、贵族和第三等级之间的相互妥协为新形式法治的产生创造了社会条件。自由主义法治国家的特点是国家不干预、有限政府、个人自由、私有财产神圣不可侵犯等，其法律具有统一性，体现限制权力和保障人权的基本特点。后法治国家分为两个阶段，第一个阶段是二战之后冷战之前，这个阶段出现了三股世界潮流，即民族主义、福利主义和社会主义。这些发展对自由主义法治国家提出了挑战。第二个阶段是冷战结束后至今，民族主义、福利主义和社会主义向自由主义法治国家模型回归——走向新自由主义。西方国家的福利主义法律模型在全球化的压力下，不得不进行修正。为了促进出口、增强贸易竞争力，国家不得不减少干预，放松管制，并削减社会福利。社会主义法律模型如中国和越南，也逐步实现从计划经济向市场经济的转变。如何把社会主义与法治结合成为这种法治国家成功与否的关键。民族主义法律模型也受到极大的挑战。为了吸引更多的外资，建立良好的投资环境，新独立的国家不得不接受西方发达国家的要求，进行法律和司法改革，增加法律的透明度等。参见朱景文教授《全球化条件下的法治国家》，中国人民大学出版社，2006，第19～21页。
② 廖义铭：《行政法基本理论之改革》，台北：翰芦图书出版有限公司，2002，第285页；转引自 KENNED, D. "Form and Substance in Private Law Adjudication", *Harvard Law Review*, 1976, 89: 1685.
③ 这是韦伯形式理性理论的核心内容。廖义铭，同本页注①，第286页．转引自 Rheistein, "*M. Max Weber on Law in Economy and Society*" Cambridge, MA: Harvard University Press, 1954: 61.
④ 廖义铭，同本页注①，第286页；转引自 TRUBEK, D. M., "Complexity and Contradiction in the Legal Order: Balbus and the Challenge of Critical Social Thought About Law", *Law and Society Review*, 11: 540.

向，建立在概念的严密性和以规则为导向的推理方式之上，因而在制定和适用方面仰赖于职业法律人士。

不可否认，形式法对于国家，尤其是 19 世纪至 20 世纪中期欧洲国家的法治建设起着至关重要的作用。然而，面对社会分工越来越细密以及社会部门分化越来越复杂的新情况，形式法由于过分关注经济部门之间利益调整，忽略社会其他部门（例如环境、劳动、科学、教育、卫生、运动等部门）的特殊运行规律，其功能危机开始显现。形式法之下，本应包含诸多社会部门话语的"私法"[1]几乎被单一化为经济话语。[2]这些非政治和经济领域的社会部门的法律主张（话语）于是需要首先被转为（翻译）经济话语（经济计算、分配效率、交易成本），然后再根据这样的翻译（转化）进入法律，以此寻求社会问题的解决。形式法面对社会问题时，由于被经济话语所垄断，至少在四方面扭曲了社会关系：第一，双边化，即复杂的社会关系将被强行转化为大量的封闭式样的双边关系；第二，履行标准呈现选择性，未全面考虑相关的影响因素；第三，负面效应的不充分外化（即某些社会损失无法通过经济计算加以量化）；第四，受经济力量对比的影响较大。[3]

（二）法律的实质理性危机

鉴于形式法对市场机制的过分依赖以及市场不可避免的失灵问题，二战之后，主要资本主义国家开始实行福利法制，在社会问题的调整方面强

---

[1] 传统的关于公法与私法的二元划分依据有多种，其中以罗马法学家乌尔比安提出的"利益说"最有影响，即公法是调整公共利益的法，而私法是调整私人利益的法。图依布纳教授并不反对"利益说"之下公法与私法的二元划分，但反对将私法单一化为仅仅调整私人之间财产关系方面的法律（即强调意思自治的商事合同）。他认为，劳动、科学、教育、卫生、运动等日益分化的社会部门都存在不同程度的意思自治，并以此为基础进行自我规则的创制，它们与商事合同一样，属于私法应当回应的内容。各个社会部门独特的社会话语，要求私法应该具备多弧度的回应能力。参见 TEUBNER, GüNTER, "After Privatization? the Many Autonomies of Private Law", *Current Legal Problems*, 1998, 51: 398.
[2] Teubner, Günter, "Contracting Worlds, the Many Autonomies of Private Law", *Social & Legal Studies*, 2000, 9 (3): 410.
[3] Teubner, Günter, "Contracting Worlds, the Many Autonomies of Private Law", *Social & Legal Studies*, 2000, 9 (3): 412; Teubner, Günter, "After Privatization? The Many Autonomies of Private Law", *Current Legal Problems*, 1998, 51: 413.

调法律的实质理性。法律因此成为一种有目的、目标导向的干预工具。①强调实质理性的法律（以下简称"实质法"）在正当性基础、外在功能以及内在结构方面显著区别于形式法。实质法有意对经济行为和社会行为进行集体规制，以弥补市场失灵问题，这是其正当性基础。面对社会问题，较之形式法只是界定个人自主行为的界限，实质法则通过具体界定个人行为方式，直接对社会行为进行管制。② 外在功能方面，实质法通过福利国家的政治干预，包括界定法律的政策目标，选择法律的规范意义，指引具体的行为方式，以及承担计划实施的全部责任，对社会关系进行调整。实质法在福利国家法制建设中占有重要的地位，成为国家调节经济与其他社会问题的重要手段。③ 由于实质法建立在新的正当性基础之上并被赋予不同的外在功能，其内在结构也发生了改变，相比形式法"以规则为导向"，实质法是"以目的为导向"，在形式上体现为一系列的规制、标准和原则。④

实质法的兴起与两次世界大战有密切关系。因为战争促成主要社会力量在政治问题上的团结。以资本主义国家为例，两次世界大战结束之后，面对战后的经济萧条与社会的动荡，只有在国家的主导并在国家的保护下，才能有效巩固和平，促进经济的全面恢复与发展。缘此，国家对经济和社会问题的政治干预急剧扩张。二战之后，西欧国家所承担的职能不仅包括经济调整职能（如经济基础社会建设，调整产业之间及内部的冲突，以及促进产业的稳定），也包括社会调整功能（如对日益复杂的社会影响进行经济性协调与整合，对工业化的负外部效应，如环境破坏、地区贫穷以及城市问题等，予以补偿）。为了增强国家政治统治的合法性，欧洲主要资本主义国家将公民权逐渐扩至社会权，不仅增加公民权利，而且增加社会福利。⑤ 而在大洋彼岸的美国，为了换取社会的支持，也承诺增加民众的社会福利。二战之后整个资本主义世界经济发展的"黄金三十年"为

---

① Teubner, Günter, "Substantive and Reflexive Elements in Modern Law", *Law and Society Review*, 1983, 17 (2): 240.
② Id., p. 257.
③ Id.
④ Id.
⑤ 廖义铭：《行政法基本理论之改革》，台北：翰芦图书出版有限公司，2002，第68页。

资本主义国家推行较高的福利制度提供有力的财政支持。[1] 不可否认，国家的干预并未完全控制整个社会，经济仍然在市场条件下运作；并且，法律仍然具有高度形式化，国家并未超越法律之上。[2] 因此，可以认为，实质法尤其体现在对政治和经济领域之外的社会问题（即狭义的社会问题）进行调整的法律。

然而，由于实质法以政策为导向，受政策变动的影响，其本身隐含着导致法律不统一的危险。同时，随着战后经济逐渐恢复与社会逐步稳定，在社会问题的处理上，完全不顾社会各个部门特殊运行规律的直接干预，不仅使国家不堪全面监管的重负，而且不利于各个社会部门自主活力的发挥。这是因为，当国家企图通过政治影响来调整其外部联系时，其他社会部门对法律（系统）的直接刺激将被政治过程削减、过滤、协调或控制。政治和经济领域之外的社会问题由此不得不首先转化为政治问题，才能引起福利国家对提供相关公共服务的重视。这样，政治与其他社会部门之间过于紧张的结构性联系将造成社会行动和政治（行政）体制之间持续存在的严重的结构性不协调问题，[3] 国家为此不协调结构难免需要付出沉重的经济代价。此外，福利国家通过政治过程将政治和经济之外的部分社会问题纳入其公共部门的职能范围，使之成为公法监管内容的同时，却将剩余的半自主的社会部门的理性（即运行规律）等同于经济理性，片面地将私法自治解释为经济自治，主张最大限度免予政治干预。对于那些未能经过政治过程筛选而进入公法监管之社会问题，福利国家的私法只是简单地"以经济计算的逻辑强制实施非经济内容"。[4] "私法因被经济话语垄断，抛弃了本该承担的回应更广泛的社会问题的责任"。[5]

可见，形式法和实质法对政治和经济领域之外的社会问题的调整存在共同之处：都没有从分化的社会部门的具体特点出发，对社会各个子部

---

[1] BRONSTEIN, ARTURO, *International and Comparative Labour Law*, Hampshire: Palgrave Macmillan, 2009. 8.

[2] 廖义铭，同上页注⑤。

[3] Teubner, Günter, "After Privatization? The Many Autonomies of Private Law", *Current Legal Problems*, 1998, 51: 403.

[4] Teubner, Günter, "After Privatization? The Many Autonomies of Private Law", *Current Legal Problems*, 1998, 51: 404, 420.

[5] Teubner, Günter, "State Policies in Private Law? A Comment on Hanoch Dagan", *American Journal of Comparative Law*, 2008, 56: 839.

门的自主运行规律予以充分的尊重和考虑。它们对狭义的社会问题的关注都经过了过滤。前者用经济逻辑对社会问题进行过滤，社会问题被化约为经济利益的冲突。后者用政治逻辑对社会问题进行过滤，以政治逻辑筛选进入公法监管领域的社会问题；那些未进入公法监管领域的社会问题，福利国家则笼统地以经济逻辑加以理解，认为可以适用被经济话语垄断的私法予以解决。20世纪70年代，形式法和实质法对社会问题调整所存在的上述结构性缺陷引起了诺内特、塞尔兹尼克、卢曼和哈贝马斯等欧美学者的关注，被后者称为"形式法（形式理性）和实质法（实质理性）的危机"。

二 作为反思法理论起点之"回应型法"

面对形式法和实质法存在的理性危机，诺内特和塞尔兹尼克强调法律将依赖内在动力加以演进。[①] 他们提出法律演进的"三阶段"模型，即压制型法—自主型法—回应型法律。其中，压制型法律的特点在于：正当化基础方面，以社会防卫和国家利益为名，运用广泛的国家强制力维持秩序；外在功能方面，法律从属于权力政治，实行法定的道德主义，即强迫的道德，要求个人无条件服从法律；规范结构方面，制定粗糙而繁琐的规则，奉行便利而具体的推理，实行普遍的自由裁量权。[②] 可见，这种法律的理性程度极低，比较典型的实践是早期国家和集权国家的法律统治。压制型法具有"将法律与政治紧密结合"以及"官方自由裁量权蔓延"两大基本特征。法律虽然赋予权力以权威色彩，但是它对权力的承认具有明显的工具性质。因此，尽管压制型法为设置秩序提供了便利的工具，但距离"以认同为基础"的稳定机制较远。

自主型法的出现就是为了"控制压制"，改变法律初始而不稳定的状态。自主型法将其正当性建立在程序公正之上，目的是获取民众对政权的认同（正统化）。[③] 在外在功能方面，法律独立于政治，且司法与立法相互

[①] 〔美〕诺内特，塞尔兹尼克：《转变中的法律与社会》，张志铭译，中国政法大学出版社，1994，第23页。
[②] 〔美〕诺内特，塞尔兹尼克：《转变中的法律与社会》，张志铭译，中国政法大学出版社，1994，第18页。
[③] 〔美〕诺内特，塞尔兹尼克：《转变中的法律与社会》，张志铭译，中国政法大学出版社，1994，第18页。

独立，国家的强制力必须遵循法定的约束。① 法律机构以实体服从换取程序自治，法官以自己远离公共政策的形成过程作为获取司法独立的代价。规范结构方面，自主型法具有精细的规则和明确的义务，同样约束统治者和被统治者，并且法官的自由裁量也得到明确的约束。② 显然，自主型法律具有较高程度的形式理性。自主型法律的主要作用在于约束统治者的权威和限制公民的义务。这种对权利话语的推崇体现在辩护中就是鼓励坚持己见和对公认权威的批判。其长期效应则是把一种变化的动力注入到法律秩序中，并形成对法律灵活回应各种新的问题和需要的期待。③ 于是，自主型法律蕴含着转向回应型法律的内在动力。

回应型法律的产生是为了回应更多的社会需要。④ 诺内特和塞尔兹尼克认为，自主型法通过与外在隔绝获得安全性的方法并不完全可取，法律应该成为社会调整和社会变化的更能动的工具。虽然诺内特和塞尔兹尼克主张法律认识的疆界应该打开，但并不意味着回应型法律要退回到法律工具主义，而是要求法律在开放性（回应社会）和完整性（忠于法律）之间寻求更好的平衡。相比压制型法被动地、机会主义地适应社会环境，以及自主型法为追求"完整性"而盲目地自我隔离的形式主义，回应型法之所以称为"回应"，意在强调负责任、有区别、有选择的适应能力。⑤ 回应型法之下，法律机构仍然把握着为维护法律完整性必不可少的东西，但同时也考虑其所处环境中的各种新力量。为此，它依靠各种方法使完整性和开放性在发生冲突时相互支撑。

回应型法将社会压力作为认识的来源和自我矫正的机会。其正当性建立在维护权能的实体正义的基础之上。⑥ 规范结构方面，回应型法律看重

---

① 〔美〕诺内特，塞尔兹尼克：《转变中的法律与社会》，张志铭译，中国政法大学出版社，1994，第18页。
② 〔美〕诺内特，塞尔兹尼克：《转变中的法律与社会》，张志铭译，中国政法大学出版社，1994，第18页。
③ 〔美〕诺内特，塞尔兹尼克：《转变中的法律与社会》，张志铭译，中国政法大学出版社，1994，第79~80页。
④ 〔美〕诺内特，塞尔兹尼克：《转变中的法律与社会》，张志铭译，中国政法大学出版社，1994，第81页。
⑤ 〔美〕诺内特，塞尔兹尼克：《转变中的法律与社会》，张志铭译，中国政法大学出版社，1994，第85页。
⑥ 〔美〕诺内特，塞尔兹尼克：《转变中的法律与社会》，张志铭译，中国政法大学出版社，1994，第18页。

原则和政策,强调目的解释,但要求法官的自由裁量权对目的负责。① 在诺内特和塞尔兹尼克看来,自主型法律以结果为导向,但追求的是普遍的结果而不是特殊结果,其从自主型法律传统中保留了一种公认权威的可以检验新判决连续性的专门技术,从而可能有助于抵制特殊裁判。回应型法律的外在功能是力图实现法律愿望与政治愿望的一体化。相较压制型法律禁止公众批判法律以及自主型法律仅允许公众通过政治过程对法律予以评判,② 回应型法律允许公众将法律程序作为政治参与的替代方式,因为它允许社会组织为社会辩护的权利。③ 较之压制性法律存在广泛的直接强制和自主型法律采取各种法定的约束,回应型法律积极寻求各种鼓励性、自我维持的义务体系。④ 回应型法律通过阐明各种利害攸关的价值,克服共同体道德的地方观念,同时对公共秩序的危机采取一种以问题为中心的、社会一体化的态度来重构社会合作。在此意义上,回应型法比压制型和自主型法律更有可能促进社会文明。

显然,相比自主型法律强调法的形式理性,回应型法突出法律的实质理性的重要地位,要求法律具备"能动主义"和"认知能力"。然而,回应型法所强调的实质理性并不等同于福利国家的实质法。回应型法并非让法律退回到权力政治中,而是对政治提出了更高的要求。回应型法所要求的是"崇高的政治",即政治行动者具有面对社会问题并做出必要承诺的意愿和资源,愿意将一种自我矫正的精神注入政府管理之中。⑤ 可见,除了实质理性外,回应型法律还要求创设法律和政治之间的新的整合模型。一方面,在照顾各种社会价值方面,回应型法有赖于包容性的政治共同体。法律秩序通过有效开放社会秩序的资源,即社会自治和民主参与,来确保法律拥有适应社会需求的弹性。另一方面,回应型法律要求政治过程

---

① 〔美〕诺内特,塞尔兹尼克:《转变中的法律与社会》,张志铭译,中国政法大学出版社,1994,第18页。
② 〔美〕诺内特,塞尔兹尼克:《转变中的法律与社会》,张志铭译,中国政法大学出版社,1994,第60页。
③ 〔美〕诺内特,塞尔兹尼克:《转变中的法律与社会》,张志铭译,中国政法大学出版社,1994,第108页。
④ 〔美〕诺内特,塞尔兹尼克:《转变中的法律与社会》,张志铭译,中国政法大学出版社,1994,第18页。
⑤ 〔美〕诺内特,塞尔兹尼克:《转变中的法律与社会》,张志铭译,中国政法大学出版社,1994,第127~128页。

减少权宜之计和偏执一端的要素，提炼那些从政治中产生的持久的道德义务，形成一种既能提高政治论述的合理性又能节制为利己使用政治权力的公共利益理论。[①]

诺内特和塞尔兹尼克提出的"法律应该具备回应社会问题的能力"、"有效开发和利用社会资源"以及"克制法律中偏狭的权力政治要素"等主张，被图依布纳认为实际上包含了使回应型法适应后现代社会需要的潜在的法律理性——"反思理性"。[②] 回应型法所持的"克制偏狭的权力政治对社会的不正当的干预"以及"导引社会力量的自治"等观念，成为图依布纳反思法理论的起点。

三 反思法理论的要义

必须承认，与诺内特和塞尔兹尼克不同，图依布纳提出法律的反思理性并不是为了说明法律制度的转型，而是希望提高法律与社会进行结构性衔接的能力，创设法律对社会关系有效调整的新机制。图依布纳认为，诺内特和塞尔兹尼克清楚地阐述了法律制度的内在变量（演变的内在动力），因为法律秩序（规范、原理、制度和组织）本身是自我再生产的。[③] 社会的外在变化被有选择地过滤到法律结构中，并适应规范发展的独特逻辑。即便是最强大的社会压力也只有首先型塑"社会实在的法律结构"，才能影响法律的发展。因此，图依布纳认为，诺内特和塞尔兹尼克通过法律的内在演变来论述法律的理性，很好地证明了"法律在结构上具有封闭性"的结论。图依布纳承认，诺内特和塞尔兹尼克的模型并没有完全忽略外在社会力量的作用，但其仅仅将外在环境视为是影响法律潜能发挥的因素，不仅不充分，而且容易引人误会存在社会之外的法。[④] 借鉴卢曼的"社会充分复杂理论"[⑤]和哈贝马斯的"社会

---

① 〔美〕诺内特、塞尔兹尼克：《转变中的法律与社会》，张志铭译，中国政法大学出版社，1994，第131~132页。
② Teubner, Günter, "Substantive and Reflexive Elements in Modern Law", *Law and Society Review*, 1983, 17 (2): 256.
③ Id., p. 248~249.
④ Id., p. 258.
⑤ 卢曼将社会变迁模型分为三个阶段，即分割社会（以血缘关系为主）——分层社会（建立在等级制基础上）——功能分化社会。建立在等级制度基础上的法律无法完全适应功能分化的社会对规范的需求，需要加以变革。Id., pp. 257-259.

组织原则",① 图依布纳认为,法律与社会是一个完整的系统,是既相互依赖又彼此分离的两个方面,应该构建一个可以使两者共变的法律模型。②

图依布纳的反思法理论基于其认为形式法存在的"回应社会不足"以及实质法存在的"偏离法律化"这两种"法律演化和社会演化"危机提出。③ 在他看来,作为协调社会关系的机制(系统),法律的作用在于,通过形塑半自主的社会系统的内在话语程序及它们与其他社会系统相协调的方法来建构和重构这些半自主的社会系统,具备如此作用的法律称为"反思法"。一方面,反思法支持社会子系统的自主性,尊重它们各自的行动逻辑;另一方面,反思法对自然的社会秩序并不抱以完全的信任,试图通过组织性和程序性规范实现子系统"有管制的自主性"。由此,反思法的正当性建立在它对社会自我管制的促进上,即对子系统各自的递归式决策方式予以协调(coordination of recursively determined forms of social cooperation)。④ 反思法的外在功能在于促进功能分化的社会内部的整合。其促进社会整合的方式并不是以权威的方式来设定整合的方法,而是通过塑造社会子系统内部的对话程序以及子系统之间的协调方法,建立分权式的社会整合结构。⑤ 反思法的规范结构不像形式法那样具有精确的规则和专业的法律方法,也不像实质法那样将预设的目的融入实质标准之中,其仅对社会行为进行间接和抽象的控制,在结构规范上体现为以关系为导向的制度结构和决策程序。⑥

综上所述,图依布纳提出反思法理论是为了解决形式法和实质法面对社会问题调整所暴露的理性方面的结构性缺陷。反思法理论整合了美国学

---

① 哈贝马斯则强调社会组织的双重学习。法律首先通过社会模仿对社会问题进行调整,以此满足社会系统的要求。但是,当法律无法满足系统需求时,就需要进行理性重构。哈贝马斯据此进一步提出法律的三维理性,即规范理性(正当性基础)、系统理性(外在功能)和内在理性(规范结构)。Id., pp. 260 – 264.

② Teubner, Günter, "Substantive and Reflexive Elements in Modern Law", *Law and Society Review*, 1983, 17 (2): 258.

③ Teubner, Günter, "Substantive and Reflexive Elements in Modern Law", *Law and Society Review*, 1983, pp. 239~241.

④ Teubner, Günter, "Substantive and Reflexive Elements in Modern Law", *Law and Society Review*, 1983, p. 257.

⑤ Teubner, Günter, "Substantive and Reflexive Elements in Modern Law", *Law and Society Review*, 1983, p. 255.

⑥ Teubner, Günter, "Substantive and Reflexive Elements in Modern Law", *Law and Society Review*, 1983, p. 255.

者诺内特和塞尔兹尼克的回应型法律理论，以及欧洲学者卢曼和哈贝马斯分别提出的"功能分化社会"和"社会组织原则"，认为他们的侧重点虽然不同（前两位学者侧重于阐明法律演变的内在动力，后两位学者侧重于阐明法律的外在环境），但都包含了一种新的法律理性要素（反思理性）。反思法理论试图塑造法律与社会共变的模型。根据反思法理论，法律与其他社会子系统在结构上相互封闭，因此，法律对社会的调整应该首先尊重社会子系统的自主性，仅通过组织性和程序性规范对子系统实施间接和抽象的控制，以确保这些子系统获得"有管制的自主性"。反思法理论下，法律的正当性建立在它对社会自我管制的促进上，其外在功能在于促进功能分化的社会内部的整合，其规范结构主要体现为以关系为导向的制度和决策程序。

第二节 从反思法（理性）到反思性监管

引 言

根据反思法理论，作为与形式法（理性）和实质法（理性）区别的新的法律理性（见表1-1），反思理性的突出之处在于它改变了传统的关于国家硬性监管和私人自我监管（自治）的定位，强调法律的程序化导向。为此，反思法理论中国家监管与私人监管的关系、程序化规则与程序性和实体规则的关系值得关注。本节将通过对反思法理论的辩证解读，包括对其中的国家监管与私人自我监管之间的关系（第一部分），以及程序化规范与程序性和实体性规则的关系（第二部分），进而探讨反思性监管的基本框架（第三部分），并明确反思法理论的定位（第四部分），最后是简短的结论。

表1-1 现代法律理性之类型与维度

维度\类型	形式理性（形式法）	实质理性（实质法）	反思理性（反思法）
法律正当性基础	个人主义与自主性，确立私人行为的边界	对经济行为和社会行为的集体规则，弥补市场的不足	促进自我管制：社会统合的决策模型制度安排
法律的外在功能	为发达市场社会中的资源流通和分配以及政治制度合法性提供结构性前提	为市场决定的行为模型和行为结构提供工具性修正	社会系统内在对话与外在协商体系之架构与重新架构

续表

维度＼类型	形式理性（形式法）	实质理性（实质法）	反思理性（反思法）
法律的内在结构	以规则为导向：概念化建构之规则，并通过演绎逻辑加以适用	以目的为导向：通过规制、标准和原则实施有目的的行为规划	以程序化为导向：以关系为导向的制度结构与决策过程

注：图表来源于 Teubner, Günter, "Substantive and Reflexive Elements in Modern Law", *Law and Society Review*, 1983, 17 (2): 257.

一　反思法理论中国家监管与私人自我监管（自治）的辩证关系

（一）国家硬性监管的克制与跨国私人机制的自治

早在1971年，卢曼就预言，全球社会的碎片化将不是以领土为界，而是以社会部门为界。[①] 该预言已变成现实。全球化导致全球社会分化为多个自主或半自主的跨国社会子系统，包括但不限于科学、文化、技术、卫生、交通、旅游、体育。这些子系统越过国家领土的界限，在全球范围内建构自己的规则。显然，这些跨国私人机制并不以领土为界，而是以功能为界。高度功能分化的全球社会对规则的需求是国家间立法机制远远无法满足的，在此情况下，跨国社会部门不得不通过直接创制规则来解决自身问题。相比科学、文化、技术、体育等社会子系统具有的较高程度的全球化，政治系统的全球化程度很低。这些非政治的跨国私人机制因此得以相对独立于国家主权的方式发挥作用。这些跨国私人机制中，有部分已经比较成熟，并建立了类似于法律的初级规则和次级规则。[②] 跨国商业部门

[①] FISCHER-LESCANO, ANDREAS& Teubner, Günter, "Regime Collisions: the Vain Search for Legal Unity in the Fragmentation of Global Law", Translated by Michelle Everson, *Michigan Journal of International Law*, 2004, 25: 1000.

[②] 根据哈特的观点，初级规则指课予义务的规则，即要求、禁止社会成员为做特定行为或不做特定行为的规则；次级规则指授权私人或公权力机关创造、变更、废止和解释初级规则的规则，包括承认规则（即鉴别某个规则是否属于法律体系之有效法律规则的终极决定性标准）、变更规则（即授权个人或公权力机关引进、修改或废止初级规则的规则）以及裁判规则（即授权公权力机关，如司法机关，对于规则是否被违反以及应对违反行为赋予何种制裁做出权威性决定的规则）。次级规则的产生是为了弥补初级规则存在的不确定性、静止性以及无效率性的缺点。参见〔英〕哈特《法律的概念》，许家馨、李冠宜译，法律出版社，2011，第74页。

[以跨国企业（MNEs）为代表]既是典型的例子之一。其中，跨国商业部门广泛存在的商业合同中包含调整缔约方未来行为的义务条款，这些条款类似于初级规则。跨国商业合同通常还包括合同的解释条款、争议的管辖（法院或仲裁）以及法律适用条款，这些条款类似于次级条款。跨国商业部门中调整公司社会责任的公司行为守则也包含类似法律的规则体系。在此方面，公平劳动协会（FLA）不仅为参加的成员确立了保护劳动者的义务标准——《工作场所行为守则》，还制定了具体实施措施——《公平的劳动和负责任的采购原则》，前者类似于法律体系中的初级规则，后者类似于法律体系中的次级规则。个体公司行为守则，如耐克、阿迪达斯、李维斯等MNEs发布了面向全球供货商的公司行为守则，对供货商在保护环境、实施劳动标准、竞争政策、人权等方面设定的义务以及针对这些义务实施的监督机制和争端解决机制（甚至法律适用机制），分别类似于初级规则和次级规则。

跨国私人机制的产生不仅源于政治系统与经济、科学、技术等社会系统之间全球化程度的客观差距。它们的产生与发展还具有更深层次的内部原因。社会分化本质上不是政治选择的结果，而是复杂的进化过程。[1] 在此过程中，跨国社会部门之间的功能差别将会凝固、定型，并最终形成专门的制度。这些功能系统通过各自的话语（语义）确定自己的身份。

这种跨国私人机制之间，以及它们与国家法以及国家间法律并存的情况，被图依布纳、卢曼等学者称为全球法律的碎片化状态。[2] 全球法的统一性不再以结构（主权国家的平权结构）为基础，而是以过程为基础。问题替代领土成为法律的边界。多个跨国法律体制在跨国层面相对自主地发挥调整功能。因此，法律的等级化划分，不管是国内法之间，还是国内法与国际法之间的关系，都变得不准确。从功能的角度看，法律出现中心—外围—环境的区分。其中，法院占据法律的中心，而NGO、公司、宗教团体等处于法律的外围，与自主的社会部门（法律的环境）密

---

[1] Teubner, Günter, *Constitutional Fragments: Societal Constitutionalism and Globalization*, Translated by Gareth Norbury, Oxford: Oxford University Press, 2012. 28.
[2] FISCHER-LESCANO, ANDREAS& Teubner, Günter, "Regime Collisions: the Vain Search for Legal Unity in the Fragmentation of Global Law", Translated by Michelle Everson, *Michigan Journal of International Law*, 2004, 25: 1004.

切接触。①

　　显然，反思法理论并不支持实质法所主张的国家对社会（包括跨国社会）的直接干预。图依布纳与卢曼持有相同的观点，都认为，法律仅仅是社会的一个子系统，与其他社会子系统互为环境，在结构上具有"自我指涉"（又称为"自创生""自成一体""封闭""自我参考""自我再生产"等）的特点。② 由于法律与其他跨国社会系统之间在结构上相互封闭，法律无法直接调整其他跨国社会系统内部的问题。硬性直接调整将导致对这些半自主的跨国社会系统独立理性（操作规律）的破坏，既达不到有效的调整，又将耗费巨大的成本。在此意义上，法律对跨国社会问题的硬法调整需要抱以谨慎和克制。然而，图依布纳认为，法律系统在认知上是开放的。③ 这也是卢曼所说的，法律与其他跨国社会系统在认知意义上是可以相互穿越的，它们可以相互理解或误解，可以相互接受或拒绝。④ 从认知角度看，法律可以分析其他跨国社会系统的操作，并据此采取策略性干预。

　　图依布纳所指的策略性干预是针对国家对社会（包括跨国社会）的硬性与直接干预提出来的。他认为，传统的实质法对社会的干预遵循线性的因果关系逻辑，与社会子系统复杂的自我指涉结构相比，过于简单粗糙。⑤ 其他社会子系统结构上的自我指涉决定了法律必须放弃硬性的直接管制，而代之以对这些其他社会子系统内在自我管理过程的外部刺激。这样，既能够试图解决结构上封闭的其他社会子系统所出现的功能紊乱，在社会问题调整方面有所"前进"；同时又可能充分尊重和利用社会子系统自身的复杂结构和调整能量，在社会问题具体解决方面实现动力和资源的"回

---

① FISCHER-LESCANO, ANDREAS & Teubner, Günter, "Regime Collisions: the Vain Search for Legal Unity in the Fragmentation of Global Law", Translated by Michelle Everson, *Michigan Journal of International Law*, 2004, p. 1012~1013.
② Teubner, Günter, "Autopoiesis in Law and Society: a Rejoinder to Blankenburg", *Law and Society Review*, 1984, 18 (2): 291; Teubner, Günter, "Substantive and Reflexive Elements in Modern Law", *Law and Society Review*, 1983, 17 (2): 249;〔德〕卢曼:《社会中的法律》，郑伊倩译，人民出版社，2009，第19~20页。
③ Teubner, Günter, "Substantive and Reflexive Elements in Modern Law", *Law and Society Review*, 1983, 17 (2): 249.
④ 〔德〕卢曼:《社会中的法律》，郑伊倩译，人民出版社，2009，第26页。
⑤ Teubner, Günter, "Autopoiesis in Law and Society: a Rejoinder to Blankenburg", *Law and Society Review*, 1984, 18 (2): 291; Teubner, Günter, "Substantive and Reflexive Elements in Modern Law", *Law and Society Review*, 1983, 17 (2): 298.

归"。在新的中心—外围—环境的跨国规则结构下，法律等级被代之以多弧度的规范网络关系。① 在政治全球化程度远低于其他社会系统的跨国社会中，法律难以胜任统一全球社会碎片化的重任。在法律制度非中心化的跨国规范网络中，法律的作用更适宜定位为观察各个跨国社会子系统之间的互动，创设有效促进各个跨国社会子系统相互沟通的信息渠道和组织机制，促进各个子系统自主地处理对内（行为体利益）和对外（社会责任）问题。其解决跨国社会问题的方法也与传统的以法律为中心的模型不同。法律因此并不追求跨国规则的等级化统一，而是追求各个跨国社会子系统最低限度的兼容。

综上，在全球社会碎片化引起全球法律碎片化的当前背景下，跨国私人机制在国家主权无法触及的那部分跨国领域发挥主要作用。基于跨国私人机制非政治逻辑，肯认该类机制的地位和作用并非权宜之计，而是跨国社会问题调整的客观需要。法律的作用也将改变过去的"指令（命令）式监管"色彩，更加突出"组织与协调"的功能。国家不能为特定目的直接干预跨国社会问题，而应该观察跨国社会子系统，将干预集中于引导子系统进行具体的自我改变。跨国社会子系统之间互动的理想状态是，拥有对方系统的完全信息且能相互进行顺畅的沟通。然而，跨国社会子系统的初始关系状态就好比互无往来的"黑箱"，② 因此，法律的策略性干预（引导）重点将是创设和组织子系统之间沟通的渠道和机制。此外，由于跨国社会子系统内部如何运行无法被预知，因此，法律在协调这些系统时，需要抱有"实验和学习"的态度。③

法律以过程而非以具体结果为导向的协调和促进之定位，决定了法律在面对复杂的跨国社会问题时不太可能以全面的硬法形式出现，而将更多

---

① Teubner, Günter, "The King's Many Bodies: the Self-Deconstruction of Law's Hierarchy", *Law and Society Review*, 1997, 31; FISCHER-LESCANO, ANDREAS& Teubner, Günter, "Regime Collisions: the Vain Search for Legal Unity in the Fragmentation of Global Law", Translated by Michelle Everson, *Michigan Journal of International Law*, 2004, 25: 1012~1013.
② Teubner, Günter, "Autopoiesis in Law and Society: a Rejoinder to Blankenburg", *Law and Society Review*, 1984, 18 (2): 299-300.
③ Teubner, Günter, *Constitutional Fragments: Societal Constitutionalism and Globalization*, Translated by Gareth Norbury, Oxford: Oxford University Press, 2012, p. 86.

体现为软法形式。① 尽管法律协调的具体结果无法被预知，但可以肯定，内外一致努力将产生有利于问题解决的合力。

（二）国家硬性监管与跨国私人机制的界限

既然全球社会碎片化之下，法律对跨国社会问题的调整将以追求跨国社会系统之间最低限度兼容为主要目标，那么，法律调整特定跨国社会子系统问题的核心任务将是，避免跨国社会子系统之间的"逐底竞争"（race to the bottom），② 即防止某一跨国社会子系统不计社会后果的扩张对其他社会子系统带来损害。跨国社会子系统功能的不断分化将推动其自我扩张，旨在支持社会子系统功能得以实施的跨国私人机制不可避免地也具有扩张性，但这种扩张很可能与其他跨国社会子系统的机制相冲突。因此，法律的目标将是与维持碎片化的跨国私人机制之间的兼容。对此，跨国经济子系统的功能扩张与其不得不在一定程度上就其功能的对外实施进行自我限制的事实，最能说明问题。经济全球化对其他跨国社会子系统的影响明显可见，以至于许多跨国社会子系统（如体育和科学）也被经济话语所绑架。劳动和环境保护因国际贸易和投资自由化而遭遇的负面影响，更能证明对跨国经济系统的扩张进行限制的必要性。然而，不适当引入经济计算调整系统内部的非经济问题，无助于问题的解决。有鉴于此，2005年，世界贸易组织（WTO）不得不对《与贸易有关的知识产权协定》进行修改，

---

① 硬法和软法的区分是相对的，只能参照大略的标准。肯尼斯·阿博特（Kenneth . Abbott）、罗伯特·基欧汉（Robert O. Keohane）等人在合著的《法律化的概念》（The Concept of Legalization）中将法律化的制度的三个变量（要素）概括为即义务性（法律约束力的明确程度）、精确性（解释空间）和授权性（移交第三方解释及裁断的程度）。该观点认为每个变量都有高低程度之分，它们的不同组合决定法律化制度的不同硬度，其中义务性变量对制度硬度的影响最大，授权性变量次之，精确性变量的影响最小。义务性变量低的情况下，授权性变量一般也不会高。义务性和授权性程度较高的法律化制度类似于国内法的硬法，可以称为国际法中的"硬法"；相应地，义务性和授权性程度都较低的法律化制度可以称为国际法中的"软法"。据此，本文将以硬法为手段的监管称为硬法（性）安排或硬法（性）监管，将以软法为手段的监管称为软法（性）安排或软法（性）监管。参见 ABBOTT, KENNETH W. & KEOHANE, ROBERT O., etc. *The Concept of Legalization*, International Organization, 2000, 54（3）：405 - 406；ABBOTT, KENNETH W. & SNIDAL, DUNCAN, *Hard and Soft Law in International Governance*, 2000, 54（3）：425.

② FISCHER-LESCANO, ANDREAS & Teubner, Günter, "Regime Collisions: the Vain Search for Legal Unity in the Fragmentation of Global Law", Translated by Michelle Everson, *Michigan Journal of International Law*, 2004, 25：1020.

纳入对公共健康的保护。

跨国社会子系统的功能扩张具有自我毁灭的危险。[①] 历次的经济和金融危机也让有关利益集团认识到跨国经济子系统实现功能扩张的同时必须自我限制。尽管如此，跨国经济子系统的自我限制常常需要来自外部的压力，因为这些外部压力更能让其认识到，它的扩张已经到了让其他社会系统难以容忍的程度。该外部压力除了跨国市民社会[②]之外，另一个有力的外部压力就是国家。外部压力将转化为跨国经济子系统的内部压力，让后者感到必须学习其他跨国社会子系统的要求，以便更好地适应外部环境。[③] MNEs制定或采纳公司行为守则就是外部压力迫使其内部进行社会学习的结果。在外部压力足够大的情况下，MNEs将首先被迫进行认识性学习，即学习如何与社会期待相一致。这些外部压力包括但不限于非政府组织（NGOs）主导下的消费者运动，以及国内或政府间组织（IGOs）的软法性安排。其中，前者压力属于非法律性的社会制裁，后者压力则类似于MNEs与国家之间的政治交换，即MNEs以自律换取国家的非硬性监管。尽管不能排除部分MNEs制定或采纳公司行为守则的确出于股东或董事会的开明的自律，但不可否认，相当多的MNEs制定或采纳公司行为守则的举措属于在外界大量压力下产生的所谓"自愿学习"行为。

相比NGOs，来自国家和IGOs的学习压力所影响的范围更全面，也更持久。面对功能分化的跨国社会子系统，法律将自己定位为"劝说与促进"角色，而不是苛求其规则对整个社会的普遍适用性，乃是国家对全球法律碎片化的深刻理解。因为全球法律碎片化并非法律自身可以解决的，它的根源在于全球社会碎片化。可以认为，法律（包括国际法）是跨国社会子系统的耐心的教化者。用德国法学家拉迪亚（Karl-Heinz Ladeur）的话说："矛盾不可避免，法律系统内部的自我观察和自我描述事实

[①] Teubner, Günter, *Constitutional Fragments: Societal Constitutionalism and Globalization*, Translated by Gareth Norbury, Oxford: Oxford University Press, 2012, pp. 10 – 11.

[②] 跨国市民社会包括非政府组织（NGOs）、大众媒体等。不可否认，NGOs是全球市民社会精神最集中、表现最活跃的行为体。参见蔡从燕：《市民社会、协商民主与国际法的范式转换》，载廖益新主编《厦门大学法律评论》，厦门大学出版社，2005，(9)：第259~260页。

[③] Teubner, Günter, *Constitutional Fragments: Societal Constitutionalism and Globalization*, Translated by Gareth Norbury, Oxford: Oxford University Press, 2012, pp. 93 – 94.

上必须承担起分化的各个跨国社会子领域的兼容与沟通。"[1] 若有关的软法安排已经足以提醒跨国社会子系统采取避免自我毁灭的措施，则可认为法律的任务已经基本实现。只有当跨国社会子系统的自我扩张已经危及社会系统整体的生存，或者对其他跨国社会子系统造成损害时，法律才会启动硬法机制，直接进行调整。在此情况下，法律将发挥传统意义上的强制作用，即要求侵害主体停止对人或自然的侵害，并要求他们提供相应的补偿或赔偿。[2]

二 反思法理论中程序化规范与程序性和实体性规则的辩证关系

反思法理论强调自身既非一个精确界定的形式规则体系，也非以目的为导向并依赖实质标准的规则；相反，反思法倾向于对程序化规范（proceduralization of law）的依赖，即对调整过程、组织以及分配权力与权能的那部分规则的依赖。[3] 反思法理论所强调的"程序化"并非司法实践中的"正当程序"，而是形塑决策过程，改变组织性结构以及权力与权能关系的那部分规则。但这部分规则未必就是程序性规则。例如，反思法理论所强调构建的企业内部劳资双方的集体谈判规则就包含集体谈判权等实体性权利。因此，认为反思法理论仅建议立法者制定程序规则的观点是错误的。图依布纳认为，如果反思法理论仅仅强调程序规则的重要性，就不足以显示该理论的特殊意义，因为"以程序为导向的法律已经存在了几个世纪、甚至这种法律的核心就是程序"。[4] 反思法理论试图说明的是，为了回应高度自治的社会，法律将发展出何种程序。同时，图

---

[1] FISCHER-LESCANO, ANDREAS & Teubner, Günter, "Regime Collisions: the Vain Search for Legal Unity in the Fragmentation of Global Law", Translated by Michelle Everson, *Michigan Journal of International Law*, 2004, 25: 1045. 转引自 LADEUR KARL-HEINZ, *Postmoderne Rechtstheorie: Selbstreferenz, Selbstorganisation, Prozeduralisierung*, Berlin: Duncker & Humblot, 1992, pp. 159 – 160.

[2] FISCHER-LESCANO, ANDREAS & Teubner, Günter, "Regime Collisions: the Vain Search for Legal Unity in the Fragmentation of Global Law", Translated by Michelle Everson, *Michigan Journal of International Law*, 2004, 25: 1046.

[3] Teubner, Günter, "Substantive and Reflexive Elements in Modern Law", *Law and Society Review*, 1983, 17 (2): 255.

[4] Teubner, Günter, "Autopoiesis in Law and Society: a Rejoinder to Blankenburg", *Law and Society Review*, 1984, 18 (2): 299.

依布纳赞同施密德（G. Schmid）的观点，认为在反思法框架中，实体性规则仍然不可缺少。① 反思法理论并不反对实体性规则，而仅要求实体性规则的产生过程及其合法化必须遵循充分社会化的程序。② 因此，从法律技术层面来看，应将反思法理论所强调的"程序化"与"程序法"加以区别。

实际上，程序性规则和实体性规则均不是反思法理论的特色所在。反思法理论的核心理念在于它的社会回应性，即法律如何才能更有效地回应功能分化的社会发展的需要。可以认为，反思法理论并不追求法律的具体的实体价值，它的程序化也不是建立在充分的判断、一致的意见、真实性等基本程序价值之上。反思法理论仅强调少数特定法律的延伸性程序价值，如"保持选项范围的开放""容忍不同的意见（但不追求协商一致）""确保不同的社会子系统的话语可以相互沟通"等。反思法理论认识到法律和其他社会子系统在结构上的相互封闭，于是明智地将法律的作用定位为"架设社会系统内部和系统之间的沟通渠道"，尤其是"对权力加以控制（强调改变社会系统内部的权力不对称）"与"建构利益关系方得以进行'讨价还价'的组织机制"。这样，反思法理论不但可以释放各个社会子系统自我调整的活力，而且可以在一定程度上让这些互动的社会子系统相互牵制与相互监管，从而更有可能实现问题的彻底解决。③

总之，作为协调多个社会子系统的法律不可避免具有程序化特点。然而，程序化并不等于程序性规则；同时，程序化也不排除实体规则的作用。反思法理论突出强调的是，法律对社会子系统自我规制的导引，对系统之间有效沟通的组织，对系统内部权力和权能分配的不对称问题的重构。尽管反思法理论不预设特定的实体性法律价值，但恰恰是这种强调实验和学习的精神创设了更好地解决社会问题的可能性。

---

① Teubner, Günter, *Law as an Autopoietic System*, Translated by Anne Bankowska and Ruth Adler, Oxford: Blackwell Publishers, 1993, p. 67.
② Teubner, Günter, *Law as an Autopoietic System*, Translated by Anne Bankowska and Ruth Adler, Oxford: Blackwell Publishers, 1993, p. 67.
③ BLACK, JULIA, "Constitutionalising Self-Regulation", *Modern Law Review*, 1996, 59: 47.

三 反思性监管的基本框架

（一）"强制实施金字塔"模型的借鉴意义

反思法理论强调，国家的监管应该"回应"社会。然而，图依布纳并未对反思性监管的框架做出说明。1992年，伊恩·艾尔斯（Ian Ayres）和约翰·布雷斯韦特（John Braithwaite）借鉴诺内特和塞尔兹尼克的回应型法律理论，就如何更有效地实施法律提出了"回应性监管"的概念及基本框架。伊恩·艾尔斯和约翰·布雷斯韦特指出：有效的监管应该考虑被监管主体的不同动机，包括被监管的企业、行业组织以及其中的个人之间差异化的目标；监管还应该回应行业的行为，思考如何通过私人监管让整个行业更加有效地运行；国家监管可以通过开明的监管授权促进私人市场的监管。[1] 这两位学者认为，无论从经济学还是从社会学的角度分析，仅仅依赖惩罚或拳击作为确保监管目标实现的方法应该避免，最有效的策略是"投桃报李，以牙还牙"（Tit-for-Tat，简称TFT策略），[2] 即兼采劝说和惩罚的策略。[3] 据此，他们认为，比较合理的强制实施结构应该呈现金字塔状，即最大限度的自我监管（金字塔的底层）——范围较小的强制的自我监管[4]（金字塔的中层）——范围尽可能最小化的"命令与遵从型"监管（金字塔的顶层）。其中，企业的自我监管应该首先被考虑，因为在此情况下，企业拥有充分的决策自由，政府的监管成本也最低。

---

[1] AYRES, IAN & BRAITHWAITE, JOHN, *Responsive Regulation: Transcending Deregulation Debate*, Oxford: Oxford University Press, 1992, p. 4.

[2] 博弈论中的概念，由数学家阿纳托·拉普伯特（Anatol Rapoport）提出，并由密歇根大学社会学家罗伯特·阿克塞尔罗（Robert Axelrod）加以发展，成为解决"囚徒困境"的最佳策略。该策略有两个步骤：第一个回合选择合作；下一回合是否合作要看上一回合对方是否合作，若对方上一回合背叛，此回合我亦背叛；若对方上一回合合作，此回合继续合作。"投桃报李，以牙还牙"策略有四个特点：友善，博弈者开始一定采取合作态度，不会背叛对方；报复性，遭到对方背叛，博弈者一定会还击做出报复；宽恕，当对方停止背叛，博弈者会原谅对方，继续合作；不羡慕对手，博弈者个人永远不会得到最大利益，整个策略以整体利益最大化为目标。

[3] AYRES, IAN & BRAITHWAITE, JOHN, *Responsive Regulation: Transcending Deregulation Debate*, Oxford: Oxford University Press, 1992, p. 4.

[4] 根据伊恩·艾尔斯和约翰·布雷斯韦特的观点，强制的自我监管包含两个要素，即政府强制企业自我制定规则以及政府监督企业实施经批准的自我监管规则。Id., p. 116.

然而，纯粹自愿的自我监管容易助长企业为追求利润最大化而实施损人利己行为，引发负面的社会效应。在此情况下，国家要求企业根据其设定的标准制定自我监管规则，并设立内部监察部门负责监督规则的实施。企业制定的自我监管规则经主管部门批准后实施。企业通过其内部监察部门自我发现违法行为并自我纠正。企业有动力自查自纠，因为这样可以避免违法行为遭遇监管部门的惩罚。此时，政府仅维持少量的直接监督，即对企业内部监察部门工作的审计。故此，在强制的自我监管模型下，有限的政府监管资源得以从那些具备有效的自我监管机制的企业转移，转向那些自我监管不力或无效的企业。这样，既可以提高企业自我监管的积极性，又可以将强制监管对准那些最有可能违反法律的企业，最终实现有限监管资源的最大化利用。若企业滥用自我监管的权利实施违反行为，则强制实施的力度将升级，即"命令与遵从型"监管将被启动，企业及直接责任人员将被科以民事、行政甚至刑事责任。

伊恩·艾尔斯和约翰·布雷斯韦特提出的"强制实施金字塔"至少在三个方面体现了反思法理论的内容。

第一，社会力量的导引。除了允许企业自我制定并实施监管规则，自我判断和制裁企业（集团）内部的违反行为，并以此作为法律实施的基础之外，这两位学者非常重视第三方［包括行业协会与公共利益集团（public interest groups，简称 PIGs[①])］参与。他们鼓励 PIGs 对企业自行制定并送呈有关主管部门批准的自我监管规则进行评价，主张授权 PIGs 参与监管部门与被监管企业就具体问题的谈判并发表独立意见。鼓励以民主方式组建起来的 PIGs 参与监管的理由在于，仅包含监管者与被监管者的双方结构存在监管俘获[②]的危险，可能损害社会利益。吸收理性 PIGs 参与的重要作

---

① 根据伊恩·艾尔斯和约翰·布雷斯韦特的观点，PIGs 包括四种，即理性的 PIGs（其使命与监管立法的目标一致，如环境组织、妇女组织、动物福利组织等；它们甚至可以监督监管者是否按法律履行监督职责）、被企业俘获的 PIGs（其行动与被俘获的监管者一致）、被企业诱惑的 PIGs（这种 PIGs 的态度介于理性的 PIGs 和被俘获的 PIGs 之间，具有不确定性）以及激进的 PIGs（其社会目标有时与监管者相反，可能由社会选举产生，但富有对抗性，不与监管者合作，其行为方式也不理性）。Id., p. 74～75.

② 监管俘获从经济学角度分为三种类型，即无效俘获（偏离帕累托最优，社会总福利为负）、零和俘获（社会福利没有改变，企业获得的福利等于社会承担的损失）以及有效的俘获（对企业和社会均带来好处的俘获）。AYRES, IAN & BRAITHWAITE, JOHN, *Responsive Regulation: Transcending Deregulation Debate*, Oxford: Oxford University Press, 1992, p. 69.

用在于构建监管者与被监管者信息方面的力量平衡（信息对称）。这是因为，企业提供给监管者的信息可能有限，而PIGs对企业的要求可能会高于法律的要求，这样，最终的结果可能更接近法律所包含的民主意愿。

当然，PIGs提出的干预要求也可能不适当地高于法律的要求。但由于PIGs的平衡也只是部分平衡法律所要求的较低标准，因此，三方主义的结果可能更接近于通过民主过程设定的法律标准。坚持三方主义的理由还在于其参与的过程。利益相关者以民主方式参与对他们的生活有影响的事项的决策，本身就是一个独立于结果的民主产品。此外，吸收行业协会参与监管则是因为，行业有动机游说企业实施自我监管，以争取国家降低监管级别，或者至少避免国家升级到更严格的控制。为了争取国家降低监管的级别，行业将会向其社会证明，在国家干预级别降低的情况下，行业自我监管可以为社区提供更好的保护。行业协会在此意义上被视为是强制的自我监管的一道撒手锏。[①]

第二，硬性直接干预的克制。伊恩·艾尔斯和约翰·布雷斯韦特认为，以惩罚手段确保法律实施代价高昂，而劝说成本较低。若首先尝试劝说，就可以留出更多的资源，扩大监管的覆盖范围。[②] 的确，若首先尝试惩罚性强制实施，则会陷入"猫捉老鼠"的监管游戏中，受监管者更有可能通过钻法律漏洞逃避对法律的遵守，而国家将因此被迫制定更多更具体的法律来填补法律漏洞。产业科技和发展环境的变化如此之快，具体的法律规定永远无法跟上现实的变化。基于此，监管应该主要依赖劝说而非惩罚。

当然，若公司滥用劝说所赋予的特权，则监管者应该以严格的惩罚作为回应。惩罚应该遵循最低限度满足原则（Minimal Sufficiency Principle），[③] 即

---

① 监管俘获从经济学角度分为三种类型，即无效俘获（偏离帕累托最优，社会总福利为负）、零和俘获（社会福利没有改变，企业获得的福利等于社会承担的损失）以及有效的俘获（对企业和社会均带来好处的俘获）。AYRES, IAN& BRAITHWAITE, JOHN, *Responsive Regulation: Transcending Deregulation Debate*, Oxford: Oxford University Press, 1992, p. 128.

② 监管俘获从经济学角度分为三种类型，即无效俘获（偏离帕累托最优，社会总福利为负）、零和俘获（社会福利没有改变，企业获得的福利等于社会承担的损失）以及有效的俘获（对企业和社会均带来好处的俘获）。AYRES, IAN& BRAITHWAITE, JOHN, *Responsive Regulation: Transcending Deregulation Debate*, Oxford: Oxford University Press, 1992, p. 26.

③ AYRES, IAN& BRAITHWAITE, JOHN, *Responsive Regulation: Transcending Deregulation Debate*, Oxford: Oxford University Press, 1992, p. 19.

只要既定水平的惩罚足以制止违反行为的发生，就不应该适用升级的惩罚。在 TFT 策略下，若企业的故意违法行为出于金钱驱动，将受到严厉制裁。然而若他们负有社会责任，愿意转向对法律的遵守，即便他们有贪婪的本性，监管机关也会网开一面，给予其改正的机会。当企业发现监管者原谅他们的时候，他们更可能真正改变；而当他们真正改变的时候，监管者也会把他们当成真正具有社会责任的企业。可见，饶恕更值得倡议，因为饶恕有助于构建未来遵守的承诺，解决惩罚性监管与法律漏洞之间的矛盾。由此可以得出结论，遵守最大化发生在"以饶恕为基础，偶尔凶狠"的监管中。

第三，对沟通与对话等社会机制的重视。伊恩·艾尔斯和约翰·布雷斯韦特提出"共和性质的三方主义"（republican tripartism）模型，以此区别"双方监管结构"模型以及"纯粹经济计算为基础的三方主义"模型。与"双方监管结构"不同，"共和性质的三方主义"（republican tripartism）模型以及"纯粹经济计算为基础的三方主义"模型都认可第三方（PIGs 或行业协会）参与的重要意义。"共和性质的三方主义"较之"纯粹经济计算为基础的三方主义"，主要的区别在于：后者遵循经济计算的路径，认为被监管者遵守法律的动机是基于违反的利益计算，而前者遵循信任、合作与沟通等社会机制，认为该动机并不总是基于经济理性，还可能是因守法与企业责任，并且往往是这些因素的混合；后者情况下监管者仅仅扮演潜在的惩罚者角色，前者情况下监管者还可能充当帮助企业建构遵守能力的顾问角色；后者合法性是不加区分的、笼统的合法性，前者则是具备"分化"的合法性，例如，行业性集体协议中，工会可能用一套理由来解释为什么工人需要遵守该谈判的结果，行业协会则可能迎合其成员的不同价值，采取另一套完全不同的解释理由，以便得到他们的同意，促成协议更快达成。在"共和性质的三方主义"模型下，社会控制可以更有效发挥作用，融合性的羞辱而非惩罚是有效社会控制的关键。

较之抛弃性羞辱（shaming with outcasting，即孤立）可能引发愤怒和抵制，融合性羞辱是降低违反者负罪感并促使他们改正的有效方法。在"共和性质的三方主义"模型下，违反一方虽然遭受羞辱但仍拥有尊重，这种融合性羞辱因此成为持续对话的组成部分。在此意义上，PIGs 和监管机构把企业纳入谈判桌并不是孤立它们。在尊重的氛围下，企业更有可能采取措施纠正违反行为，以消除负疚感。

显然，"共和性质的三方主义"模型并不排除经济理性的积极意义，但更强调沟通的关键作用。即便经过计算之后，合作型沟通的整体收益也将最大，因为具备沟通的三方主义有主体相互理解、相互适应从而避免相互伤害的可能性。"纯粹以经济计算为基础"的三方主义模型建立在利益预先给定并由结构决定的基础之上。而在"共和性质的三方主义"模型之下，利益变得具有偶然性，结构也不具有确定性。其认为资本家愿意内化工人和社会的法律利益，而PIGs愿意将企业和监管者的要求内化。因此，被监管者和PIGs都有为第三方或第四方结构联系所形塑的利益。事实上，"共和性质的三方主义"模型的优势在于，可以进一步培养已经发生的利益，"这些利益不是预先给定的，而是通过参与社会活动被建构和重构的。"① 不管参与方是基于社会要求还是基于利益要求提出主张，也不管这些主张多么冲突，都应该被抱以开放态度，通过民主对话对这些主张进行重构。正如美国著名哲学家伯恩斯坦（Richard J. Bernstein）指出，"不管张三李四王五的主张多么矛盾，他们的主题都是对话，即共同的判断、互相恳求及劝说"，从而可以最大限度地避免权力的压制。②

（二）针对跨国社会问题的反思性（回应性）监管框架

不可否认，反思性监管相较国内传统的"命令与遵从型"监管无疑是一大创新。然而，平权结构下的国际社会并不具备统一的立法、司法和执法机关。因此，反思性监管在跨国层面的适用将与国内有所区别，体现在以下四个方面。

首先，跨国社会力量③的导引显得更为重要。如本节第一目第（一）小目所述，在全球化社会中，政治子系统的全球化程度远低于经济、科

---

① AYRES, IAN& BRAITHWAITE, JOHN, *Responsive Regulation: Transcending Deregulation Debate*, Oxford: Oxford University Press, 1992, p. 96.
② AYRES, IAN& BRAITHWAITE, JOHN, *Responsive Regulation: Transcending Deregulation Debate*, Oxford: Oxford University Press, 1992, p. 97. 转引自 BERNSTEIN, RICHARD J., *Beyond Objectivism and Relativism: Science, Hermeneutics, and Praxis*, Pennsylvania: University of Pennsylvania Press, 1983.
③ 主要包括跨国商业力量（以MNEs及其附属单位为主体）和跨国市民社会力量（以NGOs为代表）。

学、体育等社会子系统，导致这些社会子系统以相对独立于政治主权的方式发展，并形成多个自主发挥调整功能的跨国私人机制，问题替代领土成为法律的边界。然而，对于跨国社会问题的调整，从法律的角度看，一国法律域外适用不仅面临不周延性问题，更面临合法性问题。面对跨国社会子系统内在结构方面的"自我指涉"特点，一国法律对这些子系统的域外适用或国家间法律对其硬性直接干预的难度，将比国内监管更大。这样，导引跨国社会力量对跨国社会问题的自我调整（包括自我限制）比导引社会力量对纯粹国内性质的社会问题的自我调整，更显得重要。

其次，劝说策略的主导地位更为明显。国际社会的无政府状态导致统一的惩罚机制缺位。在此情况下，劝说成为主导的策略。尽管不如国内的惩罚那样具有威慑力，但国际社会"群起的羞辱"使得"劝说"的软影响不容忽视。尽管国家之间也可以通过双边、诸边以及多边条约（协定）设定制裁，要求缔约国强制实施国内保护劳动者和环境等社会方面的法律；但是，就全球范围而言，既有的制裁规定仅仅是局部性的双边或诸边条约实践，且目前尚未有公开报道的制裁案例。在劝说策略下，MNEs 甚至不被视为是监管对象，而被视为是监管的主体纳入到国家间的安排之中。这方面的典型例子有经济合作与发展组织（OECD）《关于跨国企业行为的指南》、国际劳动组织（ILO）《关于跨国企业和社会政策的三方宣言》，以及联合国（UN）的"全球契约"。

再次，沟通与对话机制成为核心机制。国际社会的平权结构使得国家之间在面对共同关注的因 MNEs 引起的社会问题时，首先会启动沟通与对话机制，且这种机制贯穿于争端解决程序的始终。在具体操作程序上，被申诉的企业以及有关 NGOs 一般被纳入沟通与对话之中。国家与跨国市民社会之间也是如此。目前发达国家发起或参与的经济协定几乎不可能在隔离跨国市民社会的情况下成功谈判并缔结。《多边投资协定》（MAI）谈判的失败教训，以及目前《跨太平洋伙伴协定》（TPP）的谈判尽管处于保密状态，但谈判方重视劳动与环境保护方面的听证，并注意倾听有关 NGOs 意见的做法，再次证明沟通与对话机制在当前国际经济治理中所占据的重要地位。从微观的公司治理来看，MNEs 越来越重视与跨国市民社会力量的对话，重视他们对 MNEs 全球经营引起或可能引起的环境、劳动、竞争等社会问题的关注。MNEs 通过公布有关公司行为守则表达其对社会问题的负责任态度，以此换取市民社会对其跨国商业活动的支持。许多MNEs甚至愿意接受有关NGOs制定的行为守则对自己的约束，并愿意配合有关NGOs对企业（集团）内部实施这些行为守则进行的监督。还有一些MNEs表现更进一步，直接与国际工会组织签订双方协议（全球框架协议），承诺对其全球范围内的分支机构实施与母国一致或接近的较高水平的劳动标准，并通过劳资对话确保这些协议的实施。

最后，法律的实验与学习更为重要。必须承认，伊恩·艾尔斯和约翰·布雷斯韦特设计的从自我监管到强制的自我监管再到国家的"命令与遵从型"监管的金字塔模式事实上也包含了部分"实验与学习"的反思理性，因为国家在此过程中需要针对企业遵守的具体情况决定是否加大督促其自我监管的外部压力，这也是一个实验与学习的过程。然而，有效回应跨国社会问题对法律的"实验与学习"提出了更高的要求。原因在于，与跨国商业力量相比国内企业呈现出更复杂的网络结构，由此引发的社会问题也比国内社会问题更为复杂。同时，跨国市民社会力量比国内市民社会力量更为多元化，它们与跨国企业、国家以及IGOs的互动程度远非国内市民社会力量可比。更关键的原因是，跨国社会问题的监管不仅涉及国家的监管能力、合作意愿等，而且涉及国内层面和国际层面相关利益主体的双重博弈甚至多重博弈，这种多向度互动也是国内监管较少经历的。缘于此，监管者更需要注意观察跨国社会问题的变化，更需要在与调整对象的相互理解或误解，相互接受或拒绝的过程中，摸索出促进跨国社会子系统自我监管的合适的外部压力。

综上，由于全球社会总体呈现碎片化状态，跨国社会问题的调整机制相比国内社会问题的调整机制，将更重视导引跨国社会力量的自我治理，将更有意识地采取劝说策略，将更加注重发挥沟通与对话的社会机制，并将更强调法律的"实验与学习"。尽管部分经济协定包含类似国内的制裁机制以确保协定的社会条款得以实施，但与传统的"命令与遵从型"监管模式不同，这种制裁均为最后的救济。目前尚未发生国家间经济协定因缔约国违反社会条款而适用制裁的事实反映出，国家非常克制惩罚机制的适用。

四　反思法理论的定位

反思法理论建立在社会功能高度分化的假设前提之上。社会是否会越来越复杂？没有人能准确预测。但是，也没有人会否认，当前社会确实充分复杂。因此，采用反思法解决跨国社会问题具有一定的合理性。原因在于以下几点。

首先，采取反思法调整社会问题具有可取性。面对充分复杂的跨国社会问题，形式法与实质法都显得力不从心，前者难以克服不周延的内在缺陷，后者则无法避免立法者或决策者的有限理性以及国家立法与司法资源不足的问题。为了应对法律的理性危机，更好地回应跨国社会问题的调整需求，法律既需要克服形式法为追求"完整性"而盲目自我隔离的形式主义，也需要改变实质法以直接监管方式过度回应社会的缺点。在此背景下，反思法强调结构机制和程序化规则的运用，把重心放在导引跨国社会系统的自我监管方面，不能不说是一大创新。反思法有助于有限的国家立法与司法资源的优化使用，因而是可取的。

其次，采取反思法调整社会问题具有科学性。反思法将国家的监管重任部分卸下给社会中介组织，通过结构性机制和程序化框架鼓励相关社会主体相互沟通、相互学习以及自我监管，是比较科学的。

当然，反思法也不是全能的，更不能断言它可以成为后现代法的主要模型。因为何为后现代法目前尚无定论。相比形式法直线型解决问题的思维，反思法强调系统迂回反馈；相比实质法整体实质解决问题的思路，反思法强调社会力量自我监管的导引。因此，反思法打开了解决社会问题的新思路。但是，这并不意味着反思法在所有社会领域都能发挥作用。形式法和实质法在某些领域更能有效解决社会问题。例如，形式法对于财产权的界定更有效率，明晰的个人产权规则能够有效地定纷止争。实质法对于社会转型期凸显的特定社会问题更有针对性。例如，对边缘群体、弱势群体的保护。

事实上，不管是诺内特和塞尔兹尼克，还是图依布纳，都不认为反思法代表全新的法律发展阶段。诺内特和塞尔兹尼克明确将被图依布纳称为包含反思法要素的回应型法定位为"一种社会科学策略"以及"一种社会发展模型"。① 同时,诺内特和塞尔兹尼克也承认,"回应型法是一种不确定的理想,这种理想的实现和可期待性在历史上是有条件的,尤其取决于所要满足的急切需要和所能开发的资源。"② 并且,他们也不否认"压制型法和自主型法在当代社会中仍然存在持续的相关性"。③ 在此意义上,诺内特和塞尔兹尼克提出的"压制性法—自主性法—回应型法"模型,与其说是历史发展的经验总结,毋宁说是按照理性的方法建立的用以分析和判断同一社会的不同法律现象的工具性框架。图依布纳同样强调,反思法还是一个不成熟的理论,尚未建立一个精确界定的框架,其主要目的是为了纠正学界提出的在他看来为倒退趋势的福利国家法律改革思路——"实质法再形式化",在法律回应社会方面提出一个替代性思路。④ 因此,与其认为法律在演进,不如认为法律在循环更为准确。因为这三种法律理性不仅在大陆法系而且在英美法系的传统中都可以找得到,图依布纳的创新仅在于强调用程序化导引自我监管,以克服形式监管的不足,并对实质监管加以克制。由此可以认为,反思法不是对形式法和实质法的取代,而更适宜被认定为一个提升法律监管的策略(路径)。

研究跨国劳动监管的知名学者鲍勃·赫普尔(Bob Hepple)教授认为,反思法几乎对所有人及所有事都适用。⑤ 图依布纳自己也认为,反思法对于保守主义理论(neo-conservative)而言,意味着从属性原则;对于新自由主义(neo-liberal)理论而言,意味着通过市场的自我监管;对于新社会主义理论(neo-socialist)而言,则可以被理解为民主的社会子系统的自治。⑥ 图依布纳与鲍勃·赫普尔这样说并不是为反思法理论造势,而是试图表明他们对于该理论可能发挥的政治功能持中立态度。反思法理论并没

---

① 〔美〕诺内特、塞尔兹尼克:《转变中的法律与社会》,张志铭译,中国政法大学出版社,1994,第23页。
② 〔美〕诺内特、塞尔兹尼克:《转变中的法律与社会》,张志铭译,中国政法大学出版社,1994,第130页。
③ 〔美〕诺内特、塞尔兹尼克:《转变中的法律与社会》,张志铭译,中国政法大学出版社,1994,第129~130页。
④ Teubner, Günter, "Substantive and Reflexive Elements in Modern Law", *Law and Society Review*, 1983, 17 (2): 254.
⑤ HEPPLE, BOB, "Enforcing Equality Law: Two Steps Forward and Two Steps Backwards for Reflexive Regulation", *Industrial Law Journal*, 2011, 40 (4): 334.
⑥ Teubner, Günter, *Law as an Autopoietic System*, Translated by Anne Bankowska and Ruth Adler, Oxford: Blackwell Publishers, 1993, p. 64.

有认为反思法是唯一的法律形式。与形式法和实质法一样，反思法证明了法律对社会的有限调整作用。因此，何为最好的法律应该根据个案的具体情况而定，目前的法律仍然是形式法、实质法和反思法的混合。

综合本节，图依布纳提出的反思法理论为我们辩证认识当前非常复杂的社会中国家硬性监管与私人机制之间的关系，以及程序化规范与程序性规则和实体性规则的关系，提供了有益的路径。在反思法理论下，国家以及 IGOs 对于跨国社会问题的调整更适宜确定程式与组织机制，而非厘定具体的适用规则。这使得跨国社会问题的国内以及国际调整不可避免走向软法化。在针对跨国社会问题的法律的实施过程中，与国内传统的"命令与遵从型"监管模式不同，反思性跨国劳动监管强调克制硬法，导引跨国社会力量（包括跨国商业力量和跨国市民社会力量）自我监管，强调法律的"实验与学习"，对于 MNEs 的违反行为主要采取劝说策略，注重促进 MNEs 与社会的沟通与对话。

第三节 反思法理论与跨国劳动监管制度的变革

引 言

当前，跨国劳动问题非常复杂，传统的以国家和 IGOs 为主要监管主体的硬法监管模式面临较大的挑战，有必要以反思法理论为路径寻求解决之道。为此，本节首先分析跨国劳动监管在 20 世纪 70 年代中期之后挑战增大的具体表现与内在成因（第一部分），接着论证跨国劳动监管可能的主体（第二部分），进而论证反思法理论为何适于分析传统的跨国劳动监管模式的问题症结与变革之道（第三部分），最后是简短的结论。

一 跨国劳动监管面临的挑战

1945～1975 年发达国家普遍重视劳动者的保护，自 1975 年开始，尤其随着 20 世纪 80 年代末新自由主义经济观念盛行，跨国劳动保护问题变得日益复杂。

(一) 挑战较小的阶段 (1945~1975 年)

"二战"后 30 年,国家在跨国劳动问题的监管合作方面进展比较顺利。从国内层面看,主要有以下三方面原因。

首先,"二战"后 30 年被誉为是资本主义的"黄金"年代。这个时期资本主义世界占据主流的经济与社会思想是主张"公共政策应致力于加强福利国家和促进充分就业"的新凯恩斯主义。[①]"二战"后初期,资本主义国家普遍存在劳动力缺乏的问题,许多资本主义国家于是大量接受移民工人,女性雇佣的比例也大大提高。并且,当时的经济以工业为基础,且大部分为劳动密集型产业,福特主义[②]成为当时主流的生产组织模式,这为工会组织力量的壮大提供了基础。

其次,1973 年石油危机爆发之前,西方资本主义国家的经济增长建立在中东地区发展中国家的大量廉价石油等能源供应的基础上。当时发展中国家低端原材料的生产与发达国家高端工业产品生产的明显分工决定了两类国家基本不存在贸易竞争,两类产品生产效益之比悬殊也使得较低的劳动标准和劳动力成本不可能成为发展中国家的贸易比较优势。

再次,在美国和苏联冷战环境下,为了证明资本主义市场经济的高效率及其社会进步性,西方资本主义国家推行高度社会保护的市场经济,以提高对劳动者的保护换取后者对西方民主政治和市场经济的支持。由此,资本主义国家出现了有利于劳动者的劳动法改革。发达国家的劳动模式,尤其是标准化雇佣[③]模式,为许多发展中国家复制。[④]

从国际层面看,在此期间,资本主义国家中除美国等少数国家根本不批准国际劳动公约外,多数比较大方地批准并实施 ILO 通过的关于工人福利、教育、培训、农村发展、殖民工作条件、工人健康与医疗福利等方面

[①] BRONSTEIN, ARTURO, *International and Comparative Labour Law*, Hampshire: Palgrave Macmillan, 2009, p. 8.
[②] 即规模化生产模式。
[③] 即全职终身雇佣模式。
[④] BRONSTEIN, ARTURO. *International and Comparative Labour Law*, Hampshire: Palgrave Macmillan, 2009, p. 11.

的公约和建议;① 社会主义国家和其他新独立的发展中国家尽管实施能力有限,但在"东西"②对峙与"南北"③角力的环境中,为了证明各自国内社会制度的优越性,部分社会主义发展中国家也批准了较多的 ILO 公约。④

(二) 挑战增大的阶段 (1975 年至今)

然而,自 20 世纪 70 年代中后期开始,世界经济、政治和观念条件逐渐发生变化,国家间跨国劳动监管方面的合作面临较大的挑战。国内层面的原因主要有三个方面。

其一,得益于技术变革,前"福特主义"生产模式转向"后福特主义",⑤ 一些传统的劳动密集型产业,例如煤矿和钢铁行业大量使用机器人替代劳动者,导致发达国家国内大量工人失业。

其二,20 世纪 70 年代石油危机之后,能源成本上升,加上受发展中国家争取国际经济新秩序运动的影响,世界原材料价格有所提升。在此情况下,发达国家工业品的制造成本提高,发达国家经济增速开始放慢,客观上影响了政府和企业对劳动保护的支持态度与能力。面对当时韩国、新加坡等亚洲新兴工业国家的贸易竞争,许多发达国家的 MNEs 依托信息和通信技术,开始转移投资到劳动标准较低的发展中国家,导致这些发达国家国内工会组织的谈判力量削弱。

其三,随着冷战结束,以较高的劳动标准换取国内工会组织对资本主义民主政治和市场经济的支持不被列为重要的政治议程,因此有利于劳动者保护的立法失去了重要的政治环境。

发达国家与发展中国家虽然劳动问题各异,但都面临经济自由化引起的劳动方面的社会成本无法内化的问题。就发展中国家而言,在逐步融入国际经济竞争的过程中,由于其劳动保护先天不足,不能排除为了争取贸

---

① HELFER, LAURENCE R., "Understanding Change in International Organizations: Globalization and Innovation in the ILO", *Vanderbilt Law Review*, 2006, 59: 693 – 694.
② "东"代表社会主义国家,"西"代表资本主义国家。
③ "南"代表发展中国家,"北"代表发达国家。
④ 1945~1975 年间,苏联共批准了 40 个 ILO 通过的公约(实际上这 40 个公约是在1954~1975 年间批准的,因为苏联于 1939 年因进攻波兰被当时的国际联盟开除,相应也丧失了 ILO 的成员资格,直到 1954 年才又加入 ILO),古巴甚至更多,达 53 个。
⑤ 即以满足个性化需求为目的,以信息和通信技术为基础,生产过程和劳动关系都具有灵活性(弹性)的生产模式。

易和引资优势,确有部分发展中国家将较低的劳动标准作为其优势。对于发展中国家而言,提高劳动标准的困难还在于,受世界银行集团和国际货币基金组织(IMF)等金融类国际组织自由化导向的影响,劳动市场灵活化要求与提高劳动标准的愿望之间的张力很大。对发达国家而言,资本与劳动力要素的自由化程度高度不对称,劳动关系走向灵活化,劳动保护因此削弱。

从国际层面看,跨国劳动监管面临较大挑战的原因在于以下几个方面。

一方面,国际劳动公约的批准问题。自1975年之后,ILO成员在缔结新的国际劳动公约方面的合意越来越难达成,[1] 公约整体的批准率一直处于较低水平。[2] 目前ILO185个成员中,约3/5成员(111个)对公约整体(189个)的批准率低于25%,超过1/5的成员所批准公约的数量低于20个。[3]

另一方面,已批准的国际劳动公约的实际遵守问题。尽管ILO确立的八个核心劳动公约[4]的批准率目前已经高达91.42%,[5] 且既有的138个已批准全部八个ILO管辖下的核心劳动公约的国家中,除了奥地利、芬兰、

---

[1] ILO不同阶段公约的通过(达成)率如下:1919~1939年,共通过公约67个,通过率为3.35%;1946~1975年,共通过公约76个,通过率为2.8%;1976~1998年,共通过公约38个,通过率约为1.65%;1999~2013年,共通过公约8个,通过率为0.53%;其中1998年、2002年、2004年、2005年、2008年、2009年、2010年、2012年、2013年均未通过任何公约。可见,1975年之前的两个20年,ILO公约的通过率差距不是太大,1976年之后,通过率降低的幅度加大。以上数据来自ILO网站之labour standards栏目(关于公约的数据库),最后访问时间:2014年1月22日。

[2] 截至2014年1月20日,185个成员国对189个公约的实际批准数(7944)与完全批准数(34965)之比率仅约22.73%,相比ILO创立后第20年(1939年)的批准率(约25%),这一比率没有提高,反倒下降了。截至2014年1月20日ILO成员对公约的批准率数据来自ILO网站之labour standards栏目(关于公约的数据库),最后访问时间:2014年1月22日。1919年ILO的批准率见HELFER, LAURENCE R., "Understanding Change in International Organizations: Globalization and Innovation in the ILO", *Vanderbilt Law Review*, 2006, 59: 684.

[3] 数据来自ILO网站之labour standards栏目(关于公约的数据库),最后访问时间:2014年1月22日。

[4] 即ILO关于强迫劳动的第29号公约、关于结社权、组织权和集体谈判权的第87号和第98号公约、关于平等报酬和禁止雇佣歧视的第100号和第111号公约、关于最低雇佣年龄以及禁止最恶劣形式使用童工的第138号和第182号公约。

[5] 数据来自ILO网站之labour standards栏目(关于公约的数据库),最后访问时间:2014年1月22日。

法国、希腊、冰岛、爱尔兰、以色列、意大利、卢森堡、荷兰、葡萄牙和瑞士这 12 个传统意义上的发达国家外，其余都是发展中国家。然而，1989 至 2003 年间，从 ILO 关于公约和建议适用的专家委员会对成员国违反公约情况的观察记录看，发展中国家不遵守已批准的核心劳动公约的现象较为普遍。[①] 其原因在于，一些发展中国家为了获取发达国家的普惠待遇或者来自世界银行集团等金融类国际组织的融资优惠，在国内实施条件尚未成熟之时，就做出批准的承诺。因此，如何解决空洞的批准与无力的后续实施之间的矛盾，是摆在 ILO 面前的严峻问题。

最后，劳动标准与竞争优势关系方面存在的理念差距，短期内难以调和。发展中国家之间存在"先行批准有关的国际劳动公约将使自己处于比其他发展中国家不利的经济竞争地位"的担忧，由此导致他们之间相互观望，缺乏先行批准的意愿。发达国家与发展中国家之间，前者对后者"利用较低水平的劳动标准或实施力度进行社会倾销或吸引投资"的顾虑仍然存在，而后者对前者以劳动标准为由推行贸易保护主义或霸权主义的戒备心理也难以消除。这种观念的差距若不能缓解或消除，国家之间在跨国劳动监管方面的不合作关系将陷入恶性循环。

显而易见，20 世纪 70 年代中期之后变得充分复杂的跨国劳动问题，依靠传统的国家和 IGOs 的硬法监管模式是难以有效解决的。

二 跨国劳动监管可能的主体

既然跨国劳动问题如此复杂，那么哪些主体才能胜任对此问题的监管呢？

首先看主权国家。诚然，国家是跨国劳动问题的直接管理者，但同时不得不承认，面对自由化程度不对称的资本要素与劳动力要素的跨国流动，主权国家对跨国劳动问题的公力监管能力客观上有限。就投资者母国或进口国而言，对域外劳动问题进行监管不仅面临着合法性问题，且受到客观能力的限制；对投资东道国或出口国而言，贸易与吸引外资方面的激烈竞争限制了其主动监管的意愿。

其次看 IGOs。IGOs 可能比个体国家更具备跨国劳动监管的专业经验

---

① HEPPLE, BOB, Labour Laws and Global Trade, *Oxford: Hart Publishing*, 2005, pp. 40 – 43.

和信息优势,并有可能采取集体行动。然而,IGOs 的授权来自国家,对跨国劳动问题的监管职能取决于国家授权的限度。这种建立在国家间同意基础上的造法机制随着成员数量增多、类型多样、利益偏好差异等问题的出现,条约(协定)缔结并通过的难度加大。即便是 IGOs 已经通过的条约,也必须经过成员国的批准才能内化到各成员。因此,为了让 IGOs 更好地履行跨国劳动监管职能,必须探索创新的监管方式。

再次看 MNEs。MNEs 数量众多,① 是跨国劳动问题的主要制造者,理应负起相应的责任。MNEs 在劳动监管方面的作用具有双重性。一方面,它们的逐利本性导致他们在劳资双方利益冲突的情况下可能不惜牺牲劳动者的利益。另一方面,在缺乏实施资源的国家,它们确实也可能成为政府提高劳动保护的支持力量。然而,在国际硬法机制之下,MNEs 无法成为直接的义务主体。如果要让 MNEs 担负跨国劳动监管的直接责任,既需要解决他们自我监管的动力问题,也要解决将他们纳入监管的法律手段问题。

最后看跨国市民社会力量。劳动问题方面,那些以民主方式建构的跨国市民社会力量(以理性的关注劳动问题的 NGOs 为典型代表,包括工会组织)能够较好地代表劳动者提出主张,他们来自一线的信息最能说明亟待解决的跨国劳动问题。此外,理性的 NGOs 善于利用媒介、社会抗议等方式向 MNEs、国家或 IGOs 施压,促使有关问题得到重视。吸取 MAI 谈判向 NGOs 封闭因而遭受后者冲击之教训,目前发达国家主导的双边投资协定(BIT)或自由贸易协定(FTA/RTA)谈判(如 TPP 谈判)都非常重视定期或不定期举行与有关 NGOs 的见面或听证,听取后者对劳动标准等社会问题的关切意见。因此,对于跨国劳动监管而言,NGOs 的作用不可或缺。然而,NGOs 具有自发性,其在 IGOs 的观察或咨询地位并未得到后者的普遍认可。因此,需要科学地引导并定位 NGOs 在跨国劳动监管中的作用,以便充分发挥其积极能量。

基于上述分析可见,国家、IGOs、MNEs 和 NGOs 对于跨国劳动监管

---

① 根据联合国贸易与发展会议发布的《世界投资报告(2010 年)》,2008 年全世界的 MNEs 总数是 82000 家。尽管 2011 年之后联合国贸易与发展会议未再提及具体的 MNEs 数量,但从越来越多的企业实施国际化战略的趋势看,目前 MNEs 的数量应该超过 82000 家。See UNCTAD, *World Investment Report* 2010, New York: United Nations Publication, 2010. xviii.

的作用都是不可或缺的。因此需要考虑，面对充分复杂的跨国劳动问题，传统的以国家和 IGOs 为主要监管主体的硬法监管模式是否需要变革以及如何重新定位国家、IGOs、MNEs 和 NGOs 在跨国劳动监管结构中的角色。

三 反思法理论契合跨国劳动监管制度的变革需求

反思法理论为回应充分复杂的跨国社会问题而生，适合用以探索跨国劳动监管制度的变革之道。具体表现为以下几点。

第一，反思法理论主张对公力监管和硬法的有限依赖，硬法仅作为最后的救济措施。对于跨国劳动监管而言，改变过去全面直接干预的硬法监管非常必要，因为这样可以将有限的监管资源用于最需要的领域。制裁仅在严重违反的少数情况下才有必要，其目的是为了促使自我监管得到有效实施。无论是国家要求境内企业（包含 MNEs 的附属单位，即分支机构、供货商和承包商等）自我实施国内既有的劳动标准规定，还是 IGOs 要求其成员履行相关的监管责任，这种制裁威胁的必要性在于，当监管者握有枪杆子或大棒时，他们更有底气说温柔的话，即劝说的效果越好。[①] 换言之，制裁威胁的目的是为了督促被监管者更好地自我监管。反思性监管主张，应该确保监管者的枪杆（大棒）隐藏在很远的背景中，以至于人们不会主动想起它的存在。[②] 这样可以培育守法的美德，诸如社会责任、守法、积极贡献、赞扬、成功解决问题的模范等，让信任、合作与沟通的社会机制成为促进法律实施的核心机制。

从宏观层面看，IGOs 应该信任其成员对跨国劳动监管的自我实施，因为这本身也是国家对国民的责任，他们具备自我实施的动力。并且，IGOs 的强制实施能力比国家更低，客观上必须信任其成员的自我监管。若发生未尽条约规定的监管职责的行为，IGOs 可以通过点名批评等羞辱方法加上技术援助（如需要）促其尽快改进。IGOs 甚至可以牵头举行企业、成员国、关注劳动问题的 NGOs 之间的三方对话，帮助他们达成妥善的解决方案。IGOs 应该将制裁（集体报复行动，如有）隐藏在幕后。对于具备意愿

[①] AYRES, IAN & BRAITHWAITE, JOHN, *Responsive Regulation: Transcending Deregulation Debate*, Oxford: Oxford University Press, 1992, p. 19.

[②] AYRES, IAN & BRAITHWAITE, JOHN, *Responsive Regulation: Transcending Deregulation Debate*, Oxford: Oxford University Press, 1992, p. 50.

积极改正的国家,该制裁是一种对美德的保护;而对那些持侥幸心理者,制裁机制将是一个对准自己且随时可能开火的枪杆。考虑到制裁的威慑,这些潜在的或已经违反的国家有可能自愿遵守或积极改正。只有当成员存在严重的违反行为,且通过社会机制没有效果的例外情况下,制裁才会从幕后移到台前,成员国将被强制解决其境内的劳动问题。

从微观层面看,国家首先应该相信,跨国劳动问题的自我监管是 MNEs 稳定可持续发展的必要条件,他们具有自我监管的动力。同时,国家应鼓励、引导 MNEs 与工人及其代表(工会组织以及其他代表工人利益的 NGOs)就其违反行为进行友好的沟通,在相互信任的环境下通过对话解决问题。国家可以保留制裁,但只作为最后的救济手段,对于愿意自我监管或违反之后愿意积极改正的 MNEs,应确保他们不会遭遇制裁。

据此,劝说性的立法或实施机制将成为跨国劳动监管的主导策略。相应地,国家或 IGOs 的软法机制以及私人自我监管机制也将成为主要的规范形式。

第二,反思法理论所主张的法律具备"实验与学习"的精神,为解决充分复杂的跨国劳动问题所需要。如本章第二节第一目第(一)小目所述,法律在协调自己无法预知其内部运作规律的子系统时需要抱有"实验和学习"的态度。对于国家或 IGOs 而言,经济领域的自我发展遵循其内部特有的逻辑。MNEs 如何遵守既有的劳动监管安排也有其自身的规律。因此,在跨国劳动问题上,国家或 IGOs 的监管安排不适合以特定的目的进行直接硬性的干预,而更应该注意观察。作为公共政策,国家或 IGOs 针对 MNEs 的监管安排的作用主要在于,让 MNEs 学习社会对他们在劳动保护问题上的期待是什么。[1] 该公共政策并不需要为 MNEs 指明具体的实施步骤。国家或 IGOs 可以先行设定基本的公共政策目标,观察、试验 MNEs 的反应与实施情况。通过组织 MNEs 之间关于最佳实践的交流,国家或 IGOs 可以引导这些 MNEs 相互学习。国家或 IGOs 可以依据 MNEs 自我监管水平的逐步提高,及时调整公共政策。

第三,反思法理论主张重视社会力量的导引,而跨国商业力量与 NGOs

---

[1] Teubner, Günter, *Constitutional Fragments: Societal Constitutionalism and Globalization*, Translated by Gareth Norbury, Oxford: Oxford University Press, 2012, p.95.

不可或缺于跨国劳动问题的监管。

如本章第二节第一目第（一）小目所述，经济子系统的全球化程度远高于政治子系统。对于经济系统内部产生的跨国劳动问题，主权国家和IGOs只能从外部对其实施调整，因此，更适合发挥MNEs的自我监管机制。跨国商业力量对劳动问题的自我监管应该得到强调。在此情况下，法律需要改变过去的"命令与遵从型"监管模式，更加突出"组织与协调"功能，即将重心放在"导引"跨国商业力量的自我监管之上。

与此同时，来自理性的NGOs的压力机制的作用应该得到肯定。如本章第二节第一目第（二）小目指出，跨国经济子系统的自我限制常常需要借助外部压力，因为它的自我扩张是追求自身功能最大化所必需的，其在自我限制方面存在动力不足的问题。外部压力的作用在于，让经济子系统清楚地看到其扩张已经到了其他社会系统难以容忍的程度，即如果不加以限制，将产生自我毁灭的危险。以民主方式建构起来的以保护劳动者权利为主旨的NGOs可以为MNEs的社会学习提供外部压力。理性的跨国市民社会力量通过秘密调查、组织公众讨论、发动媒体舆论以及必要的抗议运动等形式，为民众、国家或IGOs提供针对劳动问题的专业分析，充当早期预警机制，并监督有关国内法、IGOs的软法性安排以及有关经济协定中的社会条款的履行。尽管其对MNEs施加的外部学习压力不如国家持久、全面，但理性的跨国市民社会力量的存在，有助于解决国家或IGOs在跨国劳动问题上的监管俘获问题。并且，相比国家和IGOs，来自理性的NGOs的压力更具有针对性和及时性，可以为国家全面要求MNEs进行社会学习提供民意基础。应该肯定，理性的NGOs在跨国劳动监管中具有不可或缺的地位与作用。

第四，反思法理论强调构建沟通与交流的渠道，而这正是ILO自创立之始就坚持的做法。

如本章第二节第三目第（一）小目所述，反思性监管认为"共和性质的三方主义"模式理论上可以较好地克服对社会不利的监管俘获。该模式通过创设信任氛围，让监管者、被监管者以及公共利益代表三者就被监管者的违反行为进行对话和沟通，可以为主体提供相互理解、相互适应从而避免相互伤害的机会。

作为历史最悠久的IGOs，ILO在1919年成立之初就意识到三方主义监管模式的重要性。ILO 不仅具有最悠久的历史，而且具有独特的三方成员结构，即成员国政府、工人代表与雇主代表，是世界上唯一吸收非国家行为体作为成员的 IGOs。不可否认，创立之时的 ILO 采取三方结构取决于当时的政治现实，即"凡尔赛对布尔什维克的回应"。[①] 然而，在过去 95 年的历史中，ILO 在制订与实施国际劳动标准的过程中始终坚持三方主义。1976 年，在 ILO 推动下，《三方磋商（国际劳动标准）公约》通过，并于 1978 年正式生效。截至 2014 年 2 月 10 日，在 ILO185 个成员中，批准该公约的成员国已达 135 个。可以认为，三方主义已经成为跨国劳动监管的主流观念。

三方主义的灵魂是社会对话。如本章第二节第三目第（一）小目指出的那样，社会对话可以创设相互尊重的氛围，违反一方虽然遭受羞辱但却未被孤立，各方的利益主张无论多么冲突，都被抱以开放态度，从而得以在民主对话中被重构。正是基于社会对话对跨国劳动问题的契合性，ILO 于 1999 年倡导"体面工作计划"时，将社会对话作为四大策略性目标之一。同年，UN 倡导的"全球契约"也将其作为五大商谈机制之一。随着跨国劳动问题的日益复杂，利益相关主体更加多元化，可以预期，社会对话将在未来的跨国劳动监管中发挥更加重要的作用。

申言之，面对当前日益复杂的跨国劳动问题，传统的以国家和 IGOs 为主要监管主体的硬法监管模式已显出"力不从心"。因此，跨国劳动监管制度的变革已经不是应不应该的问题，而是应如何改变的问题。跨国劳动监管制度的变革需要解决"公""私"监管力量以及"软""硬"规范的结构问题，而这正是反思法理论重点关注的问题。因此，反思法理论契合跨国劳动监管制度的变革需求。

通过本节分析可见，面对 20 世纪 70 年代中期之后充分复杂的跨国劳动问题，传统的以国家和 IGOs 为主要监管主体的硬法监管模式已显出需调整的困境。国家、IGOs、MNEs 以及 NGOs 都是不可或缺的监管力量

[①] 因为 ILO 创立之时非国家行为体（工会组织）强烈要求成员资格，欧洲工业化国家出于害怕 1917 年苏联革命将导致共产主义向西方蔓延进而煽动欧洲大陆其他国家的暴动之心理，认为让工人通过 ILO 表达其改革意见比压制他们的意见而蓄积政治暴动危险更好。参见 HELFER, LAURENCE R.,"Understanding Change in International Organizations: Globalization and Innovation in the ILO", *Vanderbilt Law Review*, 2006, 59: 679.

（主体），关键是如何重新定位他们之间的关系，以便实现监管效果的优化。反思法理论主张对公力监管和硬法的有限依赖，硬法仅作为最后的救济措施。这样既可以创设 IGOs 与成员国之间、国家与其境内的 MNEs 以及 NGOs 之间的相互信任与合作的氛围，又可以将有限的跨国劳动监管资源用于最需要的领域。该理论所主张的法律应具备"实验与学习"的精神，符合解决处于不断变化、充分复杂的跨国劳动问题的需要。该理论强调导引国家和 IGOs 之外的社会力量（跨国商业力量与跨国市民社会力量），将社会力量置于监管的主体地位，将国家和 IGOs 定位为"组织者和协调者"，通过构建社会力量沟通与交流的渠道促进跨国社会力量自我解决有关的劳动问题。这不仅是当前跨国社会力量要求参与跨国劳动监管的呼求，也符合 ILO 推进三方结构并强调社会对话的一贯实践。因此，反思法理论适合用来分析传统的跨国劳动监管模式的问题症结并探索相应的变革之道。

本章小结

作为回应 20 世纪 70 年代形式法和实质法所暴露出来的理性危机之法社会学理论，图依布纳的反思法理论有效整合了当时颇具影响的两派法社会学学者的观点（即美国学者诺内特和塞尔兹尼克的回应型法律理论，以及欧洲学者卢曼和哈贝马斯分别提出的"功能分化社会"和"社会组织原则"主张），在此基础上提出了区别于形式理性和实质理性的全新的法律理性，即反思理性。这种反思理性的正当性在于它对社会自我管制的促进，它具备促进功能分化的社会部门整合的外在功能，在规范结构上体现为以关系为导向的制度和决策程序。

反思法理论包含了两方面的辩证关系。其一是国家硬性监管与私人自我监管之间的关系。基于跨国社会系统在结构上的自我封闭，法律的硬性调整无法有效发挥作用，因此需要克制。法律的作用更适宜定位为观察跨国社会各子系统之间的互动，创设有效促进各个跨国社会子系统相互沟通的信息渠道和组织机制，促进它们自主地处理对内（行为体利益）和对外（社会责任）问题。相应地，法律也不追求跨国规则的等级化统一，而是追求各个跨国社会子系统最低限度的兼容。法律以过程而非以具体结果为导向的协调和促进之定位，决定了法律在面对复杂的跨国社会问题时不太可能以全面的硬法形式出现，而将更多体现为软法形式。在国家硬性监管与私人自我监管的界限方面，由于来自国家、IGOs 和 NGOs 的外在压力将促使跨国经济子系统进入社会"学习"，因此，若有关的软法安排已经足以提醒跨国经济子系统采取避免自我毁灭的措施，则可认为法律的任务已经基本实现。只有当跨国经济子系统的自我扩张已经危及社会系统整体的生存，或者对其他跨国社会子系统造成损害时，硬法机制才会启动，直接进行调整。

反思法理论涉及的第二方面的辩证关系是程序化规范与程序性规则和实体性规则的关系。反思法理论所强调的"程序化"并非司法实践中的"正当程序"。反思法理论并不反对实体性规则，而仅要求实体性规则的产生过程及其合法化必须遵循充分社会化的程序。实际上，程序性规则和实体性规则均不是反思法理论的特色所在。反思法理论的核心理念在于它的社会回应性。反思法理论突出强调的是，法律对社会子系统自我规制的导引，对系统之间有效沟通的组织，对系统内部权力和权能分配的不对称问题的重构。尽管反思法理论不预设特定的实体性法律价值，但恰恰是这种强调"实验与学习"的精神创设了更好地解决社会问题的可能性。

图依布纳明确承认，反思法理论仅仅是回应充分复杂社会问题的一个有益路径。以伊恩·艾尔斯和约翰·布雷斯韦特提出的建立在反思法理论基础上的"强制实施金字塔"模式为借鉴，反思法理论实际暗含了"公力硬法监管的克制"、"法律的实验与学习精神"、"导引私人自我监管"以及"构建沟通与交流的渠道"的基本监管框架。这种新的反思性监管框架有助于克服 20 世纪 70 年代中期以来依赖国家和 IGOs 的硬法对跨国劳动问题进行监管所遭遇的困境。跨国劳动监管制度的变革已经是不争的现实，关键是如何变革。跨国劳动监管制度的变革需要解决的"公""私"监管力量以及"软""硬"规范的结构问题，本身就是反思法理论重点关注的问题。从这个意义上讲，反思法理论契合跨国劳动监管制度的变革需求，不失为分析传统的跨国劳动监管模式的问题症结与探索相应的变革之道的有益路径。

| 第二章 |

跨国劳动监管中的政府间组织实践

当前，涉及跨国劳动监管的政府间组织（IGOs）主要是国际劳动组织（ILO）、经济合作与发展组织（OECD）、联合国（UN）、世界银行集团和国际货币基金组织（IMF）。其中，最早对跨国劳动问题进行监管的IGO是1919年根据《凡尔赛和约》创立的ILO。创立之初的ILO主要采取推动国家缔结并批准国际劳动公约的方式对跨国劳动问题进行监管。然而，这种直接针对国家的硬法监管机制到20世纪70年代开始陷入困顿。面对调整MNEs劳动问题的社会呼求，OECD与ILO几乎同时于20世纪70年代末创新监管方法，分别引入指南和三方宣言的形式，直接为MNEs设定自我劳动监管方面的软法义务。OECD《关于跨国企业行为的指南》和ILO《关于跨国企业和社会政策的三方宣言》在20世纪末21世纪初进行了多次修改，继续保持了软法形式，而UN此时也以软法形式——"全球契约"，直接表达对MNEs的社会期待。历经近20年的制度性停滞之后，ILO于20世纪90年代末开始改革针对国家的硬法监管模式。1998年，ILO通过《关于劳动权利和基本原则及其后续措施的宣言》（以下简称"1998年ILO宣言"），力推国家对ILO管辖下的8个核心劳动公约的批准。此后，ILO继续通过"体面工作计划"（1999年）以及《关于公平的全球化所需要的社会正义的宣言》（2008年）推进核心劳动标准之外的更广泛的社会政策目标的实现。受到1998年ILO宣言的影响，世界银行集团和IMF也在其贷款安排中纳入劳动标准的考虑。

因此，本章将以反思法理论为指导，分析ILO、OECD、UN、世界银行集团和IMF在跨国劳动监管方面的实践特点与发展趋势。

第一节　政府间组织跨国劳动监管的创新策略
——以跨国企业为对象的软法机制

引　言

马克思与恩格斯的政治经济学理论揭示，资本和劳动的关系是现代全部社会体系赖以旋转的轴心。自工业革命以来，对资本（企业）的监管以及保护劳动者成为各国劳动法的主题。但是，早期的跨国企业（MNEs）应封建王国以及之后的主权国家的殖民扩张而设立，带有明显的公共权力的烙印；[①] 一战之前，国内法和国际法针对 MNEs 的劳动监管几近空白。[②] 一战之后，国际社会根据《凡尔赛和约》成立了专门负责跨国劳动监管的 ILO，劳动监管的国家间合作进入常规化、组织化阶段。[③] 尽管一战后二战前 ILO 通过的

---

① MNEs 最早可以追溯到 17 世纪之前经封建王国或城邦授权成立的贸易公司，例如英国 The Eastland Company（1579～1764 年，专门从事波罗的海的羊毛贸易）、英国的东印度公司（1600～1858 年）以及荷兰的东印度公司（1602～1796 年）。这些特许贸易公司主要从事高风险的海外贸易和探险，一旦发现新的领地，就自动享有来自领主的对新领地的土地所有权和统治权。这些公司在 18 世纪曾一度减少，如英国王室与议会的斗争导致许多特许贸易公司的特权被收回，仅保留少数贡献特别明显的企业（如东印度公司和 Huston 公司）。这些企业尝试合股企业（商业化），但是受到不同程度的国家的干预。到了 19 世纪，随着工业资本的快速发展，为了获取更多的原材料，国家特许的 MNEs 复兴，开始第二轮的依靠 MNEs 的殖民浪潮。这些 MNEs 往往采取控制当地领土，向当地土著居民购买土地，然后再转让给所属国的方式帮助国家实现殖民计划。MNEs 在所属国殖民地发生的法律关系受殖民地法调整，不适用所属国法律。有关 MNEs 的历史见 TULLY, STEPHEN, *Corporations and International Lawmaking*, Leiden: Martinus Nijhoff Publishers, 2007. 34～39；MCLEAN, JANET, "The Transnational Corporation History: Lessons for Today?", *Indiana Law Journal*, 2004, 79 (2).
② 如本页注释①所述，一战之前，MNEs 在所属国殖民地发生的劳动关系不能适用所属国劳动法，而殖民地法主要是保障 MNEs 在殖民地的经济特权，由此导致殖民地的劳动保护非常微弱。在国际层面，一战之前的跨国劳动监管以国家作为对象，不涉及殖民地区，更未涉及 MNEs。如 1906 年在瑞士召开的伯尔尼会议上，与会的 14 个国家就禁止制造含白磷的火柴以及禁止妇女从事夜间劳动分别缔结了国际条约，当时的国际劳动监管合作并不单纯为了改善工人的劳动条件，还包含一个重要的动因是以国家间共同的劳动标准规范平衡各国企业的竞争。因为 19 世纪以英国为首的西欧工业国家先后制定了工厂法，这些国家感到有必要整平游戏市场，以免削弱本国企业与那些未制定工厂法的国家的企业之间的竞争优势。一战之前国际劳动公约的缔结情况，参见史尚宽《劳动法原论》，台北：正大印书馆，1978，第 11 页。
③ 参见现行有效的 ILO 宪章（1972 年修改，1974 年生效）序言最后一段：缔约国基于社会正义、人道理念以及对世界和平的追求，为达成序言所列的目标，同意遵守国际劳动组织的章程。

许多劳动公约①都明确规定适用于未享有完全自治权的殖民地、保护地以及占领地，且 1946 年 ILO 以联合国专门机构的新身份而进行的章程修改中也明确规定，今后其所批准的条约将依据修改后的章程适用于受保护的领土（the non-metropolitan territories for whose international relations members are responsible，包括托管的领土），② 由此间接为殖民地区的企业（包括来自殖民地国的 MNEs）设定了劳动保护义务。但是，这种对 MNEs 的间接调整的效果不仅取决于所属国对有关劳动公约的批准，还取决于批准之后殖民国（或保护国）付诸国内实施的意愿。况且，从 1928 年开始，殖民国家只要提交报告说明其已在殖民地采取相关的保护措施，即可在某些缔结的公约中排除某些适用于殖民地、所属地和占领地的条款。③ 由此可见，二战之前以及二战后初期，MNEs 引起的劳动问题主要发生在殖民地、被占领地、受保护地、受托管地。国际社会对 MNEs 引起的劳动问题如果不能说不重视，至少可以说关注程度有限。

随着二战之后布雷顿森林体制的推行，MNEs 的迅猛发展在推动世界经济繁荣的同时也带来不可忽视的社会问题。部分 MNEs 为了获取不正当的竞争优势，忽视适当的原则与行为标准，④ 与许多新独立的发展中东道国的经济政策目标及劳动者利益产生冲突，⑤ 引起了这些国家政府和工人

---

① ILO 于 1914～1927 年通过的第 1 - 25 号劳动条约均明确适用于未完全自治的区域，二战之前，还有第 29 号、50 号、55 号、64 号、65 号条约明确提及类似内容。具体见 ILO 官方网站。
② 参见现行有效的 ILO 宪章（1972 年修改，1974 年生效）第 35 条。
③ 详见 1928 年通过的第 26 号关于最低工资确立机制的公约以及 1930 年通过的第 29 号关于禁止强迫劳动的公约的文本以及起草的背景资料，http://labordoc.ilo.org，最后访问日期：2014 年 2 月 10 日。
④ OECD, 2011 Update of the OECD Guidelines for Multinational Enterprises, Preface, Para4.
⑤ 二战之后投资于新独立的发展中国家的 MNEs 多数是原来殖民地时代的 MNEs，尽管丧失了政治上的特殊地位，但是在经济等方面仍然拥有影响力，为了尽可能继续维持殖民时代的竞争优势，MNEs 极力阻挠对自己不利的东道国的政治格局与经济决策。例如，20 世纪 70 年代，美国 MNEs 参与干预智利的政治选举，阻止秘鲁和危地马拉的国有化。参见 TULLY STEPHEN, *Corporations and International Lawmaking*, Leiden: Martinus Nijhoff Publishers, 2007, pp. 47 - 48. 此外，一些 MNEs 还利用其经济影响力迫使东道国政府采取限制经济、社会、文化以及工人组建工会的政策，并通过国际投资协议限制本属于东道国的对自然资源的主权权力，阻挠东道国制定和实施经济与社会发展计划。参见 1977 年 ILO 第 63 次国际劳动大会的会议记录之工人代表 Mr. Ziartides 的发言 Resolution concerning the future activities of the international labour organization in the field of transnational corporations，法国工人代表 Mr. Salanne 的发言 resolution concerning multinational enterprises and social policy，http://www.ilo.org/public/libdoc/ilo/P/09616/，最后访问日期：2013 年 4 月 20 日。

的反对。与此同时，发达国家的工会组织也感到 MNEs 通过转移投资迫使工人接受较低的劳动标准或有导致工人失业之威胁。源于此，四大全球工会组织，即国际自由工会联合会（ICFTU）、国际劳动联盟（WCL）、国际工会联盟（WFTU）以及国际贸易秘书处（ITS）于 1970～1972 年，连续 3 年通过代表大会决议，迫切要求国际社会关注 MNEs 对劳动保护的威胁，呼吁全世界的工人、各国政府、UN、ILO 以及其他 IGOs 采取应对措施。

为了回应新独立的发展中国家以及工人组织的压力，1972 年 10 月，ILO 召开了关于跨国企业和社会政策的三方会议，成立临时专家委员会，要求该委员会收集制定政策的相关信息，并就制定与 MNEs 有关的社会政策的可行性展开研究。[①] 1974 年，联合国经社理事会设立跨国企业委员会并成立跨国企业中心，开始起草《关于跨国企业的行为守则》。几乎同时期，OECD 出于维护国际投资环境的考虑，也开始与工会顾问委员会（TU-AC）和商会顾问委员会（BIAC）磋商，制定针对 MNEs 的劳动规则。这些举措表明，从 20 世纪 70 年代开始，国际社会开始重视对 MNEs 的劳动监管。但是，迄今为止，IGOs 针对 MNEs 的劳动监管均以软法形式出现。最典型的当属 1976 年 OECD 制定的《关于跨国企业行为的指南》（以下简称 OECD 指南，该指南历经多次修改，其中 2011 年版是最新版，下文若未特别说明，均指该最新版本）、1977 年 ILO 制定的《关于跨国企业和社会政策的三方宣言》（以下简称 ILO 三方宣言，该宣言经过 2000 年、2006 年两次修改，目前 2006 年版是最新版本，下文若未特别说明，均指该最新版本）以及 1999 年 UN 倡导的"全球契约"（以下简称 UN 全球契约）。

较之以国家为对象的传统监管模式，这种针对 MNEs 的监管显然是一个全新的举措。那么，这种新的监管模式有何特点以及是否有效等问题值得关注。本文将首先比较针对 MNEs 的跨国劳动监管机制与传统的针对国家的劳动公约的差异（第一部分），接着分析这种新的软法机制的成因（第二部分），继而分析该机制的规范性（第三部分），以及该机制的实效与作用机理（第四部分），在此基础上论证该机制所实践的法律的"实验与学习"的反思理性（第五部分），最后是简短的结论。

---

① INTERNATIONAL LABOUR OFFICE, *Multinational Enterprises and Social Policy: Reflections on Twenty Years' Tripartite Declaration*, Geneva: ILO Publication, 1999. 45.

一 直接针对跨国企业的劳动监管安排之特点

目前三大直接针对 MNEs 的跨国劳动监管安排与直接针对国家的劳动公约①具有以下七个方面的区别。

（一）制定者与规范形式

1976 年 OECD 指南不属于 1960 年 OECD 条约第 5 条规定的决定或建议或协议，其自成一类，是愿意遵守指南的政府之间的联合声明（宣言）。较之对成员具有法律约束力的 OECD 的决定，以及较之虽然没有法律约束力，却包含强烈的国内实施意愿，旨在敦促成员国采取相应措施的 OECD 的建议，② OECD 指南仅仅表明政府之间具有合作的政治意愿。指南既没有像决定那样的法律约束力，也没有像建议那样强烈的政策实施要求。1977 年 ILO 三方宣言也不是 1946 年 ILO 章程第 19 条规定的由国际劳动大会通过的公约或建议，而是 ILO 常设管理机构（国际劳动监管处）批准的成员之间的联合声明。1999 年 UN 全球契约采取的形式更为松散，是由前联合国秘书长安南先生邀请私人部门与联合国合作（相当于要约），通过企业承诺所达成的契约。由此可见，这些直接针对 MNEs 的跨国劳动监管制度，尽管都在 IGOs 的背景下形成，但其制定者均非国际组织的决策机构，在形式上也不属于 IGOs 的规范性文件。

（二）劳动标准的范围

与针对国家的国际劳动公约仅仅包含特定方面的劳动标准不同，这些针对 MNEs 的跨国劳动监管制度所包含的劳动标准更具综合性（见表 2-1）。UN 全球契约涉及 ILO 管辖下的八个核心劳动公约所包含的四个方面的核心劳动标准。ILO 三方宣言和 OECD 指南包含的劳动标准甚至超过核心劳动标准，其中 ILO 三方宣言最广，还纳入就业促进和就业保障两项独特的劳动标准，对发展中国家东道国具有积极意义。就同一劳动标准的内容而

---

① 主要是 UN、ILO 通过的有关劳动方面的公约，OECD 目前尚未通过此类条约或决定。
② SALZMAN, JAMES, "The Organization for Economic Cooperation and Development's Role in International Law", *The George Washington University Law Review*, 2011, 143: 258.

言，ILO 三方宣言规定最详细，UN 全球契约规定最简单。[①]

表 2-1　OECD 指南、ILO 三方宣言与 UN 全球契约内容之比较

项目 \ 文件	OECD 指南（章节）	ILO 三方宣言（段落）	UN 全球契约（原则）
童工	V.1.c	8, 36	5
强迫劳动	V.1.d	8, 13	4
非歧视	V.1.e	8, 21-23	6
结社自由	V.1.a-b	8, 42-48	3
集体谈判	V.1.b	8, 49-56	3
罢工权			
就业促进		13-20	
就业保障		24-28	
最低标准	V.4.a	33-35	
培训	V.5	29-32	
卫生与安全	V.4.c	37-40	
进行有意义谈判的信息	V.2.b-c	55-56	
磋商	V.3	57	
变动通知以及危害的消除	V.6	26	
禁止威胁转移营业	V.7	53	
与实际决策者进行谈判	V.8	52	

（三）针对的劳动问题

与国际劳动公约针对宏观的国家内部的劳动问题不同，OECD 指南、ILO 三方宣言以及 UN 全球契约的劳动标准实施要求主要都是针对微观的 MNEs 分支机构的劳动问题。但是，这三个直接针对 MNEs 的安排中，

[①] 例如在童工方面，OECD 指南第 IV.1.c 条规定：企业应该在遵守有关的法律、规章以及主流的劳动关系和雇佣实践以及可适用的国际劳动标准的前提下，致力于有效废除童工，将废除童工作为一项迫切任务，立刻采取有效措施保障禁止以非常最恶劣形式使用童工。ILO 三方宣言更为具体，突出强调 MNEs 遵循最低雇佣年龄的规定，其中的第 36 段规定：跨国企业和国内企业应该规定最低雇佣或就业年龄以确保有效废除童工，并将废除童工作为一项迫切任务，尽其所能立刻采取有效措施保障禁止以非常最恶劣形式使用童工。UN 全球契约则只做原则性规定，未涉及实施措施。其他方面的内容请参阅表格条款的具体内容。

OECD 指南历经 2000 年、2011 年修改，还针对 MNEs 合作伙伴存在的劳动问题，要求 MNEs 采取适当注意措施，避免和解决其合作伙伴〔分销商、供货商、特许经销商（franchise）、授权生产商（licensee）及其他商业伙伴〕因劳动标准实施问题产生的不利影响。[1]

（四）组织机构

在三大安排中，OECD 指南的组织机构最为严密，既包括国内层面的机构（国内联系点），也包括国际层面的机构（投资委员会，2004 年之前称为"国际投资与跨国企业委员会"）。ILO 三方宣言没有设立国内层面的机构，由国际层面的机构（国际劳动办公室、跨国企业分委员会与国际劳动监管处）负责。UN 全球契约只有松散的管理框架，其中 UN 全球契约办公室是经正式授权负责契约实施的机构。与国际劳动公约相比，这三大安排的组织机构均属于国际组织中较低级别的机构，甚至不能称为正式的国际机构。并且，这些机构的职能属于纯粹的行政性质，均不能对 MNEs 的具体行为进行评判，而国际劳动公约的组织机构一般具有评判调整对象的准司法功能。

（五）实施方式

与国际劳动公约依靠国家报告和国家申诉的实施方式不同，这三大跨国劳动监管制度的实施方式比较独特。其中 OECD 指南实施方式比较全面，包括信息与促进、前瞻性议程、同行的相互评议、协助解决具体争议以及对指南的条款做出解释这五种方式。ILO 三方宣言主要通过问卷调查，来自 MNEs、工人代表以及政府的定期报告，跨国企业分委员会对三方宣言条款的解释以及研究与促进这四种方式加以实施。UN 全球契约主要通过政策对话、交流学习、地方网络和伙伴合作项目这三大方式加以实施。

（六）适用的跨国企业的范围

国际劳动公约仅仅间接适用于 IGOs 成员的 MNEs，而这三个跨国劳动监管制度均可直接适用于 IGOs 成员的 MNEs。这三大跨国制度中，OECD 指南

---

[1] OECD. 2011 Update of the OECD Guidelines for Multinational Enterprises, Para. 10, 11, 12 of Part Ⅱ.

和 UN 全球契约适用 MNEs 的范围甚至更大。OECD 指南不仅直接适用于全部 34 个 OECD 成员的 MNEs，还直接适用于 12 个非 OECD 成员[①]的 MNEs，UN 全球契约则不限于联合国成员，而普遍适用于全世界所有国家的 MNEs。

（七）效力

与国际劳动公约对作为直接对象的缔约国具有法律约束力不同，这三个直接针对 MNEs 的跨国劳动监管制度对 MNEs 均不具有法律约束力。但是对政府的约束力则稍有不同：ILO 三方宣言对成员国政府没有法律约束力，UN 全球契约则根本不涉及 MNEs 所属的政府的义务；但是，OECD 指南稍有特殊，多数针对政府的内容都不是硬性规定，唯独设立国内联系点促进指南的实施是硬性义务，承诺遵守指南的国家必须依规定履行。

二 以软法监管跨国企业劳动问题的成因

这三大针对 MNEs 的跨国劳动监管制度产生的时代背景不同。OECD 指南和 ILO 宣言产生于 20 世纪 70 年代新独立的发展中国家争取国际经济新秩序的历史背景，而 UN 全球契约则是为了回应 20 世纪 90 年代的反全球化运动。

（一）20 世纪 70 年代 OECD 与 ILO 的软法实践之因

20 世纪 70 年代国际社会之所以考虑以软法调整 MNEs 的劳动问题，是外在压力和内在阻力综合作用的结果。

首先，国际社会面临着调整 MNEs 劳动问题的外在压力。面对 20 世纪 60 年代、70 年代一些 MNEs 在发展中国家制造的丑闻，传统的以国家为对象的国际劳动公约未明确提及 MNEs 责任，受到公众的批评。与此同时，一些发展中国家开始理性看待 MNEs，要求将 MNEs 纳入南北问题，强化国家对 MNEs 限制和监督的责任。另外，除美国之外的 OECD 成员（很多是

---

① 截至 2013 年 11 月 28 日，遵守指南的非 OECD 国家为阿根廷、巴西、哥伦比亚、埃及、拉脱维亚、立陶宛、摩洛哥、秘鲁、罗马尼亚、突尼斯、哥斯达黎加和约旦。See Jordan Signs OECD Agreement to Strengthen Iinvestment Climate, November 28, 2013, http://www.oecd.org/daf/inv/investment-policy/jordansignsoecdagreementtostrengtheninvestmentclimate.htm, 2013 – 01 – 15.

美国 MNEs 投资所在的东道国）对 MNEs 控制本国经济也有一定的担忧，希望就政府对 MNEs 的期待制定守则。①

其次，强化主权国家在监督 MNEs 方面的国际合作面临内在阻力，国家之间缺乏足够的合作意愿。1974 年联合国经社理事会启动《关于跨国企业的行为守则》的起草，在讨论中，虽然作为 MNEs 母国的发达国家也同意对 MNEs 进行限制，但他们的条件是东道国为 MNEs 提供更高的待遇。发达国家与发展中国家在针对 MNEs 的国民待遇、国有化补偿原则、国际法的适用性等方面出现严重分歧，导致谈判进展缓慢。谈判方面的严重分歧导致当时的主要发达国家在 1975 年 1 月转向在 OECD 框架下考虑制定调整国际投资与 MNEs 关系的指南，② 以便回应当时的社会压力，同时为《关于跨国企业的行为守则》谈判提供形式和内容方面的示范。③ ILO 则于 1976 年 5 月决定，就有关 MNEs 与社会政策关系起草规则，④ 以便并入联合国经社理事会倡议的《关于跨国企业的行为守则》，⑤ 促进守则尽快谈成。

尽管 OECD 和 ILO 最终都以软法形式调整 MNEs 的劳动问题及其他社会问题，但前者是缔约国有意为之的结果，而后者是三方磋商妥协的产物。造成该区别的原因在于，当时的 OECD 成员国除土耳其外，⑥ 都是发

---

① 20 世纪 60 年代、70 年代初，主要的 MNEs 来自美国，美国 MNEs 的投资占世界总投资的 50% 以上，美国 MNEs 不仅投向发展中国家，而且相当一部分投向 OECD 其他成员（当时世界投资 50% 以上主要发生在 OECD 成员之间）。见 KAUZLARICH, RICHARD D., "the Review of the 1976 OECD Declaration on International Investment and Multinational Enterprises", *the American University Law Review*, 1980 - 1981, 30.1012.

② 1975 年 1 月，OECD 理事会通过设立投资与跨国企业委员会（2004 年改为投资委员会）的决议，授权当时的投资与跨国企业委员会起草适用于 MNEs 的统一的行为标准以及有关实施问题的政府间程序。

③ SALZMAN, JAMENS, "Labor Rights, Globalization and Institutions: the Role and Influence of the Organization for Economic Cooperation and Development", *Michigan Journal of International Law*, 1999 - 2000, 21.793.

④ 1976 年 5 月，ILO 监管处召开第二次三方咨询会议，审议 1972 年第一次三方咨询会议启动的四项可行性研究报告，该会议最后向监管处建议应制定关于跨国企业与社会政策的三方宣言，并由三方起草工作组负责该项工作。

⑤ GüNTER, HANS, *The Tripartite Declaration of Principles Concerning Multinational Enterprises and Social Policy (History, contents, follow-up and relationship with relevant instruments of other organizations), NO.18 Working paper of ILO's Multinational Enterprises Programme*, Geneva: ILO Publication, 1981.

⑥ 土耳其未参加 1976 年 OECD《关于国际投资与跨国企业》的宣言，并对 OECD 理事会做出的与 OECD 指南有关的三个决定提出保留。

达国家，那时全球投资 75% 以上发生在 OECD 国家之间，[①] 且当时大多数 OECD 国家的劳动立法以及国内强制实施状况本来就比较完善，[②] 没有必要采用硬法加以规范。相反，投资自由化是他们更关注的问题。于是，1976 年 OECD 先以政府间联合宣言的形式将规范 MNEs 行为与促进跨国投资绑定在一起。宣言附件《关于跨国企业行为的指南》为 MNEs 设置了雇佣关系、信息披露等方面的软性义务，意在表达对 MNEs 最佳实践的期待，以此回应发展中东道国对 MNEs 的关注；同时，宣言还附加 3 个以 OECD 理事会名义做出的与实施《关于跨国企业行为的指南》有关的决定，即《关于指南的政府间磋商程序的理事会决定》《关于跨国企业的国民待遇的决定》及《关于国际投资的鼓励与限制措施的决定》，为成员国设置了推进投资自由化的硬性义务。

相比之下，1977 年 ILO 三方宣言则是成员国政府、雇主代表、工人代表三方妥协的产物。当时七十七国集团和工人代表强调 MNEs 的负面影响，建议以条约方式调整 MNEs 在社会领域的行为，但发达国家和雇主代表则强调 MNEs 的积极作用，仅愿意接受自愿性规则。[③] 于是，最后折中的结果就是，形式上迁就发达国家和雇主代表，采取自愿规则，但在内容上迁就发展中国家和工人代表，为成员国和 MNEs 分别规定了尽可能广泛详尽的社会政策方面的义务，包括 OECD 指南都没有涵盖的就业促进和就业保障。

（二）OECD 指南与 ILO 三方宣言后续修改维持软法形式之因

1. OECD 指南的修改实践与不改软法形式之因

1976 年 OECD 指南历经 1979 年、1984 年、[④] 1991 年、[⑤] 2000 年、

---

① KAUZLARICH, RICHARD D., "the Review of the 1976 OECD Declaration on International Investment and Multinational Enterprises", *the American University Law Review*, 1980 – 1981, 30. 1011.
② SALZMAN, JAMENS, "Labor Rights, Globalization and Institutions: the Role and Influence of the Organization for Economic Cooperation and Development", *Michigan Journal of International Law*, 1999 – 2000, 21. 793.
③ GüNTER, HANS, *The Tripartite Declaration of Principles Concerning Multinational Enterprises and Social Policy* (History, contents, follow-up and relationship with relevant instruments of other organizations), NO. 18, *Working paper of ILO's Multinational Enterprises Programme*, Geneva: ILO Publication, 1981.
④ 1984 年 OECD 指南进行第二次修改的时候，主要增加了保护消费者利益，劳动关系方面只是对本来已有的集体谈判和信息披露进行微小的修改，不涉及指南效力的讨论。
⑤ 1991 年的修改加入了环境保护，与劳动关系无关。

2011 年审查。其中 1979 年、2000 年以及 2011 年对指南的三次审议修改都涉及效力的讨论，但由于原来的利益对立格局没有根本改变，加上不同背景下新的议题加入，使得提高指南约束力变得更为困难。尽管如此，每次修改的结果，作为保留自愿性质的对价，也引入了针对 MNEs 的新规范或强化了政府在程序机制中的义务。

1979 年对指南的审查之所以讨论指南的效力问题，是因为指南实施初期，各方的实际体验与最初的期待存在较大的差距。TUAC 和一些受国内工人运动影响较大的 OECD 成员[1]认为，应该强化 MNEs 的义务：前者出于加强国际工人团结抗衡 MNEs 的动机，要求 MNEs 认可国际贸易秘书处为诚信的工人代表，并要求 MNEs 为工人提供全球经营信息及相应的磋商权；而后者出于增加 MNEs 遵守指南的压力之动机，要求授权当时的投资与跨国企业委员会对违反指南的 MNEs 的行为做出评判。但是，BIAC 以及美国等当时多数的 OECD 成员反对改变指南的性质。这种反对意见的社会背景在于，20 世纪 70 年代末，发展中国家对跨国投资的态度发生改变，对投资的态度不是排斥而是试图吸引。当时，日本和欧洲的 MNEs 迅速发展，开始取代美国 MNEs 的主导地位，[2]且美、日、欧洲的 MNEs 都积极投资发展中国家。与此同时，除美国之外的 OECD 成员也开始改变 MNEs 控制国内经济的担忧，转而担忧 MNEs 的投资从原来的 OECD 区域转向发展中国家。这种情况下，无论是发展中国家还是发达国家，在对 MNEs 的劳动监管方面进行合作的政治意愿较之 20 世纪 70 年代初更弱。于是，审查的结果是保持稳定性，不改变整体的自愿性质。但必须承认，工人组织代表和部分受工人运动影响较大的 OECD 成员的意见也起到了一定的作用。1979 年指南审议的另一个决定是提高可信度，加强程序机制的效率。[3]

---

[1] 如丹麦、比利时与荷兰等国家中，工会提起申诉的案件较多。
[2] 1959 年全球 13 个主要行业中的 156 个最大的 MNEs 中美国占 111 个（占 71%），到了 1976 年减少到 68 个（仅占 44%）。参见 KAUZLARICH, RICHARD D., "The Review of the 1976 OECD Declaration on International Investment and Multinational Enterprises", *American University Law Review*, 1980 – 1981, 30, 1013.
[3] 1979 年程序机制的修改主要体现在：国内层面，成员国政府同意加强 MNC 对指南遵守的信息披露，尤其是年报方面；国际层面，通过非正式程序逐步确立国际投资与跨国企业委员会的三个功能，即应邀请与 TUAC 和 BIAC 交流，允许企业有机会就与自己利益相关的问题发布意见，在必要情况下澄清指南条款的含义并在审查报告中予以公布。Id., pp. 1018 – 1019.

2000年对指南的审查是为了回应全球化背景下反血汗工厂运动。当时的工会代表、NGOs、一些非OECD国家[①]以及法国等个别OECD国家认为，MNEs的行为在恶化，因而建议指南为MNEs设置强制性义务。企业界以及多数OECD成员则主张指南的修改应坚持实用性、简约性以及可预见性，反对深度修改。在效力上，企业界以及多数OECD成员认为应保持自愿性质，坚持国内法的优先适用、解释程序的非司法性以及不得披露不遵守的企业。他们认为，若要提高指南的实施效果，重点应该放在促进企业认识遵守指南的利益所在。国际投资与跨国企业委员会经审议，最后认为，市场机制以及东道国的期待足以促使MNEs遵守指南，再次强调了指南的自愿性质，但是同意进一步加强国内联系点的工作效率。

2011年对指南的审查突出体现了全球化背景下全球治理理论对OECD的影响。MNEs对劳动、人权、气候变化造成的负面影响引起国际社会的关注。在效力的争论中，除了工人代表与企业代表一贯的争论外，NGOs与企业界代表的争论尤为激烈。作为指南咨询机构的NGO—OECD观察（OECDWatch）主张，指南应强化MNEs的义务，通过加强政府的调查权以及制裁机制来确保MNEs遵守人权。[②]而企业界代表则认为，指南的目的是为了促进公平的行为而不是引发法律争议，指南作为负责任的商业行为的制度，政府的支持足以促进其有效实施。基于上述争论，国际投资委员会2011年审查的结果最终还是保留了指南整体自愿性的做法，但是在内容上回应了NGOs和工人代表的要求，增加了MNEs在全球治理中的义务，其中最主要的就是要求MNEs对其附属单位（affiliates，包括分支机构与商业合作伙伴）违反指南的行为所造成的负面影响承担适当注意义务，以避免其附属单位的违反行为造成负面的社会影响。同时，2011年指南的修改在2000年修改的基础上进一步强化国内联系点的申诉机制。

2. ILO三方宣言的修改实践与不改软法形式之因

1977年ILO三方宣言经历2000年和2006年两次修改。2000年修改中加入了ILO于1998年通过的《关于劳动权利和基本原则及其后续措施的

[①] 2000年审查时，有17个非OECD国家向负责指南审查的国际投资与跨国企业委员会建议应该赋予指南强制性效力。参见TULLY, STEPHEN, "the 2000 Review of the OECD Guidelines for Multinational Enterprises", *International and Comparative Law Quarterly*, 2001, 20 (2).

[②] 参见OECD Watch的网站 http://oecdwatch.org/, 2013-04-20.

宣言》，2006年修改则加入UN全球契约、UN千年发展计划以及自1977年以来ILO通过的与三方宣言所包含的与社会政策相对应的国际劳动公约和建议。与OECD指南修改存在激烈的效力之争不同，ILO三方宣言似乎是ILO秘书处为创新国际劳动标准的制定与实施而有意推动的结果。

与OECD指南2000年的修改一样，2000年ILO三方宣言修改纳入1998年ILO《关于劳动权利和基本原则及其后续措施的宣言》也是为了回应跨国市民社会对MNEs制造的所谓"血汗工厂"的批评，包括MNEs存在的强迫劳动、使用童工、缺乏结社权和集体谈判权、雇佣歧视等劳动问题。但与OECD指南修改不同，2000年ILO对三方宣言的修改对软法形式的保留与其秘书处当时主张的创新策略相一致。20世纪90年代，ILO秘书处越来越意识到传统的劳动问题治理模式，即制定国家劳动公约并要求成员国批准后在国内实施的做法已经缺乏实效。这是因为，在全球化背景下，出于对国际贸易比较优势的担忧，一些国家，尤其是发展中国家，并不愿意提高本国的劳动和社会条件。因此，国家之间就具体的国际劳动标准达成一致的难度加大，即便公约能够制成，寻求国家的批准却越来越难。与此同时，全球化也凸显国际劳动标准对于实现社会可持续以及保持政治活力的重要性。在此情况下，ILO秘书处将全球化视为提升ILO作用的机遇。尤其是1996年新加坡部长级会议宣言确认其制定的国际劳动标准专业性后，ILO开始果断进行改革，一改过去要求国家广泛批准ILO通过的国际劳动公约的做法，转向要求国家优先考虑最基本的国家劳动公约的批准；与此同时，考虑到新的国际劳动标准方面的制定以及后续的批准越来越难，ILO将重心放在促进成员国对ILO宪章的基本原则和承诺的内化方面。

1998年ILO通过的《关于劳动权利和基本原则及其后续措施的宣言》是ILO应对全球化的标志性改革举措。该宣言一方面仅仅要求成员国遵守结社权、组织权和集体谈判权、禁止强迫劳动、禁止歧视、禁止使用童工的基本原则，这些原则ILO宪章本已规定，成员国接受没有问题；另一方面要求未批准这四方面劳动公约的成员国每年就其未批准核心劳动公约的理由以及需要的援助做出报告，这对成员国也没有压力。《关于劳动权利和基本原则及其后续措施的宣言》对于促进国家批准核心劳动公约的作用相当明显。① 缘于此，ILO 三方宣言 2000 年的修改并不刻意推动宣言向条约发展，而是通过纳入 1998 年 ILO《关于劳动权利和基本原则及其后续措施的宣言》加强三方宣言的实施效果。

ILO 三方宣言 2006 年修改同样没有涉及约束力的问题，ILO 秘书处似乎已经认可了软法的优势。但此次修改纳入 UN 全球契约与 UN 千年计划的背景，与 OECD 指南 2011 年修改类似，反映了 ILO 对全球治理理念的认同，即认为 UN 全球契约以及 UN 千年发展计划所包含的劳动方面的公私合作机制可以促进 ILO 三方宣言的实施。

(三) UN 的软法实践与成因

与 2000 年 OECD 指南和 ILO 三方宣言修改的背景相同，1999 年 UN 全球契约的提出也是 UN 应对全球化带来的负面社会影响而采取的举措，它吸收了全球治理的理念。但是与 OECD 指南和 ILO 三方宣言最初制定时存在政府、企业代表和工人代表各方力量的博弈不同，UN 全球契约的软法安排一开始就是有意设计的结果。全球社会问题的复杂性让前联合国秘书长安南先生看到了传统的"命令与遵从型"国家治理模式的有限性，决定引入契约的模式，以 UN 促进有利于贸易和市场开放的政治环境交换企业界（主要是MNEs）对人权、劳动标准以及环境方面的核心价值观的遵守。② 在性质上，UN 全球契约不采取传统的"像警察一样管制"，而是依靠企业对公众负责、透明度以及企业开明的自利，并依靠劳动者和民间社会组织采取实质性的行动，追求全球契约所列的各项原则的目标，因而具有自愿性质。

根据上述（一）到（三）小目的分析，如果说 20 世纪 70 年代，国际

---

① 20 世纪 80 年代通过的 17 个公约，批准率最高的只有 73 个国家；20 世纪 90 年代通过的公约有 14 个，其中《禁止最恶劣形式的使用童工公约》属于 1998 年 ILO《关于劳动权利和基本原则及其后续措施的宣言》所指的核心劳动公约，1999 年该公约一通过就得到成员国的积极响应，通过 5 年内，批准国家就达到 150 个。See MAUPAIN, FRANCIS, "Revitalization Not Retreat: the Real Potential of the 1998 ILO Declaration for the Universal Protection of Workers' Rights", *European Journal of International Law*, 2005.16 (3): 455; BACCARO, LUCIO & VALENTINA, MELE, "Pathology of path dependency? the ILO and the Challenge of New Governance", *Industrial and Labor Relations Review*, 2012, 65: 198.

② Secretary-General Proposes Global Compact on Humna Rights, Labour, Environment, In Address to world Economic Forum in Davos, UN Press ReleaseSG/SM/6881 http://www.un.org/News/Press/docs/1999/19990201.sgsm6881.html, 2013 - 01 - 13.

社会最初尝试用软法调整针对 MNEs 的劳动问题主要是南北两类国家之间博弈的结果,① 因而带有浓厚的国际经济新旧秩序斗争色彩,那么,20 世纪末 21 世纪初 UN 全球契约的产生以及 OECD 指南和 ILO 三方宣言的修改则是国家、MNEs、工人代表、跨国市民社会的 NGOs 多方博弈的结果,带有明显的全球治理理论的印迹。在利益主体增多,主张更加多元化的情况下,硬性规则将更加难以达成,这也决定了未来这三个直接调整 MNEs 行为的制度将继续保持软法形式,但其内容极有可能将随着全球问题的日益复杂而更加广泛。

三 针对跨国企业的软法监管安排之规范性

尽管 OECD 指南、ILO 三方宣言以及 UN 全球契约这三个针对 MNEs 劳动问题的软法安排不具有法律约束力,但不能据此认为它们不具备规范价值。理由如下。

首先,这三个文件所调整的 MNEs 社会责任符合国际组织章程目标。UN 和 ILO 关注社会问题无须证明,而 OECD 虽然以追求经济自由化著称,但它同样关注社会问题。1960 年《建立经济合作与发展组织的条约》第 1 条关于经济合作与发展组织的宗旨(a)款和(b)款分别规定"保持经济稳定的同时追求成员国境内最高程度的可持续发展、就业和人民生活水平的提高",以及"在发展经济的同时,促进成员国与非成员国经济的稳健扩展"。

其次,这三个文件尽管不是以 OECD、ILO 和 UN 决策机构的名义做出,也不属于各自章程认可的规范形式,但是它们均依托国际组织的权威,依赖国际组织的网络资源与平台,且其后续程序均离不开三个组织的支持。OECD 指南尽管是以政府联合声明的方式做出,但其后续实施的三个决定,即《关于指南的政府间磋商程序的理事会决定》《关于跨国企业的国民待遇的决定》《关于国际投资的鼓励与限制措施的决定》均由 OECD 理事会做出。ILO 三方宣言的报告和解释均由国际劳动组织监管处审核。UN 全球契约得到联合国大会的明确支持。联合国大会第 56/76 号决议鼓励私人部门接受和实施良好的公司公民原则,并强调联合国与所有相关伙伴,尤其是与私人部门合作,应该服务于《联合国宪章》的宗旨和原则。

---

① 因为 20 世纪 70 年代,发达国家与发展中国家总体上分别代表 MNEs 和工人的利益。

联合国大会第58/129号决议进一步鼓励私人部门不仅应考虑经济和金融目标，还应考虑其行为对于发展、社会、人权、性别以及环境的意义。联合国大会第60/125号决议明确认可全球契约及其运用的策略。该决议认可像全球契约那样的负责任的商业实践标准，鼓励全球契约办公室通过学习、对话与伙伴关系促进企业分享最佳实践经验并采取积极行动。UN全球契约实施的国际网络就是联合国及其专业机构。由人权事务高级专员办事处、联合国环境规划署、国际劳动组织和联合国开发计划署、联合国工业发展组织、联合国毒品与犯罪办公室以及联合国妇女署七大机构组成的UN全球契约的机构间团队，负责确保全球契约十大原则内化到联合国以及所有参与者的日常活动中。

再次，这三个文件均要求MNEs遵守国际公认的劳动标准。OECD指南在2000年修改之时要求MNEs遵守ILO确定的核心劳动标准，[①] 2011年修改的时候加入了对MNEs遵守可适用的国际公认的劳动标准的义务。[②] ILO三方宣言自1977年第一版开始就详细列举了ILO通过的相关的国际劳动公约，而2006年版则更详尽列出了自1977年以来ILO通过的与三方宣言有关的和社会政策相对应的国际劳动公约作为法律依据。同样，UN全球契约的劳动标准原则来自ILO管辖下的八个核心劳动公约。

最后，这三个文件持守了传统的国际法的主体结构。这三个文件虽然都针对MNEs设定劳动标准方面的义务，但是均未否定主权国家和IGOs在跨国劳动监管方面的作用。OECD指南明确其为"政府制定，建议MNEs遵守"的规则，[③] ILO三方宣言始终贯穿"政府制定社会政策，跨国企业配合实施"的主线。UN全球契约旨在代表联合国邀请商业界参与全球规则的制定。正如全球契约的特别顾问约翰·鲁杰（John G. Ruggie）和执行总裁格奥尔格·凯尔（Georg Kell）指出的那样：在全球规则制定层面上，权威和资源显著得到加强的联合国可以填补重要的治理空白，这样的空白在1999年世界贸易组织第三届部长级会议已经暴露出来，危及多边主义。[④]

[①] OECD. 2000 Update of the OECD Guidelines for Multinational Enterprises, para1, Part Ⅳ.
[②] OECD. 2011 Update of the OECD Guidelines for Multinational Enterprises, para1, Part Ⅴ.
[③] Id., para1, Preface.
[④] BUHMANN, KARIN, "Regulating Corporate Social and Human Rights Responsibilities at the UN Plane: Institutionalizing New Forms of Law and Law-making Approaches?" *Nordic Journal of International Law*, 2009, 78: 37–38.

概言之，尽管 OECD 指南、ILO 三方宣言以及 UN 全球契约不属正式的国际法渊源，但却无不在国际法的阴影之中。

四　针对跨国企业的软法监管安排之实效与作用机理

OECD 指南、ILO 三方宣言以及 UN 全球契约这三大软法安排在实践中均取得了一定的实效，但其作用的机理显然不同于国际劳动公约。

（一）实效例证

1. OECD 指南

OECD 指南在促进劳动标准方面有较多例证。指南颁布初期较有代表性的案例是 Bager 案件[①]和 Firestone 案件。[②] 在 Bager 案件中，东道国的国内联系点积极协助解决问题，尽管当时的投资与跨国企业委员会解释认为 MNEs 对其子公司仅负有限责任，但母公司在解释发布之后与申诉方达成

[①] 该案中，Badger 公司是总部位于美国的 MNE 在比利时的子公司，于 1977 年宣告破产关闭，约 250 名职员下岗。按照比利时国内法，这些职员拥有一笔数额较大的遣散费，但是，破产的 Badger 公司只能支付大约一半的费用。比利时工会在比利时政府支持下，依据 OECD 指南向比利时的国内联系点申诉，要求 Badger 母公司支付这笔费用。比利时国内联系点与 Bager 的母公司联系赔偿问题，Bager 母公司以子公司是有限责任公司，独立承担责任为由拒绝。比利时国内联系点将该案提交给当时的投资与跨国企业委员会解释。1977 年投资与跨国企业委员会召开讨论会，Badger 公司缺席，讨论过程保密。但申诉方公开的依据是"指南所指的跨国企业是一个整体"，"跨国企业在东道国的分支机构有义务达到东道国的法律保护水平"，"母公司在某些情况下对其子公司负有道德义务"。最后，投资与跨国企业委员会对此的解释是：母公司对其子公司承担有限责任，对其债务不负连带责任，母公司可以依据自愿原则为子公司承担责任。参见 WAKKIE，Peter N,"Some Comments on the Impact of the OECD Guidelines for Multinational Enterprises on European Employment Relations"，*Loyola of Los Angeles International and Comparative Law Annual*，1979，2：83。

[②] 该案发生在 20 世纪 80 年代。Firestone 是一 MNE 在瑞士的分支机构，在工人不知情的情况下宣布关闭。工人认为该分支机构尚能盈利，且 Firestone 管理人员也曾向工会和工人委员会表示公司不会关闭。事实证明，Firestone 管理人员故意误导工人，因为公司早在 1 年前就开始讨论关闭的问题。在 TUAC 的协助下，瑞士工会向位于瑞士的国内联系点申诉，Firestone 违背了指南要求的"雇主应该在经营变动，尤其是计划关闭或集体裁员之前尽到合理的通知义务"。瑞士国内联系点请求投资与跨国企业委员会就该问题对指南条款的适用做出解释。投资与跨国企业委员会经审查认为，MNEs 总部有义务为其分支机构管理人员提供准确的信息以便分支机构的工人可以得到通知或者由分支机构的管理人员通知工人。参见 SALZMAN，JAMENS，"Labor Rights, Globalization and Institutions: the Role and Influence of the Organization for Economic Cooperation and Development"，*Michigan Journal of International Law*，1999 - 2000，21：791。

和解，自愿为其子公司承担部分遣散费。Firestone 案件中，投资与跨国企业委员会明确，MNEs 总部应该为其分支机构管理人员提供准确的信息，以便分支机构的工人可以直接得到信息或通过分支机构管理人员间接得到通知。该解释为国内联系点解决之后的类似案件提供了依据。2000 年指南全面修订之后，国内联系点在协助解决纠纷方面的例子很多。例如，加拿大国内联系点运用指南劝说在赞比亚投资的英美公司（Anglo-Amercian Company）与当地 NGOs 就当地居民从铜矿地带迁移达成新的有利于当地居民的安置方案。[①] 经 2000 年和 2011 年两次较大的修改之后，提交国内联系点的案件迅速增加。根据 OECD 工会顾问委员会的统计，从 2000 年到 2012 年间，工会提交的案件高达 145 个（平均每月 1 个），[②] 而国内联系点最后受理的案件达 121 个。[③] 这些案件多数在国内联系点程序就得到了解决，进一步提交投资委员会解释的案件不多。[④] 工会申诉的积极性以及国内联系点对申诉案件的消化能力可以证明，OECD 指南在促进 MNEs 遵守劳动标准方面具有较好的效果。

2. ILO 三方宣言

截至 2008 年底，ILO 监管处共正式受理 4 个案件，[⑤] 其中监管处只做

[①] OECD. International investment Perspective（2004 edition），http://www.oecd.org，2014 – 03 – 30.

[②] TUAC. Trade union guide to OECD Guidelines for Multinaitonal Enterprises，http://www.tuac.org，2014 – 03 – 30.

[③] 参见 OECD Watch 的网站 http://oecdwatch.org/cases/case-database/cases/all-cases/casesearch-view，2012 – 12 – 13.

[④] 1977～2000 年，投资委员会共受理 35 个对指南的解释请求，2000 年指南修改之后，条款的精确性大大提高，2000～2004 年，没有新的解释请求，投资和 MNEs 委员会完成 2000 年之前的解释请求之后，就没有发表任何新的解释意见。详见 BLANPAIN，ROGER & COLUCCI，MICHELE. the Globalization of Labour Standards，the Soft Law Track，ZE Alphen aan den Rijn, the Netherlands：Kluwer International Law, 2004, p. 65。2004 年之后，个别关于指南的解释在 OECD 往往仅在年度报告中提及。例如，2004 年 7 月 9 日，瑞士国内联系点就指南的程序是否适用不包含国际层面的问题请求投资委员会予以解释，参见 OECD 指南 2005 年度报告。随着 2011 年修改进一步提高指南条款的精确性和国内联系点的运作效率，国内联系点运用指南协助申诉双方解决问题的可能性将增加，需要提交投资委员会解释的可能性会进一步减小。

[⑤] 分别是：BIFU Case, paras. 7 – 10, ILO Doc. GB. 229/13/13 Appendix (1984～1985)；Belgian Case No. 1, paras. 6 – 8, ILO Doc. GB. 239/14/24/Appendix (1993～1995)；ICEF case, paras. 1 – 3, ILO Doc. GB. 264/13 (1993～1995)；Belgian Case No. 2, paras. 26, ILO Doc. GB. 270/MNE/1 confidential (1997～1998)。前两个案件经一致同意受理，后两个案件经多数同意受理。

出两个解释。① 导致 ILO 三方宣言的解释案件不多的原因有两方面：跨国企业分委员会的三方结构使得雇主代表有能力阻挠解释案件的受理，加上三方宣言本身排除了三类案件的解释（即与国内法和实践有冲突的争议，与国际劳动组织公约和建议书有关的争议和与结社权程序有关的争议）。但是，正如 1986 年 ILO《通过解释关于跨国企业和社会政策的三方原则宣言条款含义的做法审议涉及宣言的实行问题所引起的争端的程序》所指出的那样，宣言本身并不追求争议的解决，而是澄清对宣言条款理解的分歧，促进宣言更好地内化到 MNEs 的实践中。ILO 三方宣言的特色在于研究和促进。事实也证明，ILO 三方宣言在劳动标准方面的先进规定使其成为 OECD 指南适用的参照标准。1977 年，OECD 投资与跨国企业委员会在 Hertz 案件中援引 ILO 三方宣言解决纠纷即是典型的例子。② ILO 三方宣言在"禁止以转移营业或从其他国家移入工人不正当影响东道国进行的善意的集体谈判"的全面规定，为 OECD 投资与跨国企业委员会对该申诉案件的解释提供了关键的法律依据，也促使 OECD 指南在 1979 年修改的时候借鉴 ILO 三方宣言，增加了"禁止从其他国家移入工人不正当影响东道国进行的善意的集体谈判"的内容。OECD 指南 2000 年修改的时候，在雇佣关系的解释条款中也认可 ILO 三方宣言可以用来理解 OECD 指南的条款。③

3. UN 全球契约

诺华公司（Novartis）对 UN 全球契约的成功内化是该契约发挥实效的诸多范例之一。总部位于瑞士的诺华公司，属于第一批践行 UN 全球契约的 MNE。为了实施 UN 全球契约的原则，诺华公司咨询了世界资源研究机

---

① BLANPAIN, ROGER & COLUCCI, MICHELE. Supra note④, p. 77.
② 1977 年，Hertz 汽车租赁公司为了阻止丹麦子公司的工人罢工，从位于其他国家的分公司中调来工人代替罢工的工人。Hertz 公司工人认为，公司的行为破坏了合法的罢工，其目的是为了避免工人要求的善意的集体谈判。由于指南关于劳动与雇佣关系部分第 8 条仅仅禁止 MNEs 以转移营业威胁工人提出的善意谈判请求，未规定能否以影响集体谈判为目的从其他国家的分支机构移入工人作为替代问题，因此国内联系点请求投资与跨国企业委员会予以解释。投资与跨国企业委员会最后以 OECD 成员均为 ILO 成员，ILO 三方宣言适用于 OECD 成员的 MNEs 为由，援引 1977 年 ILO 三方宣言第 53 条，明确 MNEs 不得以从其他国家的分支机构转入工人不适当影响东道国劳资双方进行的善意谈判，并在 1979 年修订时加入了该条款。
③ OECD. 2000 Update of the OECD Guidelines for Multinational Enterprises, Para. 20, Commentary to Part Ⅳ.

构等NGOs，并于2001年公布了公司的公民政策。① 鉴于社会权利实现的渐进性，以及公司在应对环境与社会需要方面的经验，诺华公司将重点放在公司公民身份的推进过程，即制订标准、评估标准、实现目标、测验标准、改善标准上，强调将公司内化的因素加以考虑的透明性以及通过学习和评估确定目标的动态过程。针对分支机构对公司公民政策可能存在不同的实施态度之情况，诺华公司设立了高级管理人员指导委员会，负责将公民政策内化到各级别的管理人员中，内容包括信息系统、业绩评估以及激励。诺华公司还在全公司开展认知运动，通过公司网络发起对该项动议的讨论。为了统一分支机构管理人员对指南原则的理解，2002年诺华公司制定了具体的五大指南，即"公司公民的管理""公平的劳动条件""公司的伦理道德""人权与市民社会的参与""与第三方的关系"。其中"公平的劳动条件"指南强调工人的结社权以及有效对话的必要，而"与第三方的关系"指南则表明公司将优先选择那些与公司拥有共同的社会和环境理念的商业伙伴、供货商以及分销商作为合作对象，支持他们通过商业活动促进指南价值的实现。为了确立社会公信，诺华公司于2002年开始强化审计，将审查结果通过年度报告予以公布，并决定着手确立外部审查制度。通过公司的八大管理人员委员会的努力，诺华公司最终促使分销商取消怀孕测试的雇佣条件。

全球契约对MNEs的影响是显著的。2000年全球契约启动时大约只有50家企业参与，截至2013年5月29日，全球契约已经拥有来自145个国家超过10000家企业及其他利益主体的参与，成为目前世界上最大的自愿性公司责任倡议。②

---

① Novartis公司认为，公司公民不是回应社会的添加物，而是一个成功的药业公司内在的必要组成部分。正如公司总裁兼执行总监Daniel Vasell指出的那样，若Novartis要获得真正的成功，必须超越产品和服务，我们的利益关系主体必须认识到企业是社会价值的组成部分，是良好的公司公民，还认为公司公民政策应对社会风险的投资，其具有直接回报。公司公民政策包含了UN全球契约原则的具体内容。参见TAVIS, LEE A., "Novartis and the U. N. Global Compact Initiative", *Vanderbilt Journal of Transnational Law*, 2003, 36.
② UN Global Compact Participants, http://www.unglobalcompact.org/ParticipantsAndStakeholders/index.html, 2014 – 01 – 15.

（二）作用机理

1. 共同的作用机理

与 ILO 通过的国际劳动公约不同，OECD 指南、ILO 三方宣言以及 UN 全球契约均未规定国际层面的制裁机制。在国家层面，除了 OECD 指南要求承诺遵守指南的政府必须建立国内联系点之外，OECD 指南的其他方面以及 ILO 三方宣言以及 UN 全球契约都没有涉及国家的强制实施义务。这三大跨国劳动监管文件对 MNEs 遵守劳动标准义务的规定，依靠的不是强制而是劝说[①]和能力建设，具体表现在三个方面。

首先，这三个文件都明确表达对 MNEs 遵守劳动标准方面的义务之期待，并说明了企业自愿遵守包括劳动标准在内的社会倡议可能产生的利益。

其次，这三个文件都包含促进机制。诸如 OECD 指南中的信息与促进，前瞻性议程，ILO 三方宣言所采取的研究与促进，UN 全球契约推崇的学习与对话。这些促进机制有力地加强了跨国企业遵守劳动标准的能力。

再次，MNEs 违反期待的义务引起的羞辱将促使它们自觉履行义务。

可见，这三个跨国劳动监管的软法安排通过指明公司的社会责任以及遵守劳动标准将获得的利益，创造了 MNEs "遵守的引力"。当然，由于这三大软法文件各自不同的特点，所运用的具体劝说策略也不相同。

2. 有区别的策略

尽管这三个制度总体上属于软法，[②] 但他们所包含的精确性和授权性要素的程度有区别。在授权性要素方面，OECD 指南的授权性程度相对最高，UN 全球契约次之，而 ILO 三方宣言最弱。这是因为：根据 OECD 指

---

① 借鉴欧盟实践反思性监管的策略（开放性协调机制），劝说机制主要包括通过羞辱、模仿或话语的传播、网络、实验、商谈和学习六种策略。参见 TRUBEK, DAVID M. & TRUBEK, LOUISE G., "Hard and Soft Law in the Construction of Social Europe: the Role of the Open Method of Co-ordination", *European Law Journal*, 2005, 11 (3): 356.

② 以法律化的制度所包含的三个要素（变量），即义务性（法律约束力的明确程度）、精确性（解释空间）和授权性（移交第三方解释及裁断的程度）观之，OECD 指南、ILO 三方宣言以及 UN 全球契约都属于自愿性制度，义务性程度很低；这三个制度都未设立司法性机构，因此授权性程度也很低。由于法律化制度的硬度主要取决于义务性和授权性两个变量，因此，这三个制度总体属于软法制度。参见 ABBOTT, KENNETH W. & KEOHANE, ROBERT O., etc. *The Concept of Legalization*, International Organization, 2000, 54 (3): 405 – 406.

南，承诺遵守指南的政府具有建立国内联系点的硬性义务，而 ILO 三方宣言和 UN 全球契约没有规定此义务；另外，UN 全球契约要求 NGOs 对 MNEs 遵守全球契约的情况进行监督，而 ILO 三方宣言没有此授权或正式邀请。在精确性方面则相反，ILO 三方宣言就 MNEs 对劳动标准的义务规定得比较详尽，UN 全球契约仅仅规定了四个基本原则，最不精确，而 OECD 指南的精确性居于两者之间。

（1）OECD 指南"结合羞辱与非法律性质的经济制裁"的策略。

OECD 指南相对较高程度的授权性使得其国内联系点可以较好地发挥协助解决纠纷，促进 MNEs 遵守劳动标准的作用。指南通过羞辱以及可能引起的利益损失促使 MNEs 改变自己的行为。根据 2011 年 OECD 指南，所有的国内联系点在日常的工作中必须遵循"可预测"[①]"可及性"[②]"透明性"[③]"责任性"原则。[④] 同时，国内联系点在处理申诉时必须遵循"公正""可预测"[⑤]"衡平"原则。[⑥] 指南规定了详尽的协助解决争议的程序。如下表 2-2 所示，在申诉案件解决过程中，若经过斡旋，申诉双方无法达成协议，或一方无意开展谈判，国内联系点也应该发布声明。声明应指明当事方是谁，因什么争议提交国内联系点处理，国内联系点的建议是什么，为什么当事方无法达成协议。声明公开之前被申诉方有权做出评论，

---

① 指政府应该公开 NCP 设立的信息，参见 Amendment of the Decision of the Council on the 2011version of OECD Guidelines for Multinational Enterprises 之 Commentary to National Contact Point.

② 指企业、工人、NGO 以及其他公众都可以向 NCP 申诉，参见 Amendment of the Decision of the Council on the 2011version of OECD Guidelines for Multinational Enterprises 之 Commentary to National Contact Point.

③ 指若处理案件过程需要保密，则结果必须公开，除非继续保密为指南实施所必要，参见 Amendment of the Decision of the Council on the 2011version of OECD Guidelines for Multinational Enterprises 之 Commentary to National Contact Point.

④ NCP 的行为置于公众监督之下，国会也可以发挥监督作用，参见 Amendment of the Decision of the Council on the 2011 version of OECD Guidelines for Multinational Enterprises 之 Commentary to National Contact Point.

⑤ 即在解决问题时应向当事方提供公开的关于国内联系点在具体问题解决过程中的作用，包括斡旋条款，各个阶段的时间表，国内联系点在监督当事人达成的协议方面可能发挥的作用，参见 Amendment of the Decision of the Council on the 2011version of OECD Guidelines for Multinational Enterprises 之 Commentary to National Contact Point.

⑥ 应为当事方公平公正参与程序创造条件，例如获得合理的与程序有关的信息。参见 Amendment of the Decision of the Council on the 2011version of OECD Guidelines for Multinational Enterprises 之 Commentary to National Contact Point.

但是否改变，由国内联系点决定。可见，2011 年指南虽然没有正式的制裁 MNEs 的机制，但是违反指南的 MNEs 仍将承担不利的后果：除了通过公开报告导致 MNEs 公众形象受损，指南还鼓励国内联系点将最终报告提交给有关的政府部门，如出口信贷机构、公共采购部门、发展机构等，供这些机构在做出有关决策时参考。不遵守指南的 MNEs 极有可能遭受经济利益损失。此外，MNEs 遵守指南还可能面临机构投资者的压力，因为根据指南，机构投资者有义务向所投资的 MNEs 施压消除负面影响，NGOs 可以将报告提交给机构投资者并敦促他们要求 MNEs 采取杠杆手段。①

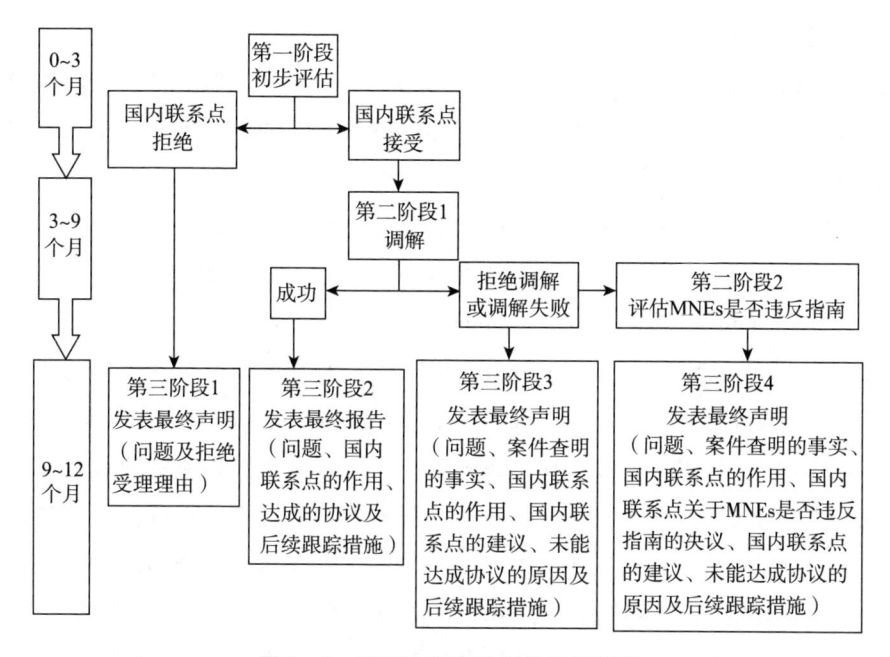

图 2-1 OECD 指南规定的申诉程序

（2）ILO 三方宣言的"话语传播"策略。

ILO 三方宣言对于劳动标准的精确规定主要有两方面价值。

其一，反映来自国际社会对于 MNEs 的最权威和最普遍的期待。ILO

---

① 根据 OECD 指南，MNEs 对其附属单位遵守指南规定的劳动标准负有适当注意义务，以避免后者的行为带来负面的社会影响。根据具体情况，MNEs 可以采取阻止、预防和救济的内部监管制度设计，或者阻止、预防和救济的内部监管制度设计加杠杆手段（如有条件的维持商业关系、中止合同，甚至终止合同关系等），抑或单独的杠杆手段，施压促使其合作伙伴遵守指南规定的劳动标准方面的义务。

在劳动保护方面的丰富经验、专业能力与网络资源是其比较有效地开展研究和促进工作的关键条件，而研究和促进是 ILO 三方宣言保持权威性和先进性的原因。1979 年，国际劳动大会第 65 次大会通过监管处的建议，开始就一般政策、就业、培训、劳动与生活条件以及工业关系这五个方面的问题要求成员国政府予以回答。从 2000 年开始，问卷调查的对象扩及成员国最具有代表性的雇主组织和工人组织。截至 2006 年，监管处共完成 8 次全球问卷调查。为了进一步细化问题的调查，2006 年 10 月监管处在 ILO 第 297 会议上提出改革建议，将一般问卷调查改为专题与次区域调查，全球调查配合有限国家内的深度主题调查方式。[①] 2009 年，ILO 以访谈、小组谈判以及选定的 MNEs 的调查问卷等方式完成了对加纳和阿根廷的田野调查，对所发现的诸如工业关系、集体谈判等具体的问题进行分析，并向加纳和阿根廷政府、雇主组织提出针对性的建议。[②]

ILO 比较敏锐地捕捉全球化背景下的劳动与其他社会前沿问题，形成了许多研究报告，如《全球化与发展中国家的非正式就业》（Globalization and Informal Jobs in Developing Countries, 2009），《给予年轻人一个较好的起点》（Giving Youth a Better Start, 2011），《短期雇佣及劳动市场前景及对二十国集团的主要挑战》（Short-term Employment and Labour Market Outlook and Key Challenge in G20 countries)》等，成为成员国制定或改善社会政策的重要参考。ILO 三方宣言在劳动标准方面的先进、权威以及详尽的规定一直是 OECD 指南的重要参考，1977 年 OECD 指南在解决 Hertz 案件中因本身规定不足而转向援引 ILO 三方宣言既是一个例证。OECD 指南 2000 年以及 2011 年修改关于"雇佣与工业关系"部分的注释均承认：ILO 三方宣言与指南适用并不冲突，鉴于 ILO 三方宣言的规定更为详尽，可以将其作为解释 OECD 指南相关条款的参考。

---

① ILO GOVERNING BODY. Proposals for reporting on the effect given to the Tripartite Declaration of Principles concerning Multinational Enterprises and Social Policy, GB. 297/MNE/3297th Session, Geneva, November 2006, http://www.ilo.org/wcmsp5/groups/public/-ed_norm/-relconf/documents/meetingdocument/wcms_gb_297_mne_3_en.pdf, 13Jan. 2013, 2014 – 01 – 15.

② ILO. Survey on the Implementation of the MNE Declarationin Ghana, http://www.ilo.org/wcmsp5/groups/public/-ed_emp/-emp_ent/-multi/documents/publication/wcms_117585.pdf, 2013 – 01 – 13; ILO. Outcome of the Field Exercise towards an Alternative Modality to Evaluate the Effect Given to the MNE Declaration, GB. 306/MNE/2, 2009.

其二，ILO 三方宣言相对精确的规定还可以为工会组织及其他 NGOs 提供与政府就经济、社会问题进行对话的框架，或作为审查评估 MNEs 行为的框架，以此敦促政府和 MNEs 承担责任。[①]

（3）UN 全球契约"以网络、学习与对话为主，公开羞辱为辅"的策略。

UN 全球契约在劝说机制上以学习和对话为主，兼采羞辱（包括公开批评以及除名策略）。UN 全球契约没有选择以法律途径来促进企业对劳动标准等十大原则的遵守，而是诉诸社会学习来培育和传播 MNEs 在遵守包括劳动标准在内的十大原则的最佳经验。为追求将劳动标准在内的十大原则内化到企业的经营策略，促进不同利益主体的合作并集体解决劳动问题之主要目标，UN 全球契约采取五大商谈机制（engagement mechanism），即领导机制、[②] 对话机制、[③] 学习机制、[④] 合作项目[⑤]和网络机制。[⑥] UN 全球契约试图通过这些商谈机制，从参与公司的对话与交流中提炼出公司在劳动保护等方面的善治经验，并通过将这些经验传播到其他的公司，发挥公司自身的纠正能力，最后实现公司对违反行为的自我清理。

值得注意的是，UN 全球契约对学习和对话的强调并非仅仅是理想的设计，也是基于对现实条件的考虑，理由有三点。

第一，UN 全球契约为了广泛吸引企业（尤其是 MNEs）参与其中，在标准方面不得不采取低度精确的方法。事实上，企业策略、结构处在不断变化之中，客观上也无法为其制订精确的行为标准。

第二，通过学习与对话能够让公司应对外界变化不断形塑自己的行为。当善治经验积累传播到一定范围的公司时，可能产生法典化、标准化

[①] 阿博特和斯奈德教授认为，非国家行为体在无法推动具有法律约束力的国际制度时，往往会努力推动国际制度的精确度，因为包含规范的承诺可以导向负责任的政治。See ABBOTT, KENNETH W. & SNIDAL, DUNCAN, *Hard and Soft Law in International Governance*, 2000, 54 (3): 452.

[②] 领导机制要求参与的公司对包括劳动标准方面十大原则做出承诺并保持透明度，要求企业的管理层在日常经营中具体遵守这些原则并公开报告为支持这些原则所采取的行动。

[③] 即参与全球契约的公司一起讨论共同的问题并设计解决方案。

[④] 是商谈机制的核心，主要是发现关键的知识漏洞，就发现的善治经验进行交流，通过在全球契约网站上公开披露相关的信息来培育负责任和透明度的文化。

[⑤] 旨在实现联合国的发展目标尤其是为穷人创造更多机会的目标。

[⑥] 主要为国际层面、区域层面、国家层面以及行业层面的利益相关主体讨论公司的全球责任问题创造条件，以此深化全球契约的影响。

以及从善治升级为最佳治理。

第三，行业领导人有可能为了保持竞争优势而要求全行业遵守最佳经验，而少数后进者面对多数同行的做法也无力反对，最后只能被说服接受。

不可否认，全球契约在规则精确度方面的不足给某些企业的投机行为创造了条件，即部分企业利用全球契约的标记（Logo）提升公司的形象，却在实际行动中背离承诺。然而，全球契约在授权方面的特殊安排，即邀请 NGOs 对参加全球契约的企业的履行承诺行为进行评判，可以在一定程度上弥补精确度方面的缺陷。NGOs 可以利用其网络资源向社会公众披露企业的不道德行为，企业可能因为惧怕群起的羞辱而纠正自己的行为。

当然，有些企业为了追逐利润，可能并不理会羞辱。于是，2000 年之后，全球契约开始采取增加精确性程度和提高行政机构（全球契约办公室）授权性程度的方法提升其实施效果。增加规则精确度的措施主要有三个。措施之一，明确加入全球契约的标准。2000 年，联合国前秘书长安南发布指南声明，侵犯人权的企业不得加入全球契约。① 措施之二，明确"全球契约"标记的使用政策——不得用于商业目的。措施之三，制定诚信措施。2003 年，UN 全球契约引入"进展沟通"（COP，Communication on Progress）策略，参加企业应该通过年报或企业网站表明自己在内化全球契约方面的进展，并应在全球契约网站提供可查阅沟通进展的链接。那些未提交执行全球契约年度报告的企业将在全球契约网站上被标识为"不积极"（inactive）的企业，若连续两年未能提交执行报告，将被除名。2010 年《金融时报》报告，有 55 家企业由于未能提供沟通方面的进展而被除名。②

提高 UN 全球契约办公室授权性程度的方法是申诉机制。UN 全球契约办公室接到书面申诉，首先判断该申诉是否属于滥诉。若是，该办公室就通知申诉方不予受理；若不是，该办公室就将申诉转给被申诉方，要求被申诉方向申诉方做出书面答复并抄送 UN 全球契约办公室。UN 全球契约办公室并不对申诉的是非曲直做出判断，只是要求被申诉方将解决申诉问题

---

① UN. Guidelines on Cooperation between the United Nations and theBusinessCommunity, http://www.un.org/en/business/Guidelines_on%20UN_Business%20Cooperation.pdf, 2013-01-14.
② JOHNSON, STEVEN, "Companines Fail UN's Global Compact", *Financial Times*, 2010-02-14.

方面的进展及时告知该办公室，以便后者可以就如何解决申诉的问题向被申诉方提供指导和帮助。若被申诉方接到 UN 全球契约办公室通知后 10 个月内未就申诉的问题与被申诉方进行对话，该办公室可以在 UN 全球契约网站上将被申诉方宣布为"不积极"企业。如果情节恶劣，且 UN 全球契约办公室认为继续将被申诉方列为成员将损害自己的声誉和诚信时，可以决定将被申诉方除名。

可见，UN 全球契约在授权性和精确性方面的增加不仅提高了其办公室的管理效率，更重要的是，强化了工会组织以及其他 NGOs 对企业（包括 MNEs）的监督。

五　三大软法安排中反思理性的异同

（一）共同的反思理性

面对 MNEs 引起的劳动问题，OECD、ILO 以及 UN 在传统的仅针对国家的跨国劳动监管制度之外，分别创新性地引入直接为 MNEs 设定义务的软法规范，并以"劝说和促进"策略推动 MNEs 进行自我劳动监管，较好地实践了反思法理论要求法律所具备的"实验与学习"精神。

较之国际劳动公约，OECD 指南、ILO 三方宣言以及 UN 全球契约这三大文件最特殊之处就在于，它们率先尝试直接针对 MNEs 设定劳动标准方面的义务。尽管此义务仅具有自愿性质，其实质是国际社会对 MNEs 遵守劳动标准方面的期待。然而，如第一章第二节所指出的那样，作为经济子系统的重要单位，MNEs 的逐利本性使得它们因劳动标准方面的社会责任而对自身的经济扩张进行自我限制的动力不够。根据图依布纳的观点，这三大跨国劳动监管文件意在以 IGOs 的名义，对以 MNEs 为主体的跨国经济子系统施以外部干扰，在其内部产生间接的压力，并通过这种间接压力促使 MNEs 学习如何适应国际社会对他们在劳动标准方面的期待。[1]

首先，这三大文件尝试通过劝说与促进机制，激发 MNEs 自我劳动监管的内在动力。与国际劳动公约为国家设立硬性的实施义务，以此间接要求包括 MNEs 在内的商业界遵守国际公认的劳动标准的做法不同，这三大

---

[1] Teubner, Günter, *Constitutional Fragments: Societal Constitutionalism and Globalization*, Translated by Gareth Norbury, Oxford: Oxford University Press, 2012, p. 93.

文件回应跨国劳动问题的手段主要是直接针对问题制造者（MNEs）的劝说和促进。这三大文件的制定者均非 OECD、ILO 以及 UN 的决策机构，在组织机构上均只设立低级别且纯粹行政职能的机构，在实施方式上也不依赖国家的批准，更没有依赖国家的制裁作为强制实施的最后保障。相较传统的"命令与遵从型"监管模式将 MNEs 置于与政府对抗的地位，这三大文件将 MNEs 视为政府的合作伙伴。这些文件均预设 MNEs 的良好公司公民身份，认为它们可以对投资东道国的经济与社会进步产生积极贡献。[①] 这三大文件还认为 MNEs 之所以会产生违反劳动标准的行为，主要原因在于他们或者对劳动标准本身以及对违反行为可能产生的后果缺乏明确认识，或者缺乏如何有效实施劳动标准的经验。因此，这三大文件通过组织与沟通、话语传播、领导机制、对话机制、学习机制、合作项目和网络机制等方式对 MNEs 进行实施劳动标准方面的能力建设。这样，可以调动 MNEs 学习如何进行自我劳动监管的积极性，导引他们进行主动的自我监管。

其次，对于那些为利所驱故意违反或"阴奉阳违"的 MNEs，这三大文件尝试启用羞辱机制，加强 MNEs 实施自我劳动监管的外在压力。随着更多理性的跨国市民社会力量被接受或被邀请加入监督，MNEs 的违反行为所引发的"群起的羞辱"不仅会给 MNEs 带来负面的声誉，还可能给它们带来直接的利益损失，包括消费者的抵制、机构投资者的撤资以及融资机构的拒绝授信等。这样，羞辱的外在压力将迫使 MNEs 进行劳动标准实施方面的学习，强迫他们进行自我劳动监管，寻求自身与外在环境系统之间最低限度的兼容。

必须承认，多大的外在压力足以促使那些潜在或现实的违反者进行自我劳动监管，无法准确界定。如第一章第二节所述，面对充分复杂的跨国劳动问题，法律的作用只是寻求跨国经济系统与其他社会子系统之间最低限度的兼容。这种兼容难以进行定量分析，其实质是互为"黑箱"的法律与跨国经济系统之间不断相互观察、不断相互理解或误解，不断相互接受

[①] OECD Guidelines for Multinational Enterprises (2011 edition), para. 1 of Preface; ILO, Tripartite Declaration of Principles Concerning Multinational Enterprises and Social Policy (2006 edition), para. 1, 3; Secretary-General Proposes Global Compact on Human Rights, Labour, Environment, In Address to world Economic Forum in Davos, UN Press Release SG/SM/6881, http://www.un.org/News/Press/docs/1999/19990201.sgsm6881.html, pp. 1, 3, 2013 – 01 – 13.

或拒绝的过程。OECD 指南通过历次修改，提高授权性程度的做法，ILO 注重通过研究提高其话语的精确度的实践，以及 UN 全球契约在 2000 年之后增加精确性程度并提高行政机构（全球契约办公室）授权性程度的改革举措，均源于其对跨国劳动问题随着全球化加剧变得日益复杂而 MNEs 的自我监管效果有待提高的认识与判断。这三个 IGOs 因此通过其监管文件的修改，尝试调高对 MNEs 自我劳动监管的外在社会压力。从这个角度看，OECD、ILO 以及 UN 的实践体现了"实验与学习"的反思理性。

（二）回应跨国劳动问题的程度差别

三大软法安排实行共同但有区别的监管策略，在跨国劳动问题的回应程度（反思理性程度）方面也有差异。

根据 OECD 指南的申诉机制（参见本节第四目之表 2-2），申诉程序的启动来自工会组织或其他关注劳动问题的 NGOs（即申诉方）。一旦符合条件，申诉将被政府代表机构（国内联系点）接受。申诉处理的过程，包括调解，调查（涉及本国以及其他有关国家的调查），公布申诉进展情况，将最终报告提交给出口信贷、公共采购部门等对 MNEs 及其附属单位有重要影响的政府部门，实际上是一个申诉方（工会组织或其他关注劳动问题的 NGOs）、被申诉方（MNEs 或其附属单位）、遵守指南的国家、对 MNEs 及其附属单位有重要影响的政府机构之间展开沟通与对话的互动过程。在此过程中，工会组织或其他关注劳动问题的 NGOs 作为申诉方直接参与案件的解决，大大加强了受到侵害的劳动者的救济能力。国内联系点作为中立的第三方尽管只是进行调解而非裁断，但由其发布的案件解决情况的公告，将对未改正的被申诉方形成羞辱。尤其是，当有关国内联系点将被申诉方不愿改正的报告呈交有关出口信贷、公共采购等部门时，被申诉方遭受的将不仅包括羞辱，而且包括经济利益的损失。当然，如果 MNEs 及其附属单位在调解阶段采取合作态度，案情进展报告也将为其赢得正面的社会声誉。可见，OECD 指南赋予监管者较大的空间来调节 MNEs 自我监管的外部压力，具备较强的回应跨国劳动问题的能力，因此体现出较高程度的反思理性。

相比之下，由于强调"网络、学习与对话"机制，UN 全球契约本来针对 MNEs 的外部压力就比 OECD 指南小。当然，若跨国企业较之过去更具备自我监管的意愿，则 UN 全球契约的"网络、学习与对话"将是有效的能力建设平台。然而，根据 ILO 的多份研究报告，目前跨国劳动问题更为复杂，对社会正义的冲击比过去更为严重。① 目前 UN 全球契约也引入了申诉和"进展沟通"程序，NGOs 作为对 MNEs 遵守有关劳动标准的直接监督者，被赋予了重要的作用。UN 全球契约的调整举措表明，其正在调高针对 MNEs 自我监管的外部压力。但是，由于缺少国家的中立调解和进展情况的权威发布，缺少对 MNEs 具有重要经济影响的 IGOs［如国际金融公司（IFC）和多边投资担保机构（MIGA）］以及有关国家的出口信贷或政府采购部门的参与互动，UN 全球契约对跨国劳动问题的回应能力将逊于 OECD 指南。

相较 OECD 指南和 UN 全球契约，ILO 三方宣言更像是"苦口婆心"的劝说者。塑造国际劳动标准方面的话语是 ILO 三方宣言的独特策略，但该策略主要建立在 ILO 自身对有关劳动问题的调查与研究上，基本不涉及 ILO 与 NGOs、IGOs 以及国家的互动。显然，对于可能违反或已经违反相关劳动标准的 MNEs 而言，来自 ILO 三方宣言的外在压力比 OECD 指南和 UN 全球契约更小，并且基本没有调节的空间，故其反思理性的程度总体低于后两者。

总之，虽然 OECD 指南、ILO 三方宣言以及 UN 全球契约不如国内硬法那样具有可预见性，但面对日益多元化的跨国劳动利益主体，面对纷繁复杂的跨国劳动问题，这三大文件尝试以劝说和促进的软法机制，导引跨国劳动问题的直接责任主体（MNEs）进行自我监管，其重要的价值就在于实验性。图依布纳指出："没有人能够预知子系统内部将如何运行，但除了通过子系统自我的改变，没有别的办法，因此只能实验。"② 虽然这三大文件的实验结果不可能完全被预知，但是这三大文件已经取得的初步成果表明，IGOs 外在的导引与 MNEs 内在的自我监管二者的一致努力将产生

---

① 2008 年，ILO 在《世界工作报告：金融全球化背景下的收入不平等》中指出，20 世纪 90 年代以来，世界经济虽然快速发展，但劳动者的收入差距却在急剧拉大，许多国家感到全球化并未给它们的人民带来好处。同年，ILO 在《关于公平的全球化所需要的社会正义的宣言》中也强调，经济一体化进程促使世界在经济快速发展的同时也遭遇了严重的社会问题（包括非正规经济、收入不公等）。因此，与过去相比，确保社会团结、充分就业与社会的可持续，实现社会正义目标，比过去任何时候更为紧迫。

② Teubner, Günter, *Constitutional Fragments: Societal Constitutionalism and Globalization*, Translated by Gareth Norbury, Oxford: Oxford University Press, 2012, p. 86.

积极的解决跨国劳动问题的合力。但同时也不得不承认，在回应比过去更为复杂的跨国劳动问题方面，OECD 指南具备较高的反思理性，UN 全球契约次之，而 ILO 三方宣言则最低。

综上，跨国劳动问题带有明显的时代烙印。二战之后以及二战后初期跨国劳动问题主要源于殖民地国（或保护国）与被殖民地国（或被保护国）之间的矛盾；二战之后冷战结束之前，跨国劳动问题集中体现了南北矛盾；20 世纪 90 年代冷战结束之后，跨国劳动问题则更多反映了经济自由化与全球市民社会的自我保护之间的矛盾。MNEs 是跨国劳动问题的主要制造者，理应负起监管的直接责任。鉴于 IGOs 的成员日趋多元化，利益格局更为复杂，国家对跨国劳动问题的监管意见分歧明显，以及国家与其国内利益集团之间就劳动监管问题的博弈更为激烈的事实，IGOs 若继续沿用传统的促进国际劳动公约的制定与批准的硬法监管模式，其有效回应跨国劳动问题的难度将会越来越大。

OECD 指南、ILO 三方宣言以及 UN 全球契约正是在不突破传统的国际法的主体结构的前提下对跨国劳动问题监管的有益尝试。他们在传统的仅针对国家的跨国劳动监管制度之外，创新性地引入软法安排，直接为 MNEs 设定自我劳动监管的义务，是"实验与学习"的反思理性的体现。这三大 IGOs 的文件均强调，其中的规则系"政府制定，建议 MNEs 遵守"、"政府社会政策，MNEs 配合实施"以及"邀请商业界参与联合国全球规则的制定"，将 MNEs 置于直接义务主体的地位，以此明确表达国际社会对 MNEs 在自我劳动监管方面的普遍性期待。在实施机制上，这三大文件改变传统的"依赖国家批准，或依赖国家的制裁作为强制实施的最后保障"之方式，完全依托劝说和促进机制。这三大文件包含共同有区别的实施策略：OECD 指南的特色在于"将羞辱与非法律性质的经济制裁相结合的策略"，ILO 三方宣言特色在于"话语传播策略"，UN 全球契约的特色则在于"以网络、学习与对话为主，公开羞辱为辅的策略"。

基于跨国劳动问题比过去更为复杂而 MNEs 的自我监管效果有待提高的认识与判断，OECD 指南、ILO 三方宣言以及 UN 全球契约经过修改、完善，尝试调高对 MNEs 自我监管的外在压力，这种做法进一步体现了其所实践的"实验与学习"的反思理性。尽管目前尚不能断言这三大文件的最终实验结果，但既有的成功实践证明，来自 IGOs 的外在社会导引结合

MNEs 的内在自我监管，将产生促进跨国劳动问题解决的合力。当然，这三大软法文件所体现的反思理性程度也有差别，其中 OECD 指南由于包含了申诉方（工会组织或其他关注劳动问题的 NGOs）、被申诉方（MNEs 或其附属单位）、遵守指南的国家、对 MNEs 及其附属单位有重要经济影响的政府机构之间的全面互动，因此具备较强的回应跨国劳动问题的能力。UN 全球契约由于缺乏国家和有重要影响的经济类 IGOs 的参与，在回应能力方面稍逊一筹。ILO 三方宣言因不涉及与 NGOs、IGOs 以及国家的互动，回应能力在三者中最低。

第二节　国际劳动组织硬法监管模式的改革

引　言

1919 年依据《凡尔赛和约》第十三部分成立的 ILO，作为当时国际联盟的附属机构之一，是国际社会对国际工人运动的回应。在此之前，由于国际工人运动的推动，已经出现通过硬法调整跨国劳动问题的诸边合作倡议。[①] ILO 在其成立宪章中明确国际劳动立法的三个主要宗旨：促进社会正义，

---

① 早在 19 世纪初，英国空想社会主义者罗伯特（1771~1858 年）和法国企业家达尼埃尔·勒格朗（1783~1859 年）就倡导通过国际劳动立法保护全世界劳动者的利益。1864 年第一国际（国际工人协会）成立，其于 1866 年提出将每天工作 8 小时作为法定限度，并决定将这个要求提到全世界工人阶级的共同行动纲领上。面对国际劳动立法思想在社会改良主义者中间逐渐扩散开来以及国际工人运动的高涨，以瑞士为代表的一些欧洲工业国家开始思考对策。1901 年，国际工人立法保护协会于瑞士的巴塞尔成立，其宗旨是鼓励国家对劳动保护的干预。根据该协会的宗旨，瑞士等欧洲国家成立了一个科学研究机构——国际劳动办公室（即国际劳动组织的前身），其职能是在保持政治中立的情况下，为各国提供劳动保护的信息。1913 年之前，国际劳动办公室 3/4 的经费来自欧洲国家和美国。国际工人立法保护协会推动诸边劳动条约签订比较典型的有两个例子。第一个例子是 1905 年，其主持召开的伯尔尼会议，14 个欧洲国家派代表出席，对禁止含白磷的火柴以及禁止妇女从事夜间劳动达成了两项国际意向性协议（此两项意向性协议经 1906 年瑞士政府主持召开的伯尔尼会议转为国际公约）。第二个例子是 1913 年国际工人立法保护协会主持召开第三次伯尔尼会议，15 个欧洲国家派代表参加，就禁止童工从事夜间劳动以及适当限制女工和童工的劳动时间分别达成两项意向性国际协议（瑞士政府本打算在 1914 年再次召开一次官方会议签署这两项公约，后来由于一战爆发，此两项公约最终未能缔结）。参见 HEPPLE, BOB, *Labour Laws and Global Trade*, Oxford：Hart Publishing, 2005, p. 28；王家宠：《国际劳动公约概要》，中国劳动出版社，1991，第 4~11 页。

维护世界和平；改善劳动条件，维护劳动者基本权利；预防劳动标准的"逐底竞争"。[1] 为了实现该宗旨，成立之初的 ILO 主要借助硬法途径。当时，ILO 所认可的正式的规范形式只包括公约和建议，[2] 而实践中，建议是针对暂时无法达成公约的事项的过渡安排。并且，无论是公约还是建议，成员国都有义务提请国内有权部门审议批准或采纳。[3] 这种以硬法为主的监管模式在 20 世纪 70 年代中期之前运行良好。但是，20 世纪 70 年代中期之后，ILO 的硬法监管模式开始出现制度性停滞。经过长达 20 年的摸索，ILO 在 20 世纪 90 年代开始对硬法监管模式进行改革，有意克制硬法的适用，追求最低限度的硬法安排，并通过 1998 年《关于劳动权利和基本原则及其后续措施的宣言》（以下简称"ILO1998 年宣言"）明确引入劝说和促进的软法实施机制。此外，ILO 还通过"体面工作计划"（1999 年）以及《关于公平的全球化所需要的社会正义的宣言》（以下简称"ILO2008 年宣言"）等软法规范，追求 ILO 宪章，尤其是其附件《费城宣言》的社会政策目标。

以下首先纵向比较 ILO 硬法监管模式在 1998 年之前三个阶段的不同实践特点，对其运行良好以及遭遇困境的不同原因进行剖析（第一部分），并对 ILO 在 1998 年之后引入软法机制的实践及其效果做出评述（第二部分），在此基础上分析其收缩硬法监管的改革所体现的反思理性（第三部分），最后是简短的结论。

---

[1] 1919 年 ILO 宪章序言指出，只有以社会正义为基础，才能建立世界持久和平。序言指出，现有的劳动条件使大量的人遭受不公正、苦难和贫困，因此，改善劳动条件的任务极其迫切。应改善的劳动条件包括：规范工作时间，确立每天和每周的最长工时；规范劳动力的供应，预防失业；提供充分的生活工资；保护工人免于因工作产生的恶心、疾病以及伤害；保护儿童、年轻人和妇女，为老年人和受工作伤害之人提供保障；保护在非本国工作的工人的利益；认可同价值的劳动享有同等报酬的原则；认可自由结社；组织职业和技术教育；其他措施。序言还指出，未能采取人道的劳动条件之国家将阻碍其他国家提高其国内的劳动条件。

[2] 参见现行有效的 ILO 宪章（1972 年修改，1974 年生效）第 19.1 条，该条款内容历次修改都没有改变。从 ILO 的立法实践来看，对于比较明确的问题，如工时、最低工资、带薪休假、安全与卫生、社会保障等，一般会制定公约；对于新出现的或者探索性的劳动标准，制定公约的条件若还不成熟，则会先制定建议，等机会成熟再转化为公约；对于那些成员国目标一致但实施方法有分歧的问题，一般是采取既通过公约（确定一般目标）又通过建议（建议采取的措施）的方式。

[3] 参见现行有效的 ILO 宪章（1972 年修改，1974 年生效）第 19.5 条、第 19.6 条。该条款内容历次修改都没有改变。

一　1998 年前 ILO 硬法监管模式的实践

以 1939 年二战的爆发以及 1975 年美国退出 ILO 为界，可以将 1998 年之前 ILO 的硬法监管模式细分为三个阶段，它们的实践特点不尽相同。

（一）初步实践阶段（1919~1939 年）

从 ILO 的宗旨可以看到，劳动标准不仅关乎劳动者的基本权利，关乎国家之间的公平竞争，还关系到世界的永久和平（劳资关系的稳定是世界和平的基础）。对于兼具道德性和经济性，经济功能和政治功能的劳动标准，各国的态度分歧自然较大。缘于此，刚刚成立的 ILO 首先需要解决的问题是集体行动困境，该困境受以下四方面要素的影响：

其一，适用劳动标准的民族国家的数量；

其二，具体跨国劳动问题的监管所面临的不同类型的集体行动困境；

其三，不同国家劳动监管条件的不确定性以及应对工业实践变化和技术改进方面的不确定性；

其四，基于国际法软弱的执行机制，国家偏离之前的承诺的可能性。

为了应对集体行动困境，ILO 采取三个策略。第一个策略是，扩大 ILO 的成员数量，以便实现成员的普遍性以及条约的广泛批准。第二个策略是适当灵活但不允许保留的实体条款。第三个策略是针对国家履行公约义务的集中监管机制。这三个应对集体行动困境的策略包含极强的硬法监管要素。具体体现在以下几点。

首先，为了实现 ILO 的三个宗旨，尤其是消除"逐底竞争"之顾虑，不仅需要国家的普遍参与合作，而且需要国家对公约的广泛批准。为此，ILO 开展鼓励非成员加入该组织的工作，包括：发展与美国官方和民间机构的关系以推动美国加入 ILO 并批准国际劳动条约；通过研究苏联和其他非成员的国内劳动关系，承诺给予他们额外的信息和技术援助，鼓励他们加入组织。[1] 由于 ILO 的努力，美国和苏联这两个当时具有重要影响的国家于 1934 年同时加入 ILO。到 20 世纪 30 年代中期，ILO 的成员数目从

---

[1] HELFER, LAURENCE R., "Understanding Change in International Organizations: Globalization and Innovation in the ILO", *Vanderbilt Law Review*, 2006, 59: 683.

1919 年的 45 个增加到 62 个。[1]

在促进劳动公约的批准方面，ILO 考虑到宪章要求成员将公约和建议分别提交国内有权机构批准和采纳的强制规定，无法确保成员对公约的广泛批准和对建议的有效采纳，于是创立了"异常彻底和具体"的公约起草程序，确保公约草案的每个条款都能在采纳之前得到深入的审查与讨论。

显然，ILO 创立初期，推动更多的国家加入以及对条约起草程序进行创新的努力，是出于让国际劳动公约尽可能约束更多的国家之硬法目的。

其次，ILO 在劳动标准的制定方面虽然允许灵活性安排，但却不允许保留。

ILO 设计了一系列的灵活措施，以便公约能够适应不同国家的地理、经济和社会条件。例如，有些公约[2]列明适用更低标准的国家，有些公约[3]仅包含一般性条款，而将更具体的规则留待相应的建议加以规定，还有一些公约[4]允许成员国将某些部门和行业的工人排除在外。这些规定的目的是希望公约能够尽可能获得各类成员国的批准。尽管 ILO 宪章并没有禁止成员对公约提出保留，但 ILO 在实践中成功拒绝了成员国的保留请求。其依据的理由是，对公约的保留将与 ILO 的三方结构和防止国家陷入"逐底竞争"的宗旨不相符合。[5] 建议虽然也是对公约无法达成的一种灵活性处理，但是 ILO 通过了一系列前后衔接的公约和建议，一方面是为了将国际劳动标准延伸到日益广泛的职场领域，另一方面的目的则是聚拢后续公约订立的政治意愿。这种迅速的立法节奏始于 1919 年第一次 ILO 大会，在该次会议上，成员共通过了 6 个公约。在此后的 20 年，ILO 又以类似方法通过了 67 个公约以及 66 个相关的建议。[6]

---

[1] HELFER, LAURENCE R., "Understanding Change in International Organizations: Globalization and Innovation in the ILO", *Vanderbilt Law Review*, 2006, 59: 683.

[2] 例如 ILO 关于工业领域的最低雇佣年龄的第 5 号公约和关于工业领域从事夜工的年轻人的保护的第 6 号公约对日本和英国保护下的印度适用更低的标准。

[3] 例如 ILO 于 1930 年通过的关于强迫劳动的第 29 号公约仅规定基本原则，而同年 ILO 通过了更为具体的关于强迫劳动（间接强制）的第 35 号建议和关于强迫劳动（规章）第 36 号建议。

[4] 例如 ILO 第 1 号、3 号、4 号、5 号、6 号公约均对适用的具体"工业"部门进行明确列举，未被列入其中的工业部门及其劳动者将不能适用公约的规定。

[5] HELFER, LAURENCE R., "Understanding Change in International Organizations: Globalization and Innovation in the ILO", *Vanderbilt Law Review*, 2006, 59: 686.

[6] HEPPLE, BOB, *Labour Laws and Global Trade*, Oxford: Hart Publishing, 2005, p. 31.

再次，ILO 通过对已批准公约的年度报告要求①以及针对违反已批准公约的成员国的申诉（complaint of non-observation）②和陈述机制（representation of non-observation），③提升集中监管制度。

（二）积极推进阶段（1945~1975 年）

ILO 的立法由于二战的爆发在 1939~1945 年基本中断。1944 年 ILO 通过的《费城宣言》扩大了 ILO 的宗旨。在 1919 年宪章的三大宗旨基础上，ILO 不仅确立了追求个人自由、经济安全、消除贫困等崇高目标，而且确立了社会与经济政策改革的宏伟目标。由于国际联盟的解体，1946 年，ILO 与联合国达成协议，作为后者的专门机构，但具备独立的成员和预算资格，并拥有对跨国劳动问题的立法职能。④ ILO 由此在 1946 年对其宪章做出修改，确立其与联合国的关系，并将 1944 年的《费城宣言》作为其附件。

这一时期，ILO 硬法监管模式的推进表现在以下几点。

第一，积极吸收新成员国加入。二战之后，在 ILO 的推动下，许多新独立的发展中国家加入其中。1954 年，苏联再次加入 ILO，⑤ 带动其他社会主义国家成为 ILO 的新成员国。1946 年，ILO 拥有的成员是 52 个，到 1958 年就迅速增加到 80 个。之后还继续增加，仅 1960 年一年，就有 15 个非洲新独立国家加入。⑥

第二，顺应二战后人权保护的国际合作加强的趋势，推动基本劳动权公约的缔结，树立 ILO 在国际劳动立法领域的权威性。鉴于联合国经社理事会也有管理社会权方面的职权，为了与联合国经社理事会竞争国际劳动

---

① 参见现行有效的 ILO 宪章（1972 年修改，1974 年生效）第 22 条。
② 参见现行有效的 ILO 宪章（1972 年修改，1974 年生效）第 26 条，指一成员（包括雇主代表组织和工人代表组织）针对其他成员（即成员国）违反已批准公约的行为向国际劳动办公室申诉，希望后者予以解决。成员的申诉可能引起 ILO 调查委员会的调查。
③ 参见现行有效的 ILO 宪章（1972 年修改，1974 年生效）第 24 条，指雇主代表组织或工人代表组织针对任一成员国违反已批准公约的行为向国际劳动办公室提出，希望后者予以解决。ILO 监管处根据一成员的陈述，应要求被申诉的成员通过声明予以答复。若被申诉的成员未以声明答复，或者所答复的声明不令人满意，监管处可以公开申诉方的陈述和被申诉方的声明（如有）。
④ See Charter of Untied Nations, Art. 57.
⑤ 苏联因 1939 年进攻波兰于当年被国际联盟开除，因而自动丧失在 ILO 的成员资格。
⑥ HEPPLE, BOB, *Labour Laws and Global Trade*, Oxford: Hart Publishing, 2005, p. 34.

政策的主导权，ILO 在 20 世纪 40 年代末和 50 年代推动成员缔结关于基本劳动权的三方面公约，即关于废除强迫劳动的第 105 号公约，关于结社权、组织权和集体谈判权的第 87 号和第 98 号公约，关于平等报酬和禁止歧视的第 100 号和第 111 号公约。

第三，创立保护工会的专门监管机构——结社权委员会，加强集中监管。1951 年，ILO 设立结社权委员会，专门受理针对一成员国违反第 87 号和第 98 号公约中规定的结社权的申诉案件。无论成员国是否批准这两个公约，都受该程序的约束。

第四，将促进公约的批准作为明确的立法目标。1946 年 ILO 宪章的修改，明确限定以建议形式制定国际劳动标准的条件，即所调整的问题根据当时的条件不被认为适合于公约调整。① 这样的限定结合 ILO 此前一贯的公约和建议前后衔接的迅速立法实践，可以显示 ILO 对公约这一硬法形式的偏好。与此同时，1946 年 ILO 宪章的修改确立了成员应监管处的要求对未批准的公约以及未采纳的建议进行报告的义务。报告内容包括有关公约和建议内容是否在成员国国内法具有被采纳的实践，成员国是否为批准该公约和采纳该建议付出努力，以及成员国未能批准公约或未能采纳建议的原因及困难等。② 成员国对未批准的公约以及未采纳的建议的报告义务可以督促缔约国尽快批准有关公约或尽快将建议转化为公约。

(三) 徘徊停滞阶段 (1975~1998 年)

1975 年，美国以 "ILO 的三方代表结构正在销蚀"，"对人权问题的选择性关注"、"忽视正当程序" 以及 "日益政治化" 为由宣布退出 ILO。③ 美国的退出并非导致 ILO 陷入制度性停滞的原因，相反，ILO 开始陷入制度性停滞才致使美国选择退出。

这个时期，ILO 的制度性问题首先表现为，因立法动机不正当，导致

---

① 参见现行有效的 ILO 宪章（1972 年修改，1974 年生效）第 19.1 条。
② 参见现行有效的 ILO 宪章（1972 年修改，1974 年生效）第 19.5 (e) 条、第 19.6 (d) 条。
③ See United States Letter Containing Notice of Withdrawal from the International labour Organization, Letter Dated 5 November 1975 from Mr. Henry A. Kissinger, Secretary of State of the United States of America, to Mr. Francis Blanchard, Director General of the International Labour Organization. U. N. Document A/C. 5/1704, Annex, November. 6, 1975.

三方代表中，工会和雇主代表支持公约的通过，而政府代表尤其是社会主义国家和发展中国家政府代表并不支持的情况。该时期通过的公约的绝对数量虽然不少，但批准率很低，成员国通过国内法实施公约的意愿很弱。①

ILO 的制度性问题还表现为以下三方面的不一致。

第一个不一致是公约的内容与其监管力度不匹配。由于保障劳动者基本权利的少数公约与多数涉及专门技术的劳动议题的公约在监管要求方面没有区别，导致公约的批准出现"点餐"现象，即国家任意选择所要批准的公约。这种做法削弱了 ILO 认为拥有根本地位的少数公约的价值。

第二个不一致之处是修订公约的程序烦琐不一。国际劳动公约就同一问题形成的家族公约群中，存在新旧公约规定不一致，甚至相互冲突的情况。由于部分成员仍然适用旧的公约，ILO 也无权自行废除它们，这就增加了 ILO 的监督负担。

第三个不一致之处在于同一问题的新旧公约的效力强弱不一。二战前和二战后初期 ILO 通过的公约被批评过于僵硬和具体，几乎只适用于发达国家。ILO 于是在许多当时新制定的公约中纳入了灵活性条款以适应不同国家的情况。但这同时也导致当时许多新的公约在效力上弱于同一议题的旧公约。那些批准新公约时竭力要求更多的灵活性条款的国家在实践中却很少援引这些条款，进一步引发灵活性条款的必要性以及政府对于公约承诺的严肃性问题。②

（四）不同阶段实践效果的评估

硬法监管模式在 ILO 创立初期得以采用，跟当时国家对劳动标准的认识以及政治环境密切相关。不可否认，劳动标准的经济性使得国家在劳动标准的合作方面陷入博弈。1919 年 ILO 宪章明确表达了成员国对劳动标准方面的"逐底竞争"之担忧——"未能采取人道的劳动条件的国家将阻碍其他国家提高其国内的劳动条件"。显然，在当时的成员国看来，劳动标准的合作方面存在"选择背离对自己更好"的囚徒困境型博弈。因此，硬法监管模式迎合当时成员国解决集体行动困境的需要。ILO 的硬法监管模

---

① HELFER, LAURENCE R., "Understanding Change in International Organizations: Globalization and Innovation in the ILO", *Vanderbilt Law Review*, 2006, 59: 697.

② Id., p.699.

式之所以得以成功实践，还跟当时高涨的国际工人运动有很大的关系。欧洲工业化国家出于对苏联的无产阶级革命向西方蔓延的担心，愿意以决策权以及加强国际劳动保护来换取国际工会组织放弃政治暴动的承诺。

硬法监管模式在二战之后的 30 年之所以能够继续推进，首先与残酷的二战所激发的国家在人权合作方面（包括劳动者的权利）的较强意愿有关系。其次，该模式的继续推行得益于二战之后资本主义国家推行的新凯恩斯主义。在该经济观念之下，国家的公共政策向劳动者福利和充分就业倾斜，加上当时西方世界主流的"福特主义"生产模式，工人组织的壮大具备有利条件。二战之后，资本主义经济发展的"黄金三十年"使得这些国家无论是在国内还是在 ILO，比过去更愿意也更有能力以更广泛或更强的劳动保护来换取工人对西方政治和经济制度的支持。为此，1946 年 ILO 宪章修改时专门增加规定："若成员国国内劳动标准高于 ILO 有关公约的标准，则优先适用成员国国内的劳动标准。"[①] 同时，如第一章第三节提到的，由于许多发展中国家复制了发达国家的标准化雇佣模式，因此这部分发展中国家对于发达国家提出的有关劳动保护的倡议不太可能有明显的异议。此外，在"东西"对峙以及"南北"角力的环境中，为了证明国内社会制度的优越性，刚加入 ILO 的社会主义国家和发展中国家也有动力批准部分 ILO 公约。

相比之下，1975 年以来 ILO 硬法模式逐渐显出困境，既有宏观环境的影响，也有制度本身的因素。

首先看宏观环境。ILO 成立初期，成员绝大多数来自发达的西方国家，工会的独立性没有问题。但是，二战之后，ILO 中社会主义国家和发展中国家成员增多。尽管 ILO 努力促进非洲、亚洲和拉丁美洲新独立国家的工会成长，但当时来自苏联和发展中国家的工会代表大部分受到政府不同程度的控制。这种情况直接导致在 ILO 的立法决策中，工会代表内部的意见不一致。政治因素对 ILO 三方结构的影响到 20 世纪 70 年代日益明显，因为其时正值发展中国家争取国际经济新秩序斗争的高峰时期以及美国与苏联冷战的新阶段，ILO 很自然成为当时"东西"对峙和"南北"角力的重

---

① 参见现行有效的 ILO 宪章（1972 年修改，1974 年生效）第 19.8 条。

要场所之一。① 于是，美国批评 ILO 出现"三方结构的销蚀""政治化""忽视正当程序"等弊病，并在 1975 年选择退出 ILO。

冷战结束，ILO 开始走出美国等国家所谓的"政治化"困境。然而，冷战之后，国际工人运动长期处于低谷状态。尤其是随着 20 世纪 80 年代末新自由主义观念成为同时影响发达国家和发展中国家的主流的经济观念，发达国家和发展中国家在劳动问题上都倾向于放松监管，因而不像战后初期那样重视 ILO 制定的劳动标准。在此情况下，国际工会组织所关注的焦点也从政治意识形态问题转向全球治理问题（企业社会责任），倡导跨国劳资合作的新模式。②

显然，二战之后 30 年有利于 ILO 硬法模式推行的宏观经济、政治和观念条件在 1975 年之后，尤其是 1989 年之后，已经改变。

其次看制度因素。必须承认，1944 年《费城宣言》对 ILO 主旨的扩大基本适应战后 30 年的宏观经济、政治和观念背景，因此仍能推动硬法模式前进。但这种超越 1919 年宪章的劳动条件的主旨本身隐含过于泛化的危险，随着时间的推移，其制度性问题渐渐暴露。其中最主要的是劳动标准过量及低度关联问题。由于《费城宣言》将 ILO 的立法内容扩及广泛的社会政策目标，导致当时某些通过的公约③与劳动条件几乎无关联，另一些公约的内容则过于细微。④ 劳动法学者卡多瓦（Cordova）对迄至 1990 年 ILO 制定的劳动标准进行统计发现，ILO 通过的 170 个公约以及 180 个建议（内含 2500 个指南）所包含的实体性劳动标准超过 2100 个，所包含的段落（节）累计超过 1 万个。据此，卡多瓦肯定地认为，即便是当时最偏好劳动监管的国家也不可能纳入这么多的劳动标准。⑤ 劳动标准过量及低度关联问题给成员国和 ILO 分别带来沉重的报告和监管负担，因为根据 ILO 宪章 1946 年的修改，无论是已批准还是未批准的公约，成员国都有报告义务，而 ILO 也有义务进行监督。

---

① HEPPLE, BOB, *Labour Laws and Global Trade*, Oxford: Hart Publishing, 2005, p. 34.
② RIISGAARD, LONE, The IUF/COLSIBA-Chiquita Framework Agreement: A Case Study, Multi-national Enterprises Programme Working Paper No. 94, http://www.ilo.org/wcmsp5/groups/public/-ed_emp/-emp_ent/-multi/documents/publication/wcms_101049.pdf, 2014-01-01.
③ 如 1946 年通过的关于食品和娱乐的第 68 号公约。
④ 如 1946 年通过的对于在船上工作的厨师进行认证的第 69 号公约。
⑤ HEPPLE, BOB, *Labour Laws and Global Trade*, Oxford: Hart Publishing, 2005, p. 37.

可见，成员国类型多样化、政治力量不平衡以及新自由主义助推成员国放松劳动监管的外在环境，加上 1946 年以来累积的劳动标准过量及低度关联问题的制度风险，共同导致 ILO 的硬法监管模式在 1975～1998 年陷入困顿。

二　1998 年后 ILO 硬法监管模式的改革及其初步效果

(一) 改革内容

为了应对 1975 年之后的监管困境，ILO 对原来的硬法监管模式进行改革。

1. 硬法适用范围的克制

一方面，ILO 有意克制硬法适用范围的扩大，追求最低限度的硬法安排。在此方面，ILO 主要采取两大措施。

第一个措施是精简劳动标准。ILO 针对之前存在的劳动标准过量以及低度关联的问题，对既有的劳动标准进行清理、修订，以增强公约与劳动条件的关联性以及劳动标准的整体一致性。至 2003 年，ILO 劳动标准修订工作组对当时既有的 185 个公约和 194 个建议进行清理，发现仅 71 个公约和 73 个建议还能适用，其他均已过时。[1] 为了加速这部分过时劳动标准的清理，2005 年，ILO 鼓励成员在批准某一问题的新公约的同时，声明废除与该问题相关的过时公约，从而加快过时公约的废除速度。通过清理，ILO 将既有的公约、建议等文件类型化为"未过时的文件"、"仅具有临时意义的文件"、"有待进一步研究的文件"、"需要修订的文件"、"过时的文件"、"搁置不用的文件"以及"已废除的文件"。这样可以引导成员国做出有意义的批准决定，并可为他们制定相关的国内法提供参考。

对于新的劳动标准的制定，ILO 则设定更为严格的挑选标准。ILO 强调，新的议题必须具有最高程度的附加值，即"必须在某一特定方面适合作为法律义务内容而不仅仅具有政治或道德意义"，"能够整合相互交叉的制度而不仅仅是加强已有的制度"，"具有累加已有的保护条款而不仅仅寻求一般的责任条款"。[2]

---

[1] HEPPLE, BOB, *Labour Laws and Global Trade*, Oxford: Hart Publishing, 2005, p. 37.

[2] HANSENNE, MICHEL. The ILO, Standard Setting and Globalization, Report of the Director-General, International Labour Conference 85th Session, 1997.

第二个措施是力推四方面核心劳动公约的批准。ILO 将既有的劳动公约区分为"有关劳动者基本权利的核心劳动公约"、"治理类的公约"以及"技术性公约",将监管的重点放在推动成员国对核心劳动公约的批准和实施上。1995 年,ILO 前总干事米歇尔·昂塞纳(Michel Hansenne)受邀参加社会发展世界峰会,并参与《哥本哈根社会发展宣言》的起草。ILO 关于"基本劳动权利的核心劳动公约"的提法得到公认。《哥本哈根社会发展宣言》在"提升工作和雇佣的质量"部分明确:"政府应保障和促进禁止强迫劳动、禁止使用童工、结社权、组织权和集体谈判权、男女同等质量工作同等报酬以及禁止雇佣歧视这四方面基本劳动权利的尊重,并充分实施这四方面的国际劳动公约。"ILO 之所以力推成员国批准这四方面的核心(基本)劳动公约,并非有意在既有的劳动公约中设定等级差别,也不意味其他劳动标准不重要,而是为了强调这四方面核心劳动标准对于其他劳动标准实现的基础性价值。ILO 强调,它们是成员国无论如何都应该努力实现的"最低限度的安排"(minimum programme)。[1]

不可否认,面对过量以及与劳动条件关联程度不一的劳动标准,ILO 锁定最基本的劳动公约的批准是迅速恢复劳动标准的可信度和相关度的策略。力推核心劳动公约的批准更重要的原因在于,在 1975 年之后的宏观经济、政治和观念背景下,跨国劳动问题日益复杂,硬性要求具体标准的普遍适用并不现实。

2. 引入劝说与促进的软法机制助推核心劳动公约的批准

另一方面,ILO 明确引入劝说和促进的软法机制来推动核心劳动公约的批准。

1998 年 6 月 18 日,国际劳动大会第 86 次会议通过的《关于劳动权利和基本原则及其后续措施的宣言》指出,"禁止强迫劳动""禁止使用童工""结社权、组织权和集体谈判权""两性平等报酬与禁止雇佣歧视"这四方面核心劳动公约,即便那些未批准这部分公约的成员国也有义务遵守,因为该义务来自 ILO 宪章序言明确规定的宗旨。宣言体现了特殊的劝说技巧,这种将不具有约束力的规范形式与具有约束力的义务内容相挂钩

---

[1] HANSENNE, MICHEL. The ILO, Standard Setting and Globalization, Report of the Director-General, International Labour Conference 85th Session, 1997.

的做法可以加强游说的效果。理由在于，尽管宣言规定的义务不具有法律约束力，但是在 ILO 宪章的"阴影"下，国家显然也无法否认这些义务。

在促进机制方面，ILO1998 年宣言规定，ILO 有义务对成员国批准和实施核心劳动公约提供技术性援助和咨询服务，相应地，ILO 要求成员必须按照后续措施的要求，就未批准的核心劳动公约的实施进展每年向 ILO 提交书面报告。而 ILO 将根据成员国的年度报告，每年将就某一方面的核心劳动标准进行审查并发布全球报告。与核心劳动公约的批准义务类似，成员国对未批准的核心劳动公约的实施情况做出年度报告的义务也有宪章第 19.5（e）条的依据，亦属于将软法形式与硬法内容糅合的特殊劝说路径。

可见，ILO1998 年宣言巧妙地引入了特殊的"劝说与促进"策略：一方面再次提醒成员国，批准八个核心劳动公约系成员国基于宪章的承诺，禁止反言；另一方面，通过年度书面报告、技术援助、咨询服务等促进成员尽快兑现加入 ILO 的诺言。

3. 引入软法推进 ILO《费城宣言》所含的社会政策目标

再一方面，鉴于由硬法推进《费城宣言》所规定的广泛的主旨不现实，ILO 引入软法规范建构其在全球社会政策制定方面的"专家"身份。

1999 年 ILO 前总干事胡安·索马维亚（Juan Somavia）倡导的"体面工作计划"所包含的四大支柱除了核心劳动标准外，还包括重复就业、社会保护和社会对话。并且，"体面工作计划"以工作（work）代替劳动（labour），打破了标准雇佣的传统模式，将各种创造性工作（包括自我雇佣、未就业者和失业者等所从事的工作）都纳入该计划的保护中。ILO2008 年宣言再次重申 ILO 宪章、1944 年《费城宣言》、ILO1998 年宣言以及 1999 年"体面工作计划"的宗旨、原则和目标，进一步加强实现前述文件的宗旨、原则和目标的后续措施的回应性。根据 ILO2008 年宣言的规定，国际劳动大会将根据监管处的安排，每年就一个策略性目标讨论"如何结合成员方的不同国内现实开展与标准有关的行动、技术合作行动以及相应的预算安排"。这种加强的后续措施可以更好地回应成员国的能力建设需要。

（二）改革效果

ILO 把监管重点放在推动成员国批准八个核心劳动公约的做法取得了明显的效果。

首先，自ILO1998年宣言的年度报告机制于2000年开始实施以来，ILO监管处收到了大量的年度报告，报告率最高甚至达到99%。其中，雇主、工人和政府三方参与率很高，国际劳动大会和监管处对提交的年度报告总体是满意的。①

其次，如第一章第三节所述，截至2014年1月22日，八个核心劳动公约的批准率已经高达91.42%，除了马绍尔群岛、帕劳以及图瓦卢这3个国家外，其他182成员国均至少批准了2个核心劳动公约。尽管发展中国家实施核心劳动公约的情况仍然不太令人满意，但国内实施问题是ILO推进核心劳动公约批准和实施的第二步。事实上，ILO已经考虑将监管资源转移到已批准的核心劳动公约的内化实施上。②

再次，ILO1998年宣言为许多国家认可，并纳入其所签订的自由贸易协定（FTA）或双边投资协定（BIT）的劳动条款或劳动合作协议（参见第三章的有关论述）。此外，该宣言也为一部分私人机制（如MNEs的公司行为守则与全球框架协议）援引，作为确定劳动标准的主要依据（参见第四章的有关论述）。

与此同时，ILO的"体面工作计划"适应国际金融机构在20世纪90年代金融危机之后对贫穷和社会保护问题的关注。1999年，世界银行与IMF基于"体面工作计划"在减少柬埔寨、洪都拉斯、马里、尼泊尔、坦桑尼亚这些国家的贫穷方面取得的实际效果，将该计划纳入《全面发展框架》（CDF）报告以及《减少贫穷策略报告》（PRSP）之中。此外，"体面工作计划"提出的"全球化经济的社会保护层"概念（即确保全球化产生的利益传递给那部分处于最不利地位的人，并确保全球化的代价不至于不适当地转嫁给任何群体），为国际社会政策注入了新的内涵。ILO还于2002年成立全球化社会层面委员会，为成员国构建社会保护层提供技术性支持。

还应看到，作为关注后续措施的ILO2008年宣言正在发挥积极作用。根据该宣言，监管处于2009年确定了提交国际劳动大会讨论的策略性目标。2010年，监管处制定了《2010~2015的策略性政策框架、项目以及

---

① ILO. Review of the Follow-up to the 1998 ILO Declaration on Fundamental Principles and Rights at Work, International Labour Conference, 99th Session, , Report Ⅶ, 2010. 1-2.
② ILO. Review of the Follow-up to the 1998 ILO Declaration on Fundamental Principles and Rights at Work, International Labour Conference, 99th Session, , Report Ⅶ, 2010, p. 5.

预算》，列出了具体的实施计划和路线图。目前，围绕该宣言的四个主题讨论（即2010年讨论的主题是就业，2011年是社会保障，2012年是核心劳动标准，2013年是社会对话）均已完成。可以合理地期待，ILO2008年宣言更具有回应性的后续实施措施将推动ILO1998年宣言与"体面工作计划"的目标更快地实现。

三　ILO硬法监管模式改革中的反思理性

通过本节第二目分析可见，在新的经济、政治和观念条件下，面对更加复杂的跨国劳动问题，ILO开始收缩其硬法监管模式的适用范围，引入劝说加促进的软法实施机制，并诉诸软法途径推动成员国实施超越核心劳动标准的更广泛的社会政策目标。软法机制已经成为ILO监管模式的内在组成部分。ILO硬法机制的收缩从三个方面体现了反思理性。

首先，ILO从追求成员国批准全部劳动公约转向力推成员国批准四方面核心劳动公约的做法，反映了其克制硬法，并将硬法定位在"寻求各国劳动监管制度最低限度的协调"的反思性监管思路。ILO要求成员国批准八大核心劳动公约的"最低限度的安排"，若依据图依布纳"面对功能高度分化的社会，法律的统一只能达到自主的法律领域的兼容"的观点，[①] 应是ILO面对碎片化且结构封闭的各国劳动监管制度的理性回应。由此，ILO将极为有限的监管资源集中在具有基础性价值的四方面核心劳动标准上是明智的。

其次，在追求成员国对核心劳动公约批准的硬法目标上，为了避免成员对传统的硬法监管的抵触，ILO采取不具有法律约束力的形式，即ILO1998年宣言。由于该宣言要促进的内容来自对成员国都有约束力的ILO宪章的宗旨，因此对成员国批准核心劳动公约具有更强的说服力。ILO还通过具体的后续措施，帮助成员国解决批准核心劳动公约所面临的困难。这种注重成员国能力建设的软法实施机制的目的是导引各国更好地进行核心劳动标准方面的自我监管，相比传统的"命令与遵从型"监管模式，不能不说是一大创新。

再次，ILO于1975~1998年陷入的制度性停滞并不意味着1946年宪章

[①] Teubner, Günter, "And God Laughed…" Indeterminacy, Self-Reference and Paradox in Law, *German Law Journal*, 2011, 12: 401.

修改对主旨的扩大有问题，其所证明的是实现该主旨的硬法模式有问题。硬法对于追求最低限度的兼容是必要的，但对于实现超越"最低限度的安排"的宏伟的社会政策目标，由于各国的劳动监管具有独立性，且存在复杂的差异，ILO 更适合将自己定位在劝说和促进的角色上。鉴于此，ILO 引入"体面工作计划"和 2008 年宣言等软法规范。其中所倡导的"全球化的社会保护层"等社会政策话语以及作为后续措施的能力建设支持项目，可以引起成员国对核心劳动标准之外更广泛的社会政策目标的重视，推动他们实施比核心劳动标准更高的标准，从而促进 ILO 追求的"社会正义"宗旨的实现。

通过本节的分析可见，ILO 硬法监管模式有效发挥作用所依赖的政治、经济和观念条件在 1975 年之后，尤其是冷战结束之后，已经发生根本性改变。在国际工人运动持续处于低谷、新自由主义经济观念占据主流、ILO 成员对劳动监管的利益偏好存在复杂分歧的新条件下，继续追求所有的劳动公约对成员国的普遍约束力并不现实，这已为 1975～1998 年 ILO 的制度性停滞所证明。面对更加复杂的跨国劳动问题，ILO 创立初期所设计的硬法监管模式到 20 世纪 90 年代不得不进行改革，收缩其适用范围，并将软法实施机制糅合其中，呈现"最低限度的硬法调整与最大限度的软法促进"的特点。ILO 收缩硬法机制的改革实践体现了"克制硬法"、"寻求各国劳动监管制度最低限度的协调"、"通过能力建设导引各国更好地进行核心劳动标准方面的自我监管"以及"通过劝说和促进机制推动成员国实施超越核心劳动标准的社会政策目标"的反思性监管思路。

第三节　国际金融机构回应跨国劳动问题的促进性安排

引　言

旨在确立二战之后国际金融秩序的"布雷顿森林体制"并未将劳动标准纳入其中，世界银行集团[①]和 IMF 的章程均未明确提及劳动标准问题。

---

① 世界银行集团包括五个成员，即国际复兴与开发银行（亦称为世界银行，IBRD）、国际开发协会（IDA）、国际金融公司（IFC）、多边投资担保机构（MIGA）以及解决投资争端国际中心（ICSID）。本文主要涉及前四个成员。

然而，作为世界银行集团成员的国际复兴与开发银行（又称为世界银行，以下统一采用"世界银行"的名称）在宗旨中提到"促进人民生活水平的提高以及劳动条件的改善"，而 IMF 的章程也包含"维持高水平的就业"的宗旨。① 20 世纪 90 年代末，这两大金融类国际组织开始将社会政策纳入到贷款申请的审查之中。其中，世界银行集团将部分核心劳动标准作为其审查援助、贷款或担保申请的重要内容之一，而 IMF 也同意与世界银行集团合作，通过《全面发展框架》和《减少贫穷策略报告》，共同推进申请贷款的发展中国家在实现 ILO "体面工作计划"方面的能力建设。

鉴于世界银行集团和 IMF 在金融类国际组织中的主导地位，本文主要以这两个组织的实践为代表分析劳动标准纳入国际金融体制的特点。那么，世界银行集团和 IMF 如何回应跨国劳动问题？其对跨国劳动问题的监管与 ILO 有何区别？为了解开前述疑问，本文首先分析劳动标准纳入国际金融体制的实践（第一部分），接着分析该实践的特点（第二部分）及其体现的反思理性（第三部分），最后是简短的结论。

一 国际金融机构推进核心劳动标准的实践

（一）世界银行集团的实践

1. 世界银行的倡议

受 ILO1998 年宣言的影响，世界银行营造了积极推进核心劳动标准的氛围。

1998 年，在其发布的《世界银行在人权与发展中的作用》中，世界银行指出，个人权利的全面实现离不开经济发展，因此世界银行将减少贫穷作为最主要的经济发展手段的做法，与联合国人权高级委员会的人权目标

---

① 2012 年修订生效的国际复兴与开发银行章程关于宗旨的第 1.3 条规定：通过促进国际贸易长期平衡发展以及通过鼓励成员国生产资源开发的国际投资维持国际支付的平衡，提高成员国的生产力、改善人民生活水平以及劳动条件。2008 年修改 2011 年生效的国际货币基金组织章程第 1.2 条的规定指出，国际货币基金组织的宗旨之一为：促进国际贸易的扩大以及平衡发展，以此致力于促进和维持高水平的就业和实际收入的增长，并促进作为成员国主要经济政策目标的生产资源的开发。

相一致。① 在报告中,世界银行首次对其章程第3.5(b)条②的规定进行解释,认为在贷款审查中纳入经济与效率而非政治与观念的考虑,绝不意味着世界银行认为公民权利和政治权利不重要,而是因为基于现实原因,即世界银行作为资金有限的发展机构,不得不将有限的资金集中在发展方面,在贷款安排中纳入短期的政治或观念的考虑与实现消除贫困的职能关联不大。③ 在报告中,世界银行尤其关注了与女性和儿童有关的劳动标准,即禁止剥削童工以及禁止对女性的雇佣歧视。

在减少使用童工方面。1998年,世界银行发布了由法伦(Fallon)和桑纳托斯(Zafiris Tzannatos)撰写的研究报告《童工问题及世界银行的行动方向》,提出具体的童工问题倡议,即全球童工计划,开始更系统地解决童工问题。《童工问题及世界银行的行动方向》认为,世界银行针对童工问题应该采取以下策略:将童工问题作为与借款国政策对话的重点内容;增加与有关IGOs以及NGOs之间的合作;提高世界银行工作人员对童工问题的认识及敏感度;在现有的贷款安排中更加关注童工问题;在童工可能以变相形式出现的具体项目中要求借款国遵守可适用的有关保护童工的法律和规章;设计具体项目或项目要素,解决危害后果最严重的使用童工问题;可以在童工问题严重的一个国家推行试点计划。

在禁止对女性的歧视(包含雇佣歧视)方面。2003年,世界银行通过《关于发展问题的性别层面的操作政策》,其宗旨是通过解决阻碍发展的性别歧视问题促进发展、减少贫穷,并帮助成员国制定和实施"性别与发展"方面的目标。2007年世界银行继而推行"性别平等行动计划"(Gender Action Plan),要求国际社会加大帮助女性获得经济能力的投资。2011年,当"性别平等行动计划"到期后,世界银行再次推出过渡计划,即"将性别问题主流化的路线图",要求建立和传播"两性平等"方面的商业理念。"将性别问题主流化的路线图"鼓励世界银行工作人员将性别问题纳入贷款审查内容,要求申请贷款或援助的国家在推

---

① *Development and Human Rights: the Role of the World Bank*, Washington: the International Bank for Reconstruction and Development/The World Bank, 1998. vii, 2.
② 该条规定:世界银行应该确保其贷款用于约定的用途,适当注意贷款的经济和效率方面的影响,但不应该纳入政治或其他非经济考虑。
③ *Development and Human Rights: the Role of the World Bank*, Washington: the International Bank for Reconstruction and Development/The World Bank, 1998, p. 3.

进性别平等方面采取更多的举措。继 2012 年《世界发展报告》发布之后，世界银行紧接着发布《2012 年世界发展报告对世界银行集团性别平等与发展策略的意义》，强调在促进两性平等问题上的五大优先目标，即与国家进行政策对话，加强国家层面的性别诊断，升级贷款条件使之成为成员国的优先目标，投资于与性别有关领域的数据和证据，利用合作杠杆。①

在强迫劳动方面。世界银行反复强调未曾也永远不会支持使用强迫劳动的项目的贷款。②

在结社权和集体谈判权方面。世界银行将其银行工作人员忽略与工会组织的对话归因于他们对工会组织及其所代表的利益不了解。世界银行鼓励负责国别贷款的工作人员与工会对话，促进借款国三方（即政府、工会组织和雇主组织）协议的达成。③ 世界银行自 1998 年开始注意保持同美国的劳联产联（AFL-CIO）以及国际自由工会联合会（ICFTU）的对话，并与 ILO 合作支持独立工会的发展。④

2. 世界银行集团其他成员的响应

世界银行促进核心劳动标准的倡议得到世界银行集团其他成员的积极响应。

1999 年，在国际开发协会（IDA）第十二次资金补充会议同步报告中，与会代表们建议 IDA 工作人员在审查"国家援助对策"（Country Assistance Strategy）中更加注意申请国实施核心劳动标准的情况。报告特别要求每个申请援助的国家的国内劳动法必须接受协会依照核心劳动标准进

---

① THE WORLD BANK. Implications of World Development Report 2012: Gender Equality and Development for the World Bank Group, Washington: the World Bank, 2011-5-11.

② THE WORLD BANK. Core Labor Standards and the World Bank, http://web.worldbank.org/WBSITE/EXTERNAL/TOPICS/EXTSOCIALPROTECTION/EXTLM/0, content MDK: 20310132-menuPK: 390633-pagePK: 148956-piPK: 216618-theSitePK: 390 615, 00. html, 2013-10-15.

③ THE WORLD BANK. Core Labor Standards and the World Bank, http://web.worldbank.org/WBSITE/EXTERNAL/TOPICS/EXTSOCIALPROTECTION/EXTLM/0, content MDK: 20310132-menuPK: 390633-pagePK: 148956-piPK: 216618-theSitePK: 390 615, 00. html, 2013-10-15.

④ "A Role for Labor Standards in the New International Economy?" Seminar and Panel Discussion, 2: 40 p.m., Wednesday, September 29, 1999. Hampton Room, Omni-Shoreham Hotel Washington, D.C., http://www.imf.org/external/np/tr/1999/tr990929.htm, 2013-10-15.

行的诊断式审查。① IDA 为此发布了《核心劳动标准工具包》，辅助其工作人员的审查。以 2001 年 IDA 针对缅甸的"国家援助对策"审查为例，其依照《核心劳动标准工具包》的审查分三步走。第一步是对缅甸进行法律评估。缅甸批准了 ILO 管辖下的 8 个核心劳动公约中的 6 个，还未批准关于童工的两个公约。第二步是对缅甸实施劳动法的情况进行事实评估。缅甸虽然批准了结社权和集体谈判权方面的公约，但为了吸引投资，仍在出口加工区限制工人行使结社权。此外，缅甸对女性和少数信仰群体的雇佣仍存在歧视，强迫女工和童工的现象依然存在，尤其是缅甸 14 岁以下的儿童有 12% 被迫辍学务工。最后一步是建议缅甸采取的行动。IDA 期待通过缅甸政府、市民社会以及 IGOs 的共同支持，能够废除童工或以其他方式替代使用童工，以便在恢复对童工的教育方面取得进展。在 2002 年召开的 IDA 第十三次资金补充会议的报告中，与会代表强调，IDA 应继续对申请"国家援助对策"的国家进行核心劳动标准的诊断。②

为响应世界银行的倡议，多边投资担保机构（MIGA）和国际金融公司（IFC）在贷款和担保的审查中也纳入了劳动标准的考虑。1998 年，IFC 在其发布的《对贷款项目的环境与社会审查程序》中明确，对涉及强迫劳动以及有害使用童工的项目将不予贷款。③ 2006 年，IFC 发布《社会和环境可持续性政策》，将"劳动与工作条件"（即劳动标准）列为对申请人实施社会政策的情况进行审查的第二项绩效标准。与其《社会和环境可持续性政策》相配套，同年 IFC 发布《关于社会和环境可持续性政策的绩效标准》。依据其中第二项绩效标准的解释，IFC 对项目的劳动标准绩效的评估包括五个方面，即建立、维持和改善劳资关系，促进工人的公平待遇、非歧视和平等机会，遵守国内劳动和雇佣方面的法律，通过解决童工和强

---

① THE WORLD BANK. Core Labor Standards and the 12th and 13th Replenishments to IDA, http://web.worldbank.org/WBSITE/EXTERNAL/TOPICS/EXTSOCIALPROTECTION/EXTLM/0, contentMDK：20224310-menuPK：390633-pagePK：148956-piPK：216618-theSitePK：390615，00.html，2013－10－15.

② THE WORLD BANK. Core Labor Standards and the 12th and 13th Replenishments to IDA, http://web.worldbank.org/WBSITE/EXTERNAL/TOPICS/EXTSOCIALPROTECTION/EXTLM/0, contentMDK：20224310-menuPK：390633-pagePK：148956-piPK：216618-theSitePK：390615，00.html，2013－10－15.

③ The International Finance Corporation Procedure for Environmental and Social Review of Projects（December 1998），http：www.ifc.org, p.19, 2013－10－15.

迫劳动问题来保护劳动力,促进安全和健康的工作条件并保护和增进工人健康。该绩效标准在确定这五方面的劳动条件时,以 ILO 管辖下的 8 大核心劳动公约以及《联合国儿童权利公约》为参照。[①] 可见,IFC 对贷款申请进行审查时需要考虑 ILO 确立的四个方面的核心劳动标准(即结社权和集体谈判权、禁止强迫劳动、禁止使用童工、禁止雇佣歧视)外加职业安全与卫生。IFC《社会和环境可持续性政策》以及相应的绩效标准在 2012 年分别进行了更新,但劳动标准方面的审查内容没有改变。

受 IFC 的影响,多边投资担保机构(MIGA)于 2007 年 10 月也发布了《社会与环境可持续政策》,劳动标准同样被列为贷款担保的第二项绩效审查项目。根据 2013 年 MIGA 发布的《社会与环境可持续政策的绩效标准》,劳动与工作条件方面的绩效标准被细化为六个方面,即建立、维持和改善劳资关系,促进工人的公平待遇、非歧视和平等机会,遵守国内劳动和雇佣法律,避免使用强迫劳动,促进安全和健康的工作条件并保护和增进工人健康,保护弱势工人(包括童工、移民工人、第三方雇佣的工人以及申请担保者的供货链条上的工人)。该绩效标准在确定这六方面的劳动条件时,以 ILO 管辖下的 8 大核心劳动公约、《联合国儿童权利公约》以及《联合国关于保护所有移徙工人及其家庭成员的公约》为参照。[②]

(二) 国际货币基金组织的实践

相比世界银行集团,IMF 几乎没有单独开展推进劳动标准的活动。这样的差别主要源于 IMF 与世界银行集团的不同定位。世界银行集团将自己定位为国际发展机构,因而愿意推进那些有助于消除贫困问题的劳动标准。而 IMF 将自己定位为维护宏观经济政策稳定的机构,认为劳动标准与宏观经济稳定无关。以下方面可以证明 IMF 对劳动标准与宏观经济稳定之间关系的否定看法。

第一,核心劳动标准不与优惠贷款安排(金融援助贷款)相挂钩。在

[①] International Finance Corporation's Performance Standards on Social & Environmental Sustainability (2006 edition),http:www.ifc.org,p.7,2013-10-15.
[②] Multilateral Investment Guarantee Agency Performance Standards on Environmental and Social Sustainability (2013 editon),http://www.miga.org/documents/performance_ standards_ social_ and _ env_ sustainability.pdf,p.10,2013-10-20.

20世纪70年代石油危机引发的经济危机、80年代拉美债务危机以及90年代亚洲金融危机中,发展中国家成为国际货币基金贷款的主要申请主体。IMF认为受金融危机影响的发展中国家的收支平衡问题源于其制度的结构性问题,于是开始关注申请国的社会、文化与政府治理问题。IMF相继推出了一些针对低收入的发展中国家的优惠贷款安排,如1986年推出的"结构调整贷款"(SAF)、1987年推出的"加强的结构调整贷款"(ESAF)以及1999年"减贫和增长贷款"。获得援助的条件是申请人必须实施充分的政策调整,以便降低信贷风险。政策调整的内容有的包括修订劳动法,提高劳动市场的灵活性、促进雇佣率。然而,这些项目的成功虽然使劳动市场更加灵活,却导致很多申请国国内的劳动标准降低。[①] 2001年,IMF执行董事会达成一致,认为贷款条件应该集中于那些对实现贷款项目的宏观经济目标有关键作用的结构性改革问题。2002年关于贷款条件的指南确认了该原则。2012年,IMF执行董事会对2002~2012年的贷款条件进行审查后认为,贷款条件还应该更集中于宏观经济目标。[②] 据此,核心劳动标准因为与宏观经济目标没有直接关系,将被继续排除在贷款条件之外。

第二,核心劳动标准不与汇率稳定相挂钩。根据IMF章程,其在对成员国的汇率进行监督时,不仅要看国家的宏观经济政策,还要看对宏观经济有影响的其他政策,其中包括劳动和环境政策。然而,核心劳动标准很少出现在IMF第4条的报告中。[③] 这是因为,IMF对汇率问题的审查主要是针对宏观经济和货币问题,基本不涉及微观经济层面。

第三,核心劳动标准不与技术援助相挂钩。尽管IMF的技术援助项目为发展中国家提供银行与货币、外汇、财政政策等方面的培训,但是核心劳动标准并未成为培训的内容。劳动标准问题有时候会在解决具体的制度问题时被提及,但仅仅以非正式方式出现。[④]

综上,尽管ILO以及联合国人权高级委员会一致呼吁国际金融机构在其金融项目中促进核心劳动标准,但IMF一直未将劳动标准内化到其金融

---

① BREINING-KAUFMANN, CHRISTINE, *Globalization and Labour Rights: the Conflict between Labour Rights and International Economic Law*, Oxford: Hart Publishing, 2007. 118.
② IMF Conditionality, http://www.imf.org/external/np/exr/facts/conditio.htm, 2013 – 09 – 01.
③ BREINING-KAUFMANN, Supra note①, p. 116.
④ BREINING-KAUFMANN, CHRISTINE, *Globalization and Labour Rights: the Conflict between Labour Rights and International Economic Law*, Oxford: Hart Publishing, 2007: 119.

活动中。值得注意的是，IMF 未认可核心劳动标准与宏观经济稳定的关联并不意味着其否定劳动标准的重要性。相反，IMF 重视劳动标准对国际金融制度的影响。例如，IMF 接受了 ILO 作为观察员，允许后者列席国际金融与货币委员会的会议。

（三）世界银行、IMF 与 ILO 在推进"体面工作计划"方面的合作

尽管存在理念上的差异，世界银行、IMF 与 ILO 仍在务实基础上进行合作，在《全面发展框架》(CDF)报告以及《减少贫穷策略报告》(PRSP) 中纳入体面工作计划的内容。

1999 年初，世界银行提出《全面发展框架》报告。这是为了回应公众对过去通常以牺牲社会发展为代价获取经济发展的批评。《全面发展框架》追求宏观经济、金融、社会、人与自然的全面发展。作为自愿性安排，CDF 强调所有利益相关主体，包括政府、公民社会、私人部门以及外部援助机构，劳动问题是其中的重要内容。在劳动问题上，世界银行强调富有生产性的就业对社会发展的重要性，因为这不仅创造并增加劳动者的收入，而且体现个人的尊严与自信，当然个人的尊严与自信与劳动的质量有关。由此，世界银行将 ILO 的体面工作计划[1]视为社会发展的重要因素纳入《全面发展框架》之中。

1999 年 9 月在世界银行和 IMF 联合召开的年会上，两个组织同意以国家为基础的"减少贫穷策略"应该成为世界银行和 IMF 审查所有优惠贷款以及重债穷国减债计划的基础。世界银行和 IMF 就 ILO 提出的"体面工作计划"在多大程度上有助于减少柬埔寨、洪都拉斯、马里、尼泊尔、坦桑尼亚这些国家的贫穷进行审查，得出肯定的答案。[2] 因此，1999～2002 年，几乎所有的《全面发展框架》和《减少贫穷策略报告》的制定都邀请 ILO 的参与。[3] 2002 年，ILO 全球化社会层面国际委员会的成立，标志着世界

---

[1] 体面工作计划是国际劳动组织前总干事胡安·索马维亚在该组织第 87 届大会上提出，包含四个方面的内容，即创造就业机会、保障工作权利、扩大社会保护以及促进社会对话。
[2] BREINING-KAUFMANN, CHRISTINE, *Globalization and Labour Rights: the Conflict between Labour Rights and International Economic Law*, Oxford: Hart Publishing, 2007: 121.
[3] BREINING-KAUFMANN, CHRISTINE, *Globalization and Labour Rights: the Conflict between Labour Rights and International Economic Law*, Oxford: Hart Publishing, 2007: 121.

银行、IMF与ILO在减少贫穷策略方面的合作进入更密切的阶段。

二 劳动标准纳入国际金融体制的特点

鉴于IMF仅认可劳动标准对国际金融活动的影响,未像世界银行集团那样将核心劳动标准内化到其金融活动中的事实,下文主要以世界银行集团的实践为代表分析劳动标准纳入国际金融体制的特点。

尽管20世纪90年代初,ILO曾呼吁世界银行集团通过融资项目强制申请国家或企业实施某些重要的劳动标准(即后来被ILO正式确定的四方面的核心劳动标准),[1] 但世界银行集团采取了更务实的态度。其实践特点如下。

首先,在劳动标准的内容方面,世界银行集团明确尊重UN以及ILO的权威及专业经验。1998年,在"全球童工计划"推出之际,该计划的实施负责人桑纳托斯认为,世界银行不具备界定剥削性使用童工的专业能力,而联合国儿童基金会以及ILO是童工方面的专门机构,在解决童工问题方面比自己更有经验。因此,任何低于UN或ILO有关使用童工的公约所规定的劳动条件将被世界银行视为构成以经济剥削方式使用童工。桑纳托斯还认为,世界银行能够做的是与联合国儿童基金会以及ILO合作,将童工问题纳入更广意义上的发展议程,将其主流化,进而增加在降低使用童工以及增强对童工的教育方面的资金支持。

基于类似理由,其他世界银行集团成员,如IDA、IFC以及MIGA对有关项目涉及劳动标准的评估时,认可ILO与UN的权威地位及参照作用。IDA的"核心劳动标准工具包"明确以ILO1998年宣言及八大核心劳动公约作为参照。[2] IFC以及MIGA对申请人进行"社会与环境的可持续政策"中的"劳动与工作条件"的绩效评估时,也以ILO管辖下的8个核心劳动公约以及UN的儿童权利公约作为参照公约确定劳动标准的具体内容。

---

[1] BREINING-KAUFMANN, CHRISTINE, *Globalization and Labour Rights: the Conflict between Labour Rights and International Economic Law*, Oxford: Hart Publishing, 2007: 119.

[2] THE WORLD BANK. Core Labor Standards Toolkit—Step 1, http://web.worldbank.org/WBSITE/EXTERNAL/TOPICS/EXTSOCIALPROTECTION/EXTLM/0,contentMDK:20224310~menuPK:390633~pagePK:148956~piPK:216618~theSitePK:390615,00.html, 2013-10-05.

其次，世界银行集团将自己在劳动标准方面的作用定位为"促进"而非"强制实施"。IDA 的"国家援助对策"将对受援助国家国内实施核心劳动标准进行诊断并建议采取相应的行动。但是，诊断结果合格并非提供贷款的前提条件，世界银行对于诊断过程中发现的问题一般通过与受援助国对话的方式加以解决。[1] 相比之下，IFC 以及 MIGA 通过私人项目促进劳动标准的实施。向 IFC 申请贷款或向 MIGA 申请担保的私人项目需要接受包括劳动标准在内的社会与环境领域八大方面的绩效评估。IFC 和 MIGA 针对项目的贷款或审批的劳动标准评估步骤类似，大致分两步走。[2] 第一步是，申请人必须进行自我评估，若评估结果存在劳动标准方面的问题，还应当附上避免问题（或至少减轻问题）的行动计划。第二步是，IFC 和 MIGA 将对项目进行社会评估，并考虑申请人的行动计划。IFC 和 MIGA 通过与工会、有关 NGOs 磋商等方式评估行动计划的可行性。IFC 和 MIGA 一般允许申请人对问题进行纠正，劳动标准方面的问题不影响项目的审批。只有在极端情况下，才会拒绝项目的申请。并且，IDA 开展核心劳动标准的诊断，IFC 和 MIGA 在对申请项目进行劳动标准方面绩效评估的过程中，都注意配套技术援助或服务，[3] 帮助受援助者或申请者提高包括劳动标准方面的实施能力。

也许是基于世界银行集团的定位，1999 年上任的 ILO 总干事胡安·索马维亚一改 ILO 之前对世界银行集团的期待，从原来要求世界银行集团通过与援助、贷款或担保项目挂钩强制实施核心劳动标准，转向要求世界银

---

[1] EBERT, FRANZ CHRISTIAN & POSTHUMA, ANNE, *Labour Standards and Development Finance Institutions: a Review of Current Policies and Activities*, Geneva: ILO Publication, 2010.6.
[2] EBERT, FRANZ CHRISTIAN & POSTHUMA, ANNE, *Labour Standards and Development Finance Institutions: a Review of Current Policies and Activities* Geneva: ILO Publication, 2010.6.
[3] 例如，国际开发协会对缅甸实施核心劳动标准的诊断之同步措施是，世界银行与国际劳动组织合作在缅甸推行"减少童工计划"同步。国际金融公司为推行"社会与环境可持续政策"审查，配套推出了"可持续商业的顾问服务"。多边投资担保机构为了帮助申请担保的投资非洲的企业达到"社会与环境可持续政策"绩效评估的要求，成立了专项基金，免费提供技术性建议。参见 IFC Advisory Services in Sustainable Business, http://www.ifc.org/wps/wcm/connect/Topics_Ext_Content/IFC_External_Corporate_Site/IFC+Sustainability/Sustainable+Business+Advisory+Services/, 2013-10-05; MIGA. Advancing Sustainable Investments, April 2013, http://www.miga.org/documents/Advancing_Sustainable_Investments.pdf, 2013-10-05.

行集团发挥"促进"核心劳动标准的作用。①

再次,世界银行集团对四方面核心劳动标准推动的力度不同。世界银行集团对结社权和集体谈判权的推进力度不如禁止恶劣形式使用童工(有害使用童工或剥削性使用童工)、禁止强迫劳动以及禁止雇佣歧视这三方面的核心劳动标准。IFC 和 MIGA 依据《社会和环境可持续性政策》第二项绩效评估标准对申请人进行"劳动与工作条件"(即劳动标准)方面的评估时,对于禁止恶劣形式使用童工(有害使用童工或剥削性使用童工)、禁止强迫劳动以及禁止雇佣歧视这三方面的核心劳动标准,不管国内法是否规定,都要求申请人必须遵守或达到。而对于结社权和集体谈判权,若有关国家的法律没有规定,只要求不阻止工人以替代方式维护自己的权利,并不要求申请人达到同样的标准。

显而易见,将劳动标准纳入国际金融体制出现在 ILO 改革其硬法监管模式之后。世界银行集团和 IMF 在回应 ILO 的实施倡议时,根据自身的具体条件,务实性地将自己的作用限于"促进而非强制实施"。

三 国际金融机构在反思性跨国劳动监管框架中的地位

(一)"促进而非强制实施"的反思理性

不可否认,世界银行集团与 IMF 自 20 世纪 70 年代末,尤其是 20 世纪 80 年代末以来所积极推行的金融自由化观念,助推发展中国家的劳动市场走向灵活化。② 如本节第一目第(二)小目所述,作为金融自由化的社会结果之一,申请贷款的发展中国家国内的劳动标准未升反降。可以认为,ILO 于 20 世纪 90 年代要求世界银行集团和 IMF 将劳动标准纳入其融资项目的呼吁,是处于扩张之中的跨国金融子系统进行自我限制的外部压力。

---

① BREINING-KAUFMANN, CHRISTINE, *Globalization and Labour Rights*: *the Conflict between Labour Rights and International Economic Law*, Oxford: Hart Publishing, 2007, p. 119; "A Role for Labor Standards in the New International Economy?" Seminar and Panel Discussion, 2: 40 p. m., Wednesday, September 29, 1999. HamptonRoom, Omni-Shoreham Hotel Washington, D. C., http://www.imf.org/external/np/tr/1999/tr990929. 2013 – 10 – 05.

② KREVER, TOR "The Legal Turn in Late Development Theory: The Rule of Law and the World Bank's Development Model", *Harvard International Law Journal*, 2011, 52 (1): 297 – 298; BREINING-KAUFMANN, CHRISTINE, *Globalization and Labour Rights*: *the Conflict between Labour Rights and International Economic Law*, Oxford: Hart Publishing, 2007, pp. 115 – 116.

然而，面对这样的外部压力，世界银行集团和 IMF 并未以"通过融资安排强制实施核心劳动标准"来回应 ILO 的最初期盼。世界银行集团仅仅将三方面的核心劳动标准（禁止强迫劳动、禁止以恶劣形式使用童工、禁止雇佣歧视与不平等报酬）纳入其融资安排的审查之中。如本节第二目所述，审查结果是否合格并非构成世界银行集团成员同意给予融资的前提条件；相反，审查发现的劳动问题将通过对话与能力支持的方式加以解决。IMF 的态度则更模糊，仅仅同意在与世界银行集团合作实施《全面发展框架》和《减少贫穷策略报告》时考虑比核心劳动标准更为泛化的"体面工作计划"。世界银行集团和 IMF 选择"促进而非强制实施"策略来回应跨国劳动问题具有客观原因。有关劳动标准的选择建立在其自身的功能定位以及对有关劳动标准属性认识的前提之上，在一定程度上体现了反思性监管的思路。具体而言有以下几点。

第一，与 ILO 的功能定位不同。ILO 是专门的跨国劳动监管机构，而世界银行集团和 IMF 则是专门的跨国金融监管机构。如本节第二目第（二）小目所述，IMF 将自身定位为"维护宏观经济政策稳定的机构"。劳动标准属于国家微观经济层面上的问题，IMF 故而不愿意将其主流化到核心业务之中。然而，面对 ILO 要求跨国金融子系统内化其对劳动标准的负面影响之要求，IMF 仍然表示出重视的态度，并付诸一定的积极行动（例如，同意与世界银行集团合作推动内容较为广泛 ILO 的"体面工作计划"）。"体面工作计划"侧重国家实施劳动标准方面的能力建设，IMF 愿意对此计划提供金融支持，将有助于提高申请贷款的发展中国家改善国内劳动标准的积极性，从而实现导引这些国家主动加强自我劳动监管的目标。类似地，世界银行集团的官方报告也一再强调自己是发展机构，不是人权机构。[①] 因而不愿意强制实施 ILO 确定的有关劳动标准。

第二，对劳动标准之于经济发展的意义的认识与 ILO 有分歧。相比 IMF，考虑到某些国际核心劳动标准对经济发展和社会发展的意义，世界银行集团在促进这些标准的实施方面体现出较高程度的积极性。但是，与 ILO 认为所有的核心劳动标准从长远看与国家的经济发展存在正向关系的

---

① Development and Human Rights: the Role of the World Bank, Washington: the International Bank for Reconstruction and Development/the World Bank, 1998. vii.

观点不同，世界银行集团在决定在有关融资安排中纳入核心劳动标准的范围时，慎重考虑不同的核心劳动标准在经济功能方面的差别。只有在其认为违反某一核心劳动标准将损害发展目标的实现时，世界银行集团才会考虑将其纳入贷款、援助或担保条件。这决定了世界银行集团对四个方面核心劳动标准的推动力度不尽一致。2001年，世界银行在《全球经济视角与发展中国家》报告中认为，较低的劳动标准（即未达到核心劳动标准）无助于一国经济福利的增长，无助于企业提高竞争力，无助于对外贸易的增长，但是结社权和集体谈判权除外，这两项核心劳动标准与经济增长以及实际工资的增长没有非常明确的联系，在某些情况下还可能对经济增长和实际工资的提高起反作用。结社权和集体谈判权除了其与世界银行集团的功能定位之联系存在较大争议外，与世界银行集团的相关发展项目挂钩也不够密切，还因为其在某些发展中国家具有较强的政治敏感性。可见，经济角度的争议性和政治上的敏感性导致结社权和集体谈判权尽管被世界银行集团认可是必要且重要的，但却未能获得积极的推动。

显然，在国际金融体制中，促进申请贷款的发展中国家加强其国内劳动标准的外部压力主要来自世界银行集团，而非IMF。因为前者的审查结果关系到贷款申请能否及时获批，而后者纯粹是劳动标准方面的能力建设。另外，相比IMF选择促进内容广泛的"体面工作计划"，世界银行集团将促进的重点放在被一致认为有助于经济增长的三方面核心劳动标准（即禁止强迫劳动、禁止以恶劣形式使用童工、禁止雇佣歧视与不平等报酬）上，这样有助于锁定成员国在促进劳动标准实施方面达成的阶段性共识，并实现有限资源的较优化使用。在世界银行集团中，无论是IDA对申请援助的成员国国内劳动标准实施情况的诊断式审查，还是IFC和MIGA分别对申请贷款和担保的项目进行劳动标准方面的绩效评估，有关国家或项目在实施有关劳动标准方面虽然面临压力，但却不至于因未达到有关要求而被剥夺获取援助、贷款或担保的机会。相反，世界银行集团给予申请的国家或项目以自我改正和获得技术援助的机会。据此可以认为，世界银行集团为回应跨国劳动问题所采取的促进措施符合反思性跨国劳动监管的要求。

（二）在反思性跨国劳动监管框架中的辅助地位

不可否认，在促进 ILO 所确定的劳动标准方面，世界银行集团存在较明显的挑选性。世界银行集团仅关注劳动标准中纯粹社会经济文化权利方面的标准（即禁止强迫劳动、禁止恶劣形式使用童工、禁止雇佣歧视），排除兼具政治性质的标准（即结社权和集体谈判权）。核心劳动标准在世界银行集团看来，只是发展的手段，而非目的。这种以纯粹经济路径追求劳动标准的做法可能导致具有根本重要性的结社权和集体谈判权被边缘化。此外，与核心劳动标准挂钩的国际开发协会的援助项目一般限于落后的发展中国家，而与核心劳动标准挂钩的国际金融公司或多边投资担保机构的项目主要集中在私人项目而非国家项目中，这也决定了世界银行集团通过融资项目推行劳动标准的区域范围比较有限。

根据世界银行集团和 IMF 的功能定位，以及它们在回应跨国劳动问题方面的有限性，可以预测，这两大金融类国际组织将继续以"务实的促进"态度回应 ILO 的实施倡议。世界银行集团和 IMF 无意采取硬法监管模式，更无意全面监管跨国劳动问题。由此决定，它们在反思性跨国劳动监管框架中的地位仅为辅助性。

通观本节分析可知，国际金融体制中的劳动标准实践主要集中于世界银行集团。IMF 以核心劳动标准与其维护宏观经济稳定的主要职能基本没有关系为依据将其排除在自己的行动范围之外。世界银行集团将自己定位为发展机构而非人权机构，因此其劳动标准实践更体现促进功能而非强制作用。由于世界银行集团以纯粹经济路径追求劳动标准的实施，因此更侧重于促进与国家经济发展、消除贫困关系较直接的三项核心劳动标准（禁止强迫劳动、禁止以恶劣形式使用童工、禁止雇佣歧视与不平等报酬）。世界银行集团通过将劳动标准纳入有关援助、贷款或担保的审查，对申请的国家或私人施加外部压力，同时又为他们满足有关劳动标准要求提供技术性援助。这种回应跨国劳动问题的促进措施符合反思性劳动监管的要求。当然，世界银行集团和 IMF 的功能定位决定了它们在回应跨国劳动问题方面不可避免具有局限性。根据其无意采取硬法监管模式，更无意全面监管跨国劳动问题的实践特点，可以预测，金融类国际组织在反思性跨国劳动监管框架中的地位仅为辅助性。

世界银行集团也意识到自身在推进劳动标准方面的有限，于是 2003 年，IFC 与荷兰最大的银行荷兰银行（ABN Amro）、英国巴克莱银行（Barclays）以及美国花旗集团（Citigroup）联合倡议银行部门践行"赤道原则"，参加"赤道原则"的银行承诺自愿在其发放的项目融资贷款中践行社会与环境标准，其中包括劳动标准。2006 年"赤道原则"进行修订，采纳了 IFC 发布的 2006 年版的《关于社会和环境可持续性政策的绩效标准》，承诺对超过 1000 万美元的项目贷款适用包括劳动标准在内的八个方面的绩效评估。参加"赤道原则"的银行从 2003 年的 10 个[1]迅速增加到 2013 年的 78 个（包括 77 个银行以及 1 个协会）。[2] 根据 2007 年 IFC 的统计，私人银行在发展中国家提供的项目贷款 80% 以上遵循了"赤道原则"。[3] 有理由认为，"赤道原则"尽管仅具自愿性质，但在促进发展中国家的私人项目遵循核心劳动标准、职业安全与卫生方面将发挥积极的作用。

本章小结

ILO 作为最古老同时也是最专业的监管跨国劳动问题的 IGO，其在创立初期设计的硬法监管机制到 20 世纪 70 年代开始陷入困顿。而同期，面对调整 MNEs 引起的劳动问题的外在压力（要求将 MNEs 引起的劳动问题纳入南北问题，强化国家对 MNEs 的限制和监督的责任）和内在阻力（国家之间缺乏足够的合作意愿），OECD 与 ILO 几乎同时创新跨国劳动问题的回应方法，在针对国家的监管制度之外，实验性地引入针对跨国企业的软法安排，直接为 MNEs 设定自我监管义务。

较之 ILO 针对国家的硬法监管机制在 1975～1998 年遭遇制度性停滞，其与 OECD 采取的针对 MNEs 的软法监管机制在此期间却初见成效。20 世

---

[1] EBERT, FRANZ CHRISTIAN & POSTHUMA, ANNE, *Labour Standards and Development Finance Institutions: a Review of Current Policies and Activities*, Geneva: ILO Publication, 2010, p.3.

[2] Members & Reporting of Equator Principles, http://www.equator-principles.com/index.php/members-reporting/members-and-reporting, 2013 - 10 - 05.

[3] EBERT, FRANZ CHRISTIAN & POSTHUMA, ANNE, *Labour Standards and Development Finance Institutions: a Review of Current Policies and Activities*, Geneva: ILO Publication, 2010: 3.

纪末21世纪初，面对全球治理观念下跨国劳动问题利益主体增多、主张更加多元化的现实，不仅OECD指南和ILO三方原则宣言的修改继续保留软法的形式，而且UN前秘书长也提倡以软法形式的全球契约回应国际社会对MNEs承担劳动保护责任的期待。OECD、ILO以及UN针对MNEs劳动问题的三大软法监管文件放弃传统的硬法监管的强制手段，采取劝说和促进（能力建设）机制，它们独特的"将羞辱与非法律性质的经济制裁相结合的策略"（OECD）、"话语传播策略"（ILO）、"以网络、学习与对话为主，公开羞辱为辅的策略"（UN）反映了反思法理论下法律的"实验与学习"的精神。基于跨国劳动问题随着全球化加剧变得日益复杂而MNEs的自我监管效果有待提高的认识与判断，这三大IGOs通过其监管文件的修改，尝试调高对MNEs自我劳动监管的外在压力。此举进一步体现了其所实践的"实验与学习"的反思理性。尽管无法完全预测这三大文件的积极监管效果，但根据它们敢于"实验与学习"的精神以及已经取得的初步成果，有理由相信，IGOs的外在导引结合MNEs的自我监管将产生积极解决跨国劳动问题的合力。

当然，还应该看到，面对比过去更为复杂的跨国劳动问题，这三大针对MNEs的软法监管文件对MNEs形成的外部压力不同，因此在反思理性程度上也有差别。OECD指南较全面地纳入了申诉方（工会组织或其他关注劳动问题的NGOs）、被申诉方（MNEs或其附属单位）、遵守指南的国家、对MNEs及其附属单位有重要经济影响的政府机构之间的互动，因此体现出较强的回应能力。UN全球契约由于缺乏国家和有重要影响的经济类IGOs的参与，回应能力不如OECD指南。ILO三方宣言因不涉及与NGOs、IGOs以及国家的互动，回应能力在三者中最低。

或许是受到其与OECD针对MNEs的软法监管效果的启示，为了更好地适应20世纪70年代中后期以来已经变化的新的经济（新自由主义经济观念占据主流）、政治（国际工人运动持续处于低谷）和观念（ILO成员对劳动监管的利益偏好复杂分歧）条件，ILO经过近20年的摸索，从20世纪90年代中期开始对原来的硬法监管模式进行改革。ILO从全面的硬法调整（追求成员国批准全部劳动公约）转向最低限度的硬法安排（追求四方面核心劳动公约的批准）。同时，为了避免成员对传统的硬法监管的抵触，ILO1998年宣言引入独特的"劝说与促进"的软法机制追求成员国对核心劳动公约批准的硬法目标。此外，对于ILO《费城宣言》所包含的超越"最低限度的安排"的宏伟社会政策目标，ILO 认识到各国劳动监管制度之间存在复杂差异且相互独立的现实，将自己定位为劝说和促进的角色，通过"体面工作计划""全球化的社会保护层"等社会政策话语以及作为后续措施的能力建设支持项目推进。ILO 改革传统的硬法监管模式的实践体现了"克制硬法"、"寻求各国劳动监管制度最低限度的协调"、"通过能力建设导引各国更好地进行自我监管"以及"通过劝说和促进机制推动成员国实施超越核心劳动标准的社会政策目标"的反思性监管思路。

ILO 改革硬法机制的措施已经初见果效。目前 8 个核心劳动公约的整体批准率已经超过 90%。1998 年 ILO 宣言不仅为众多的成员国认可，纳入后者缔结的 FTA 或 BIT 中的劳动标准条款或劳动合作协议，而且也为许多私人机制（包括 MNEs 行为守则以及全球框架协议）援引，作为确定劳动标准的主要依据。ILO 的"体面工作计划"被世界银行和 IMF 纳入《全面发展框架报告》以及《减少贫穷策略报告》之中。

ILO 将软法机制引入监管制度的改革对国际金融机构产生了影响。二战之后国际金融秩序的"布雷顿森林体制"并未将劳动标准纳入其中，但因受到 1998 年 ILO 宣言的影响，世界银行集团和 IMF（主要是世界银行集团）对核心劳动标准做出了务实的促进性安排。然而，基于与 ILO 不同的功能定位，以及在劳动标准之于经济发展的意义方面与 ILO 存在的认识分歧，这两大国际金融机构既无意采取硬法监管模式，更无意全面监管跨国劳动问题。因此，它们在反思性跨国劳动监管框架中，将成为辅助性的公力软法监管主体。

总之，目前 IGOs 针对 MNEs 的劳动监管制度和针对国家的劳动监管制度并存。其中针对 MNEs 的劳动监管制度均为软法，针对国家的劳动监管制度则呈现"最低限度的硬法调整与最大限度的软法促进"特点。可见，IGOs 回应跨国劳动问题的策略已经逐渐从传统的以硬法机制为主导转向以软法机制为主导，着力推进成员国的自我监管与导引 MNEs 自我监管（私人自我监管）。

| 第三章 |

跨国劳动监管中的国家单边措施与条约实践

如第一章第三节第一目已经指出的那样，20世纪70年代末以来，发达国家和发展中国家都面临劳动问题。但是，诚如第二章所论，因政府间组织（IGOs）以硬法方式推动国家之间的跨国劳动监管合作面临较大的挑战，在策略上开始转向以促进成员国自我监管和导引MNEs私人监管的软法机制为主导。

显然，面对1975~1998年国际劳动组织（ILO）硬法监管模式陷入的制度性停滞，美国和欧盟对ILO监管能力的不完全信任导致他们分别于20世纪80年代和90年代先后采取将劳动标准与对外贸易和投资政策单边挂钩的做法。在推动劳动标准进入多边贸易体制失败之后，美国、欧盟等发达国家或发达国家集团开始转向在自由贸易协定（FTA），以及双边或诸边投资协定（BIT）中纳入劳动标准。

本章将关注这些针对跨国劳动问题的单边措施和条约实践，并结合反思法理论对其特点做出分析。

第一节 跨国劳动问题的单边监管措施
——以美国和欧盟为例

引 言

尽管乌拉圭回合谈判中，赞成组建专门的工作组讨论劳动标准与多边贸易关系的国家不在少数，[①] 但真正通过单边措施将劳动标准与贸易政策

---

① 乌拉圭回合中发达国家关注的社会倾销与发展中国家关注的贸易保护主义再次交锋。美国于1987年提议就劳动标准问题组建一个工作组，该提议得到欧盟、北欧五国（瑞典、冰岛、丹麦、挪威、芬兰）、加拿大、新西兰、日本以及一些东欧国家的支持，但由于发展中国家反对，工作组未能组建。参见 HEPPLE, BOB. *Labour Laws and Global Trade*, Oxford: Hart Publishing, 2005, p.130.

挂钩的国家或国家集团，目前比较典型的只有美国和欧盟。美国和欧盟将劳动标准纳入其对外经济政策的单边做法对比鲜明，前者强硬，后者温和。以下将首先阐述美国和欧盟针对跨国劳动问题的单边经济政策（第一部分），继而比较两者的区别（第二部分），最后是简短的结论。

一 美国和欧盟的各自实践

美国和欧盟均通过普遍优惠制度单方面将劳动标准纳入其中。但美国起步更早，其自20世纪80年代开始，就将促进发展中国家劳动标准的提高作为其单边对外贸易政策的重要组成部分。1984年美国国会通过的《普惠制更新法案》对1974年贸易法第5章的普惠制进行修改，加入了劳动标准的内容，那些未采取措施为国内劳动者（包括出口加工区的劳动者）提供美国所谓的"国际公认的劳动标准"的国家，其出口的产品将不被允许进入美国市场。美国的普惠制度多次延长期限，最新一次授权虽于2013年7月31日失效，但美国国会正在讨论再次延长。[1] 奥巴马政府在提交给国会的《2013贸易政策议程与2012年贸易协定项目的年度报告》中也强调，将继续对普惠制受惠国的劳动标准状况进行严格的监督与评估。

相比之下，欧盟将劳动标准纳入普惠制度较迟。直到1995年，欧盟才开始改变原来所谓的"调节"机制（即为特定国家的特定产品提供不限数量的免关税市场准入机制），引入特别的激励安排框架。根据该框架，若这些特定国家承诺促进可持续发展，尤其是承诺保护劳动权利和环境，就可以获得特别的优惠。2001年，欧盟理事会通过第250/2001号规章，规定受惠国享受额外（特别）关税优惠的劳动标准条件。根据该规章，只要申请国证明其实际遵守ILO确立的四个方面的核心劳动标准，即可享受额外的关税优惠。[2] 若国内立法不再包含ILO确立的核心劳动标准，或包含该核心劳动标准的国内立法未被有效实施，抑或欧盟委员

---

[1] See US Generalized System of Preferences (GSP), http://www.ustr.gov/trade-topics/trade-development/preference-programs/generalized-system-preference-gsp, 2014-01-10.

[2] See Council Regulation (EC) No. 2501/2001 of 10 December 2001 applying a scheme of generalised tariff preferences for the period from 1 January 2002 to 31 December 2004, Art. 8, Art14, Art15.

会采取的监督措施未能得到受惠国的尊重,则欧盟可以决定暂时撤销对部分产品甚至全部产品的特别关税优惠。① 在劳动标准方面,只有当出现以下三种情形之一时,欧盟才会启动制裁,暂时撤销普惠待遇:实施 1926 年 9 月 25 日与 1956 年 9 月 7 日通过的两个日内瓦公约以及 ILO 第 29 号和第 105 号公约所指的奴役或强迫劳动;严重整体性侵犯 ILO 相关公约规定的结社权、集体谈判、就业和雇佣方面的非歧视、禁止使用童工;狱工劳动产品的出口。②

欧盟分别于 2005 年、2008 年以及 2012 年三次对欧盟理事会第 250/2001 号规章进行修改(更新),暂时撤销普惠待遇的条件并没有改变,只是把原来关于废止奴隶制、奴隶贩卖及类似奴隶制的制度与习俗的两个日内瓦公约去掉,完全参照 ILO 管辖下的八个核心劳动公约。③ 进入 21 世纪之后,全球范围内奴隶制度以及奴隶贩卖的问题已经基本消除,对国际社会挑战更大的是各种变相的奴役形式,而在这方面,ILO 第 29 号和第 105 号公约已经涵盖。因此,这样的调整基本没有改变欧盟理事会第 250/2001 号规章关于撤销普惠待遇的条件。

从三次修改来看,获得特殊关税优惠(即超普惠待遇)的劳动标准要求日趋严格。例如,在给予特别关税优惠方面,2001 年规章并不强制要求申请国批准 ILO 管辖下的八个核心劳动公约,而 2005 年修改的规章明确要求"必须批准 ILO 管辖下的八个核心劳动公约并通过国内法有效实施这些公约的规定",2008 年修改的规章在 2005 年规章的基础上增加了"申请受惠国必须承诺维持 ILO 管辖下的全部核心劳动公约的批准状态并配合根据

---

① See Council Regulation (EC) No. 2501/2001 of 10 December 2001 applying a scheme of generalised tariff preferences for the period from 1 January 2002 to 31 December 2004, Art. 26. 3.
② See Council Regulation (EC) No. 2501/2001 of 10 December 2001 applying a scheme of generalised tariff preferences for the period from 1 January 2002 to 31 December 2004, Art. 26. 1.
③ See Council Regulation (EC) No 980/2005 of 27 June 2005 applying a scheme of generalised tariff preferences, Art. 16. 1; Council Regulation (EC) No. 732/2008 of 22 July 2008 applying a scheme of generalised tariff preferences for the period from 1 January 2009 to 31 December 2011 and amending Regulations (EC) No. 552/97, (EC) No 1933/2006 and Commission Regulations (EC) No. 1100/2006 and (EC) No. 964/2007, Art. 15. 1; Regulation (EU) No. 978/2012 of the European Parliament and of the Council of 25 October 2012 applying a scheme of generalised tariff preferences and repealing Council Regulation (EC) No. 732/2008 Art. 19. 1.

这些公约开展的定期监督与审查"。① 2012 年修改的规章迄今为止规定的最为严格，其在 2008 年规章的基础上再次增加了"申请国经济缺乏多样化结构且未充分融入国际贸易体制""已批准 ILO 管辖下的全部核心劳动公约且最近 ILO 没有对其做出严重违反有效实施公约义务的审查结论""未做出八个核心劳动公约所禁止的或与其目标和宗旨不相符合的保留""毫无保留地接受 ILO 核心劳动公约的报告要求"这四个条件。②

相应地，在撤销特别关税优惠方面，受惠国面临的挑战也越大。例如，与 2001 年规章不同，2005 年规章和 2008 年规章要求将暂时撤销特别关税优惠的条件改为"国内立法不再包括 ILO 管辖下的全部核心劳动公约的内容，或纳入这些公约的国内立法未能得到有效实施"；2012 年规章对此条件的规定则进一步改为"做出 ILO 管辖下的八个核心劳动公约所禁止的或与其目标和宗旨不相符合的保留""不再维持对这八个核心劳动公约的批准或未能通过国内法对这些公约进行有效实施""未能毫无保留地接受这八个核心劳动公约的报告要求""未能参与 ILO 发起的审查与监督程序且未能与 ILO 合作解决相关问题"这四个条件，而且还要求申请国承担举证责任。③ 尽管获得特别关税优惠的劳动标准条件越来越高，但未达到欧盟理事会规章规定的劳动标准条件之受惠国丧失的仅仅是额外的关税优惠，不会遭受制裁。

显然，美国将劳动标准纳入其普惠制度奉行的是"大棒"政策，而欧

---

① See Council Regulation (EC) No. 980/2005 of 27 June 2005 applying a scheme of generalised tariff preferences, Art. 9. 1 (a); Council Regulation (EC) No. 732/2008 of 22 July 2008 applying a scheme of generalised tariff preferences for the period from 1 January 2009 to 31 December 2011 and amending Regulations (EC) No. 552/97, (EC) No. 1933/2006 and Commission Regulations (EC) No. 1100/2006 and (EC) No. 964/2007, Art. 8. 1 (a) – (b).

② See Regulation (EU) No. 978/2012 of the European Parliament and of the Council of 25 October 2012 applying a scheme of generalised tariff preferences and repealing Council Regulation (EC) No. 732/2008 Art. 9.

③ See Council Regulation (EC) No. 980/2005 of 27 June 2005 applying a scheme of generalised tariff preferences, Art. 16. 2; Council Regulation (EC) No. 732/2008 of 22 July 2008 applying a scheme of generalised tariff preferences for the period from 1 January 2009 to 31 December 2011 and amending Regulations (EC) No. 552/97, (EC) No. 1933/2006 and Commission Regulations (EC) No. 1100/2006 and (EC) No. 964/2007, Art. 15. 2; Regulation (EU) No. 978/2012 of the European Parliament and of the Council of 25 October 2012 applying a scheme of generalised tariff preferences and repealing Council Regulation (EC) No. 732/2008 Art. 15. 1.

盟则采纳"大棒加胡萝卜"政策。

美国在劳动标准与对外经济政策单边挂钩问题上所采取的"大棒"政策不仅表现在其普惠安排的一般规定中，而且表现在诸多与投资和贸易有关的国内法案中，主要是以下几点。

（1）1985年，美国国会修订的《海外私人投资公司法案》要求海外私人投资公司在判断是否承保时，不对那些未实施美国所谓的"国际公认的劳动标准"国家的投资予以承保；

（2）1988年，美国国会通过的《奥林巴斯贸易与竞争法》修订了1974年贸易法的"301条款"，对那些国内存在大规模的侵犯国际认可的劳动权利（以美国普惠制的规定为准）的国家进行贸易制裁；

（3）1990年，美国国会通过的《加勒比盆地经济复兴法案》对1984年的加勒比盆地动议进行修改，总统据此有权拒绝那些未遵守美国所谓的国际公认的劳动权利的缔约国成为受惠国；

（4）1991年，美国国会通过《安第斯贸易优惠法案》，其中劳动标准的要求与1990年《加勒比经济复兴法案》规定的内容类似；

（5）2000年，美国国会通过的《美国与加勒比之间的贸易伙伴关系法案》，对于那些满足某些标准的国家提供额外的优惠，该标准认定的依据是申请国国内认可和实施美国所谓的"国际公认的劳动标准"；

（6）2000年，美国国会通过的《非洲经济增长与复兴法案》（2008年本已到期，但2004年国会通过的《加速非洲经济发展法案》将其有效期延长至2015年）对于那些在建立以市场为基础的经济体制以及实现其他特定的目标方面取得进步的国家提供延伸的普惠待遇，其中其他特定的目标就包括美国所谓的国际公认的劳动权利以及ILO关于禁止最恶劣形式的使用童工的第182号公约；

（7）其他涉外经济法案也涉及劳动权利，如《多边投资担保机构法案》要求美国指派到多边投资担保机构（MIGA）任职的工作人员必须对MIGA施加影响，确保MIGA在承保时考虑申请人国内劳动权利的保护情况；《国家金融机构法案》要求美国在世界银行、国际货币基金组织（IMF）等机构的董事利用话语权审查贷款申请对劳动权利的影响；《对外援助拨款法案》和《对外业务、出口融资以及相关项目拨款法案》分别规定不对那些在其出口加工区未实施劳动法的国家以及那些迁移投资到未要求设立工会的发展中国家的企业提供援助。

可见，美国和欧盟将劳动标准纳入单边经济政策的模式差别较大，前者强硬，后者温和。

二 美国和欧盟实践的比较

美国和欧盟的单边纳入模式存在以下三方面的区别。

首先，纳入的劳动标准内容和参照依据有区别。美国单边纳入模式中的劳动标准虽然称为"国际公认的劳动标准"，但并非以 ILO 管辖下的劳动公约为依据，而是明示或暗示地以美国国内劳动法为依据。[1] 相比之下，欧盟单边纳入模式明确以 ILO 管辖下的八个核心劳动公约为依据。美国和欧盟的单边纳入模式均包含四个方面内容，其中"结社权、组织权和集体谈判权"、"禁止任何形式的强迫劳动"以及"童工最低年龄与禁止最恶劣形式的使用童工"这三方面基本相同。美国的单边模式没有纳入与 ILO 第四方面的核心劳动标准类似的标准，即"消除就业与雇佣歧视"，而是纳入了与 ILO 倡议的体面工作条件相类似的"最低工资、工作时长以及职业安全与卫生方面的可接受的工作条件"。与之相反，欧盟的单边模式没有包含 ILO 倡议的体面工作条件的内容，而是纳入 ILO 确立的第四方面的核心劳动标准（平等报酬与禁止雇佣歧视）。

其次，实施程序的透明度有区别。美国贸易代表办公室（USTR）负责普惠制下劳动标准条件的审查。然而，USTR 的审查标准为受惠国"是否正采取措施实施美国所要求的劳动标准"，该标准可以有多个解释，可能是提出相关的立法建议，可能是已通过相关的国内立法，也可能是国会做出批准某一 ILO 公约的决定，还有可能是要求通过国内法切实实施相关的劳动标准等。另外，何谓"最低工资、工作时长以及职业安全与卫生方面的可接受的工作条件"也相当模糊。由于未明确具体的标准，因而在认定是否具备受惠国资格以及能否继续享受普惠待遇方面，USTR 拥有极大的自由裁量权。相比较而言，欧盟委员会对受惠国劳动标准状况的审查较为透明。如本节第一目所述，欧盟在给予受惠国特别关税优惠、撤销该特别优惠与暂时撤销普惠待遇方面都有明确的参照依据。并

---

[1] HEPPLE, BOB, *Labour Laws and Global Trade*, Oxford：Hart Publishing，2005，p.96.

且，在实施程序上，欧盟非常注意与 ILO 的监督程序衔接，明确"ILO 监督机构的评估、评价、决定、建议和结论，包括 ILO 宪章第 33 条规定的程序，都应该作为欧盟委员会以及普惠制委员会调查的起点"。[1] 而美国无此方面的规定。

再次，是否受到合法性质疑有区别。尽管美国和欧盟的单边模式都取得了一定的积极效果，[2] 但美国将劳动标准与其对外经济政策单边挂钩的强硬做法一直未能摆脱合法性质疑。其实体方面的第一个原因在于，美国通过国内相关立法强制受惠国、贸易伙伴或投资东道国实施其所要求的劳动标准，尤其是美国对"301 条款"进行修改，将劳动标准义务与强制性贸易报复机制相挂钩，这种纯粹的"命令与遵从型"监管模式容易引起国内劳动标准较低的发展中国家出口国的反对。对美国做法的合法性质疑还缘于其将劳动标准与普惠待遇或其他贸易或投资问题挂钩的程序缺乏透明度。相反，欧盟的单边纳入模式在对象方面仅限于普惠制下的受惠国，不仅没有扩及所有的发展中国家贸易伙伴或投资东道国，也没有通过其他国内相关立法强化这种挂钩。可以认为，欧盟的模式主要以劝说为主，制裁是例外。在做出暂时撤销普惠待遇的决定之前，欧盟将给予违反的受惠国超过 1 年的时间自我矫正，且暂时撤销普惠待遇的决定自做出之日起 6 个月才会生效。[3] 迄

---

[1] See Council Regulation (EC) No. 2501/2001. of 10 December 2001 applying a scheme of generalised tariff preferences for the period from 1 January 2002 to 31 December 2004, Art. 28. 3, http://eur-lex. europa. eu/LexUriServ/LexUriServ. do? uri = OJ：L：2001：346：0001：0059：EN：PDF, 2014 – 01 – 13.

[2] 例如，1998 年美国审计署对加勒比倡议受惠国的服装出口行业的审查得出结论，这些倡议受惠国的政府对其国内劳动法进行改革，规定了"国际公认的劳动标准"，并正在努力改革其劳动管理制度，参见 HEPPLE, BOB, *Labour Laws and Global Trade*, Oxford：Hart Publishing, 2005, p. 93。同时，欧盟的特别优惠关税待遇也吸引了一些受惠申请国（如埃及、坦桑尼亚、斐济）批准 ILO 管辖下的八个核心劳动公约。

[3] See Council Regulation (EC) No. 2501/2001 of 10 December 2001 applying a scheme of generalised tariff preferences for the period from 1 January 2002 to 31 December 2004, Art. 29. 5；Council Regulation (EC) No. 980/2005 of 27 June 2005 applying a scheme of generalised tariff preferences, Art. 20. 5；Council Regulation (EC) No. 732/2008 of 22 July 2008 applying a scheme of generalised tariff preferences for the period from 1 January 2009 to 31 December 2011 and amending Regulations (EC) No. 552/97, (EC) No. 1933/2006 and Commission Regulations (EC) No. 1100/2006 and (EC) No. 964/2007, Art. 19. 5；Regulation (EU) No. 978/2012 of the European Parliament and of the Council of 25 October 2012 applying a scheme of generalised tariff preferences and repealing Council Regulation (EC) No. 732/2008 Art. 15. 10.

至 2006 年，在普惠制的撤销（即制裁）方面，欧盟的运用频率远低于美国。[1] 因此，尽管同为单边挂钩的实践，欧盟的做法并未遭遇类似美国所遭遇的"破坏国际法""贸易保护主义"等批评。[2]

总之，尽管美国和欧盟将劳动标准纳入其对外贸易或投资政策的单边措施均包含制裁，但美国将制裁作为其主导策略，而欧盟仅将制裁作为最后的救济举措，且仅针对严重的整体性地违反少数特定的劳动标准的行为。欧盟的单边监管的主导策略是，以额外的关税优惠吸引有关发展中国家自愿批准并通过国内法有效实施 ILO 管辖下的核心劳动公约，以此导引这些发展中国家达到 ILO 对成员国要求的"最低限度的兼容"。欧盟软硬机制结合的单边策略尽管比较简单，但已显出反思性监管的部分雏形。

第二节　区域贸易体制中的跨国劳动监管

引　言

较之劳动标准在 20 世纪 80 年代就被纳入国家的单边对外经济政策，劳动标准纳入区域贸易协定（RTA/FTA）[3] 是 20 世纪 90 年代才出现的现

---

[1] 迄至 2014 年 1 月 1 日，欧盟仅做出两例撤销普惠待遇的决定，即 1997 年对缅甸发生大规模粗暴的强迫劳动的制裁以及 2006 年制裁白俄罗斯严重侵犯工人的结社权。若以 2006 年之前计，欧盟仅有 1 例暂时撤销普惠。但同样在 2006 年之前，被美国中止普惠待遇的案例则达 30 个，其中有 13 个案例美国做出暂时撤销普惠待遇的决定，而另外 17 个案例中，美国要求对相关国家延长后续审查期限。参见 HEPPLE, BOB, *Labour Laws and Global Trade*, Oxford: Hart Publishing, 2005, p. 93, 104; GRAVEL, ERIC & DELPECH, QEENTIN. The *Comments of the ILO's Supervisory Bodies: Usefulness in the Context of the Sanction-based Diension of Labour Provisions in US Free Trade Agreements*, ILO Research Paper No. 4, Geneva: ILO Publication. 2013. 1.

[2] HEPPLE, BOB, *Labour Laws and Global Trade*, Oxford: Hart Publishing, 2005, p. 105.

[3] 英文为 Regional Trade Agreement (RTA)，该种归类方法源于 WTO 之 RTA database，包括国家之间的的 FTA（自由贸易协定），TPA（贸易促进协定），Partnership Agreement（合作协议）以及 Association Agreement（联系协定），即包括双边和诸边自由贸易协定。鉴于具体的区域贸易协定的表述多数用 FTA，本文将采取该主流的表述。

象，但在此之前的 1948 年《哈瓦那宪章》①就开始在贸易协定背景下讨论劳动标准。《哈瓦那宪章》后来因美国国会的反对未能生效，而作为临时安排的《关税与贸易总协定》也只是采纳了《哈瓦那宪章》第 1 条中的"确保实际收入和有效需求的大幅度稳定增长"，以及第 45.1 条"监狱劳动产品例外"，并没有纳入劳动标准。在关贸总协定（GATT）和世界贸易组织（WTO）的谈判历史中曾多次提到劳动标准，但是历经 GATT 东京回合谈判、②乌拉圭回合谈判③以及 WTO1996 年新加坡部长级会议、④ 2001

---

① 《哈瓦那宪章》的相关内容来自 WTO 官方网站，https：//www.wto.org/english/docs_e/legal_e/havana_e.pdf，2014 - 02 - 14。《哈瓦那宪章》第 1 章第 1 条关于国际贸易组织的宗旨和目标中提到：成员认识到联合国创设稳定和福利的条件之决议对于构建国家之间的和平友好关系非常重要，本宪章的缔约方承诺在贸易和雇佣领域相互合作并与联合国合作；成员认识到《联合国宪章》的宗旨，尤其是宪章第 55 条规定的实现生活水平的提高，促进充分就业以及经济条件的改善，促进社会进步与发展的目标。为此目标，每个成员单独以及集体保证促进采取国内和国际行动实现以下的目标：1. 确保实际收入和有效需求的大幅度稳定增长……《哈瓦那宪章》第 2 章第 7 条标题为"公平的劳动标准"，第 1 款规定：认可与就业有关的措施的成员必须充分考虑工人在政府间国际宣言、国际条约中的权利；成员认可所有的国家在与生产力有关的劳动标准的获得与维护方面具有共同的利益，因此应该在生产力允许的情况下提高工人工资和劳动条件；成员认可，不公平的劳动条件尤其是与出口生产有关的劳动条件，将会导致国家贸易困难，故此，每一成员应该尽可能采取所有适当可行的措施消除本国境内不公平的劳动条件。第 2 款规定：同为国际劳动组织和国际贸易组织的成员必须与国际劳动组织合作以便实现第 1 款的承诺。第 3 款规定：与劳动标准有关的任何事项，应该向国际劳动组织磋商并与国际劳动组织合作。《哈瓦那宪章》第 45 条"有关第四章的一般例外"第 1 款规定：在满足措施的实施不会对条件相同的缔约国各国造成任意的或不合理的歧视，或者对国际贸易进行变相的限制的前提下，本协定不得被解释为妨碍任何缔约方采取或实行这些措施：……（vi）与监狱劳动产品有关……
② 美国在 20 世纪 70 年代东京回合谈判中提起劳动标准问题，但未获支持。
③ 乌拉圭回合中发达国家关注的社会倾销与发展中国家关注的贸易保护主义再次交锋，美国提议就劳动标准问题组建一个工作组，该提议得到欧盟、北欧五国（瑞典、冰岛、丹麦、挪威、芬兰）、加拿大、新西兰、日本以及一些东欧国家的支持，但由于发展中国家反对，工作组未能组建。参见 HEPPLE, BOB, *Labour Laws and Global Trade*, Oxford：Hart Publishing, 2005, p. 130。
④ WTO 新加坡部长级会议宣言第 4 段指出：我们重申对国际公认的核心劳动标准的遵守；国际劳动组织是确立和处理这些标准的合适机构；我们再次确认对国际劳动组织促进这些核心劳动标准工作的支持；我们相信，贸易增加以及自由化程度提高带来的经济增长和发展有助于推动这些标准的实现；我们反对将劳动标准用于贸易保护主义，并同意国家的比较优势，尤其是低工资的发展中国家的比较优势无论如何不应该被质疑；在此方面，我们注意到，世界贸易组织和国际劳动组织秘书处将继续现在的合作。

年多哈部长级会议、[①] 2003年坎昆部长级会议,[②] 劳动标准迄今还是未能纳入WTO这一多边贸易框架中。劳动标准纳入GATT/WTO协定努力的失败正是其转而选择FTA的原因。以下将对劳动标准纳入FTA的不同模式进行分析比较,指出其中包含的软法与硬法要素(第一部分),探讨区域贸易协定中的劳动监管相较于国家单边监管的结构性变革(第二部分),进而分析硬法纳入模式和软法纳入模式在回应跨国劳动问题方面的区别(第三部分),最后是结论。

一 劳动标准纳入区域贸易协定的模式

根据ILO的统计数据,[③] 目前纳入劳动标准的FTA既发生在发达国家与发展中国家,也出现在发展中国家之间,最典型的当属美国、欧盟和加拿大,因为这三者都曾经试图推动劳动标准纳入WTO多边贸易体制,并几乎同时转向FTA纳入劳动标准的努力,它们开始在FTA中纳入劳动标准的时间早于其他国家。美国、加拿大和欧盟在将劳动标准转而纳入FTA的具体做法上出现较大分化,因此具有比较的必要。2005年中国与智利、2008年中国与新西兰、2006年新西兰与文莱、智利、新加坡之间的FTA虽然也包含劳动合作备忘录,但这些备忘录出现的时间较晚,且内容基本借鉴美国、加拿大和欧盟的部分做法,并不具有典型意义。1995年应加勒比共同市场条约的实施需要而产生的《关于劳动和工业关系的宣言》虽然出现的时间也较早,但其规定仅具有宣示意义,并未创设成员之间在保护劳动者方面的权利和义务关系,故不在本文的讨论范围;而2000年《东南非洲国家共同市场条约》第21章第143条虽然提及成员应在社会方面开展合作并要求理事会制定社会宪章,然而,目前社会宪章还在制定过程中,也不具有讨论价值。

美国、加拿大和欧盟都是从20世纪90年代开始在签订的FTA中纳入

---

① WTO多哈部长级会议宣言第8段指出:成员再次确认新加坡部长级会议宣言提到的国际公认的核心劳动标准,我们注意到国际劳动组织已经在全球化的社会层面开展工作。
② WTO坎昆部长级会议宣言第6段指出:成员再次确认多哈部长会议的所有宣言和决议,并致力于这些宣言和决议的全面善意实施。
③ 数据更新至2013年1月1日。

劳动标准。截至 2014 年 2 月，美国共与 20 个国家签订 14 个 FTA，[①] 除 1985 年签订的美国与以色列 FTA 外，美国与加拿大和墨西哥、约旦、智利、新加坡、澳大利亚、摩洛哥、巴林王国、阿曼、5 个中美洲国家（哥斯达黎加、沙尔瓦多、危地马拉、洪都拉斯、尼加拉瓜）及多米尼加共和国、秘鲁、哥伦比亚、巴拿马以及韩国签订的 13 个 FTA 都包含劳动标准，其中 1994 年生效的《北美自由贸易协定》（NAFTA）是美国第一个纳入劳动标准的 FTA。欧盟对外签订的 FTA 比较集中，[②] 主要是与 78 个非加太国家、15 个加勒比论坛国家、8 个地中海国家以及韩国签订的区域贸易协定，首先纳入劳动标准的 FTA 是 1995 年毛里求斯协议（对 1989 年第四个洛美协定进行修改）。加拿大对外缔结并生效的纳入劳动标准的 FTA 共 7 个，[③] 即加拿大分别与美国、墨西哥、智利、哥斯达黎加、哥伦比亚、约旦、秘鲁、巴拿马之间的 FTA。美国签订的 FTA 除 NAFTA 通过附件《北美劳动合作协议》专门规范劳动标准问题外，其他协定都将劳动标准条款直接纳入主文之中。欧盟对外签订的 FTA 中劳动标准均以条款形式直接纳入协定的主文部分。而加拿大在劳动标准纳入 FTA 方面均采用附加劳动合作协议的方式。从纳入的模式来看，美国和加拿大对外签订的 FTA 绝大多数采取硬法纳入的模式，而欧盟对外签订的所有 FTA 都采取软法纳入的模式，以下将对硬法纳入模式的要素和软法纳入模式的特征进行分析。[④]

（一）硬法纳入模式的要素分析

概括而言，硬法纳入模式主要体现在接受 ILO 的核心劳动标准的程度、国家承担的具体义务、组织机构、争端解决程序以及制裁五个方面。

[①] 数据来自美国贸易代表办公室官方网站，美国国务院官方网站按与美国缔约的国家数量计算，故统计的 FTA 总数是 20 个。
[②] 数据来自国际劳动组织官方网站，更新至 2013 年 1 月 1 日。
[③] 数据来自加拿大国际贸易与对外事务部官方网站，http://www.international.gc.ca, 2014 - 03 - 20。
[④] 如第一章第二节第一目第（一）小目已经解释的，硬法和软法的区分是相对的，主要是依据义务性（法律约束力的明确程度）和授权性（移交第三方解释及裁断的程度）这两个法律化制度的要素做出的大致区分。劳动标准纳入 FTA 的硬法模式和软法模式的区分也是如此。

1. 认可 ILO 的核心劳动标准之程度

美国签订的 FTA 中的劳动条款或劳动合作协议对 ILO 的核心劳动标准认可程度有两个特点：第一，从"不认可"到"虽认可作为 ILO 成员的义务以及核心劳动标准，但另起炉灶（即采取"国际公认的劳动权利"）"，再到"超核心劳动标准"转变；第二，在是否要求将国际核心劳动标准纳入国内法的调整方面，出现从"不要求"到"尽力确保"，再到"应当规定"，呈逐步加强的趋势。这样的变化缘于美国国内的贸易与劳动政策的改变。

首先，NAFTA 并未认可 ILO 的核心劳动标准，所承认的 11 项劳动原则，[①]涵盖的内容更广，[②]同时该协议并不要求将国际核心劳动标准纳入国内法的调整。[③]这是因为，NAFTA 是美国第一个将劳动标准纳入谈判的 FTA，最初谈判达成的协定文本并未包括劳动权利的保护，美国工会组织担心此协定会导致美国的企业转移投资到劳动力成本低、劳动法实施程度差的墨西哥，从而影响美国的就业，于是强烈反对 NAFTA 的通过，为了在快车道程序[④]（fast track procedure）下尽快使谈成的贸易协定获得国会通过，当时的克林顿总统向美国公众承诺以通过附加协定的方式规定劳动保护问题；谈判过程中，由于墨西哥政府不愿接受共同的劳动标准，只愿意强制实施国内的劳动法，于是作为妥协，最后谈判达成的劳动合作协议并不要求缔约国认可并强制实施共同的劳动标准。

其次，美国与约旦之间的 FTA 于 2000 年签订，由于之前的快车道程序早在 1994 年 4 月 6 日已经到期，因此该协定不是通过快车道程序签订，而是直接将劳动标准纳入 FTA 的主文。[⑤]这也是美国第一次将劳动标准纳

---

① 即结社权和组织权、集体谈判权、罢工权、禁止强迫劳动权、对儿童和年轻人的劳动保护（诸如工资和延时报酬等最低雇佣标准）、消除雇佣歧视权、男女平等报酬、预防职业伤害与疾病、职业伤害与疾病赔偿权、保护移民工人权。
② 参见北美劳动合作协议第 49 条定义条款以及附件 1 之劳动原则。
③ 参见北美劳动合作协议附件 1。
④ 参快车道程序授权源于美国 1974 年贸易法，目的是防止总统主导的贸易谈判最后因国会的反对前功尽弃。对于美国总统根据此授权谈判缔结的 FTA，国会一般不做实质性审查，从而确保谈成的 FTA 可以顺利获得批准而生效。最初的快车道授权有效期是 6 年，后因谈判贸易协定的需要，一再延长。1988 年《奥林巴斯贸易与竞争法》授权总统依据快车道程序进行 FTA 的谈判，该授权的有效期截至 1994 年 4 月 6 日。
⑤ 参见美国－约旦 FTA 第 6 条。

入 FTA 主文内容。在劳动标准范围方面，协定体现出对 ILO 的核心劳动标准的矛盾态度，即虽然确认作为 ILO 成员的义务，以及对 1998 年 ILO《关于劳动权利和基本原则及其后续措施的宣言》（简称"1998 年 ILO 宣言"）的承诺，但国内法予以确认和保护的内容却是"国际公认的劳动权利"，其内容与 ILO 核心劳动权利有交叉，但未完全相同。[①] 这是因为，谈判当时美国批准的核心劳动公约只有 2 个，[②] 而约旦在 2000 年之前已经批准了 6 个，为了避免来自其他缔约国要求其批准更多的 ILO 的核心劳动条约的压力，美国没有把 ILO 的核心劳动标准纳入国内法的强制实施范围，而是采纳普惠制下的"国际公认的劳动权利"的概念。[③] 同时，也因为是第一次尝试，所以约旦政府表现出非常谨慎的态度，在协定提交美国国会通过之前，约旦大使 Marwan Muasher 和美国贸易代表 Robert Zoellick 换函声明："双方政府应该解决任何潜在的争议而无须付诸贸易制裁。"[④] 因此可以理解，在涉及以国内法实施共同的劳动标准方面，协定只提到"尽力确保"。

再次，美国与智利、新加坡、澳大利亚、摩洛哥、巴林王国、阿曼、多米尼加及 5 个中美洲国家谈判的 7 个 FTA 都是根据 2002 年贸易法的快车道程序[⑤]授权进行，为了尽快让协议通过，这几个协定都是参照美国与约旦的 FTA，在贸易协定主文中设劳动专章，一方面承认 ILO 的核心劳动标准，另一方面又在以国内法强制实施劳动标准方面另起炉灶，采"国际公认的劳动权利"概念，同时又只提"尽力确保"，为国内强制执行义务

[①] 主要包括结社权，组织权和集体谈判的权利，禁止任何形式的强迫劳动，雇佣童工的最低年龄，最低工资、时长、职业安全与卫生方面的可接受的工作条件。其比 ILO 的核心劳动标准少了平等报酬与禁止雇佣歧视的内容，但增加了雇佣童工的最低年龄，最低工资、时长、职业安全与卫生方面的可接受的工作条件之规定。见美国-约旦 FTA 第 6 条。

[②] 美国 1991 年才批准 ILO 第 105 号禁止强迫劳动的公约，1999 年才批准 ILO 第 182 号禁止最恶劣形式的使用童工的公约。截至 2012 年 8 月 30 日，美国未批准新的核心劳动标准公约。

[③] HEPPLE, BOB, *Labour Laws and Global Trade*, Oxford: Hart Publishing, 2005, p. 92.

[④] KIRSCHNER ELI J, "Fast Track Authority and Its Implication for Labor Protection in Free Trade Agreements", *Cornell International Law Journal*, 2011, 44 (1): 399.

[⑤] 继快车道程序授权于 1994 年 4 月 6 日失效之后，2002 年美国贸易法再次授予总统按快车道程序谈判 FTA 的权力，但是改称为"贸易促进权"，含义不变，该贸易促进权于 2007 年 7 月 1 日失效。另，2002 年贸易法要求的劳动标准以美国-约旦 FTA 为参照。

留下弹性。①

其四，美国与秘鲁、哥伦比亚、巴拿马和韩国这 4 个国家签订的 FTA 是在 2007 年新贸易政策②背景下谈判或重新谈判的。2007 年 5 月 10 日美国两政党协商达成的新贸易政策提出了此后所有对外签订的 FTA 都必须包含的四方面可强制执行的劳动条款模板：缔约方应在其国内法和实践中采纳并维持 1998 年 ILO 宣言的内容；缔约国不得降低其劳动标准；应该限制缔约国在起诉和强制执行的优先项目方面的自由裁量；劳动争端与商业争端适用同样的争端解决机制。可以看到，这 4 个 FTA 不仅将 ILO 的核心劳动标准纳入国内劳动法的强制实施，而且还增加了在国内强制执行的其他劳动标准，即所谓的超核心劳动标准。③ 同时，在通过国内法强制实施共同的劳动标准方面，协定的态度非常强硬，即"应当规定"。④

加拿大对外签订的 FTA 中附加的劳动合作协议在纳入 ILO 核心劳动标准方面与美国既有相同点也有差异。加拿大与智利签订的劳动合作协议也不认可 ILO 的核心劳动标准，缔约国只是承诺尽力促进 11 个劳动原则，⑤ 这与北美劳动合作协议如出一辙。原因在于，加拿大与智利签订 FTA 的目的是便于智利加入 NAFTA，这可以从协议序言"……双方相信劳动问题进一步合作将会获得利益，加拿大要求智利加入北美劳动合作协议，双方达成如下协议……"体现出来。与美国不同的是，加拿大与哥伦比亚、哥斯

---

① 参见美国-智利 FTA（2004 年生效）第 18.1 条、第 18.8 条；美国-新加坡 FTA（2004 年生效）第 17.1 条、第 17.7 条；美国-澳大利亚 FTA（2005 年生效）第 18.1 条、第 18.7 条；美国-摩洛哥 FTA（2006 年生效）第 16.1 条、第 16.7 条；美国-巴林王国 FTA（2006 年生效）第 15.1 条、第 15.7 条；美国-阿曼 FTA（2009 年生效）第 16.1 条、第 16.7 条；美国与 5 个中美洲国家及多米尼加共和国之间的 FTA（2004 年美国开始与这 6 个国家签订，但具体签订和生效的时间略有不同，与哥斯达黎加之间的生效时间最迟，2009 年 1 月才生效）第 16.1 条、第 16.8 条。
② 2007 年 5 月 10 日，美国两党协议达成的新贸易政策要求美国此后谈判的所有 FTA 都必须纳入四个方面的劳动标准。
③ 这 4 个 FTA 所指的"国际公认的劳动权利"的范围比之前谈判的 FTA 提到的国际公认的劳动权利增加了禁止就业和雇佣歧视，因此涵盖的权利比 ILO 的核心劳动标准范围更广，即增加了最低工资、时长、职业安全与卫生方面的可接受的工作条件的内容。
④ 参见美国-秘鲁 FTA（2009 年生效）第 17.1 条、第 17.2 条、第 17.8 条；美国-哥伦比亚 FTA（2006 年签订，2007 年 6 月修改，2012 年 5 月生效）第 17.1 条、第 17.2 条、第 17.8 条；美国-巴拿马 FTA（2012 年生效）第 16.1 条、第 16.2 条、第 16.9 条；美国-韩国 FTA（2012 年生效）第 19.1 条、第 19.2 条、第 19.8 条。
⑤ 参见加拿大-智利劳动合作协议（1997 生效）第 44 条定义条款。

达黎加、约旦、秘鲁和巴拿马这 5 个国家签订的劳动合作协议直接承认 ILO 的核心劳动标准及体面工作计划,^① 且在国内法的实施方面要求"应当确保"。^② 加拿大分别与哥伦比亚、哥斯达黎加、约旦、秘鲁和巴拿马缔结的劳动合作协议认可 ILO 确定的核心劳动标准及"体面工作计划",其原因可能是,缔约之时加拿大批准的核心劳动公约比美国多,并且,5 个缔约对方也同样批准了较多的核心劳动公约。^③

2. 缔约国的义务

美国和加拿大对外签订的 FTA 中的劳动条款或劳动合作协议主要涉及六个方面的缔约国义务。

第一,保护水平方面,除加拿大与哥斯达黎加之间 FTA 劳动合作协议未规定外,其他 FTA 中的劳动条款或劳动合作协议均有规定。^④ FTA 中的劳动条款或劳动合作协议对保护水平主要采取三种立法方式。第一种是正

---

① 加拿大-哥伦比亚劳动合作协议第 1.1 条规定:每一缔约方应该确保其国内劳动法提供下列国际公认的劳动权利和原则的保护:(a) 结社自由以及集体谈判的权利(包括保护组织的权利和罢工的权利);(b) 消除各种形式的强迫劳动;(c) 有效地废除使用童工(包括对儿童和年轻人的保护);(d) 消除雇佣和就业方面的歧视;(e) 最低工资、时长、职业卫生和健康方面可接受的工作条件;(f) 为移徙工人提供与其本国国民在国内相同的劳动条件。该协议第 1.2 条规定:其中(a)-(d)款仅仅指的是 ILO 核心劳动标准,而(e)和(f)接近 ILO 的体面工作计划。加拿大-约旦劳动合作协议第 1 条则在加拿大与哥伦比亚之间的劳动合作协议第 1 条的基础上再次增加两方面的体面工作计划,即预防职业伤害和疾病以及职业伤害和疾病的补偿。类似规定见加拿大-哥斯达黎加劳动合作协议第 1 条、加拿大-秘鲁劳动合作协议第 1 条、加拿大-巴拿马劳动合作协议第 1 条。

② 参见加拿大-哥斯达黎加劳动合作协议(2002 年生效)序言、第 2 条,劳动合作协议附件 1 和 2;加拿大-哥伦比亚劳动合作协议(2011 年生效)第 1 条;加拿大-约旦劳动合作协议(2012 年生效)第 1 条;加拿大-秘鲁 FTA(2009 年生效)之序言,第 16 章及劳动合作协议第 1 条;加拿大-巴拿马劳动合作协议(2013 年生效)第 1 条。

③ 对于 ILO 通过的 8 个核心劳动条约,2002 年之前,加拿大批准了 6 个,哥斯达黎加和巴拿马批准了全部;在 2008 年之前,哥伦比亚签订批准了全部;2009 年之前,约旦批准了 7 个,秘鲁批准了全部。迄至 2014 年 3 月底,美国仅批准了 2 个核心劳动公约,且都发生在 2002 年之前。

④ 参见北美劳动合作协议第 2 条,美国-约旦 FTA 第 6.2 条,美国-智利 FTA 第 18.2.1 (a) 条,美国-新加坡 FTA 第 17.2.2 条,美国-澳大利亚 FTA 第 18.1.2 条、第 18.2.2 条,美国-摩洛哥 FTA 第 16.2.2 条,美国-巴林王国 FTA 第 15.2.2 条,美国-阿曼 FTA 第 16.2.2 条,美国与 5 个中美洲国家及多米尼加共和国之间的 FTA 第 16.2.2 条,美国-秘鲁 FTA 第 17.2.2 条,美国-哥伦比亚 FTA 第 17.2.2 条,美国-巴拿马 FTA 第 16.2.2 条,美国-韩国 FTA 第 16.2.2 条,加拿大-智利劳动合作协议第 2 条,加拿大-哥伦比亚劳动合作协议第 2 条,加拿大-约旦劳动合作协议第 2 条,加拿大-秘鲁劳动合作协议第 2 条,加拿大-巴拿马劳动合作协议第 2 条。

面规定的方式。北美劳动合作协议、加拿大与智利的劳动合作协议属于此类,即采取比较含糊的措辞,要求维持与高质量和高生产力的职场相适应的高劳动标准。该种规定可能有两个不同的理解,一个是对劳动标准的要求上不封顶,另一个是为国家的强制实施义务留有余地,因为国家可以因某些劳动标准无法促进高质量和高生产力的职场而不予强制执行。第二种是反面规定的方式,主要是"不降低要求",即缔约国不得为了鼓励贸易或投资而降低国内劳动法的保护水平。大多数 FTA 中的劳动条款或劳动合作协议采取这种方式。这种方式对国家的要求比较明确,也比较低。第三种是正反面相结合的方式。在美国和加拿大的既有实践中,只有美国与澳大利亚之间的 FTA 采取这种方式,即一方面规定"应本着实现高质量和高效率的职场之目标,尽力改善国际公认的劳动权利";另一方面又要求不可通过降低国内劳动法的保护水平来鼓励贸易或投资。这类规定有"棘轮式"推进的作用,是比较严格的要求。

第二,在国家的强制实施义务方面,也有三种不同模式。其中一种是"采取适当的措施积极促进"模式,也可以称为是北美劳动合作协议模式。[1] 加拿大签订的 FTA 中的劳动合作协议基本复制了北美劳动合作协议的规定,[2] 这样的措辞给缔约国较大的自由裁量权。另一种模式的特点是"先紧后松"的模式,即先要求缔约国不得为影响贸易的行为,通过持续或反复的行动或不行动,不对国内劳动法进行有效的实施,接着允许缔约国拥有在优先性项目方面的自由裁量权,只要他们遵守善意原则就可以。美国与约旦之间的 FTA 率先采取这种模式。[3] 美国根据 2002 年贸易法的快车道程序授权分别与智利、新加坡、澳大利亚、摩洛哥、巴林王国、阿曼以及 5 个中美洲国家和多米尼加共和国谈判的 7 个 FTA 都复制了美国与约旦之间的 FTA 的模式。[4] 再一种模式是在第二种模式基础上增加限制,即

---

[1] 参见北美劳动合作协议第 3 条。
[2] 参见加拿大 - 智利劳动合作协议第 3 条,加拿大 - 哥斯达黎加劳动合作协议第 4 条,加拿大 - 哥伦比亚劳动合作协议第 3 条,加拿大 - 约旦劳动合作协议第 3 条,加拿大 - 秘鲁劳动合作协议第 3 条,加拿大 - 巴拿马劳动合作协议第 3 条。
[3] 参见美国 - 约旦 FTA 第 6.3 条。
[4] 参见美国 - 智利 FTA 第 18.2.1 (b) 条,美国 - 新加坡 FTA 第 17.2.1 条,美国 - 澳大利亚 FTA 第 18.2.1 条,美国 - 摩洛哥 FTA 第 16.2.1 条,美国 - 巴林王国 FTA 第 15.2.1 条,美国 - 阿曼 FTA 第 16.2.1 条,美国与 5 个中美洲国家及多米尼加共和国之间的 FTA 第 16.2.2 条。

"不得以强制实施资源的分配为由不遵守本章的条款",这样的规定堵住了很多发展中国家在强制实施国内劳动法方面的后路。美国分别与秘鲁、哥伦比亚、巴拿马和韩国之间签订的 FTA 都采取这种模式,① 因为这 4 个 FTA 都是在美国 2007 年新贸易政策出台之后谈判或重新谈判的,新贸易政策中可强制执行的劳动条款模板的内容之一就是对缔约国在予以起诉和强制执行的优先项目方面的自由裁量做出限制。可见,这三种模式对国家的强制实施义务的要求呈现渐强的特点。

第三,确保私人救济方面,除美国和约旦之间的 FTA 未做规定外,其他 FTA 中的劳动条款或劳动合作协议的规定基本一致,即缔约国应确保利害关系人有权诉诸行政、准司法、司法程序或劳动法庭并有权根据劳动法请求强制执行。②

第四,程序保障方面,除美国和约旦之间的 FTA 未作规定外,其他 FTA 中的劳动条款或劳动合作协议都规定了基本一致的内容,即实施程序必须公平、公正并具有透明度,遵循正当程序,裁决须书面且说明理由并尽快送达等。③

---

① 参见美国-秘鲁 FTA 第 17.3.1 条,美国-哥伦比亚 FTA 第 17.3.1 条,美国-巴拿马 FTA 第 16.3.1 条,美国-韩国 FTA 第 19.3.1 条。
② 参见北美劳动合作协议第 4 条,美国-智利 FTA 第 18.3.1、第 18.3.3 条,美国-新加坡 FTA 第 17.3.1 条、第 17.3.3 条,美国-澳大利亚 FTA 第 18.3.1 条、第 18.3.3 条,美国-摩洛哥 FTA 第 16.3.1 条、第 16.3.4 条,美国-巴林王国 FTA 第 15.3.1 条、15.3.6 条,美国-阿曼 FTA 第 16.3.1 条、第 16.3.6 条,美国与 5 个中美洲国家及多米尼加共和国之间的 FTA 第 16.3.1 条、第 16.3.6 条,美国-秘鲁 FTA 第 17.4.1 条、第 17.4.6 条,美国-哥伦比亚 FTA 第 17.4.1 条、第 17.4.6 条,美国-巴拿马 FTA 第 16.4.1 条、第 16.4.6 条,美国-韩国 FTA 第 19.4.1 条、第 19.4.3 条,加拿大-智利劳动合作协议第 4 条,加拿大-哥斯达黎加劳动合作协议第 5 条,加拿大-哥伦比亚劳动合作协议第 4 条,加拿大-约旦劳动合作协议第 4 条,加拿大-秘鲁劳动合作协议第 4 条,加拿大-巴拿马劳动合作协议第 4 条。
③ 参见北美劳动合作协议第 5 条,美国-智利 FTA 第 18.3.2 条,美国-新加坡 FTA 第 17.3.2 条,美国-澳大利亚 FTA 第 18.3.2 条,美国-摩洛哥 FTA 第 16.3.2 条、第 16.3.3 条,美国-巴林王国 FTA 第 15.3.2 条、第 15.3.3 条、第 15.3.8 条,美国-阿曼 FTA 第 16.3.2 条、第 16.3.3 条、第 16.3.8 条,美国与 5 个中美洲国家及多米尼加共和国之间的 FTA 第 16.3.2 条、第 16.3.3 条、第 16.3.8 条,美国-秘鲁 FTA 第 17.4.2 条、第 17.4.3 条,美国-哥伦比亚 FTA 第 17.4.2 条、第 17.4.3 条,美国-巴拿马 FTA 第 16.4.2 条、第 16.4.3 条、第 16.4.8 条,美国-韩国 FTA 第 19.4.2 条,加拿大-智利劳动合作协议第 5 条,加拿大-哥斯达黎加劳动合作协议第 6 条,加拿大-哥伦比亚劳动合作协议第 5 条,加拿大-约旦劳动合作协议第 5 条,加拿大-秘鲁劳动合作协议第 5 条,加拿大-巴拿马劳动合作协议第 5 条。

第五，在透明度方面，美国对外签订的 FTA 中的劳动条款或劳动合作协议，除北美劳动合作协议外，① 都没有对其做出规定；而加拿大对外签订的 FTA 劳动合作协议都做出了类似于北美劳动合作协议的规定，即公开法律和有关规定以及给利害关系人发表意见的机会。②

第六，在信息公开和提高公众认识方面，除美国和约旦之间的 FTA 未作规定外，其余 FTA 中的劳动条款或劳动合作协议都要求缔约国确保公众知悉其国内法。③

3. 组织机构、争端解决与制裁

其一，组织机构方面，除美国与约旦之间的 FTA 没有单独解决劳动问题的组织机构外，其他协定都有一套相对独立于贸易问题的组织机构。这是由劳动问题的特殊性决定的，这些协定的专家组成员的选任一般都要求必须有劳动研究方面的专长。

其二，争端解决程序方面，美国和加拿大对外签订的 FTA 中的劳动条款或劳动合作协议都要求，先经过国家之间不同级别的磋商再到依协议设立的专家组请求审查。其中在专家组的审查方面，北美劳动合作协议以及加拿大与智利之间的劳动合作协议规定一致，对于提交专家组审查的劳动标准争端仅限于职业安全与卫生、童工、最低工资水平这三个技术性劳动标准。美国分别与智利、新加坡、澳大利亚、摩洛哥、巴拿马、巴林王国、阿曼、5 个中美洲国家及多米尼加共和国签订的 FTA 中对提交专家组审查的劳动标准争端限定了两个条件，即影响贸易且通过持续或反复的行动或不行动，不对国内劳动法进行有效实施。美国分别与约旦、秘鲁、哥伦比亚、巴

---

① 参见北美劳动合作协议第 6 条。
② 参见加拿大 - 智利劳动合作协议第 6 条，加拿大 - 哥斯达黎加劳动合作协议第 7 条，加拿大 - 哥伦比亚劳动合作协议第 6.1 条，加拿大 - 约旦劳动合作协议第 6.1 条，加拿大 - 秘鲁劳动合作协议第 6.1 条，加拿大 - 巴拿马劳动合作协议第 6.1 条。
③ 参见北美劳动合作协议第 7 条，美国 - 智利 FTA 第 18.3.5 条，美国 - 新加坡 FTA 第 17.3.4 条，美国 - 澳大利亚 FTA 第 18.3.4 条，美国 - 摩洛哥 FTA 第 16.3.5 条，美国 - 巴林王国 FTA 第 15.3.7 条，美国 - 阿曼 FTA 第 16.3.7 条，美国与 5 个中美洲国家及多米尼加共和国之间的 FTA 第 16.3.7 条，美国 - 秘鲁 FTA 第 17.4.7 条，美国 - 哥伦比亚 FTA 第 17.4.7 条，美国 - 巴拿马 FTA 第 16.4.7 条，美国 - 韩国 FTA 第 19.4.4 条，加拿大 - 智利劳动合作协议第 7 条，加拿大 - 哥斯达黎加劳动合作协议第 8 条，加拿大 - 哥伦比亚劳动合作协议第 6.2 条、第 6.3 条，加拿大 - 与约旦劳动合作协议第 6.2 条、第 6.3 条，加拿大 - 秘鲁劳动合作协议第 6.2 条、第 6.3 条，加拿大 - 巴拿马劳动合作协议第 6.2 条、第 6.3 条。

拿马和韩国签订的 FTA，以及加拿大分别与哥斯达黎加、哥伦比亚、约旦、秘鲁和巴拿马签订的劳动合作协议都没有对提交专家组审查的劳动标准争端的范围做出限制，但加拿大分别与哥斯达黎加、哥伦比亚、约旦和秘鲁签订的劳动合作协议对提交的劳动标准争端规定了四个条件，即与贸易有关、持续的未能有效地实施国内法、未能有效实施的劳动标准是 ILO1998 年宣言规定的核心劳动标准和体面工作计划、经部长级磋商仍未解决。

在争端解决的场所选择方面，美国对外签订的 FTA 的争端解决程序，NAFTA 虽然也允许选择 WTO 或协定的争端解决程序，但由于其劳动合作协议单独在贸易协定之外，因此，劳动问题不会出现争端解决场所的困扰。然而，美国签订的包含劳动条款的其他 12 个 FTA 都允许在协定和 WTO 的争端解决程序之间进行选择，由于没有特别排除劳动问题可通过 WTO 予以解决，所以理论上应视为与贸易有关的劳动问题也可以诉诸 WTO 争端解决程序。虽然如此，目前尚未出现将 FTA 中的劳动问题提交 WTO 争端解决机构解决的案例。加拿大签订的 FTA 中的劳动合作协议与北美劳动合作协议一样，因为独立于 FTA，所以也直接排除了争端解决场所的选择问题。

其三，协定规定的制裁，称为"执行货币评估"（monetary enforcement assessment），[①] 分为三种不同的类型。

第一种类型，未规定制裁，只有加拿大与哥斯达黎加之间的劳动合作协议采取该做法。

第二种类型，规定可以进行制裁但有数额限制，采取该类型的是北美劳动合作协议，美国分别与智利、新加坡、澳大利亚、摩洛哥、巴林王国、5 个中美洲国家和多米尼加共和国、阿曼之间的 FTA，以及加拿大分别与智利、秘鲁之间的劳动合作协议。在具体数额方面，北美劳动合作协议规定的强度最高，即协议生效后第一年，任何可强制实施的执行货币评估不得超过 2000 万美元，此后，强制实施的执行货币评估数额不得超过依最近年份可得数据（during the most recent years for which data are available）

[①] 该措施最早见于 NAFTA 中的劳动合作协议附件 39 第 1 条，因为以年为单位支付，所以在美国与智利、新加坡、澳大利亚等签订的 FTA 中又称为年度货币评估（annual monetary assessment），指的是专家组综合考虑"缔约方依协定对被申诉方强制实施其国内劳动法的合理期待""被申诉方未能强制实施其国内劳动法持续的时间长度"等因素后评估出来的被申诉方每年在强制实施劳动标准方面应该支付的一笔费用。

计算出的缔约国之间货物贸易价值的0.007%。① 美国分别与智利、新加坡、澳大利亚、摩洛哥、巴林王国、5个中美洲国家及多米尼加共和国、阿曼之间的FTA，加拿大分别与秘鲁和巴拿马之间的劳动合作协议规定的制裁数额上限次之，即每年度1500万美元。② 加拿大与智利之间的劳动合作协议规定的年度执行货币评估数额上限最低，只有1000万美元。③

第三种类型，规定可以进行制裁且没有数额限制，采取该类型的有美国分别与约旦、秘鲁、哥伦比亚、巴拿马和韩国签订的FTA，以及加拿大分别与哥伦比亚和约旦之间的劳动合作协议。④

美国对外签订的FTA中的劳动条款和劳动合作协议在制裁方面规定的越来越严厉与其贸易政策的变化密切相关，本节本目之1已经做出说明，不再重复。

（二）软法纳入模式的特点

以软法模式将劳动条款纳入FTA的典范当属欧盟。欧盟2000年6月与78个非加太国家签订的《科托奴协定》，1998~2004年分别与8个地中海国家⑤签订的联系协定（又称合作协定），2008年与加勒比论坛15个国家⑥签订的合作协定，2010年与韩国签订的FTA都包含劳动条款。这些FTA中的劳动条款与美国和加拿大对外签订的FTA中的劳动条款或劳动合

---

① 参见北美劳动合作协议附件39第1条。
② 参见美国-智利FTA第18.2条、第22.3条、第22.16.2条，美国-新加坡FTA第17.2.1 (a) 条、第20.4.3 (a) 条、第20.7.1条，美国-澳大利亚FTA第18.2 (a) 条、第21.12.1条、第21.12.3条、第22.4条，美国-摩洛哥FTA第16.2.1 (a) 条、第20.12.1条、第20.12.2条，美国-巴林王国FTA第15.2.1 (a) 条、第19.12.1条、第19.12.2条，美国与五个中美洲国家及多米尼加共和国之间的FTA第16.2.1 (a) 条、第20.17.1条、第20.17.2条，美国-阿曼FTA第16.2.1 (a) 条、第20.12.1条、第20.12.2条，加拿大-秘鲁劳动合作协议附件4第1条，加拿大-巴拿马劳动合作协议附件3第2.2条。
③ 参见加拿大-智利劳动合作协议第26条、附件35第1条。
④ 参见美国-约旦FTA第17条，美国-秘鲁FTA第21.16条、第26.16.6条，美国-哥伦比亚FTA第21.16条、第26.16.6条，美国-巴拿马FTA第21.16条、第26.16.6条，美国-韩国FTA第21.16条、第26.16.6条，加拿大-哥伦比亚劳动合作协议第20条，加拿大-约旦劳动合作协议第13.2 (d) 条。
⑤ 即叙利亚、黎巴嫩、约旦、阿尔及利亚、埃及、摩洛哥、以色列以及突尼斯。
⑥ 即安提瓜和巴布达、巴哈马、巴巴多斯、伯利兹、多米尼克、格林纳达圭亚那、海地、牙买加、蒙特塞拉特岛、圣基茨和尼维斯、圣卢西亚、圣文森特和格林纳丁斯、苏里南、特立尼达和多巴哥。

作协议相比，主要有以下几个特点。

1. 劳动标准宽泛，与人权出现一定的混同

1995 年欧盟与非加太国家在毛里求斯签订协定，对 1989 年签订的《第四个洛美协定》进行修改，将"人权、民主原则以及法律规则"的具体承诺纳入其中，成为《第四个洛美协定》的基本要素（essential element）。[①] 2000 年签订的《科托奴协定》第 9 条继续规定："尊重人权、民主原则以及法律规则是协定的基本要素。"但是人权的范围是什么，第 9 条并没有明确，而协定序言列出了一系列国际和区域性文件，如《联合国宪章》、1933 年《维也纳宣言》以及《世界人权大会行动计划》、《公民权利和政治权利公约》、《经济社会与文化权利公约》、《儿童权利公约》、《消除对妇女各种形式的歧视的公约》、《欧洲人权公约》、《非洲人类与人权宪章》、《美洲人权公约》以及保护难民的各种文件。从这些人权国际文件中可以找到 ILO 所列的四方面核心劳动标准。可见，人权内容与劳动标准出现一定的交叉。2008 年欧盟与加勒比论坛 15 个国家之间的合作协定序言提到：……缔约国再次承诺尊重《科托奴协定》的两个基本要素，即人权、民主原则与法律原则要素，以及良好治理要素；缔约国考虑有必要通过要求缔约国遵守其对国际劳动组织的承诺的方式来促进缔约国的经济和社会进步……根据该协定第 191 条的规定，缔约国承诺予以推进的不仅仅是 ILO 确立的核心劳动标准，还包括联合国经社理事会的充分雇佣与体面工作计划。1998～2004 年间欧盟分别与 8 个地中海国家签订的联系协定则将劳动标准泛化为社会基本权利的保护，包括工人的生活条件、移民、非法移民、残障人安置、职业培训等内容。

2. 禁止用于贸易保护

与硬法模式"不可通过降低国内劳动法的保护水平来鼓励贸易或投资"之要求不同，软法模式强调"不得将劳动标准用于贸易保护的目的"。[②] 欧盟与韩国之间的 FTA 第 13.2 条还进一步指出：……缔约方注意到，劳动标准方面的比较优势无论如何不应该被质疑。

[①] See Agreement Amending the Fourth ACP-EC Convention OF LOMé, signed in Mauritius on 4 November 1995, Para. 5.

[②] 参见欧盟与加勒比论坛 15 个国家之间的合作协定第 191 条第 4 款，《科托奴协定》第 50 条第 3 款，以及欧盟与韩国之间的 FTA 第 13 条第 2 款。

3. 未规定国家的具体义务或仅涉及小部分内容

《科托奴协定》第 50 条关于核心劳动标准的规定中，第 2 款只是规定缔约方同意开展四个领域的合作，即有关立法与劳动规章的信息交换，制定国内劳动立法，加强既有的立法，教育与提高公众认识的项目，强制遵守国内立法与劳动规则。并没有涉及保护水平、确保私人救济权、程序保障、透明度、信息公开等具体的国家义务。欧盟与 8 个地中海国家之间的合作协定也没有规定国家的具体义务。欧盟与 15 个加勒比论坛国家之间的合作协定虽然规定不得以低于国内劳动标准、职业卫生、环境标准或通过放松核心劳动标准的要求等方法来吸引外商直接投资，[①] 但未提及强制实施国内劳动法、确保私人救济权等五方面国家义务。这些协定中，国家具体义务的缺失是因为它们都是基于 1995 年普惠制的特别激励框架签订的，遵守核心劳动标准不是获取普遍优惠的条件，而是获得额外优惠的条件。另外，欧盟与韩国之间的 FTA 虽然体现了缔约国在"保护水平"和"透明度"方面的义务，[②] 但其关于国内保护水平和透明度的措辞分别是："承诺确保与国际认可的劳动标准相一致的、高水平的环境和劳动保护，并承诺尽力改善这些法律和政策"以及"尽到适当注意"，[③] 这两个表述明显是软措辞。除此之外的国家义务，该协定并未提及。

4. 缺乏专门的组织机构

《科托奴协定》、欧盟与 8 个地中海国家之间的合作协定以及欧盟与 15 个加勒比论坛国家之间的合作协定都没有专门负责劳动条款实施的组织机构。欧盟与韩国之间的 FTA 虽规定了国内层面（国内联系机构、国内咨询委员会）与国际层面（可持续发展委员会、专家组）机构，但是该组织机构并非单为劳动保护服务，其主要目的是为了促进国际贸易的可持续发展。

5. 争端解决程序与制裁缺失或不占主导策略

欧盟分别与 8 个地中海国家及 15 个加勒比论坛国家之间签订的合作协定都没有提及争端解决程序，更没有涉及制裁。欧盟与韩国之间的 FTA 提到磋商和专家组的审查，但要求磋商必须尽力达成相互满意的结果；如果

[①] 参见欧盟与 15 个加勒比论坛国家之间的合作协定第 73 条。
[②] 参见欧盟－韩国 FTA 第 13.7 条和第 13.9 条。
[③] 参见欧盟－韩国 FTA 第 13.3 条和第 13.9 条。

磋商不成功，可以申请专家组审查，对于专家组的意见，缔约各方应该尽最大努力接受。① 该 FTA 并没有规定任何制裁，而是限定了包括劳动在内的有关贸易与可持续发展问题的争端，缔约国只能根据通过磋商机制和关于磋商情况的专家组报告机制予以解决。②《科托奴协定》在争端解决方面有部长级理事会（其中大使委员会具体负责解决争端）和仲裁专家组两层，但是根据协定第 96 条，缔约方必须首先采取磋商，只有在磋商未成功或特别紧急的情况下，才能采取"适当措施"。并且，根据该条款，适当措施的采用必须根据国际法，遵循适当性原则，还应优先考虑那些最不会扰乱协定适用的措施，最后才能采取中止减让的方法。2003 年，欧盟鉴于几内亚境内民主环境的恶化积极与几内亚进行磋商，通过磋商解决了问题；同期，面对津巴布韦持续存在的严重侵犯结社权及其他人权问题，欧盟也是在穷尽磋商等措施之后，最后不得已才做出中止减让的决定。与此同时，为了消除发展中国家对《科托奴协定》可能引起贸易保护主义的顾虑，欧盟理事会于 2003 年 7 月 23 日做出决议，决定改变原来的制裁策略，把重点放在能力建设与合作计划上。③

6. 资金支持与能力建设

劳动问题属于社会领域，《科托奴协定》第 25 条"关于社会领域的发展"强调资金支持和能力建设，决定建立适应社会需要与行为体情况的社会发展基金。欧盟理事会在 2003 年 7 月 21 日的决议中明确支持各种促进核心劳动标准的激励措施，诸如公司社会责任、普惠制度、ILO 与 WTO 更有效的对话、加强对 ILO 制定的劳动标准的实施监督、对发展中国家的技术援助、消除各种形式的使用童工的期限设定及具体计划以及社会标签。总体而言，《科托奴协定》的实施拥有较好的资金支持，截至 2013 年 9 月 29 日，欧盟已经划拨十笔欧洲发展基金，其中第十笔欧洲发展基金期限从 2008 年到 2013 年，总额是 227 亿欧元。④ 除了欧洲发展基金之外，《科托奴协定》还获得欧共体预算制度提供的发展合作援助，即发展合作预算、

---

① 参见欧盟 - 韩国 FTA 第 13.14 条和第 13.15 条。
② 参见欧盟 - 韩国 FTA 第 13.16 条。
③ 参见欧盟理事会决议见理事会第 7/8 - 2003 号公报。
④ 以上数据来自欧盟委员会官方网站，http://ec.europa.eu/europeaid/where/acp/overview/cotonou-agreement/index_en.htm，2013 - 09 - 29。

稳定预算、民主和人权预算以及人道主义预算。这些资金项目为激励发展中缔约国实施核心劳动标准提供了有力的财政支持。

二 区域监管之于单边监管的结构性变革

如本节第一目已经解释的，硬法和软法的大致区分主要是根据义务性（法律约束力的明确程度）和授权性（移交第三方解释及裁断的程度）这两个法律化制度的关键要素。相应地，劳动标准纳入 FTA 的硬法模式和软法模式的大略区分主要是根据 FTA 中的劳动标准条款或劳动合作协议所包含的五方面核心内容，即接受 ILO 核心劳动标准的程度、国家承担的具体义务、组织机构、争端解决程序以及制裁。

不可否认，FTA 中劳动标准实践的硬法模式已经超出单边硬法措施，纳入了辅助性的软性措施；同时，软法纳入模式也不再停留于单边软法措施简单的"关税激励与制裁"策略，而是引入了内容更广泛的软法措施和层次更分明的制裁措施。具体体现如下。

（一）硬法纳入模式中的软性措施

硬法纳入模式中的软性措施主要包含以下四个方面。

第一，在实施主体方面，美国和加拿大对外签订的 FTA 中的劳动条款或劳动协议都是依靠国家的国内实施，而非授权缔约一方在另一缔约国强制执行劳动法。[1]

第二，除美国与约旦之间的 FTA 未作规定外，其他协议都非常重视通过合作行动来构建能力建设，其中美国与秘鲁、哥伦比亚之间的 FTA 规定的最为全面，包括技术性援助计划、最佳实践交流、合作科研项目、专题

---

[1] 参见北美劳动合作协议第 2 条，美国 - 约旦 FTA 第 6.3 条，美国 - 智利 FTA 第 18.1.2 条，美国 - 新加坡 FTA 第 17.1.2，美国 - 澳大利亚 FTA 第 18.1.2 条，美国 - 摩洛哥 FTA 第 16.1.2 条，美国 - 巴林王国 FTA 第 15.1.2 条，美国与 5 个中美洲国家及多米尼加共和国之间的 FTA 第 16.1.2 条、第 16.1.3 条，美国 - 阿曼 FTA 第 16.1.2 条，美国 - 秘鲁 FTA 17.3.1 条、第 17.3.2 条，美国 - 哥伦比亚 FTA 第 17.2.1 条、第 17.3.2 条，美国 - 巴拿马 FTA 第 16.3.2 条，美国 - 韩国 FTA 第 19.3.1 条、第 19.3.2 条，加拿大 - 智利劳动合作协议第 2 条，加拿大 - 哥斯达黎加劳动合作协议第 2 条，加拿大 - 哥伦比亚劳动合作协议第 1 条，加拿大 - 约旦劳动合作协议第 1 条，加拿大 - 秘鲁劳动合作协议第 1 条，加拿大 - 巴拿马劳动合作协议第 1 条。

培训会议等八个方面。①

　　第三，在社会对话与公众参与方面，除美国与约旦之间的 FTA、加拿大与哥斯达黎加之间的劳动合作协议未作规定外，其他协定中的劳动条款或劳动合作协议都要求在组织机构方面组建由公众（包括劳动者、商业组织代表和其他公众）组成的国家劳动顾问委员会，就劳动标准的实施提供建议；另外，在合作机制方面，这些协议多数明确要求国内劳动法的实施中有公众参与。②

　　第四，在资金支持方面，加拿大对外签订的 FTA 中的劳动合作协议拥有"国际贸易和劳动项目"的资金支持。③ 该项目的实施主要借助软性机制，具体如下：第一步，确定优先性行动目标，建立伙伴关系，提高公众认识，接受建议并进行评估；第二步，形成概念性文件，制定适用指南，签订赞助协议；第三步，拟达到的直接效果——构建贸易伙伴国家解决劳动问题的能力，为 ILO 秘书处提供资金支持，为社会伙伴和市民社会参与全球化引起的社会问题对话创造机会；第四步，拟达到的进一步效果——贸易伙伴国家自己解决劳动问题，ILO 得以开展各项倡议，社会伙伴和市

---

① 参见北美劳动合作协议第 11.2 条，美国－智利 FTA 附件 18.5 第 5 条，美国－新加坡 FTA 附件 17A 第 5 条，美国－澳大利亚 FTA 第 18.5.3 条，美国－摩洛哥 FTA 附件 16－A 第 5 条，美国－巴林王国 FTA 附件 15－A 第 5 条，美国与 5 个中美洲国家及多米尼加共和国之间的 FTA 附件 16.5 第 4 条，美国－阿曼 FTA 附件 16－A 第 5 条；美国－秘鲁 FTA 附件 17.6 第 3 条，美国－哥伦比亚 FTA 附件 17.6 第 3 条，美国－巴拿马 FTA 附件 16.6 第 4 条，美国－韩国 FTA 附件 19－A 第 5 条，加拿大－智利劳动合作协议第 11.2 条、第 12 条，加拿大－哥斯达黎加劳动合作协议第 12.2 条，加拿大－哥伦比亚劳动合作协议第 9.3 条，加拿大－约旦劳动合作协议第 8.2 条，加拿大－秘鲁劳动合作协议第 9.3 条，加拿大－巴拿马劳动合作协议第 9.2 条。

② 参见北美劳动合作协议第 17 条，美国－智利 FTA 附件 18.5 第 6 条，美国－新加坡 FTA 第 17.4.3 以及附件 17A 第 6 条，美国－澳大利亚 FTA 第 18.4.3 条、第 18.5.2 条，美国－摩洛哥 FTA 第 16.4.2、附件 16－A 第 6 条，美国－巴林王国 FTA 第 15.4.3 条、附件 15－A 第 6 条，美国与 5 个中美洲国家及多米尼加共和国之间的 FTA 第 16.4.4 条、附件 16.5 第 5 条，美国－阿曼 FTA 第 16.4.3 条、附件 16－A 第 6 条，美国－秘鲁 FTA 第 17.5.7 条、附件 17.6 第 4 条，美国－哥伦比亚 FTA 第 17.5.7 条、附件 17.6 第 4 条，美国－巴拿马 FTA 第 16.5.4 条、附件 16.6 第 5 条，美国－韩国 FTA 第 19.5.4 条、附件 19－A 第 6 条，加拿大－智利劳动合作协议第 15 条，加拿大－哥伦比亚劳动合作协议第 8 条，加拿大－约旦劳动合作协议第 9.1 条，加拿大－秘鲁劳动合作协议第 8.1 条，加拿大－巴拿马劳动合作协议第 8.1 条。

③ 分析信息来自加拿大人力资源与技术开发部官方网站，http://www.hrsdc.gc.ca，2013－09－29。该项目从 2004 年开始推行，2010 年前每年的资金支持是 220 万美元，2010～2011 年度减为 190 万美元。

民社会得以参与全球化引起的社会问题之对话;第五步,拟最终达到的目标——贸易伙伴国家尊重国际公认的劳动原则,加拿大政府参与应对全球化的劳动层面的国际努力。

从目前实践来看,这些软性措施虽然仅在美国和加拿大硬法纳入模式中居于辅助地位,但已基本可以解决有关的劳动申诉。以北美劳动合作协议为例,截至2010年3月,共有37个公众沟通(也称为申诉案件)[①]依据该协议提出。按照该协议的申诉程序,案件应首先向缔约国的国内行政办公室提出,若被受理,将进入部长级磋商。绝大多数案件只能止于部长级磋商,唯与职业卫生与安全、最低工资水平、使用童工这三个技术性劳动标准有关的申诉可以进一步提请专家组审查,并有可能最后适用制裁措施。截至2014年1月,尚未有该协议的案件进入专家组审查程序的报道,也没有判定制裁的消息。[②]而进入部长级磋商的劳动案件往往导致缔约国之间的一系列合作行动,[③]诸如达成谅解,缔约国着手开展劳动问题研究,召开培训大会或专题研讨会,以及提高公众认识等。

(二)软法纳入模式中的硬性支撑

从本节第一目第(二)小目的分析可见,相较于欧盟单边实践简单地以额外的关税优惠吸引普惠制下的受惠国实施ILO确立的核心劳动标准,欧盟FTA中的劳动标准实践更注重资金支持与能力建设,这对导引贸易伙伴进行自我劳动监管具有更为根本性的意义。

与其单边监管措施将制裁作为对潜在的严重违反者的威慑类似,欧盟既有的将劳动标准纳入FTA的软法模式中也包含了硬性保障,但层级更为合理。该硬性保障主要体现在两个方面。第一方面,强化磋商。欧盟与韩国的FTA第13.14规定,涉及缔约方公共利益的问题,一缔约方可以要求

[①] 以上数据根据美国劳动部官方网站提供的信息分析得出,http://www.dol.gov/ilab/programs/nao/status.htm,2013-09-29.

[②] 该结论根据下列学者的研究(BLANPAIN, ROGER& COLUCCI, MICHELE, *the Globalization of Labour Standards, the Soft Law Track*, ZE Alphen aan den Rijn, the Netherlands: Kluwer International Law,2004;HEPPLE, BOB, *Labour Laws and Global Trade*, Oxford: Hart Publishing,2005.),并跟踪美国劳动部官方网站的报道得出。

[③] 此结论根据学者研究(BLANPAIN, ROGER& COLUCCI, MICHELE, *the Globalization of Labour Standards, the Soft Law Track*, ZE Alphen aan den Rijn, the Netherlands: Kluwer International Law,2004.)并跟踪美国劳动部官方网站的报道得出。

与另一缔约方磋商,一经请求,另一缔约国应立即启动磋商,且缔约方应尽力寻求达成相互满意的结果。欧盟与非加太国家的《科托奴协定》对磋商也做了强化规定。根据该协定第 96 条,一经请求,另一缔约方必须在 15 天内进行磋商,磋商时间不得超过 60 天,且磋商应争取达成各方均可接受的解决方案。第二方面,设置最后的威慑,即在万不得已的情况下方可适用制裁。该协定第 96 条还规定,若一缔约方提出的磋商请求被拒绝,或者出现特别紧急的情况(即出现严重的公然违反协定第 9 条第 2 款所列的包括 ILO 所确定的核心劳动标准在内的人权),该缔约方可以立刻采取适当的应对措施,其中中止减让是最后的救济。尽管迄至 2014 年 3 月底,欧盟只做出一例中止减让的决定(即 2003 年针对津巴布韦的决定),且《科托奴协定》也明确把重点放在缔约国遵守劳动标准的能力建设上,但协定同样没有取消制裁的最后威慑。

因此,相对其单边监管措施简单的"关税激励和制裁"内容,欧盟区域贸易体制中的劳动标准实践一方面包含了在导引缔约国进行自我劳动监管方面更具有根本性意义的资金支持和能力建设之软法措施,另一方面也具备层级比较合理的制裁措施。

综上所述,相对于国家对跨国劳动问题的单边措施,FTA 中的劳动标准实践已经呈现软硬机制复杂糅合的结构性变革。

三 结构性变革蕴含的反思理性

既有的两大纳入模式是美国、加拿大和欧盟等发达国家或国家集团在"国际劳动标准应否与贸易问题挂钩"争论难分胜负的背景下,以不同模式谋求其他国家(主要是发展中国家)在跨国劳动监管方面的合作之尝试。当前,"国际劳动标准应否与贸易问题挂钩"的理论观点存在严重分歧。新古典自由主义经济学理论基于要素成本模式,认为国际劳动标准全球化将导致具有劳动力成本优势的国家丧失贸易与投资方面的比较优势,故而反对劳动标准的全球化。制度经济学理论则打破要素成本模式中"生产力不变"假定,认为提高劳动标准将促进国家的生产力,进而提高社会福利水平。例如,该理论相信,禁止使用童工从长期来看可以促进一国劳动生产能力的提高,可以增加国家的整体收入,并且其他劳动标准也有类似的作用。这两大经济学理论在劳动标准与经济效益方面的论战目前似乎无法得出一个绝对的结论。然而，两大经济学理论都承认劳动标准的外部性问题以及市场的失灵。正是基于此，美国、加拿大、欧盟等发达国家或发达国家集团开始尝试通过 FTA 推动更多国家（主要是发展中国家）加入到跨国劳动监管的合作中。美国、加拿大、欧盟既有 FTA 劳动标准实践中的软硬机制糅合现象证明，缔约国之间的分歧仍然存在，将劳动标准与 FTA 挂钩的努力尚处在实验阶段。

由此可以判断，这两大纳入模式并不能代表国家通过贸易协定进行跨国劳动监管的终极模式，故此，这两大模式的发展趋势值得研究。必须承认，无论是硬法纳入模式所包含的辅助性的软法措施，抑或是软法纳入模式中层级更加细化的制裁措施，都从局部体现了反思性监管的思路。但整体而言，两大纳入模式与反思性监管精神的向背并不一致，需要加以评估。

（一）局部反思理性剖析

尽管国际社会承认 ILO 的核心劳动标准应当在国际层面和国内层面得到尊重，[①] 但纯粹以硬法方式要求所有国家必须遵守核心劳动标准的设想，目前仍缺乏国家政治意愿的广泛支持。根据反思法理论，面对跨国经济子系统的自我封闭结构，为了有效地回应跨国经济子系统扩张引起的跨国劳动问题，需要克制传统的硬性直接干预，代之以促进跨国经济子系统自我限制的策略性干预。同时，对于分散的跨国劳动问题，法律必须改变传统的将社会问题视为一个同质整体的管制方法，转向导引社会问题利益攸关者的参与。因此，社会沟通与对话不可缺少。根据本节第一目第（二）小目以及第二目第（一）小目的分析，以美国和加拿大为代表的硬法纳入模式，以及以欧盟为代表的软法纳入模式，尽管程度不同，但都从三方面体现了反思理性。

首先，两大纳入模式都未要求缔约国实施共同的劳动标准。这证明，尽管认识程度有别，但它们都意识到硬性直接干预的策略应该得到适当克制。从本节第一目的分析可见，即便是美国和加拿大的硬法纳入模式，也只是硬性要求缔约国强制实施其既有的国内劳动标准，并未硬性要求另一

[①] ILO1998 年宣言、WTO 新加坡部长级会议、多哈部长级会议以及坎昆部长级会议的决议对此内容均予确认。

缔约国在其境内强制实施国际劳动标准或与自己相同的劳动标准。

其次，两大纳入模式都包含社会对话与公众参与的软法机制，重视在劳动法的实施之中倾听劳动者和企业代表的意见。这表明，两大纳入模式都意识到社会对话机制对促进缔约国加强自我劳动监管的积极意义。硬性义务规定最多的美国 FTA 中的劳动标准实践，在此方面的规定同时也最为详尽全面。例如，美国与秘鲁、哥伦比亚和韩国之间的 FTA 规定：每一缔约方可以召开劳动者和雇主代表以及其他公众组成的咨询委员会，就与劳动有关的事项提供建议；在决定合作行动和能力建设方面，缔约方必须考虑劳动者和雇主代表以及其他公众的意见；必须设立公众通信制度，公众可以向缔约方的国内行政办公室写信反映缔约国国内企业存在的劳动侵权或其他劳动法实施方面的问题，缔约国必须设立专门的国内行政办公室负责审查，并在必要时启动部长级磋商。[1]

再次，两大纳入模式都注意通过劳动合作行动进行能力建设，并在不同程度上对此提供资金支持。合作行动方面，美国分别与秘鲁和哥伦比亚签订的 FTA 中的规定最为详尽，其包括了技术性援助计划、最佳实践交流、合作科研项目、专题培训会议等 8 个方面，并且还要求缔约方采取一切其认为适当的手段开展合作行动。[2] 如第一章第二节第一目所述，有资金保障的能力建设对于导引被监管对象进行自我劳动监管具有根本性意义。这表明，即便是实践硬法纳入模式的美国和加拿大，也重视导引被监管对象。

尽管存在批评，但美国和加拿大既有 FTA 中的劳动标准实践在促使部分缔约国改善国内劳动法的实施，促进跨国劳动者的合作，提高工会在发展中国家的地位及能力，提高公众对劳动保护的认识等方面的积极作用，也是不可否认的。[3]

---

[1] 参见美国－秘鲁 FTA 第 17.5.7 条、附件 17.6 第 4 条，美国－哥伦比亚 FTA 第 17.5.7 条、附件 17.6 第 4 条，美国－巴拿马 FTA 第 16.5.4 条、附件 16.6 第 5 条，美国－韩国 FTA 第 19.5.4 条、附件 19 – A 第 6 条。

[2] 参见美国－秘鲁 FTA 附件 17.6 第 3 条，美国－哥伦比亚 FTA 附件 17.6 第 3 条。

[3] HEPPLE, BOB, *Labour Laws and Global Trade*, Oxford: Hart Publishing, 2005, p. 126 ~ 128; BLANPAIN, ROGER & COLUCCI, MICHELE, *the Globalization of Labour Standards, the Soft Law Track*, ZE Alphen aan den Rijn, the Netherlands: Kluwer International Law, 2004, p. 109.

（二）整体反思理性评估

整体而言，欧盟的软法纳入模式更接近反思性监管的精神，而美国和加拿大的硬法纳入模式则存在过度回应跨国劳动问题的危险，从而将偏离反思性监管的精神。这样的区别主要依据有两个方面：一方面，两大纳入模式赋予制裁措施以不同的地位；另一方面，也是更深层次的依据是它们所体现的利益和观念维度的位序不同。

1. 制裁措施的地位

根据第一章第二节对反思法理论的解读，由于法律与其他社会子系统（包括跨国社会子系统）之间在结构上相互封闭，在调整这些半自主的社会系统时，法律应选择"劝说与促进"策略，以追求各个社会系统最低限度的兼容目标。然而，这并不意味着法律无所作为，当社会子系统的自我扩张已经危及社会系统整体的生存或者对其他社会子系统造成损害时，法律应该启动硬法机制，直接进行调整。当一国出现严重整体性违反国际公认的基本劳动权利（如 ILO 确立的核心劳动标准）且国家未能积极加以解决时，国家间监管安排以硬法方式直接强制其纠正就有必要。因此，政府间监管安排中的硬法机制（制裁）在国家能够有效地自我监管的情况下，它隐藏在幕后，是对自愿遵守美德的保护，对潜在违反的威慑；当国家存在严重整体性地违反国际公认的基本劳动权利的例外情况下，它才会从幕后移到台前，发挥法律的规范作用——强制。

根据本节第二目第（二）小目的分析，欧盟既有的 FTA 中的劳动标准实践要么未规定任何制裁，要么仅将制裁作为针对严重的整体性地违反 ILO 确立的核心劳动标准的少数特别紧急情况的措施。根据《科托奴协定》，即便最后必须启动制裁措施，该措施的适用仍要遵循诸多条件，包括"根据国际法""遵循适当性原则""优先考虑那些最不会扰乱协议适用的措施"等。

相比之下，美国和加拿大既有的 FTA 中的劳动标准实践的制裁措施针对劳动标准争端的范围非常广泛。除了北美劳动合作协议以及加拿大与智利之间的劳动合作协议限定提交专家组审查的劳动标准争端的范围较小（仅限于违反职业安全与卫生、童工最低雇佣年龄、最低工资水平的行为）外，这两个国家其余纳入劳动标准的 FTA 均不限定可适用专家组审查程序的劳动标准争端的范围。这意味着，一缔约国实施的任何违反 FTA 中的劳动标准条款或劳动合作协议的硬性义务之行为，都有可能进入专家组程序并可能最终遭受制裁。美国绝大多数纳入劳动标准的 FTA 甚至并不排除将与贸易有关的劳动问题提交 WTO 的争端解决机构，因此，从理论上甚至不能排除 WTO 的贸易报复机制的适用。并且，如本节第一目第（一）小目所分析，美国和加拿大的硬法纳入模式对缔约国设定了非常详尽的国内实施义务，这使得专家组审查程序和制裁措施被适用的几率很大。对于制裁措施的适用前提，美国和加拿大并未像欧盟那样要求"根据国际法""遵循适当性原则""优先考虑那些最不会扰乱协议适用的措施"。多数美国和加拿大 FTA 中的劳动标准实践甚至直接设定制裁的金额。因此，在美国和加拿大既有的 FTA 劳动标准实践中，制裁措施不仅占据主导地位，而且具有很强的单边色彩。

2. 利益和观念维度

无论是硬法纳入模式还是软法纳入模式，都离不开利益和观念这两大国际法维度。[①] 从观念维度看，这两种模式都认同 ILO 的核心劳动标准对促进社会正义的重要意义。因此，应主要从利益维度对国家的不同选择进行分析。

首先，采取何种纳入模式与国家对自身比较优势的考量密切相关。硬法纳入模式中的"不降低要求"，与近年来发达国家和发展中国家在多边贸易场合下展开的"社会倾销"之争不无联系，纳入模式的不同选择折射出国家在不同领域的比较优势显而易见。主张硬法纳入模式的国家的经济发展所依赖的显然不是劳动力比较优势，而是资本和技术方面的比较优势。因为劳动力成本在资本和技术密集型产业中的占比并不大，加强对国内劳动者的保护不会给这类产业带来竞争压力；相反，要求具有劳动力比较优势的竞争对手加强对国内劳动者的保护恰恰可以削弱对方的竞争优势，缓解因本国国内传统的劳动密集型产业调整引致的社会压力。反言之，拥有劳动力比较优势的国家则会力争采取软法纳入模式，要求缔约对

---

① 徐崇利：《软硬实力与中国对国际法的影响》，《现代法学》2012 年第 1 期，第 151 页。对于国际法之利益和观念（价值观）两种维度的理论分析和实证研究，转引自 ABBOTT, KENNETH W. & SNIDAL, DUNCAN, "Value and Interests: International Legalization in the Fight against Corruption", *Journal of Legal Studies*, 2002, 31 (2): 141-178.

方"不得将劳动标准用于贸易保护主义"。

其次,纳入模式的选择还取决于遵守条约的成本计算。即便硬法纳入模式可以给国家带来利益,如果遵守条约的成本大于违反条约获得的利益,这种模式也不会成为理性选择。从硬法纳入模式的诸要素考虑,适应这种模式的国内情况一般具备这样的特点:第一,国内已批准的 ILO 管辖下的核心劳动条约数量较多,或者国内推行的劳动标准表面上可以涵盖 ILO 确立的核心劳动标准;第二,国内具备比较完善的劳动法体系,劳动者的私人救济权利具有较好的程序保障;第三,劳动方面的法律制度具有透明度;第四,国内的民主制度比较完善,在信息公开和公众参与方面具有制度保障;第五,拥有处理与贸易相关的劳动标准争端的专家资源。相反,如果国家还没有做好上述这五个方面的准备,则会力争采取软法纳入模式,以便降低违反条约的成本。

依此分析,作为主要发达国家代表的欧盟与美国及加拿大都具备采取硬法纳入模式的国内条件。那么,为什么欧盟没有像加拿大那样,与美国采取同样的纳入模式呢?这是因为,虽然美国与欧盟都试图输出自己的劳动标准,但在纳入模式选择上,观念与价值两个维度的优先次序并不相同。在美国的民粹政治背景下,任何提议只要涉及财政支持的问题,就难以在国会获得通过,更何况改善发展中国家的劳动标准对美国的利益难以量化。相反,通过贸易制裁要求发展中国家贸易伙伴提高劳动标准的水平或实施力度的做法,有助于削弱缔约对方在贸易方面的竞争优势,更能迎合国内贸易保护主义力量的要求。因此,相对于需要财政支持的能力建设机制,通过贸易制裁加以保障的劳动标准条款或协议更容易获得国会的支持。美国在劳动标准纳入模式选择上,利益的计算显然超过观念的认同。

相比之下,欧盟自 1957 年缔结的《罗马条约》就开始关注构建共同市场所必要的劳动条件的协调,从 1973 年开始致力于构建统一的社会政策,到 1997 年开始社会性宪章的努力,社会型欧盟的目标日益明确。正是构建社会型欧盟的理念决定了欧盟的对外政策带有和平的社会福利模式。1995 年,欧盟的普惠制度开始代替原来为特定国家特定产品提供不限数量的免关税市场准入的所谓的"调节"机制,引入特别的激励安排框架。根据此特别激励安排,若这些特定国家承诺促进可持续发展尤其是保护劳动权利和环境,就可以获得特别的优惠。2001 年,欧盟理事会通过第 250/

2001 号规章,对履行 ILO 的核心劳动标准采取了"胡萝卜加棍棒"策略。根据该规章,若缔约方在国内强制实施核心劳动标准就可以获得额外激励;若未强制实施核心劳动标准,也只是失去额外优惠,没有其他的不利后果。欧盟与非加太 78 个国家签订的《科托奴协定》、与加勒比论坛 15 个国家及与地中海 8 个国家分别签订的合作协定,都是欧盟普惠政策的具体体现。可以认为,欧盟内部的普惠制立法为欧盟以软法模式将劳动标准纳入 FTA 提供了坚实的内部法律基础。可见,欧盟在劳动标准的实施方面,观念的认同优先于利益的计算。

总之,由于美国和加拿大的硬法纳入模式规定了约束力较强的义务(包括保护水平、缔约国国内强制实施义务、确保私人救济、程序保障、透明度、信息公开和提高公众认识六方面),并且设置了较高程度的授权机制(组织机制和制裁机制),缔约国因此在强制实施其国内既有的劳动法方面面临很强的外在压力。相比之下,软法纳入模式为缔约国设置的义务基本没有约束力,在授权机制方面,制裁措施(如有)也仅是针对严重整体性地违反 ILO 核心劳动标准的少数例外情况。在此模式下,缔约国面临的国内强制实施义务的外在压力不大;相反,其主动实施条约规定的劳动标准义务的动力来自另一缔约国承诺的特别优惠。欧盟的软法纳入模式较明显地体现了通过帮助发展中国家缔约方提高自我监管能力逐步改善其国内劳动方面的人权之观念。其对劳动问题的治理策略被誉为"比较平衡"。[1] 相反,美国和加拿大的硬法纳入模式主要基于利益计算,带有较浓的贸易保护主义色彩,经常遭遇"合法性"质疑。从这个角度看,美国和加拿大的硬法纳入模式存在过度回应跨国劳动问题的危险,也将偏离反思性跨国劳动监管的初衷。而欧盟的软法纳入模式主要基于帮助发展中国家缔约方解决其国内劳动问题的观念,因此更接近反思性跨国劳动监管的精神。

综合本节,当前"国际劳动标准应否与贸易问题挂钩"的争论难分胜负,美国、加拿大和欧盟等发达国家或发达国家集团先行尝试,以 FTA 中不同的劳动标准实践谋求其他国家(主要是发展中国家)在跨国劳动监管

---

[1] HEPPLE, BOB, *Labour Laws and Global Trade*, Oxford: Hart Publishing, 2005, pp. 126 – 128; BLANPAIN, ROGER & COLUCCI, MICHELE, *the Globalization of Labour Standards*, *the Soft Law Track*, ZE Alphen aan den Rijn, the Netherlands: Kluwer International Law, 2004, p. 128.

方面的合作。尽管区分并不绝对，但根据肯尼斯·阿博特和罗伯特·基欧汉等学者提出的关于法律化制度的构成要素，美国和加拿大的既有实践在义务性和授权性要素方面硬度相当高，可以大致归为硬法纳入模式。相反，欧盟的既有实践在义务性和授权性要素（尤其是义务性要素）方面的硬度低得多，可以大致归为是软法纳入模式。相比美国纯粹硬性的单边监管措施，美国和加拿大将劳动标准纳入 FTA 的硬法模式增添了辅助性的软法措施。而相比欧盟单边措施简单的"关税激励与制裁"机制，欧盟将劳动标准纳入 FTA 的软法模式不仅包含具有根本性意义的资金支持和能力建设之软法措施，同时也具备层级比较合理的制裁措施。由此可以认为，相对于既有的单边措施，劳动标准纳入 FTA 呈现软硬机制复杂糅合的结构性变革。这种变革从局部层面体现了"适当克制硬性直接干预""导引国家通过社会对话与公众参与加强自我劳动监管""通过配套财政支持的技术援助和专题培训等加强缔约国自我劳动监管的能力建设"的反思理性。

尽管如此，整体而言，由于美国和加拿大的硬法纳入模式以制裁作为确保缔约国强制实施其国内劳动法的主导策略，带有较浓的贸易保护主义色彩，因此存在过度回应跨国劳动问题的危险，将偏离反思性监管的精神。相比之下，欧盟的软法纳入模式即便包含具有威慑性的制裁措施，但此类措施也仅限于严重整体性地违反 ILO 确立的核心劳动标准的少数特别紧急情况，且该措施的适用需要遵循诸多严格的条件，因此可能更接近反思性监管的精神。

第三节　双边或诸边投资体制中的跨国劳动监管

引　言

与劳动标准应否纳入区域贸易体制问题不同，劳动标准应否纳入双边或诸边投资体制［包括双边投资协定（BIT）或自由贸易协定（FTA）投资章］问题似乎没有引起国际社会的激烈辩论。较之美国、加拿大、欧盟等发达国家或国家集团在 20 世纪 90 年代极力推动劳动标准进入多边贸易体制并在失败后明确转向区域贸易体制的努力，2000 年之前，这些国家或国家集团在将劳动标准纳入双边或诸边投资体制方面的实践或是语焉不详，或是索性付之阙如。[①] 2000 年之后，美国、加拿大、新西兰、欧盟部分成员（如比利时、卢森堡、奥地利、荷兰、芬兰）、欧洲自由贸易联盟（EFTA，包括列支敦士登、冰岛、瑞士和挪威四个国家）以及日本等发达国家或国家集团在部分缔结的 BIT 或 FTA 投资章中主动纳入劳动标准。劳动标准纳入双边或诸边投资体制的进程虽然比较缓慢，但似乎有进一步发展的趋势。一些发展中国家的 BIT 范本，如南部非洲发展共同体（SADC）2012 年的 BIT 范本也纳入了劳动标准条款。

以下首先比较美国、加拿大、新西兰、EFTA、欧盟部分成员（比利时、卢森堡、奥地利）以及日本将劳动标准纳入双边或诸边投资体制的条约实践（第一部分），接着分析劳动标准纳入双边或诸边投资体制的特点（第二部分），在此基础上结合反思法理论比较分析双边或诸边投资体制与区域贸易体制中的劳动标准实践之间的软硬差别，以及是否存在比较接近反思性监管精神的国家实践模式（第三部分），最后得出简短的结论。

一 劳动标准纳入双边或诸边投资体制的条约实践

目前主动将劳动标准纳入双边或诸边投资体制的有美国、加拿大、新西兰、EFTA、部分欧盟成员（比利时、卢森堡、奥地利、荷兰和芬兰）以及日本等发达国家或国家集团。其中，芬兰与荷兰这两个欧盟成员虽然

---

① 2005 年之前，美国缔结并生效的 BIT 仅有部分在序言提到"促进国际认可的劳动权利"的宗旨，劳动标准条款未纳入 BIT 正文之中。迄至 2013 年 9 月 30 日，加拿大对外缔结并生效的 BIT 均未包含劳动标准条款，其在 2007 年之前缔结并生效的 FTA 也未包含适用于投资问题的劳动标准条款。迄至 2013 年 9 月 30 日，欧盟未以其名义签订 BIT，其所签订的 FTA 中，与 78 个非加太国家签订的《科托奴协定》（2000 年签订并生效），与 8 个地中海国家（叙利亚、黎巴嫩、约旦、阿尔及利亚、埃及、摩洛哥、以色列以及突尼斯）签订的联系协定（又称合作协议，1998~2004 年期间分别签订，已生效），与 15 个加勒比论坛国家（安提瓜和巴布达、巴哈马、巴巴多斯、伯利兹、多米尼克、格林纳达圭亚那、海地、牙买加、蒙特塞拉特岛、圣基茨和尼维斯、圣卢西亚、圣文森特和格林纳丁斯、苏里南、特立尼达和多巴哥）签订的合作协议（2008 年签订并生效）、与韩国签订的 FTA（2010 签订，2011 年生效）、与秘鲁和哥伦比亚签订的 FTA（2012 年签订，2013 年生效）、与中美洲国家签订的 FTA（2012 年签订，待生效）虽然都包含劳动标准条款，但均不适用于投资问题。欧盟成员中，比利时、卢森堡、奥地利、芬兰及荷兰至今未单独签订 FTA，其纳入劳动标准的 BIT 均签订于 2000 年之后。

在 2000 年之后开始在某些 BIT[①] 序言中提及"国际认可的劳动标准",由于其正文未规定专门的劳动标准条款,不具有典型性,不列入本文讨论。其他主动将劳动标准纳入双边或诸边投资体制的国家或国家集团,多数同时已在区域贸易体制中纳入劳动标准,如美国、加拿大、新西兰、EFTA、比利时、卢森堡和奥地利。另外,也有少数国家仅在双边或诸边投资体制中纳入劳动标准,如日本。以下分四组国家讨论。

(一) 美国、加拿大

美国和加拿大主动将劳动标准纳入双边或诸边投资体制的特点不尽相同。

1. 美国

美国既是最早主动将劳动标准纳入区域贸易体制的国家,也是最早主动将劳动标准纳入双边或诸边投资体制的国家。

(1) 美国双边或诸边投资体制与区域贸易体制中的劳动标准实践之区别。

早在 1990 年,美国与波兰签订的 BIT(未生效)序言就提到"投资有助于促进基本劳动权利的尊重"。2005 年之前,美国签订的多数 BIT[②] 序言包含类似美国 - 波兰 BIT 的宗旨。2005 年至今,美国签订的两个 BIT[③] 所包含的劳动标准条款有所细化。除了 BIT,FTA 也是美国推动劳动标准进入双边或诸边投资体制的重要方式。1994 年至今,美国缔结并生效的 13

---

① 例如芬兰 2000 年之后签订的 40 个 BIT 中,分别与波斯尼亚(2001 年签订)、坦桑尼亚(2001 年签订)、吉尔吉斯斯坦(2003 年签订)、尼加拉瓜(2003 年签订)、阿尔及利亚(2005 年签订)、危地马拉(2005 年签订)、尼日利亚(2005 年签订)、塞尔维亚(2005 年签订)、赞比亚(2005 年签订)、白俄罗斯(2006 年签订)、埃塞俄比亚(2006 年签订)之间的 11 个 BIT 复制了芬兰 2001 年 BIT 范本序言中的劳动标准条款,强调"经济和商业关系的发展能够促进对国际认可的劳动标准的遵守"。再如荷兰 2000 年之后签订的 35 个 BIT 中,分别在与莫桑比克(2001 年签订)、纳米比亚(2002 年签订)之间的 2 个 BIT 序言中强调"经济和商业关系的发展应该促进对国际认可的劳动标准的遵守"。来自 UNCTAD 官方网站,http://www.unctadxi.org/templates/DocSearch.aspx?id = 779,2013 - 09 - 13。

② 美国 1990~2005 年(不包括 2005 年)签订的 37 个 BIT(美国与白俄罗斯的 BIT 无法查到),大约有 28 个 BIT 在序言中提及对国际公认的劳动权利的尊重。来自美国政府网站,http://www.state.gov/e/eb/ifd/bit/117402.htm,2013 - 09 - 30。

③ 即 2005 年美国 - 乌拉圭 BIT(2006 年生效),2008 年美国 - 卢旺达 BIT(2012 年生效)。

个 FTA 均纳入了劳动标准内容。[1] 其中，美国根据 2007 年两党协商达成的新贸易政策分别与秘鲁、哥伦比亚、巴拿马和韩国谈判或重新谈判缔结的 4 个 FTA 中，劳动标准条款对贸易和投资问题一并适用。理由有三方面。首先，这 4 个 FTA 中的"不降低要求"（即不得为鼓励投资而降低本国国内的劳动标准）均涵盖投资问题。[2] 其次，这 4 个 FTA 中，国内强制实施义务均规定"缔约国不得为影响贸易或投资，通过持续或反复的行动或不行动，不对国内劳动法进行有效的实施"。[3] 再次，这 4 个 FTA 的强制性争端解决程序对劳动标准争端的适用均未限定"与贸易有关"。根据 2007 年美国新贸易政策，缔约国之间与投资有关的劳动标准争端适用与商业争端一致的强制性争端解决程序。其他 9 个 FTA 中的劳动标准条款或协议因缺乏投资章，或在国内实施义务方面明确仅适用于贸易，难以认定对投资问题的适用。

可见，在劳动标准实践方面，美国双边或诸边投资体制中不如其区域贸易体制适用普遍。与此同时，在劳动标准要求方面，美国在双边或诸边投资体制中的规定远不如其区域贸易体制严格。1994 年以来，在美国与同一国家既签订 BIT 又签订 FTA 的情况下，适用于投资问题的劳动标准比适用于贸易问题的劳动标准更为宽松。美国分别与约旦（1997 年签订，2003 年生效）、巴林王国（1999 年签订，2001 年生效）、摩洛哥（2000 年签订，2001 年生效）之间的 BIT 仅在序言中宣示对国际公认的劳动标准的尊重。相反，美国分别与这 3 个国家签订的 FTA 则将劳动标准与贸易问题紧密挂钩，通过专门的劳动标准条款，[4] 对保护水平、具体的实施义务、争端解决程序以及救济方式等做了较为全面的规定。

（2）美国 FTA 与 BIT 框架下适用于投资问题的劳动标准条款的不同规定。

---

[1] 来自美国贸易代表办公室网站，www.ustr.gov/trade-agreements/free-trade-agreements，2013 – 09 – 30。

[2] 参见美国 – 秘鲁 FTA 第 17.2.2 条，美国 – 哥伦比亚 FTA 第 17.2.2 条，美国 – 巴拿马 FTA 第 16.2.2 条，美国 – 韩国 FTA 第 19.2.2 条。

[3] 参见美国 – 秘鲁 FTA 第 17.3.1（a）条，美国 – 哥伦比亚 FTA 第 17.3.1（a）条，美国 – 巴拿马 FTA 第 17.3.1（a）条、美国 – 韩国 FTA 第 19.3.1（a）条。

[4] 参见美国 – 约旦 FTA 美国 – 约旦 FTA 第 6 条、美国 – 巴林王国 FTA 第 15 条（章）、美国 – 摩洛哥 FTA 第 16 条（章）。

尽管美国分别同乌拉圭和卢旺达签订的 BIT 与美国分别同秘鲁、哥伦比亚、巴拿马和韩国签订的 FTA 都包含"不降低要求",且均明确缔约国应予实施的劳动标准包括五个方面内容,[1] 但在具体的实施义务、组织机制、争端解决程序、救济方式等硬法机制以及合作行动、社会对话与公众参与等软法机制方面,两者存在显著的区别(见表 3-1)。

表 3-1 美国 FTA 与 BIT 框架下适用于投资问题的劳动标准内容的区别

协定 劳动标准内容	美国分别与秘鲁、哥伦比亚、巴拿马和韩国之间的 FTA	美国分别与乌拉圭和卢旺达之间的 BIT
具体的实施义务	包括强制实施义务、[1] 私人救济保障、[2] 程序保障、[3] 信息公开和提高公众认识[4]等方面的详细规定。	无规定
组织机制	拥有相对独立于商业问题的组织机构,[5] 但要求专家组成员的选任必须有劳动方面的专长。[6]	无规定
争端解决 (与投资有关的劳动标准争端或争议)	不适用投资者诉东道国的仲裁机制,但可适用缔约国之间的仲裁机制(专家组)。	仅限于国家之间的磋商机制,不适用投资者诉东道国以及缔约国之间的仲裁机制。[7]
制裁	可以适用金钱制裁(执行货币评估)和贸易制裁(报复),贸易制裁是最后的手段。[8]	无规定
合作行动	包括技术性援助计划、专题培训会议等八个方面。[9]	无规定
公众参与	由公众(包括劳动者、商业组织代表和其他公众)组成国家劳动顾问委员会,就劳动标准的实施提供建议。[10]	无规定

注:[1] 美国-秘鲁 FTA 第 17.3.1 条规定:缔约国不得以强制实施资源的分配为由不遵守本章的条款;缔约国不得为影响贸易或投资,通过持续或反复的行动或不行动,不对国内劳动法进行有效的实施;缔约国拥有在优先性项目方面的自由裁量权,但应遵守善意原则。美国-哥伦比亚 FTA 第 17.3.1 条、美国-巴拿马 FTA 第 16.3.1 条、美国-韩国 FTA 第 19.3.1 条规定了类似内容。

[1] 即禁止强迫劳动,禁止使用童工,禁止雇佣歧视,结社权、组织权和集体谈判权,最低工资、时长、职业安全与卫生方面的可接受的工作条件。

续表

② 美国-秘鲁 FTA 第 17.4.1 条、17.4.6 条规定：缔约国应确保利害关系人有权诉诸行政、准司法、司法程序或劳动法庭并有权根据劳动法请求强制执行。美国-哥伦比亚 FTA 第 17.4.1、17.4.6 条，美国-巴拿马 FTA 第 16.4.1、16.4.6 条，美国-韩国 FTA 第 19.4.1、19.4.3 条规定了类似内容。

③ 美国-秘鲁 FTA 第 17.4.2、17.4.3 条要求，实施程序必须公平、公正并具有透明度，遵循正当程序，裁决须书面且说明理由并尽快送达等。美国-哥伦比亚 FTA 第 17.4.2、17.4.3 条、美国-巴拿马 FTA 第 16.4.2、16.4.3、16.4.8 条、美国-韩国 FTA 第 19.4.2 条规定了类似内容。

④ 根据美国-秘鲁 FTA 第 17.4.7 条，缔约国必须确保公众知悉其国内劳动方面的法律。美国-哥伦比亚 FTA 第 17.4.7 条、美国-巴拿马 FTA 第 16.4.7 条、美国-韩国 FTA 第 19.4.4 条规定了类似内容。

⑤ 包括"国内联系点、国内劳动顾问委员会—劳动事务理事会—仲裁专家组"的层级组织机构。参见美国-秘鲁 FTA 第 17.5 条、第 21.9 条，美国-哥伦比亚 FTA 第 17.5 条、第 21.9 条，美国-巴拿马 FTA 第 16.5 条、第 20.6 条，美国-韩国 FTA 第 19.5 条、第 22.9 条。

⑥ 参见美国-秘鲁 FTA 第 21.9.1 (d) 条、美国-哥伦比亚 FTA 第 21.9.1 (d) 条、美国-韩国 FTA 第 22.9.4 条。

⑦ 参见美国-乌拉圭 BIT 第 24 条、第 37.5 条；美国-卢旺达 BIT 第 24 条、第 37 条。

⑧ 参见美国-秘鲁 FTA 第 21.16.6 条、第 21.16.8 条，美国-哥伦比亚 FTA 第 21.16.6 条、第 21.16.8 条，美国-巴拿马 FTA 第 20.15.6 条、第 20.15.8 条，美国-韩国 FTA 第 22.13.5 条、第 22.13.7 条。

⑨ 参见美国-秘鲁 FTA 附件 17.6 第 3 条、美国-哥伦比亚 FTA 附件 17.6 第 3 条、美国-巴拿马 FTA 附件 16.6 第 4 条、美国-韩国 FTA 附件 19-A 第 5 条。

⑩ 参见美国-秘鲁 FTA 第 17.5.7 条、附件 17.6 第 4 条，美国-哥伦比亚 FTA 第 17.5.7 条、附件 17.6 第 4 条，美国-巴拿马 FTA 第 16.5.4 条、附件 16.6 第 5 条，美国-韩国 FTA 第 19.5.4 条、附件 19-A 第 6 条。

依上表可见：硬法机制方面，美国 BIT 框架下的劳动标准总体弱于其 FTA 框架下适用于投资问题的劳动标准；同时，美国 BIT 中的劳动标准也缺乏其 FTA 所含的有助于实施能力建设的软法机制。值得注意的是，美国 BIT 及 FTA 框架下适用于投资问题的劳动标准条款中，投资者均无权就有关劳动标准争议起诉东道国。此外，美国-乌拉圭 BIT 开始纳入劳动标准规制权条款，[①] 东道国据此在提高国内劳动标准方面拥有较灵活的政策空间。

2. 加拿大

迄至 2013 年 9 月 30 日，加拿大对外缔结并生效的 24 个 BIT[②] 均未包

[①] 即缔约国有权对有害劳动标准的投资行为采取适当措施的权力，参见美国-乌拉圭 BIT 第 13.3 条。

[②] 来自加拿大国际贸易与对外事务部官方网站，http://www.international.gc.ca，2013-09-30。

含劳动标准条款。加拿大 2004 年的 BIT 范本也未仿效美国 2004 年 BIT 范本纳入劳动标准内容。尽管加拿大分别与墨西哥和美国、约旦、智利、哥斯达黎加、秘鲁、哥伦比亚、巴拿马之间的 7 个 FTA 都包含劳动合作协议，但只有与秘鲁、哥伦比亚和巴拿马之间的 3 个 FTA 的投资章中包括劳动标准条款，且这 3 个 FTA 的劳动合作协议均包括适用于投资问题的"不降低要求"。其他 4 个 FTA 因为缺乏投资章，或虽有投资章但国内实施义务未提及有关投资的内容，无法认定其劳动合作协议对投资问题的适用。以加拿大分别同秘鲁、哥伦比亚和巴拿马缔结的这 3 个 FTA 观之，其双边或诸边投资体制中的劳动标准实践之特点是以下几点。

第一，所认可的劳动标准非常宽泛，称为"国际公认的企业社会责任"；缔约国对此仅有鼓励和提醒的义务。[1] 尽管这 3 个 FTA 的投资章都允许投资者就劳动标准争议诉缔约国，[2] 但由于缔约国并不承担强制实施的义务，且何为"国际公认的企业社会责任"具有相当的含糊性，该条款基本不具可强制执行性。

第二，这 3 个 FTA 劳动合作协议中的"不降低要求"均涵盖投资问题。据此可以认为，其中的实施要求，如"缔约国的强制实施义务""确保私人救济权""程序保障""信息公开与公众认识义务"等，也对投资问题适用。但是，这 3 个劳动合作协议将缔约国提交专家组审查解决的劳动标准争端限定为"与贸易有关"的案件。[3] 故此，缔约国之间与投资有关的劳动标准争端仅限于磋商解决。

可见，加拿大将劳动标准纳入双边或诸边投资体制的实践存在较大的局限性。一方面，申诉的投资者将因东道国在劳动标准方面的软性义务及义务内容的含糊性而承担较大的败诉风险。另一方面，尽管有关劳动合作协议的实施要求对贸易和投资问题一致适用，但在争端解决方面，缔约国之间与投资有关的劳动标准争端只能通过磋商解决，不像与贸易有关的劳动标准争端那样，可诉诸强制性争端解决程序并适用金钱制裁。就劳动标

---

[1] 参见加拿大 - 秘鲁 FTA 第 810 条、加拿大 - 哥伦比亚 FTA 第 816 条、加拿大 - 巴拿马 FTA 第 9.17 条。

[2] 参见加拿大 - 秘鲁 FTA 第 819 条、加拿大 - 哥伦比亚 FTA 第 819 条、加拿大 - 巴拿马 FTA 第 9.20 条。

[3] 参见加拿大 - 秘鲁劳动合作协议第 13 条、加拿大 - 哥伦比亚劳动合作协议第 13 条、加拿大 - 巴拿马劳动合作协议第 13 条。

准条款的强制执行程度而言,加拿大双边或诸边投资体制明显低于其区域贸易体制。

基于上述分析,可以得出以下结论:第一,总体而言,美国和加拿大双边或诸边投资体制中的劳动标准实践相较其区域贸易体制中的劳动标准实践,呈现局部性与低水平特点;第二,美国和加拿大在既有的双边或诸边投资体制中,投资者要么无权就有关劳动标准争议诉东道国于国际投资仲裁机构,要么因为东道国的义务不硬与不精确而承担极大的败诉风险;第三,可能源于投资议题与贸易议题交叉的一揽子谈判方式,美国适用于投资问题的劳动标准纳入 FTA 比纳入 BIT 中更能实现严格内容。

(二) 新西兰和 EFTA

1. 新西兰

截至 2013 年 9 月 30 日,新西兰与其他国家和地区缔结并生效的 4 个 BIT[①] 均未纳入劳动标准条款。在已生效的纳入劳动标准的 5 个 FTA 中,新西兰 - 新加坡 - 智利 - 文莱 FTA 未包含投资章,可以排除其劳动合作备忘录对投资问题适用。其余 4 个 FTA[②] 均包含投资章,且其劳动合作备忘录均包含适用于投资问题的"不降低要求"。[③] 新西兰在将劳动标准纳入双边或诸边投资体制和纳入区域贸易体制方面基本一致,总体属于软法:仅承认 ILO1998 宣言而非承诺 ILO 管辖下的所有核心劳动公约的义务,[④] 在规定不降低要求的同时禁止贸易保护主义,[⑤] 赋予缔约国制定、修改国内

[①] 来自 UNCTAD 网站,http://www.unctadxi.org/templates/DocSearch.aspx? id = 779,2013 - 09 - 30。

[②] 即新西兰 - 泰国 FTA(2005 年生效)、新西兰 - 中国(2008 年生效)、新西兰 - 马来西亚(2010 年生效)以及新西兰 - 中国香港 FTA(2011 年生效)。

[③] 参见新西兰 - 泰国劳动合作备忘录第 1.4 条,新西兰 - 菲律宾劳动合作备忘录第 2.5 条,新西兰 - 中国劳动合作备忘录(2008 年生效)第 1.4 条、新西兰 - 中国香港劳动合作备忘录(2011 年生效)第 2.4 条。

[④] 参见新西兰 - 泰国劳动合作备忘录第 1.1 条,新西兰 - 菲律宾劳动合作备忘录第 2.1 条,新西兰 - 中国劳动合作备忘录第 1.1 条、新西兰 - 中国香港劳动合作备忘录第 2.2 条。

[⑤] 参见新西兰 - 泰国劳动合作备忘录第 1.4、1.3 条,新西兰 - 菲律宾劳动合作备忘录第 2.5、2.4 条,新西兰 - 中国劳动合作备忘录第 1.4、1.3 条、新西兰 - 中国香港劳动合作备忘录第 2.4、2.3 条。

劳动法方面的主权之同时强调社会对话和交流合作的软机制,[①] 允许磋商但仅止于磋商的争端解决机制。[②]

2. EFTA

迄至 2013 年 9 月 30 日,EFTA 未以联盟名义签订 BIT,其成员单独签订的 BIT 均未纳入劳动标准。但是,EFTA 签订的 23 个 FTA 中有 8 个 FTA[③]纳入了劳动标准,且对投资问题适用。其中,EFTA 分别与哥伦比亚、秘鲁、乌克兰、阿尔巴尼亚、加拿大和塞尔维亚之间的 6 个 FTA 都包含投资专章(或条款),其序言提及对 ILO 核心劳动标准的尊重。EFTA 与黑山共和国签订的 FTA 也包含投资条款,在第 6 章"贸易与可持续发展"中规定了比较详细的劳动标准内容,并明确适用于投资领域。[④] EFTA 与中国香港之间的 FTA 包括投资章(第 4 章),且有专门的劳动合作协议。尽管 EFTA 分别与黑山共和国及中国香港地区签订的 FTA 中的劳动标准内容比其他纳入劳动标准的 FTA 详细,但缔约国对劳动标准的承诺水平总体较低,体现在以下几点。

第一,虽认可 ILO 确立的核心劳动标准,但都不要求缔约国承诺 ILO 管辖下的全部核心劳动公约的义务,只要求缔约国实施已批准的核心劳动公约。[⑤]

第二,虽禁止以违反 ILO 核心劳动标准作为合法的比较优势,但同时禁止以劳动方面的法律、规则和政策实施贸易保护主义。[⑥]

第三,均包含适用于投资和贸易问题的劳动标准不降低要求,并且规定不得以影响贸易或投资的方式不对国内劳动法进行有效实施;但明确缔约国制定和修改国内劳动法方面的主权,只是要求缔约国尽力提高其国内

---

① 参见新西兰-泰国劳动合作备忘录序言、第 2 条,新西兰-菲律宾劳动合作备忘录第 2.3 条、第 3 条,新西兰-中国劳动合作备忘录第 1.2 条、第 2 条,新西兰-中国香港劳动合作备忘录第 2.1 条、第 3 条。
② 参见新西兰-泰国劳动合作备忘录第 3.7 条,新西兰-菲律宾劳动合作备忘录第 5 条,新西兰-中国劳动合作备忘录第 4 条,新西兰-中国香港劳动合作备忘录第 5 条。
③ 即 EFTA 分别与中国香港(2012 年生效)、黑山共和国(2012 年生效)、哥伦比亚(2011 年生效)、秘鲁(2011 年生效)、乌克兰(2012 年生效)、加拿大(2009 年生效)、塞尔维亚(2010 年生效)、阿尔巴尼亚(2010 年生效)之间的 8 个 FTA。来自 WTO 网站之 RTA database, http://rtais.wto.org/UI/PublicMaintainRTAHome.aspx, 2013-09-30。
④ 参见 EFTA-黑山 FTA 第 32 条。
⑤ 参见 EFTA-中国香港劳动合作协议第 2.1~2.2 条,EFTA-黑山 FTA 第 35.1~35.3 条。
⑥ 参见 EFTA-中国香港劳动合作协议第 2.3 条,EFTA-黑山 FTA 第 35.4 条。

的劳动标准。①

第四，强调劳动标准方面的对话与合作。② 其中 EFTA 与中国香港之间的劳动合作协议强调，劳动标准方面的对话应由缔约国根据自身的财政能力、优先项目安排以及有关国内法加以裁量。

第五，仅仅要求设立国内联系点而未要求建立国家间机构。③

第六，劳动标准争端仅适用磋商，不得提交第三方或国际法庭予以解决。④

显然，新西兰和 EFTA 倾向于将劳动标准纳入 FTA 且一并适用于投资和贸易问题，其双边或诸边投资体制与区域贸易体制中的劳动标准实践一致。新西兰既有的 FTA 中的劳动标准条款总体约束性极弱，这是其得以将劳动标准纳入所有与发展中国家缔结的 FTA 并同时适用于投资与贸易问题的重要原因。在发展中国家与发达国家以及发达国家之间远未就劳动标准与投资的关系问题达成一致的背景下，新西兰双边或诸边投资体制中的劳动标准实践可能更容易为发展中国家接受。EFTA 成员虽然国内具备较高的劳动标准，但其对发展中国家经济合作伙伴劳动标准的要求与新西兰基本一致，比较宽松。

（三）比利时、卢森堡和奥地利

比利时、卢森堡和奥地利同为欧盟成员。截至 2013 年 9 月 30 日，比利时、卢森堡和奥地利均未单独签订 FTA，其在欧盟框架下签订的部分 FTA 所包含的劳动标准条款，如本节引言所述，并不适用于投资问题。但这 3 个国家在单独签订的部分 BIT 中纳入了劳动标准条款。

1. 比利时和卢森堡⑤

截至 2013 年 9 月 30 日，比利时和卢森堡签订了 85 个 BIT,⑥ 其中约

---

① 参见 EFTA - 中国香港劳动合作协议第 3~4 条，EFTA - 黑山 FTA 第 33~34 条。
② 参见 EFTA - 中国香港劳动合作协议第 5 条，EFTA - 黑山 FTA 第 38 条。
③ 参见 EFTA - 中国香港劳动合作协议第 6.1 条，EFTA - 黑山 FTA 第 39.1 条。
④ 参见 EFTA - 中国香港劳动合作协议第 6.2 条，EFTA - 黑山 FTA 第 39.2~39.3 条。
⑤ 根据《建立比利时和卢森堡经济同盟的条约》（最早于 1921 签订，最近一次修改是 2002 年，该修改于 2005 年生效），促进和保护投资问题事关同盟的经济利益，应由比利时在征求卢森堡意见之后以同盟名义签订。
⑥ 来自 UNCTAD 网站，http://www.unctadxi.org/templates/DocSearch.aspx? id = 779，2013 - 09 - 30。

有 11 个 BIT①纳入劳动标准条款，即比利时和卢森堡分别与毛里求斯、塔吉克斯坦、埃塞俄比亚、利比亚、尼加拉瓜、苏丹、危地马拉、塞尔维亚和黑山、阿拉伯、巴拿马、哥伦比亚之间的 BIT。这 11 个纳入劳动标准的 BIT 均在 2002 年比利时 BIT 范本②发布之后签订，且缔约对方均为发展中国家。以这 11 个 BIT 为参照，比利时和卢森堡既有 BIT 中的劳动标准实践可以概括为以下几点。

第一，多数认可 ILO 制定的核心劳动标准。在纳入劳动标准的 11 个 BIT 中，除分别与阿拉伯和巴拿马签订的 2 个 BIT 外，其他 9 个 BIT 均认可 ILO 核心劳动标准。

第二，可予实施的劳动标准范围大多超过 ILO 的核心劳动标准。在认可 ILO 核心劳动标准的 9 个 BIT 中，有 7 个 BIT，即分别与毛里求斯、塔吉克斯坦、埃塞俄比亚、利比亚、尼加拉瓜、苏丹、危地马拉之间的 BIT，将缔约国可予实施的劳动标准范围界定为"四方面的核心劳动标准＋最低工资、时长、职业安全与卫生方面的可接受的劳动条件"。

第三，均包含东道国制定、修改国内劳动法方面的主权权力以及"不降低要求"。

第四，对劳动标准规制权与对环境规制权的态度一致。与美国、加拿大、日本双边或诸边投资体制仅认可环境规制而未纳入劳动标准规制的做法不同，③比利时和卢森堡采取了环境规制与劳动标准规制一致的做法，

---

① 由于个别 BIT 以法语等非英语文本体现，因此本文仅以所收集到的 11 个英文 BIT 文本为研究样本。

② 比利时 2002 年 BIT 范本第 1 条对国内劳动法尽力予以规范的国际公认的劳动权利进行界定，包括 ILO 确立的 5 个方面劳动标准，即禁止强迫劳动，禁止使用童工，结社权和集体谈判权，禁止歧视，在最低工资、时长、职业安全与卫生方面的可接受的劳动条件。范本第 6 条确立了缔约国的三方面权力和义务：对 1998 年 ILO 关于劳动权利和原则及其后续措施的遵守，尽力确保 ILO 认可的国际劳动权利纳入缔约国国内劳动法；不降低要求；缔约国在制定、修改国内劳动法方面的主权权力。

③ 迄至 2013 年 9 月 30 日，美国分别与墨西哥和加拿大、智利、澳大利亚、新加坡、多米尼加共和国和 5 个南美洲国家、阿曼、秘鲁、哥伦比亚、巴拿马和韩国之间的 FTA 的投资章，以及与卢旺达之间的 BIT，都只规定缔约国的环境规制权，未规定劳动标准规制权。加拿大缔结生效的 24 个 BIT 中，均未包括劳动标准规制条款，但有 20 个 BIT 中包含了环境规制条款（即分别与巴拿马、约旦、哥斯达黎加、亚美尼亚、巴巴多斯岛、克罗地亚、捷克、厄瓜多尔、埃及、拉脱维亚、黎巴嫩、秘鲁、菲律宾、罗马尼亚、斯洛伐克、泰国、特立尼达和多巴哥、乌克兰、乌拉圭、委内瑞拉之间的 BIT）。日本 2009 年与哥伦比亚签订的 BIT 第 21.2 条规定了东道国的环境规制权但未规定劳动标准规制权。

即要么都有，要么全无。比利时和卢森堡与哥伦比亚签订的 BIT 既纳入了环境规制，也纳入了劳动标准规制，① 其他 10 个 BIT 既未纳入劳动标准规制也未纳入环境规制。

第五，争端解决方面，均允许投资者就其与东道国之间的劳动标准争议诉诸投资仲裁机制。缔约国之间与投资有关的劳动标准争端，除比利时和卢森堡与巴拿马之间的 BIT 外，其他 10 个 BIT 均允许适用缔约国之间的强制性争端解决机制。值得关注的是，较之其他 10 个 BIT 仅允许投资者起诉东道国，比利时和卢森堡与毛里求斯之间的 BIT 甚至规定，东道国有权在国际仲裁庭起诉投资者。②

第六，制裁方面。上述 10 个允许劳动标准争端适用缔约国之间强制性争端解决机制的 BIT 均未规定任何制裁。

第七，合作机制方面。除比利时和卢森堡分别与阿拉伯、巴拿马之间的 2 个 BIT 未对合作行动做出规定外，其他 9 个 BIT 均认可双方的交流合作更有可能提升彼此的劳动标准。

以上前三方面内容基本复制了 2002 年比利时 BIT 范本的劳动条款，但劳动标准规制、争端解决机制以及合作机制这三方面则是突破 2002 年 BIT 范本的新内容。尽管如此，比利时和卢森堡既有的 BIT 中的劳动标准实践仍存在较大局限，体现在以下几点。

其一，尽管有 2002 年 BIT 范本，但比利时和卢森堡仅在与 24 个发展中国家③的部分国家签订的 BIT 中纳入劳动标准。例如比利时和卢森堡与中国之间的 BIT（2005 年签订，2009 年生效）、与秘鲁之间的 BIT（2005 年签订，2008 年生效）就没有纳入劳动标准。反过来也说明，并非所有发展中国家都愿意接受比利时和卢森堡提出的劳动标准要求。

其二，比利时和卢森堡纳入劳动标准的 BIT 未包含"缔约国的强制实施义务""确保私人救济权"等类似美国和加拿大既有的区域贸易体制劳动标准实践的硬性规定。尽管比利时和卢森堡既有 BIT 中的劳动标准实践多数认可合作行动在能力建设方面的积极作用，但并未指明具体的合作内

---

① 参见比利时-卢森堡-哥伦比亚 BIT 第 7.4、8.4 条。
② 参见比利时-卢森堡-毛里求斯 BIT 第 12.1、12.2 条。
③ 来自 UNCTAD 网站，http://unctad.org/Sections/dite_pcbb/docs/bits_belgium_luxum.pdf，2013-09-30。

容，也未包含公众参与等软法机制。由此决定其劳动标准条款的实施效果可能有限。

其三，尽管比利时和卢森堡签订的纳入劳动标准的 BIT 多数允许缔约国之间的劳动标准争端适用强制性争端解决程序，但并未规定任何制裁。

2. 奥地利

奥地利 2000 年之后签订的 34 个 BIT 中，① 分别与波斯尼亚（2000 年签订）、孟加拉（2001 年签订）、伯利兹（2001 年签订）、格鲁吉亚（2001 年签订）、约旦（2001 年签订）、马其顿（2001 年签订）、斯洛文尼亚（2001 年签订）、亚美尼亚（2002 年签订）、马耳他（2002 年签订）、也门（2002 年签订）、纳米比亚（2003 年签订）之间的 11 个 BIT 在序言中强调"缔约国承诺遵守国际认可的劳动标准"。2008 年，奥地利发布的 BIT 范本在之前 BIT 实践的基础上纳入了专门的劳动标准条款（第 5 条），涉及"不降低要求"以及国内劳动法予以促进的 5 方面劳动标准（与美国实践同）。2010 年，奥地利分别与哈萨克斯坦及塔吉克斯坦签订的 BIT② 据悉乃是参照其 2008 年 BIT 范本谈判而成，③ 因此在劳动标准纳入 BIT 的实践方面可能体现该范本的特点。

以奥地利 2008 年 BIT 范本中的劳动标准条款为依据，其 BIT 中的劳动标准实践可能存在三方面的不足。第一方面可能的不足是，由于范本未指明"国际公认的劳动标准"是否以 ILO 有关公约为参照，因此所谓"国内劳动法予以促进的劳动标准的内容"可能较为模糊。第二方面可能的不足是，尽管该范本在争端解决方面未排除投资者与东道国的仲裁机制对劳动标准争议适用，但缔约国之间与投资有关的劳动标准争端只能磋商解决，不能适用缔约国之间的仲裁程序，④ 故其劳动标准实践可能会缺乏缔约国之间的强制性争端解决程序。第三方面可能的不足是，

---

① 来自 UNCTAD 网站，http://unctad.org/Sections/dite_pcbb/docs/bits_austria.pdf, 2013 - 09 - 30。
② 目前这两个 BIT 文本内容尚未公开。
③ BOIE, BERTRAM, *Labour Related Provisions in International Investment Agreements*, *Employment Working Paper No.*126, Geneva: ILO Publication, 2012.11.
④ BERNASCONI-OSTERWALDER, NATHALIE & JOHNSON, LISE, Commentary to the Austrian Model Investment Treaty, Manitoba: International Institute for Sustainable Development, 2011. 31 ~ 36, 30.

由于范本未规定类似美国和加拿大区域贸易体制中的劳动标准实践所包含的"缔约国的强制实施义务"等硬法义务以及交流合作等软法机制，因而其 BIT 中的劳动标准实践可能与比利时和卢森堡的实践一样，内容比较简单。

根据上述分析，可以得出以下三方面结论。第一，比利时、卢森堡以及奥地利仅在部分 BIT 中纳入劳动标准，其双边或诸边投资体制中的劳动标准实践不具有普遍性。第二，相比欧盟区域贸易体制中的劳动标准实践总体呈现的软法特点，这 3 个欧盟成员既有 BIT 中的劳动标准实践允许投资者与东道国之间的劳动标准争议[1]适用国际投资仲裁，要求东道国实施"不降低要求"。[2] 从这 3 个国家允许投资者诉东道国，要求被诉的东道国强制实施其国内劳动法的角度看，它们在双边或诸边投资体制中的劳动标准要求理论上略高于其区域贸易体制。第三，奥地利 2008 年 BIT 范本明确排除缔约国之间的劳动标准争端适用强制性争端解决程序。尽管比利时和卢森堡既有的 BIT 多数允许缔约国之间的劳动标准争端适用强制性争端解决机制，却均未规定任何制裁。

（四）日本

与美国、加拿大、新西兰、EFTA、比利时和卢森堡以及奥地利不同，日本仅在双边或诸边投资体制中纳入劳动标准。

迄至 2013 年 9 月 30 日，日本签订的 9 个 FTA[3] 中，只有 2 个 FTA（2008 年和 2009 年日本分别与菲律宾和瑞士缔结的 FTA）包含劳动标准条

---

[1] 投资者起诉东道国的劳动标准争议范围原则上包括"诉称东道国劳动标准太低"，也包括"诉称东道国劳动标准太高"这两种情况。持前一种诉由的投资者一般是，因受母国法律或全球框架协议（跨国公司与国际工会组织签订的由 MNEs 承诺在全球各分支机构实施与总机构基本一致的较高的劳动标准的书面协议）影响，在东道国实施较高劳动标准的 MNEs。这部分 MNEs 为争取劳动标准方面的公平竞争环境，可能通过仲裁推动东道国提高其劳动标准要求。持后一种诉由的投资者一般是希望利用东道国较低的劳动标准扩大投资盈利的 MNEs。
[2] 此类案件已经出现。例如 2000 年，美国联合快递公司（United Parcel Service of America, Inc., 简称 UPS）起诉加拿大政府违反 NAFTA 一案，UPS 的部分主张涉及加拿大政府未能实施其国内的劳动标准导致 UPS 在加拿大遭遇不公平竞争，http://www.naftalaw.org/disputes_canada_ups.htm, 2013-09-30。
[3] 来自 WTO 网站之 RTA database, http://rtais.wto.org/UI/PublicMaintainRTAHome.aspx, 2013-09-30.

款,且该条款均出现在投资章中,仅适用于投资问题。与此同时,日本所签订的 18 个 BIT[①] 中有 7 个 BIT 纳入劳动标准条款,其中日本分别与韩国和老挝之间签订的 BIT 中的劳动条款体现在序言,[②] 而日本-秘鲁 BIT (2008 年签订,2009 年生效)、日本-乌兹别克斯坦 BIT(2008 年签订,2009 年生效)、日本-哥伦比亚 BIT(2011 年签订,尚未生效)、日本-巴布亚新几内亚 BIT(2011 年签订,尚未生效)、日本-伊拉克 BIT(2012 年签订,尚未生效)这 5 个 BIT 的劳动标准条款体现在序言和正文中,比较详细。日本双边或诸边投资体制中的劳动标准实践可以概括为以下几点。

第一,都包含"不降低要求"。但在国内法可予实施的劳动标准范围方面,只有日本-菲律宾 FTA 投资章对劳动法的内容做出界定(类似美国实践的五个方面内容),[③] 日本与瑞士之间的 FTA 以及纳入具体劳动标准的 5 个 BIT 均无规定。

第二,均允许与投资有关的劳动标准争议适用投资者诉东道国的争端解决机制[④]以及缔约国之间的强制性争端解决机制。[⑤]

第三,制裁方面。日本分别与菲律宾和瑞士签订的 FTA 允许适用贸易制裁确保缔约国之间有关劳动标准争端的仲裁裁决得到强制执行。[⑥] 然而,日本既有的 BIT 中的劳动标准条款无此内容。

与此同时,日本在劳动标准纳入双边或诸边投资体制方面仍存在以下两方面局限。

第一,对国际认可的劳动权利未明确以 ILO 的相关公约为依据,可能引起权利解释方面的混乱。

[①] 来自 UNCTAD 网站,http://www.unctadxi.org/templates/DocSearch.aspx? id = 779,2013-09-30。
[②] 这两个 BIT 的序言强调合作性劳动关系对促进投资的重要性。
[③] 参见日本-菲律宾 FTA 第 103.2 条。
[④] 参见日本-菲律宾 FTA 第 107.2 条、日本-瑞士 FTA 第 94.3 条、日本-秘鲁 BIT 第 18.4 条、日本-乌兹别克斯坦 BIT 第 16.3 条、日本-哥伦比亚 BIT 第 28.1 条、日本-巴布亚新几内亚 BIT 第 16.5 条、日本-伊拉克 BIT 第 17.4 条。
[⑤] 参见日本-菲律宾 FTA 第 153.1 条、日本-瑞士 FTA 第 141.1 条、日本-秘鲁 BIT 第 17.2 条、日本-乌兹别克斯坦 BIT 第 15.3 条、日本-哥伦比亚 BIT 第 24.2 条、日本-巴布亚新几内亚 BIT 第 15.2 条、日本-伊拉克 BIT 第 16.2 条。
[⑥] 参见日本-菲律宾 FTA 第 157 条、日本-瑞士 FTA 第 145 条。

第二，既有的双边或诸边投资体制中的劳动标准实践具有局部性和单一性。与美国和加拿大一样，日本仅在部分 BIT 或 FTA 中纳入适用于投资问题的劳动标准条款。日本既有的双边或诸边投资体制中的劳动标准实践允许投资者诉东道国违反"不降低要求"，这方面的确略胜美国与加拿大的相关实践。但与目前最严格的美国和加拿大区域贸易体制中的劳动标准实践相比，日本既有的双边或诸边投资体制中的劳动标准实践既缺乏"缔约国的强制实施义务"等硬法机制，也缺乏合作交流等软法机制。这些不足客观上将制约其劳动标准条款的实施效果。

二 投资体制中劳动标准实践的特点

较之区域贸易体制，目前双边或诸边投资体制中的劳动标准实践总体显示出以下四方面的特点。

第一，更为局部性。美国、加拿大、新西兰、EFTA、欧盟部分成员（比利时、卢森堡和奥地利）以及日本均只在部分与发展中国家缔结的 BIT 或 FTA 中纳入适用于投资问题的劳动标准条款。尤其是对比美国和加拿大在与所有发展中国家达成的区域贸易体制中都纳入劳动标准之实践，这两个国家在既有的双边或诸边投资体制中的劳动标准实践的局部性特点尤为明显。

第二，包含的硬法措施和软法措施较少，对缔约国的要求较低。除少部分 FTA 框架下一并适用于投资和贸易问题的劳动标准实践外，[1] 总体而言，双边或诸边投资体制中劳动标准实践的硬性要求较低，仅限于"不降低要求"；并且多数实践或者不规定软法措施，或者仅做原则性规定。美国、比利时、卢森堡、奥地利和日本既有的纳入劳动标准的 BIT 中，缔约国除了承担"不降低要求"外，基本无其他硬性义务。软法措施方面，美国既有 BIT 中的劳动标准条款均未规定合作行动、公众参与等软法措施。奥地利 2008 年 BIT 范本中的劳动标准条款也未规定任何软法措施。日本既有的 BIT 与 FTA 框架下适用于投资的劳动标准实践，也均排除软法性措

---

[1] 主要是美国分别与秘鲁、哥伦比亚、巴拿马和韩国之间的 FTA，以及加拿大分别与秘鲁、哥伦比亚和巴拿马之间的 FTA。这些 FTA 中适用于贸易问题的硬法规定和软法规定，一般的投资问题也适用（加拿大分别与秘鲁、哥伦比亚和巴拿马之间的 FTA 中，强制性争端解决程序以及制裁措施仅适用于与贸易有关的劳动标准争端）。

施。比利时和卢森堡仅在部分 BIT 的劳动标准条款中对合作行动与能力建设方面的积极作用予以原则性的认可。

第三，明确赋予东道国提高劳动标准要求的政策空间。根据这些国家既有的双边或诸边投资体制中的劳动标准实践，缔约国均可以"不降低要求"为由提高国内的劳动标准。与东道国加强监管相对应的是投资者因此遭受利益损失时的救济权利。然而，如本节第一目第（一）至（二）小目所述，在美国、加拿大、新西兰、EFTA 既有的实践中，投资者要么根本无权诉东道国，要么仅能就东道国未鼓励和提醒企业实施国际公认的企业社会责任为诉由，无法以东道国提高劳动标准致其利益损失为由提起仲裁。比利时和卢森堡既有的实践虽然允许投资者诉东道国，但这些 BIT 无不强调东道国制定并实施其国内劳动法方面的主权权力以及不降低义务。尤其是美国与乌拉圭之间的 BIT、比利时和卢森堡与哥伦比亚之间的 BIT 还明确了东道国的劳动标准规制权。这些规定将加强东道国提高劳动标准要求的合法性，可以有效对抗投资者的主张。

第四，根据一国既有的双边或诸边投资体制与区域贸易体制中的劳动标准实践之间的强弱或有无对比，这些国家既有的双边或诸边投资体制中的劳动标准实践可以归为三种不同类型。类型一，双边或诸边投资体制中的劳动标准要求高于其区域贸易体制中的劳动标准要求，主要是欧盟部分成员（比利时、卢森堡、奥地利）和日本①的实践；类型二，双边或诸边投资体制中的劳动标准要求低于其区域贸易体制中的劳动标准要求，主要是美国、加拿大的实践；类型三，双边或诸边投资体制与区域贸易体制中的劳动标准要求基本一致，主要是新西兰和 EFTA 的实践。这三种类型的实践都包含"不降低要求"，但只有"类型一"实践允许投资者起诉东道国违反"不降低要求"。因此，从是否允许投资者通过诉东道国促使劳动标准得到强制执行的角度看，"类型一"的劳动标准要求最高。"类型二"中，美国的部分实践，即美国分别与秘鲁、哥伦比亚和巴拿马之间的 FTA，包含了"类型三"实践所没有的"缔约国的强制实施义务"等硬性实体义务及缔约国之间的强制性争端解决程序，因而其劳动标准要求高于"类

---

① 日本仅在双边或诸边投资体制中纳入劳动标准，其区域贸易体制无劳动标准内容，可以认为其双边或诸边投资体制中的劳动标准强于其区域贸易体制，故纳入"类型一"。

型三"。

三 既有投资体制劳动标准实践中的反思理性

(一) 与区域贸易体制之间的区别

以反思法理论视之,美国、加拿大、新西兰、EFTA、欧盟部分成员(比利时、卢森堡、奥地利)以及日本既有的双边或诸边投资体制中的劳动标准实践较软,是客观原因造成的。尽管如此,在既有的实践中,个别制度具有创新性,在导引缔约国进行自我劳动监管方面层次更高,契合反思性监管的精神。当然,既有的实践在反思理性方面也存在某些不足。

1. "不降低要求"——"最低限度兼容"的反思理性

劳动标准纳入双边或诸边投资体制的局部性实践反映出,在"劳动标准应否与投资体制相挂钩"问题上,许多发展中国家仍持反对态度。劳动标准与国际投资的关系问题曾在 1995 年《多边投资协定》(MAI)谈判末期被纳入讨论,但由于发展中国家被排除在谈判之外以及 MAI 谈判最后破产,发达国家与发展中国家至今未能形成像关贸总协定(GATT)以及世界贸易组织(WTO)框架下关于"劳动标准应否与贸易机制相挂钩"问题的一致意见。美国、加拿大、新西兰等国既有区域贸易体制中的劳动标准范围均限定为"与贸易有关的劳动标准问题",并非国内一切劳动标准问题。因此,区域贸易体制中的劳动标准影响的仅仅是出口国国内与贸易有关的行业,而双边或诸边投资体制中的劳动标准影响的是东道国所有允许外资准入的行业,后者影响范围比前者更大。由此,"劳动标准纳入双边或诸边投资体制"比"劳动标准纳入区域贸易体制"更可能引起那些希望通过劳动标准方面的比较优势吸引外来投资的发展中国家(东道国)的强烈反对。

也正因此,"不降低要求"成为投资体制缔约方寻求劳动标准合作的最佳平衡点,可以实现不同国家劳动监管制度之间的"最低限度兼容",而这恰是反思法理论对硬法的定位。以下分两个方面展开论证。

首先,劳动标准不仅具有经济性,更具有公认的道德性。[1] 即便是国

---

[1] HEPPLE, BOB, *Labour Laws and Global Trade*, Oxford: Hart Publishing, 2005, p. 13.

内劳动标准很低的国家也不会反对"应逐步提高而不应降低既有的劳动标准"之观念。

其次,"不降低要求"是折中各利益相关主体要求的策略选择。通过双边或诸边投资体制强制要求发展中国家实施与发达国家相同的劳动标准之做法难以为后者接受。考虑各国经济、社会与文化权利所处的阶段不同,《各国经济社会与文化权利公约》也仅规定缔约国对有关劳动标准负有逐步实现的义务。即便是发达国家之间,在劳动标准应否以及如何纳入双边或诸边投资体制问题上,商业界与工会组织及相关 NGOs 之间也存在较大的观点分歧。在"不降低要求"的规定下,缔约国并无义务提高劳动标准,只需要加强实施既有的劳动标准。这样,缔约国的主体地位可以得到尊重,从而更容易为劳动标准较低的发展中国家所接受。同时,该条款也基本不会危及那部分希望利用东道国较低劳动标准扩大盈利的投资者的预期,且能在一定程度上满足投资者母国国内工会组织及其他有关 NGOs 的要求。

2. 东道国调高劳动标准的空间——更高层次的导引

相比区域贸易体制,双边或诸边投资体制中的劳动标准实践一个突出的特点是,赋予东道国调高劳动标准政策方面的政策空间。如本节第二目所析,美国与乌拉圭之间的 BIT、比利时和卢森堡与哥伦比亚之间的 BIT 甚至已经开始引入劳动标准规制权。这样的创新规定与美国、加拿大、比利时和卢森堡、奥地利等国家在社会监管方面的警觉意识不无关系。相比利益方面的外在导引,该举措重在导引观念,契合发展中国家追求具有"社会可持续性"的投资(包括吸引外资和对外投资)的需求,是符合反思性监管精神的创新举措。

双边或诸边投资体制中的劳动标准仅对试图通过降低既有劳动标准要求来鼓励投资的那部分东道国具有威慑力。对于希望提高劳动标准的东道国而言,劳动标准条款反倒是加强监管的合法依据。新西兰和 EFTA 既有 FTA 中的劳动标准条款,因其中东道国(出口国)"不降低要求"义务主要用以平衡母国(进口国)"禁止贸易保护主义"义务,不具有典型性,此处不做讨论。日本既有的双边或诸边投资体制中的劳动标准实践在此方面也不明显。以下主要讨论比较典型的美国、加拿大以及欧盟部分成员(比利时、卢森堡、奥地利)的实践。

BIT 带有先天的资本输出国"烙印"。[1] 直到 20 世纪末，BIT 主要在资本输出国的发达国家与资本输入国的发展中国家或不发达国家之间签订，[2] 其目的是促进和保护投资，基本上没有或很少考虑东道国政府对社会问题的监管权以及投资者的相应义务。并且，20 世纪 90 年代之前也极少出现发达国家东道国的环境或劳动等社会政策被诉的情况。然而，1994 年《北美自由贸易协定》（NAFTA）生效后不久，作为东道国的美国和加拿大所采取的某些环境规制措施开始被诉。[3] 这两个国家于是开始意识到，有必要在签订的 BIT 或 FTA 投资章中创设东道国对劳动标准等社会政策的调整空间。2002 年之后至今，在美国所有缔结并生效的 FTA 中，[4] "不降低要求"均扩及适用于投资问题。如本节第一目第（一）小目之 1. 所述，美国 2004 年 BIT 范本之后所签订的 BIT 也均包含较详细的劳动标准条款。基于类似担忧，加拿大分别与秘鲁（2009 年生效）、哥伦比亚（2011 年生效）以及巴拿马（2013 年生效）之间签订的 FTA 投资章也包含"东道国应鼓励投资者遵守国际公认的社会责任"之要求。

相比之下，尽管世界上第一个启动 BIT 的国家来自欧洲（1959 年德国 - 巴基斯坦 BIT），但 20 世纪 90 年代之前，并未发生欧洲发达国家被诉违反 BIT 的案件。[5] 20 世纪 90 年代以来，某些欧洲发达国家，如比利时、瑞士等，开始接受来自国内劳动标准较低的亚洲国家（如中国、韩国等）的私人投资，引发这些国家国内工会组织及其他有关 NGOs 对政府以降低劳动标准的方式来吸引投资之担心。与此同时，美国和加拿大环境政策在

---

[1] 曾华群：《论双板投资条约实践的失衡与革新》，《江西社会科学》2010 年第 6 期，第 8～9 页。
[2] 余劲松：《国际投资条约仲裁中投资者与东道国权益保护平衡问题研究》，《中国法学》2011 年第 2 期，第 132 页。
[3] 例如 Methanex Corporation v. U.S (1998)，Ethyl Corporation v. Canada (1997)，S. D. Myers, Inc v. Canada (1998)，案情详见 http://www.naftalaw.org，2013 - 09 - 30。
[4] 包括以下 11 个 FTA：美国 - 智利 FTA（2004 年生效）、美国 - 新加坡 FTA（2004 年生效）、美国 - 澳大利亚 FTA（2005 年生效）、美国 - 摩洛哥 FTA（2006 年生效）、美国 - 巴林王国 FTA（2006 年生效）、美国 - 阿曼 FTA（2006 年生效）、美国与多米尼加与 5 个中美洲国家之间的 FTA（2006（2009 年生效）、美国 - 秘鲁 FTA（2009 年生效）、美国 - 哥伦比亚 FTA（2012 年生效）、美国 - 巴拿马 FTA（2012 年生效）、美国 - 韩国 FTA（2012 年生效）。
[5] BERNASCONI-OSTERWALDER, NATHALIE & JOHNSON, LISE, *Belgium's Model Bilateral Investment Treaty: A Review*, Manitoba: International Institute for Sustainable Development. 2.

NAFTA 下被诉的教训也引起了部分欧洲发达国家对加强东道国社会监管权的警觉。[①] 基于此背景，比利时于 2002 年对其 1994 年 BIT 范本进行了修改，专门规定第 6 条（劳动标准条款），并开始将劳动标准纳入部分与发展中国家签订的 BIT 中。可能是基于类似考虑，奥地利、芬兰、荷兰这 3 个欧洲国家在 2000 年之后也采取几乎相同的做法，赋予东道国提高劳动标准的政策空间。

根据反思法理论，劳动标准较低的东道国为了鼓励外来投资和促进对外贸易，没有充分的动力提高其国内劳动标准的水平或实施力度，故而需要对其施以自我监管的外在压力，或以利益刺激增强其自我监管的动力。区域贸易体制中的劳动标准实践基本体现了这样的出发点，只是有些发达国家因过分考量己方利益，在具体的操作中偏离了反思性监管的精神。相比之下，双边或诸边投资体制中的劳动标准实践则在反思性监管方面更进一步，即尝试转变科以义务的做法，通过导引缔约国对未来利益的认识，从相反的角度赋权东道国提高劳动标准。东道国据此拥有合法依据应对那些为逐利不惜牺牲东道国劳动者利益的跨国投资者。就"社会可持续性"对投资的重要意义而言，这方面的规定的确具有前瞻性。许多发展中国家已经开始追求具有"社会可持续性"的投资，该条款可以为他们将来采取的可能影响投资者利益的劳动标准措施提供合法性，免于不必要的投资者之诉。在当前部分发达国家和新兴发展中国家都存在投资身份混同的情况下，该条款还可以消除发达国家国内工会组织与其他关注劳动问题的 NGOs 对本国以降低劳动标准的方式吸引来自新兴发展中国家的投资之担忧，促进发展中国家向发达国家的投资顺利进行。可以预期，一旦该条款所包含的创新理念被更多的发展中国家接受并内化，其在导引国家自我劳动监管方面的效果或将比外压或外部利益刺激更好。

3. 不足之处

必须承认，国家在观念上通常不会拒绝调高劳动标准的政策空间。但如本节第三目第（一）小目之 1. 所析，目前的现实是，发达国家与发展中国家之间在将劳动标准纳入双边或诸边投资体制方面的利益冲突比区域

[①] BERNASCONI-OSTERWALDER, NATHALIE & JOHNSON, LISE, *Belgium's Model Bilateral Investment Treaty: A Review*, Manitoba: International Institute for Sustainable Development. 2.

贸易体制更为严重。较之区域贸易体制，整体较软的双边或诸边投资体制的劳动标准实践是否具备足够的回应能力？以下试从两个方面分析既有实践在反思理性方面的不足。

首先，软法措施的普遍缺乏不利于导引国家进行自我劳动监管。"合作行动""社会对话与公众参与""资金支持"等软法机制不仅有助于提高缔约国实施国内劳动法的能力，更有助于劳动争端的早期解决。此方面的不足将制约既有的双边或诸边投资体制劳动标准实践的监管效果。

其次，尽管满足"不降低要求"实际上只要求缔约国加强实施既有的劳动标准。然而，各国既有的劳动标准水平并不一致，由哪个国家的劳动标准水平作为不能再降低的最低劳动标准的参照，并无定论。何种程度的降低才是其他缔约国无法容忍，因而必须强制加以矫正的情况，既有的实践也未说明。因此，"不降低要求"作为既有的双边或诸边投资体制劳动标准实践中唯一共同的硬性规定，仍然面临着实施方面的诸多不确定。

综上，较之区域贸易体制，双边或诸边投资体制中的劳动标准实践总体更软，主要源于发展中缔约国与发达缔约国之间更为激烈的利益冲突。由此，作为最低限度兼容缔约国各不相同的劳动监管制度的"不降低要求"，就成为各缔约方合作的最佳平衡点，符合反思性监管对硬法的要求。较之区域贸易体制中的劳动标准实践以利益作为导引缔约国进行自我监管的外在压力，双边或诸边投资体制中的劳动标准实践更进一步，通过赋以东道国提高劳动标准的政策空间，导引缔约国追求投资方面的"社会可持续性"观念，是在反思性监管方面的创新。必须承认，由于软法措施缺乏，"不降低要求"底线不明确，既有的双边或诸边投资体制中的劳动标准实践的效果将是有限的。

（二）不同国家实践之间的区别

相对而言，既有的三大类型的实践中，哪一种类型更接近于反思性监管的本质要求呢？以下将结合这3种实践模式的不同成因，对它们各自的反思理性做出评估。

1. "类型一"实践的成因与反思理性

较之既有的区域贸易体制实践以及其他国家的同类实践，比利时、卢森堡、奥地利以及日本既有的双边或诸边投资体制中的劳动标准实践最大的特点是，允许投资者就劳动标准争议诉东道国。这样的规定可能有两方面原因，一方面是比利时、卢森堡、奥地利以及日本所持的"制度比较优势"观念，另一方面是出于平衡东道国与投资者之间的权利义务关系的考虑。

比利时、卢森堡、奥地利以及日本这 4 个国家是典型的资本输出国，投资利益相比贸易利益更占经济主导地位。贸易方面，日本所进口的产品或服务与国内产业基本不存在竞争关系。在此情况下，区域贸易体制中的劳动标准不太可能成为其重要关切。而比利时、卢森堡和奥地利在欧盟框架下与非加太国家、加勒比论坛国家以及中美洲国家等达成的区域贸易体制中的劳动标准乃是基于欧盟对发展中国家实施普惠制的大背景，其目的是帮助缔约对方加强实施劳动标准方面的能力，因此更突出资金支持、交流与对话等软法机制。

相反，投资方面，这 4 个国家将较高的劳动标准要求纳入其双边或诸边投资体制可能与他们所持的"制度比较优势"观念有关。这 4 个国家均属典型的协调型市场经济国家，其企业虽然对外注重竞争性市场安排，但更依赖与外部和内部利益主体的战略互动，对内重视工会的决策参与、劳动者的社会保障以及劳动保护等，较高的劳动标准被认为是国家的制度比较优势。[①] 具体可从两个层面来看。

首先，从对外投资角度看。这 4 个国家既有的 BIT 或 FTA 允许投资者就有关劳动标准的争议诉东道国，可以敦促缔约国加强实施其国内劳动标准，从而在劳动标准方面创设同类企业之间较为公平的竞争环境。日本、比利时、卢森堡以及奥地利历来以对外投资为主，其向发展中国家投资的主要目的包括顺利进入东道国的国内销售市场。这 4 个国家母国实施较高的劳动标准，并且已经有部分企业率先与国际工会组织签订全球框架协议，[②] 承诺在全球范围内的分支机构实施与总部相同或类似的劳动标准。在母国法律、国际工会组织以及其他关注劳动问题的 NGOs 的影

[①] 参见 HALL, PETERA. & SOSKICE, DAVID, *Varieties of Capitalism: the Institutional Foundations of Comparative Advantage*, Oxford University Press, 2001, pp. 8 – 11; HEPPLE, BOB, *Labour Laws and Global Trade*, Oxford: Hart Publishing, 2005, pp. 261 – 271.

[②] 如比利时 Umicore 与 IndutriAll 之间的全球框架协议（2011 年版）、日本 Mizuno 与 IndutriAll 之间的全球框架协议（2011 年）、日本 Takashimaya 与 UNI 之间的全球框架协议（2008 年）。

响下，这些国家的 MNEs 在海外投资更有可能实施东道国既有的劳动标准，甚至可能实施更高的劳动标准。在此情况下，如果东道国未能实施其既有的劳动标准，可能导致自觉遵守劳动标准的企业在同行业中处于不利的竞争地位并遭受损害。依此角度，赋予这类投资者仲裁权利具有一定的必要性。

其次，从吸引外资角度看。BIT 中并不预设缔约国的东道国或投资母国身份。这 4 个国家签订 BIT 或 FTA 投资章时一般会全面考虑自己作为东道国以及作为投资母国的情况。这 4 个国家既有的双边或诸边投资体制中的劳动标准可以为缔约双方设置实施国内劳动标准的国际义务，以此换取本国国内工会组织以及其他有关 NGOs 对引进外资的支持。相比美国，欧盟成员的 BIT 实践在平衡投资者与东道国的权利义务方面比较平衡。不难理解，赋予投资者就有关劳动标准争议诉东道国的仲裁权，也可能是出于平衡东道国所拥有的调高国内劳动标准方面权力的考虑。

可见，"类型一"实践所包含的投资者与东道国之间的仲裁条款，既适用于东道国劳动标准太低（违反"不降低要求"）的情况，也适用于东道国劳动标准太高（违反协定提高劳动标准）的情况。因此，与其在欧盟框架下签订的 FTA 中的劳动标准实践总体呈现的"和平的社会福利模式"观念不同，比利时、卢森堡和奥地利在既有的双边或诸边投资体制中的劳动标准实践更多是从投资者的利益出发，并带有平衡东道国与投资者之间的权利和义务的缔约意图。因此，很难将"类型一"实践包含的投资者与东道国之间的仲裁条款与反思理性联系起来。

2. "类型二"实践的成因与反思理性

如本章第二节所论，美国和加拿大区域贸易体制中的劳动标准实践堪称全球最硬，并且其中作为辅助性的软法措施也规定得相当全面详尽。相反，如本节第二目所分析的那样，总体而言，美国和加拿大既有的双边或诸边投资体制中的劳动标准实践似乎急转直下，既"软弱"（硬法措施少）又"苍白"（软法措施缺乏）。如此变化进一步印证，美国和加拿大跨国劳动监管的条约实践（包括贸易和投资领域）主要基于利益考量。

贸易方面，较之比利时、卢森堡以及奥地利等欧洲国家，美国和加拿大国内对发展中国家劳动密集型产品的进口依赖较大。长期巨额的贸易逆差导致这两个国家对发展中国家所谓的"社会倾销"的担忧程度较深。在美国，由于国内同类产品制造商、工会组织以及其他相关 NGOs 的积极推动，劳动标准与区域贸易协定的挂钩被上升为 2002 年《贸易促进权法》以及 2007 年新贸易政策的内容。加拿大虽然没有像美国那样将劳动标准纳入区域贸易体制的要求上升为立法或贸易政策，但对所谓的"社会倾销"问题的类似担忧导致其追随美国的做法，即自 1994 年之后，在所有与发展中国家达成的区域贸易体制中纳入劳动标准。这两个国家既有的区域贸易体制中的劳动标准都包含金钱制裁。美国的实践甚至还包括贸易制裁，相当严格。

相比之下，在投资方面，美国和加拿大都是资本输出大国，其双边或诸边投资体制中的劳动标准总体弱于其区域贸易体制可能与其所关涉的利益有关系。如本节第二目第（二）小目之 1. 所分析，加拿大和美国分别与发展中国家达成的区域贸易体制中的劳动标准所影响的仅仅是与贸易有关的行业。这些行业基本是劳动密集型行业，与这两个国家国内占据主导的高技术、高资本型行业之间的竞争不大。故此，在其与发展中国家达成的区域贸易体制中纳入严格的劳动标准对于国内商业界的整体影响不会太大。然而，若在其与发展中国家达成的双边或诸边投资体制中纳入同样严格的劳动标准，将危及这两个国家多数 MNEs 的利益。原因在于，目前美国和加拿大多数高技术型 MNEs 实施供货链条全球化战略，附加值高的核心技术环节留在母国，附加值低的劳动密集型环节则转移投资到劳动标准较低的发展中国家。

可能基于此，美国的国际商业理事会（USCIB）以及加拿大商会一贯反对将严格的劳动标准纳入双边或诸边投资体制中。他们的态度对美国和加拿大双边或诸边投资体制中的劳动标准实践影响很大。美国根据 2004 年 BIT 范本分别与乌拉圭和卢旺达签订的 BIT 中的劳动标准条款比其 1994 年以来同发展中国家签订的任何一个 FTA 中的劳动标准条款都显得简单和宽松：既无缔约国之间的仲裁机制及制裁规定，也无投资者诉东道国的仲裁机制。在加拿大 2009 年以来分别与秘鲁、哥伦比亚和巴拿马缔结生效的 FTA 中，可仲裁的劳动标准争议范围仅限于缔约国违反"应鼓励其境内企业遵守国际公认的社会责任"之情况，且无缔约国之间的仲裁机制及金钱制裁规定。

显然，与其区域贸易体制类似，美国和加拿大既有的双边或诸边投资体制中的劳动标准实践的真实目的并非为了解决发展中国家缔约方存在的劳动问题，促进这些国家的劳动保护现状的根本改善，相反，其主要目的是维护自己的投资利益。与其区域贸易体制相反，美国和加拿大既有的双边或诸边投资体制中的劳动标准实践对跨国投资引起的劳动问题不是过度回应，而是回应不足。因此，这样的实践同样也偏离了反思性监管的精神。

3. "类型三"实践的成因与反思理性

新西兰与 EFTA 既有的双边或诸边投资体制中的劳动标准均出现在 FTA 中，其中的劳动标准内容对于投资母国和东道国而言基本平衡。缔约国在劳动标准方面的承诺不具有强制执行力，重在强调实施能力建设方面的合作。相比美国、加拿大、比利时、卢森堡、奥地利以及日本的利益计算，新西兰以及 EFTA 既有的双边或诸边投资体制中的劳动标准似乎更强调"缔约国实施既有的劳动标准有助于双方之间的贸易和投资"的理念。事实表明，这种纯粹软法的劳动合作机制反倒可以赢得较普遍的适用性，新西兰和 EFTA 因而能够在其 FTA 中纳入一并适用于投资问题和贸易问题的劳动标准条款。

由此可见，较之美国、加拿大、比利时、卢森堡、奥地利与日本，新西兰与 EFTA 既无意施压发展中国家缔约方加强自我劳动监管，也无意提供额外的利益激励。不可否认，他们主动将劳动标准纳入 FTA 的做法有助于提高发展中国家缔约方对跨国投资和贸易引起的劳动问题的认识。这是朝向反思性跨国劳动监管的第一步。然而，由于既有的规定过于简单和弹性，并且缺乏针对严重违反情况的强制纠正机制，新西兰与 EFTA 既有 FTA 中的劳动标准距离反思性监管的要求还很远。

通过上述对三大类型实践的反思理性分别进行的评估可以看出，整体而言，既有的双边或诸边投资体制中的劳动标准实践与反思性监管的精神之间，差距不小。

综合本节可见，较之区域贸易体制，既有的双边或诸边投资体制中的劳动标准实践要求更低、硬度更软，是因为与投资有关的劳动问题涉及的行业范围更大，发展中国家因此与发达国家之间的利益冲突更加激烈。也正因此，寻求缔约国劳动监管制度之间最低限度兼容的"不降低要求"就具有客观合理性，符合反思性监管的精神。尽管既有的实践在反思理性方面存在较大的不足，但个别制度体现了符合反思性监管精神的创新。例如，改变对缔约国科以监管义务的传统做法，赋权东道国提高劳动标准的政策空间的新举措。这样的举措体现了比利益导引更高明的观念导引，契合发展中国家追求具有"社会可持续性"投资的需要，更易被后者接受。以反思法理论考察不同类型的国家实践得出的结论是，既有的三大类型的实践都与反思性监管的精神存在较大的差距。由此进一步证明，国家的条约实践在跨国劳动监管中的作用不应该被高估。

第四节 TPP 谈判中的劳动标准问题

引 言

当前为人们所熟知的 TPP（《跨太平洋伙伴协定》）谈判源于新西兰、新加坡、智利以及文莱于 2005 年缔结的《跨太平洋战略经济伙伴协定》（Trans-Pacific Strategic Economic Partnership Agreement，TPSEP），该协定也被称为"P4 协定"。根据"P4 协定"的"加入条款"，[①] 迄今为止宣布加入 TPP 谈判的国家或地区已经达到 14 个。[②] 本文仅针对目前的 12 个正式谈判方展开讨论。

"P4 协定"本身已经包含了一份劳动合作备忘录。在 TPP 谈判中，劳动标准同样是一个非常重要的问题。一个重要原因是，作为 TPP 谈判的主导力量，美国在 1994 年以来缔结生效的 13 个自由贸易协定中（包括双边和诸边贸易协定，统称 FTA）都纳入了劳动标准规则；[③] 并且，奥巴马政

[①] "P4 协定"第 20.6.1 条规定：任何亚太经合组织的成员或其他国家在符合缔约方同意的条件下可以自由加入本协定；加入条款应该考虑拟加入的亚太经合组织的成员或其他国家的具体情况，尤其应考虑其自由化的时间表。

[②] 截至 2014 年 1 月 15 日，TPP 正式谈判方有 12 个（美国、加拿大、新西兰、墨西哥、智利、秘鲁、澳大利亚、新加坡、文莱、马来西亚、越南和日本，其中日本于第 18 轮才正式成为谈判方），应美国总统奥巴马的邀请，泰国于 2012 年 11 月表达加入 TPP 谈判的意愿。泰国目前还处在国内评估阶段。2013 年 11 月韩国副总理玄旿锡公开表示韩国加入 TPP 谈判的意图，受到美国的欢迎，see USTR on Republic of Korea Interest in Trans-Pacific Partnership, http://iipdigital.usembassy.gov/st/english/texttrans/2013/11/20131130288141.html#axzz2qcMEWnPJ，2013-12-03。

[③] 信息来自美国贸易代表办公室官方网站 http://www.ustr.gov 最后访问时间 2013 年 7 月 1 日，美国政府官方网站 http://www.state.gov 是按缔约国家的数量计算，因此算出来是 19 个 FTA。

府有意将 TPP 打造为体现 21 世纪应有的高水平的贸易协定，① 而高水平的劳动标准被认为是其实现这一目标的必然要求。② 在此情况下，劳动标准问题从 TPP 谈判正式启动时起就被列入谈判议程。

由于劳动标准议题的高度争议性，TPP 谈判在这方面的进展一直比较缓慢。根据美国贸易代表办公室网站公开的谈判内容，前 8 轮谈判基本停留在相互的交流与对话上。第 9 轮谈判接近尾声之时，美国率先提出了劳动标准的建议谈判文本，③ 据悉其要求甚至高于美国根据 2007 年新贸易政策与秘鲁、哥伦比亚、巴拿马和韩国等国谈判或重新谈判签订的双边自由贸易协定的相关规定。第 11 轮谈判时，谈判各方对于美国提交的文本进行了较深入的讨论。谈判方本计划在第 15 轮谈判时完成大部分谈判，但在该轮谈判结束后分歧仍然非常大。加拿大在第 17 轮谈判时也正式提出劳动标准的建议文本，在强制实施机制方面与美国存在较大的差异。④ 直至 2013 年 5 月 23 日完成的第 17 轮谈判，多数谈判方并不接受美国的建议，突出的分歧有：（1）越南整体上难以接受美国提供的高标准文本；（2）马来西亚、文莱、澳大利亚和新西兰反对美国建议文本中规定的强制执行机制；（3）新西兰坚持"P4 协定"中的劳动合作备忘录的模式，认为不应该如美国建议那样为缔约方创设完全强制执行的义务；（4）加拿大反对美国建议文本的贸易制裁（即中止减让）的强制实施方式，认为应该沿用 NAFTA 项下的劳动合作模式，仅对被申诉方科处金钱制裁（即执行货币评估）。

根据透露的信息，第 17 轮谈判结束时，谈判各方均已较充分表明对劳动标准问题的立场和态度。⑤ 劳动标准议题在第 18 轮以及 2013 年部长级会议之前的两次预备会议谈判⑥中几乎没有进展。截至 2013 年 12 月 10 日

---

① 参见 Remarks of President Obama at Suntory Hall, Tokyo, Japan, November 14, 2009.
② 负责美国国际经济事务的副国家安全顾问米歇尔·弗罗曼（Michael Froman）的观点，Inside U. S. Trade, 2012-01-06。
③ 参见 USTR Tables TPP Labor Proposal that Goes Beyond May 10 Temple, Inside U. S. Trade, 2012-01-06。
④ Canada Tables Alternative Enforcement Mechanism in TPP Labor Chapter, Inside U. S. Trade, 2013-05-24.
⑤ Malaysia Says 14 TPP Chapters 'Substantially Closed', Lists Procurement Objections, Inside U. S. Trade, 2013-06-24.
⑥ 分别是 2013 年 9 月 18~21 日于美国华盛顿举行的谈判以及 2013 年 11 月 19~24 日于美国盐湖城举行的谈判。由于被定位为部长级会议之预备会议，不作为独立的谈判轮，http://www.ustr.gov/tpp, 2013-12-25。

TPP 谈判方部长级会议结束，包括劳动标准议题在内的所有议题均未达成一致；谈判方不得不宣布放弃于 2013 年底结束谈判的计划，2014 年 1 月将继续谈判。① 可以认为，在劳动标准问题上，前 17 轮谈判业已产生的严重分歧仍然是谈判方后续必须面对的问题。

日本自第 18 轮末开始参与 TPP 劳动标准议题的后续谈判。那么，日本的加入是否以及如何影响 TPP 劳动标准问题的后续谈判的格局？在谈判方意见严重分歧的情况下，如何推动劳动标准议题尽快谈成？TPP 谈判所反映的国家通过条约谋求跨国劳动监管合作的趋势是什么？以下将通过剖析相关谈判方将劳动标准纳入 FTA 的实践与立场，分析谈判的基本格局（第一部分），在此基础上探讨劳动标准纳入 TPP 的可能内容（第二部分），接着论证若要推动 TPP 劳动标准议题尽快谈成，可能需要转换美国预设的一体化纳入模式为并列模式（第三部分），在此基础上结合反思法理论分析 TPP 劳动标准议题谈判如何朝着真正解决劳动问题的方向发展（第四部分），最后是简短的结论。

一 TPP 谈判方现行贸易协定实践中的劳动标准问题

（一）TPP 前 17 轮谈判各方的具体实践与立场

在劳动标准纳入 FTA 方面，前 17 轮谈判中 11 个 TPP 谈判方的实践和立场不尽相同。除越南外，其他 10 个谈判方均签订了包含劳动标准的 FTA，这些国家的实践具有三个特点。

首先，从时间方面看，谈判方中最早将劳动标准纳入 FTA 的是美国、加拿大和墨西哥（NAFTA，1994 年生效）。其他在 FTA 中相继纳入劳动标准的 TPP 谈判方分别为新加坡和智利（与美国之间的 FTA，2004 年生效）、澳大利亚（与美国之间的 FTA，2005 年生效）、新西兰（与泰国之间的 FTA，2005 年生效）、文莱（与新西兰、智利和新加坡之间的 FTA，2006 年生效）、秘鲁（与美国之间的 FTA，2009 年生效），以及马来西亚（与新西兰之间的 FTA，2010 年生效）。

---

① TPP Ministers Drop Year-End Goal, But Linkages Come Into Focus, Inside U. S. Trade, 2013 - 12 - 12.

其次，从缔约相对方的数量方面看，即按相关 TPP 谈判方以前缔结含有劳动标准的 FTA 所涉及的贸易伙伴的数量，依次是美国（19 个，见表 3.2）、加拿大（8 个，见表 3.3）、新西兰（7 个，见表 3.4）、智利（6 个）、① 新加坡（4 个）、② 文莱（3 个）、③ 墨西哥（2 个）、④ 秘鲁（2 个）、⑤ 澳大利亚（1 个）、⑥ 马来西亚（1 个）。⑦

表 3-2 美国缔结的包含劳动标准的 FTA

缔约国家	加拿大	墨西哥	约旦	新加坡	智利	澳大利亚	摩洛哥	巴林王国	多米尼加共和国及5个中美洲国家①	阿曼	秘鲁	哥伦比亚	巴拿马	韩国
生效时间（年）	1994	1994	2001	2004	2004	2005	2006	2006	2006~2009	2009	2009	2012	2012	2012

注：① 尽管签署的时间不同，但由于文本内容相同，美国贸易代表办公室（USTR）视其为同一个贸易协定，http://www.ustr.gov/trade-agreements/free-trade-agreements，2013-05-01。

表 3-3 加拿大缔结的包含劳动标准的 FTA

缔约国家	美国	墨西哥	约旦	智利	哥斯达黎加	秘鲁	哥伦比亚	巴拿马
生效时间（年）	1994	1994	2012	1997	2002	2009	2011	2013

资源来源：信息来自加拿大国际贸易与对外事务部官方网站，http://www.international.gc.ca，2014-03-20。

---

① 分别是与加拿大缔结的 FTA（1997 年生效）、与美国缔结的 FTA（2004 年生效）、与中国缔结的 FTA（2006 年生效），以及与新西兰、新加坡和文莱缔结的 FTA（2006 年生效）。
② 分别是与美国缔结的 FTA（2004 年生效），与新西兰、智利和文莱缔结的 FTA（2006 年生效）。
③ 即与新西兰、智利和新加坡缔结的 FTA（2006 年生效）。
④ 即与美国和加拿大缔结的 NAFTA（1994 年生效）。
⑤ 分别是与美国缔结的 FTA（2009 年生效），与加拿大缔结的 FTA（2009 年生效）。
⑥ 即与美国之间的 FTA（2005 年生效）。
⑦ 即与新西兰之间的 FTA（2010 年生效）。

表3-4 新西兰缔结的包含劳动标准的FTA

缔约国家	泰国	新加坡-智利-文莱	中国	马来西亚	中国香港
生效时间（年）	2005	2006	2008	2010	2011

资料来源：信息来自新西兰贸易与对外事务部网站，http://www.mfat.govt.nz，2013-07-01。

再次，从谈判意愿方面看，对于劳动标准纳入FTA，美国、加拿大以及新西兰的态度比较主动。1994年以来，美国签订的所有FTA都纳入了劳动标准。除了与以色列之间的FTA（1997年生效）以及与欧洲自由贸易协定国家（冰岛、列支敦士登、挪威和瑞士，EFTA）之间的FTA（2009年生效）没有附加劳动标准外，加拿大1994年以来缔结生效的其他7个FTA都包含了劳动合作协议，此外，2011年完成谈判尚未签订的与洪都拉斯之间的FTA草案也包含劳动合作协议。新西兰1994年之后签订并生效的7个FTA中，除了2001年生效的与新加坡之间的FTA以及2010年生效的与东盟和澳大利亚之间的FTA外，其他5个生效的FTA都纳入了劳动标准，新西兰通过2006年生效的"P4协定"中的劳动合作备忘录将新加坡纳入到其劳动合作伙伴中。

从美国、加拿大和新西兰纳入劳动标准的FTA实践来看，除少数例外（如美国分别与澳大利亚、新加坡、韩国之间的FTA），相对缔约方都是发展中国家。事实上，这3个国家对发展中国家社会倾销的担忧在乌拉圭回合谈判就已凸显，当时他们积极推动劳动标准进入多边贸易体制，[①] 可以认为，历经关贸总协定（GATT）的乌拉圭回合谈判以及世界贸易组织（WTO）新加坡部长级会议（1996年）、多哈部长级会议（2001年），以及坎昆部长级会议（2003年），劳动标准最终未能进入WTO协定，是导致这三个国家尝试转向通过FTA纳入劳动标准的重要原因。

迄今为止，越南没有单独对外缔结FTA，但在东盟框架下与6个国家（中国、日本、澳大利亚、新西兰、韩国和印度）签订了FTA，这些FTA都未涉及劳动标准问题。由于美国对越南国内劳动保护状况的担忧，越南

---

① 乌拉圭回合中发达国家关注的社会倾销与发展中国家关注的贸易保护主义再次交锋，美国提议就劳动标准问题组建一个工作组，该提议得到加拿大、新西兰、日本、欧盟、北欧5国（瑞典、冰岛、丹麦、挪威、芬兰）以及一些东欧国家的支持，但由于发展中国家反对，工作组未能组建。

在前 3 轮 TPP 谈判中仅被允许作为观察员参与。① 针对其他谈判方提出的劳动问题，越南一方面积极进行国内劳动法的改革，② 另一方面努力争取其他谈判方对其国内劳动法改革与实践的了解与认同，③ 此外还积极争取国际劳动组织（ILO）的技术援助。越南改善劳动标准的努力得到了美国的肯定。④

（二）前 17 轮谈判的基本格局

基于谈判方既有的 FTA 实践，可以对 TPP 谈判中的劳动标准问题做出如下两方面分析。

第一，合作意愿方面。谈判方所争议的并非劳动标准要不要纳入 TPP 的问题，而是多高的劳动标准才能为各方共同接受，可以认为谈判各方在劳动标准议题方面存在合作的政治意愿。

第二，谈判起点方面。美国与 6 个 TPP 谈判方（加拿大、墨西哥、智利、秘鲁、澳大利亚和新加坡）签订了包含劳动标准的 FTA，加拿大与 3 个谈判方（墨西哥、智利、秘鲁）签订了包含劳动标准的 FTA，而与新西兰签订包含劳动标准的 FTA 的谈判方也有 4 个（智利、新加坡、文莱和马来西亚）。基于目前主动将劳动标准纳入 FTA 仍属于少数发达国家或国家集团的实践（见本章第二节），加上部分 TPP 谈判方已经与美国、加拿大和新西兰签订包含劳动标准的 FTA，可以预测这 3 个国家将角逐 TPP 中的劳动标准谈判的主导权。

那么，谈判到底会以哪个国家的实践为起点呢？TPP 谈判既然是对"P4 协定"的扩大，客观上很难不考虑"P4 协定"业已包含的劳动合作

---

① Vietnam Likely To Face Apparel, Labor, Trade Remedy Status Issues In TPP, Inside U. S. Trade, 2010 - 11 - 18.
② 越南劳动部国际合作司副司长 Nguyen Kim Phuong 于 2011 年 5 月 10 日公开表示，越南国内劳动法除了不允许组建独立工会外，其他方面与国际劳动公约的要求是一致的，只是其实施还存在很多问题，诸如劳动关系不稳定、低工资、工会制度低效，企业集体谈判机制缺失等问题，需要进一步改善。Nguyen Kim Phuong 还表示，要争取在签订 FTA 前提高劳动标准。参见 Vietnam plans to raise labor standards before FTA negotiations, VietNamNet Bridge, 2011 - 05 - 10。
③ TPP 第 7 轮谈判中，越南谈判代表争取机会介绍越南劳动法的改革与实践、来自 ILO 的反馈，并带 TPP 谈判代表实地视察越南工厂的劳动条件。参见美国贸易代表办公室官方网站，http://www.ustr.gov/tpp, 2013 - 04 - 01。
④ 参见 Kirk Sees Encouraging Signs from Vietnam Regarding Labor Rights TPP Obligations, Inside U. S. Trade, 2012 - 03 - 05。

备忘录。但是，如本章第二节所述，美国和加拿大较强硬的要求似乎已经定型，尤其是，"六国工会组织"① 一再要求谈判方接受他们制定的更严格的劳动标准范本。在这种情况下，让美国和加拿大退让到新西兰的模式，似乎不可能。反过来，就新西兰和澳大利亚国内较高的劳动保护水平而言，② 即便实施美国的建议文本也不会有太大困难，因此在是否接受美国的建议文本方面弹性较大，但问题是，新西兰、澳大利亚看重 TPP 的一个重要原因是，希望借助 TPP 打开东亚地区未与其签订 FTA 的发展中国家的市场。③ 如果越南、文莱、马来西亚等发展中国家由于无法接受美国和加拿大严格的劳动标准主张而最终选择退出谈判，将损害这两个发达国家对 TPP 谈判整体质量的期待。故此，不能简单地认为新西兰和澳大利亚会轻易赞同美国和加拿大主张的标准。由此可见，"P4 协定"中的劳动合作备忘录可能构成谈判起点的部分内容，谈判将是这 3 个国家的既有实践之间的相互竞争与妥协，并在此基础上达成能够为其他谈判方所接受的方案。

（三）日本的加入对后续谈判格局的影响

日本在第 18 轮谈判的最后两天才被允许加入谈判，④ 此前 11 个正式

---

① 在 TPP 第 9 轮谈判前夕的 2011 年 10 月 7 日，来自 6 个 TPP 谈判方的一些工会组织，包括美国的劳联 - 产联（AFL - CIO）、澳大利亚的工会理事会（ACTU）、新西兰的工会理事会（NZCTU）、智利的劳动者联合中心（CUT）、秘鲁的劳动者联合中心（CUT）和工人总工会（CGTP）以及新加坡的全国职工总会（NTUC）发表联合声明，要求 TPP 谈判必须纳入高水平的劳动标准，同时向 TPP 谈判方提出其所起草的劳动标准范本。较之以往 FTA 中的劳动标准条款或协定，该范本相关的义务规定更详细，要求也更高，http://www.ituc-csi.org/IMG/pdf/Final-Official_ITUC_TransPacific_Partnership_Labor_Chapter.pdf, 2013 - 04 - 01。
② 澳大利亚的国内劳动法保护相当成熟，目前已批准 8 个 ILO 管辖下的核心劳动公约中的 7 个，其中有 6 个早在 1975 年之前就批准了（包括很多国家都难以接受的组织权、结社权以及集体谈判的权利）。新西兰的国内劳动保护也比较好，目前批准了 ILO 管辖下的核心劳动公约中的 6 个（都是 2004 年之前批准的，其中包括很多国家都不愿批准的集体谈判的第 98 号公约）。
③ 新西兰和澳大利亚反对美国提议的劳动标准范本的分析见 Canada Pushes Alternative Enforcement For TPP Labor Rights Obligations, Inside U. S. Trade, 2012 - 12 - 08. 澳大利亚对东亚的经济依赖还可见 ARMSTRONG, SHIRO, Australia and Future of the Trans-Pacific Partnership Agreement, Eaber Working Paper Series, Paper No. 71, Canberra: Eaber Working Paper Series, 2011, p. 2.
④ U. S. -Japan Market Access Talks In TPP Not To Begin Until Late August, Inside U. S. Trade, 2013 - 06 - 20; Statement on the 18th Round of Trans-Pacific Partnership Negotiations in Kota Kinabalu, Malaysia, http://www.ustr.gov/trade-agreements/free-trade-agreements/trans-pacific-partnership/round-18-malaysia, 2013 - 08 - 15.

谈判方在劳动标准议题谈判方面的基本格局已经初步形成。与美国和加拿大既在区域贸易体制又在双边或诸边投资体制纳入劳动标准不同（见本章第三节所论），日本仅在双边或诸边投资体制（FTA 投资章[①]和 BIT[②]）中纳入劳动标准。然而，日本国内已经具备较高的劳动标准，其在 2001 年之前就批准了 ILO 管辖下的 8 个核心劳动公约中的 6 个，其中包括许多国家都不愿意批准的、具有较强敏感性的关于结社权、组织权和集体谈判权的第 87 号和第 98 号公约。作为国际自由工会联合会在亚太地区最大的分支机构，日本工会联盟 RENGO 致力于日本国内乃至整个亚太地区的劳动标准的提高。[③] 尽管在 ILO 管辖下的核心劳动公约中，日本尚有 2 个公约未批准，即 1957 年关于废除强迫劳动的第 105 号公约以及 1958 年关于禁止歧视的第 111 号公约，但这并不意味着日本国内缺乏这两方面的保护，而是因为日本对条约（包括 ILO 公约）的批准非常严谨，必须经国内事先尝试立法并达到一定的实施效果后才考虑批准相关的公约。[④]

日本作为目前的贸易进口大国，[⑤] 对于通过 TPP 中的劳动标准来削弱劳动密集型产品出口国的竞争优势之做法一般不会反对，而在通过推动劳动标准进入 TPP 投资章方面更有动力。这是因为，日本的汽车、微电子、药品等高技术与高资本行业的对外投资通常带有占领东道国的销售市场之目的，可能与东道国国内同类行业存在竞争关系，故而其通过 TPP 提高缔约对方国内的劳动标准，防止本国 MNEs 在东道国处于不利的竞争

[①] 截至 2013 年 9 月 1 日，日本对外签订的 9 个 FTA 中，只有 2 个 FTA，即 2008 年和 2009 年日本分别与菲律宾和瑞士缔结生效的 FTA，在投资章中纳入劳动标准条款。参见日本 - 菲律宾 FTA 第 8 章第 103 条以及日本 - 瑞士 FTA 第 9 章第 101 条关于"投资与劳动"之内容。

[②] 截至 2013 年 9 月 1 日，日本已签订的 18 个 BIT 中有 7 个纳入劳动标准条款，即日本分别与韩国、老挝、秘鲁、乌兹别克斯坦、哥伦比亚、巴布亚新几内亚、伊拉克签订的 BIT。数据来源于联合国贸易与发展会议网站，http://www.unctadxi.org/templates/DocSearch.aspx? id = 779，2013 - 09 - 15。

[③] INOUE, SADAHIKO. Japanese Trade Unions and their Future: Opportunities and Challenges in an Era of Globalization, http://library.fes.de/pdf-files/gurn/00165.pdf, 2013 - 11 - 20.

[④] ARAKI, TAKASHI, *the Impact of Fundamental Social Rights on Japanese Law*; HEPPLE, BOB, ed. *Social and Labour Rights in a Global Context*, Cambridge: Cambridge University Press, 2005, p. 231.

[⑤] 日本的货物与服务贸易进口均居世界前列。参见 WTO. World Trade Report (2013), Geneva: WTO Publication, 2013. 27。

地位之需要将更为迫切。日本既有 FTA 与 BIT 中的劳动标准条款均规定"缔约国不得为吸引投资而降低国内的劳动标准"（简称"不降低要求"），且均不排除有关的劳动标准争议适用投资者诉东道国的仲裁机制。因此，为多数 TPP 谈判方所反对的美国建议文本，极有可能得到日本的支持。

综上，由于日本在劳动标准纳入 FTA 方面的实践不如美国、加拿大和新西兰有经验，且未对其他谈判方的实践形成影响，在劳动标准议题上，TPP 前 17 轮谈判业已形成的格局基本不会改变。然而，后续谈判中，日本的加入可能会加强美国对于劳动标准的建议文本之影响。

二　TPP 谈判中的劳动标准之内容

（一）TPP 谈判方的代表性实践

如本节第一目第（二）和（三）小目所论，TPP 谈判中的劳动标准内容的竞争将主要来自美国、加拿大和新西兰的 FTA 实践。以下选取美国 – 秘鲁 FTA 中的劳动标准条款、[①] 加拿大 – 秘鲁 FTA 中的劳动合作协议，[②] 以及"P4 协定"中的劳动合作备忘录[③]分别作为这 3 个国家的代表性 FTA 中的劳动标准条款或劳动合作协议，从劳动标准范围、保护水平、国内实施义务等 8 方面加以比较（见表 3 – 5）。

[①] 选择的原因是：该 FTA 是美国按照 2007 年新贸易政策谈判劳动标准的第一个 FTA，此后生效的与哥伦比亚、巴拿马和韩国之间的 FTA 的劳动标准基本复制该协定。

[②] 选择的理由是：秘鲁几乎同一时期分别与美国和加拿大签订了 FTA，同时该协定也是加拿大近年缔结生效的 3 个纳入劳动标准的 FTA 之一，其他 2 个近年缔结生效的 FTA（即分别与哥伦比亚、巴拿马之间的 FTA）中的劳动合作协议与该协定基本相同。2011 年完成谈判尚未签订的与洪都拉斯之间的劳动合作协议草案也基本复制了此协定。

[③] 选取的理由是：TPP 谈判本质是"P4 协定"的扩大谈判，而"P4 协定"中的劳动合作备忘录是新西兰第一个谈判的劳动合作备忘录；新西兰与泰国的劳动合作备忘录虽然生效时间早，但谈判晚于"P4 协定"中的劳动合作备忘录，当时的谈判参照"P4 协定"中的劳动合作备忘录进行。参见 MINISTRY OF FOREIGN AFFAIRS AND TRADE OF NEW ZEALAND, Trans-Pacific Strategic Economic Partnership Agreement：National Interest Analysis, http://www.mfat.govt.nz/downloads/trade-agreement/transpacific/transpacific-sepa-nia.pdf, 2013 – 04 – 01。

表3–5　三大代表性的FTA中的劳动标准条款或
劳动合作协议的义务要求对比

		美国–秘鲁FTA	加拿大–秘鲁劳动合作协议	"P4协定"中的劳动合作备忘录
劳动标准范围		承诺遵守1998年ILO宣言；国内劳动法应当规定ILO4方面的核心劳动标准以及最低工资、时长、职业安全与卫生方面的可接受的工作条件。①	承认1998年ILO宣言的核心劳动标准及体面工作计划；国内劳动法应当确保ILO 4方面的核心劳动标准，最低工资、时长、职业安全与卫生方面的可接受的工作条件以及为移徙工人提供与其本国国民在国内相同的劳动条件。②	"共同追求符合1998年ILO宣言的劳动条件"，"促进对1998年ILO宣言的更深入理解"，"重申遵守该宣言之义务并努力确保与劳动方面的国际承诺相一致"。③
保护水平		不降低要求，即缔约国不得为了鼓励贸易或投资而降低国内劳动法的保护水平。④	不降低要求。⑤	不降低要求；禁止贸易保护主义，即不得利用劳动法、规章、政策和实践做法实施贸易保护主义。⑥
国内实施具体要求	强制实施义务	缔约国不得为影响贸易，通过持续或反复的行动或不行动，不对国内劳动法进行有效的实施；允许缔约国拥有确定优先性项目的自由裁量权，只要遵守善意原则就可以；但缔约国不得以强制实施资源的分配为由不遵守本章的条款。⑦	缔约国应采取适当的措施积极促进国内劳动法的实施。⑧	尊重缔约国在制定国内劳动政策和优先项目，以及在制定、管理和实施劳动法和规章方面的主权权力。⑨
	私人救济	缔约国应确保利害关系人有权诉诸行政、准司法、司法程序或劳动法庭并有权根据劳动法请求强制执行。⑩	同美国–秘鲁FTA。⑪	无相关规定。
	程序保障	实施程序必须公平、公正并具有透明度，遵循正当程序，裁决须书面且说明理由并尽快送达等内容。⑫	同美国–秘鲁FTA。⑬	无相关规定。
	透明度	无相关规定。	要求法律和有关规定公开，给利害关系人发表意见的机会。⑭	无相关规定。
	信息公开与公众认识	缔约国应确保公众知悉其国内法。⑮	同美国–秘鲁FTA。⑯	同美国–秘鲁FTA。⑰

续表

	美国 - 秘鲁 FTA	加拿大 - 秘鲁劳动合作协议	"P4 协定"中的劳动合作备忘录
组织机构	要求缔约方设立国内联系点以及国家间劳动理事会。[18]	同美国 - 秘鲁 FTA。[19]	只要求缔约方设立国内联系点。[20]
争端解决	程序方面，要求经过国家之间不同级别的磋商再到依协议设立的专家组审查；提交专家组解决的劳动标准争端没有条件要求；争端解决场所的选择方面，允许选择本协议或 WTO 的争端解决机构。[21]	程序方面，同美国 - 秘鲁 FTA；提交专家组解决的劳动标准争端必须满足 4 个条件，即与贸易有关、持续的未能有效地实施国内法、未能有效实施的劳动标准是 ILO1998 年宣言规定的核心劳动标准和体面工作计划、经部长级磋商仍未解决；争端解决场所的选择方面，由于采用并列模式，排除了争端解决场所的选择问题。[22]	程序方面，要求缔约方之间的劳动标准争端必须通过合作、对话和磋商达成一致。[23]
制裁	可以采用金钱制裁（即执行货币评估或年度货币评估，相当于罚金）或贸易制裁（即中止贸易减让），若被申诉方未依照裁定支付年度货币评估，则申诉方可以直接适用贸易制裁；金钱制裁数额不设上限；年度货币评估的管理方面，该笔资金主要用来弥补申诉方的利益损失，一般情况下货币评估应支付给申诉方，如有正当理由，也可以支付给劳动委员会指定的专门账户，用以开展促进缔约方之间的贸易动议，如用以消除不合理的贸易壁垒或协助违反的缔约方履行劳动方面的义务等。[25]	只能采取金钱制裁，不能采取贸易制裁；年度货币评估的数额有上限，不得超过每年度 1500 万美元；年度货币评估的管理方面，主要考虑被申诉方劳动标准的切实改善，例如协议规定，货币评估应支付到劳动理事会指定的专门账户，由劳动理事会管理并用来改善被申诉方的劳动标准。[24]	无相关规定。

第三章 跨国劳动监管中的国家单边措施与条约实践 | 187

续表

	美国 – 秘鲁 FTA	加拿大 – 秘鲁劳动合作协议	"P4 协定"中的劳动合作备忘录
合作行动	形式方面，包括技术性援助计划、最佳实践交流、合作科研项目、专题培训会议等；实施方面，要求缔约方必须采取一切其认为适当的手段开展合作行动。[④]	形式方面，同美国 – 秘鲁 FTA；实施方面，只要求缔约方必须制定合作计划，并要求缔约方在开展计划方面进行合作，且在合作实施计划时还应该考虑每一缔约方的优先性目标和需要，并应考虑缔约方的经济、社会、文化和立法的差异。[⑦]	形式方面，同美国 – 秘鲁 FTA；实施方面，要求合作行动的开展除必须考虑缔约方的优先性目标和资金条件外，还限定合作行动必须有利于双方，同时还要求具体的合作行动应由双方确定，所需资金根据逐案确定。[⑧]
公众参与	每一缔约方可以召开劳动者和雇主代表以及其他公众组成的咨询委员会，就与劳动有关的事项提供建议；在决定合作行动和能力建设方面，缔约方必须考虑劳动者和雇主代表以及其他公众的意见；必须设立公众通讯制度，公众可以向缔约方的国内行政办公室写信反映缔约国内企业存在的劳动侵权	仅规定可以设立咨询委员会，无必须考虑公众意见的相关规定；必须设立公众通讯制度，具体同美国 – 秘鲁 FTA。[②]	仅规定可以设立咨询委员会，无必须考虑公众意见的相关规定，无必须设立公众通讯制度的要求。[⑨]
	或其他劳动法实施方面的问题，缔约国必须设立专门的国内行政办公室负责审查，并在必要时启动部长级磋商，部长级磋商一般不会引起制裁，而是导向合作行动的开展，如培训、交流等。[⑩]		

注：① 参见美国 – 秘鲁 FTA 第 17.1、第 17.2、第 17.8 条。
② 参见加拿大 – 秘鲁 FTA 序言，第 16 章及劳动合作协议第 1 条。
③ 参见"P4 协定"中的劳动合作备忘录序言，第 1、2 条。
④ 参见美国 – 秘鲁 FTA 第 17.2.2 条。
⑤ 参见加拿大 – 秘鲁劳动合作协议第 2 条。
⑥ 参见"P4 协定"中的劳动合作备忘录第 2.5 条。
⑦ 参见美国 – 秘鲁 FTA 第 17.3.1 条。
⑧ 参见加拿大 – 秘鲁劳动合作协议第 3 条。

续表

⑨ "P4协定"中的劳动合作备忘录第2.4条。
⑩ 参见美国-秘鲁FTA第17.4.1条,第17.4.6条。
⑪ 参见加拿大-秘鲁劳动合作协议第4条。
⑫ 参见美国-秘鲁FTA第17.4.2、第17.4.3条。
⑬ 参见加拿大-秘鲁劳动合作协议第5条。
⑭ 参见加拿大-秘鲁劳动合作协议第6.1条。
⑮ 参见美国-秘鲁FTA第17.4.7条。
⑯ 参见加拿大-秘鲁劳动合作协议第6.2、第6.3条。
⑰ 参见 "P4协定"中的劳动合作备忘录第2.7条。
⑱ 参见美国-秘鲁FTA第17.5.1、第17.5.5条。
⑲ 参见加拿大-秘鲁劳动合作协议第7(8条。
⑳ 参见 "P4协定"中的劳动合作备忘录第4.1条。
㉑ 参见美国-秘鲁FTA第17.7、第21.4、第21.5、第21.6条;第21.3条。
㉒ 参见加拿大-秘鲁劳动合作协议第11~13条。
㉓ 参见 "P4协定"中的劳动合作备忘录第5.1条。
㉔ 参见加拿大-秘鲁劳动合作协议第20.5条、附件4第1条。
㉕ 参见美国-秘鲁FTA第21.16.1、第21.16.6、第21.16.7条。
㉖ 参见美国-秘鲁FTA第17.6条、附件17.6第3条。
㉗ 参见加拿大-秘鲁劳动合作协议第9.3、第9.4条。
㉘ 参见 "P4协定"中的劳动合作备忘录第3条。
㉙ 参见加拿大-秘鲁FTA劳动合作协议第8.1条。
㉚ 参见 "P4协定"中的劳动合作备忘录第4.3条。
㉛ 参见美国-秘鲁FTA第17.5.7条、附件17.6第4条。

(二) TPP劳动标准规则的可能内容

基于上表,对于未来TPP协定中的劳动标准规则的可能内容,可以做出如下初步判断。

其一,可予实施的劳动标准的范围。这三大具有代表性FTA中的劳动标准条款或劳动合作协议都未规定遵守ILO管辖下的八个核心劳动公约的义务,只是重申遵守1998年ILO宣言的义务。然而,美国和加拿大分别与秘鲁签订的FTA中的劳动标准条款及劳动合作协议要求强制实施的国内劳动法的范围不仅涵盖ILO确立的4方面核心劳动标准,还包括体面工作条件。① 尽管美国、加拿大也未批准ILO管辖下的所有核心劳动公约,但是

---

① 美国-秘鲁FTA涉及4方面体面工作条件:最低工资、时长、职业安全与卫生方面的可接受的工作条件。在美国-秘鲁FTA的基础上,加拿大-秘鲁劳动合作协议增加 "为移徙工人提供与其本国国民在国内相同的劳动条件"之体面工作条件。见美国-秘鲁FTA第17.1、第17.2、第17.8条,加拿大-秘鲁FTA之序言,第16章及劳动合作协议第1条。

发达国家未批准 ILO 管辖下的核心劳动公约的原因与发展中国家往往不同。前者往往不是因为国内无法提供保护，而是自认为国内的保护水平已经超过公约的要求而缺乏批准热情，[①] 或者因为国内批准程序特殊复杂难以在短期内取得一致意见；[②] 而后者往往是因为国内完全缺乏相关保护。尤其是某些劳动标准，如结社权和组织权，在某些发展中国家具有较强的政治敏感度，例如越南禁止组建独立工会，并严格限制罢工权，若要求越南国内劳动法规定并实施这些标准难度极大。

故此，国内予以强制实施的劳动标准的范围将是一个高度争议的问题，也极可能是某些发展中国家谈判方坚持不让的问题。在这方面，"P4 协定"中的劳动合作备忘录在重申缔约方对 1998 年 ILO 宣言的义务之基础上，将重点放在要求缔约国承担与国际承诺的义务相一致的国内实施义务，不仅比较务实，也基本能够满足 2007 年贸易政策要求的第一方面的劳动标准的内容，值得谈判方考虑。

其二，保护水平方面。显然，"不降低要求"针对劳动力成本低的发展中国家谈判方，而"禁止用以贸易保护主义"主要针对发达国家谈判方，因而，如果要使谈判获得成功，就需要一个巧妙的平衡。美国和加拿大分别与秘鲁签订的 FTA 中没有包含"禁止用以贸易保护主义"，这明显是从作为劳动密集型产品主要进口国的发达国家角度考虑的。与此不同，作为新西兰代表性实践的"P4 协定"中的劳动合作备忘录兼采两个禁止

[①] 持此观点的是美国。美国对 ILO 公约的批准率很低的主要原因是：美国一直认为自己国内的劳动标准远超过 ILO 的劳动标准，自称为是 "internationally recognized labor rights"；自 1984 年普惠制法案开始，美国将承认 "internationally recognized labor rights" 作为给予发展中国家普惠待遇的条件；自 1994 年开始的所有 FTA 中，美国再次将此劳动标准作为给予其他缔约方贸易优惠待遇的条件。

[②] 例如加拿大、澳大利亚是联邦国家，条约（包括 ILO 公约）的批准须经所有的联邦成员同意才可以，个别联邦成员的国内法与国际劳动公约的不一致可能就会拖延国家的整体批准，参见 BUREAU FOR WORKER'S ACTIVITIES OF ILO, Standard-setting Policy: Ratification and Promotion of Fundamental ILO Conventions, 1997, http://actrav.itcilo.org/actrav-english/telearn/global/ilo/seura/ilostand.htm, 2013 - 05 - 01；LANDU, C. E., "the Influence of ILO Standards on Australian Labour Law and Practice", *International Labour Review*, 1987, 126 (6)；再如，日本对条约（包括 ILO 公约）的批准非常严谨，必须是国内先尝试立法并达到一定的实施效果后才考虑批准相关的公约，参见 ARAKI, TAKASHI, the Impact of Fundamental Social Rights on Japanese Law, HEPPLE, BOB, eds, *Social and Labour Rights in a Global Context*, Cambridge: Cambridge University Press, 2005: 231。

性规定的做法则较好地平衡了发达国家和发展中国家的顾虑,发展中国家谈判方争取该平衡条款有充分的依据。退而言之,在这方面与美国谈判仍有回旋余地,因为2007年新贸易政策的要求仅仅涉及"不降低要求"。

其三,实施义务方面。从综合表3-5关于国内实施的具体要求、组织机构和争端解决机制的对比可以看出,美国和加拿大分别与秘鲁签订的FTA中的劳动标准条款或劳动合作协议对缔约国的实施要求呈现"三高"(即高度义务性、高度精确性、高度授权性)特点。根据肯尼斯·阿博特和罗伯特·基欧汉等学者关于法律化的观点,同属于极硬的法律化制度。当然,相对而言,加拿大-秘鲁劳动合作协议由于对提交第三方机构(专家组)解决的劳动标准争端设定了限制条件,且在制裁方面仅限定采取执行货币评估并要求专款专用,其授权性程度稍低于美国-秘鲁FTA,因此在总体硬度方面略差于美国-秘鲁FTA。而新西兰对外签订的"P4协定"中的劳动合作备忘录在义务性、精确性和授权性方面都接近于零,属于极软的法律制度。鉴于谈判事实上围绕美国建议的文本展开,反对美国建议文本的谈判方有必要在考虑美国2007年新贸易政策的前提下,争取从义务性和授权性两个方面加以弱化。

在弱化义务方面。美国-秘鲁FTA有力落实了2007年美国新贸易政策的精神,要求缔约国不得基于强制实施资源需优先分配给其他项目而拒绝履行劳动标准条款。如本节导言所述,美国建议文本所列的国内实施要求甚至可能比美国-秘鲁FTA的要求更详细更严格。在此情况下,完全拒绝该协定强制实施条款的难度可能很大,更可行的办法是予以"软化"。对此,ILO和WTO的多边立法经验可供借鉴。根据现行有效的《国际劳动组织宪章》(1972年修改1974年生效)第19.3条,在起草普遍适用的公约或宣言时,国际劳动大会应该适当考虑某些国家由于工业组织发展不完善,或由于社会环境条件或其他特别情形,导致这些国家的工业条件实质上区别于其他国家;并应该建议公约做出适当修改以适应这些国家的特殊情况。目前11个TPP正式谈判方均为ILO的正式成员,且他们的经济、社会文化水平存在较大的差距。缘此,TPP谈判方有义务遵循宪章第19.3条的精神进行劳动标准的谈判,以便实现劳动标准方面的法律体系的一致性。基于此,可以考虑在不抵触2007年美国新贸易政策的情况下,争取将美国-秘鲁FTA第17.3.1条的内容改为:缔约方不得为影响贸易,通过持续或反复的行动或不行动，不对国内劳动法进行有效的实施；缔约方拥有在优先性项目方面的自由裁量权，但必须遵守善意原则；缔约方应当根据本国的经济社会发展的具体情况给予国内劳动法的实施以应有的考虑，不得以强制实施资源的分配为由不遵守本章的条款。

此外，与 ILO 的灵活性安排类似，某些 WTO 协定（如《农业协定》《与贸易有关的知识产权协定》）允许发展中国家成员，尤其最不发达发展中国家成员方承担较轻的履行义务甚至豁免其履行义务，或者给予他们实施义务的过渡期。[①] 现行 TPP 谈判方都是 WTO 成员方。尽管 WTO 成员方尚未就劳动标准纳入多边贸易谈判达成一致，但 TPP 谈判方既然已经做出突破——将劳动标准视为与贸易进行有关的问题纳入谈判，发展中国家谈判方有理由要求将 WTO 对贸易问题的灵活性安排类推适用于劳动标准条款，争取以过渡期来缓解义务的履行带来的压力。

在弱化授权方面。既然按照美国 2007 年新贸易政策，劳动标准争端必须适用与贸易争端相同的程序，那么限制提交给专家组解决的劳动标准争端的范围将会突破美国的底线，难度很大。不妨换个角度，通过增加提交给专家组仲裁的劳动标准争端的条件来削弱授权。这方面可以参照加拿大 - 秘鲁劳动合作协议，设定 3 个条件，即与贸易有关、持续的未能有效地实施国内法、经国家间级别磋商仍未解决。与此同时，2007 年美国新贸易政策并没有对具体的制裁方式做出硬性规定，因而可以考虑参照加拿大 - 秘鲁劳动合作协议更务实的做法，即限定制裁方式只能采用执行货币评估，且必须由国家间管理机构管理，用于改善被申诉方的劳动标准。

最后，合作义务和公众参与属于能力建设部分，相比劳动标准的实施范围与国内实施义务，这部分内容并非美国的核心关切，争取美国让步的可能性较大。发展中国家的谈判方可以根据自身的履行能力评估相关条

[①] 比如，乌拉圭回合谈判 WTO《农业协定》时，鉴于发展中国家的特殊情况，发展中国家在关税减让、削减国内补贴与出口补贴方面的义务均低于发达国家，最不发达国家的发展中国家则不需要做出关税减让或削减国内补贴和出口补贴的承诺。具体的减让义务的区别参见 WTO 网站中关于农业协定的介绍之 Numerical targets for agriculture（表格），http://www.wto.org/english/docs_e/legal_e/14-ag.doc，2013 - 05 - 22。再如，根据 WTO《与贸易有关的知识产权协定》第 65 条和第 66 条的规定，发展中国家拥有 5 年的过渡期，而最不发达的发展中国家拥有 11 年的过渡期。2006 年过渡期结束后，最不发达的发展中国家再次获准延迟到 2013 年才履行义务，而药品专利的保护义务延迟到 2016 年履行。

款，尽量争取软化的义务。例如，合作义务方面，可以融合加拿大和新西兰的代表性实践，这样规定：鉴于合作是提高对劳动标准遵守的基本要素，缔约方应制定合作计划，并在开展计划方面进行合作；缔约方合作实施计划时应该考虑每一缔约方的优先性目标和需要，并应考虑缔约方的经济、社会、文化和立法的差异，合作行动必须有利于所有缔约方；具体的合作行动应由双方确定，所需资金逐案确定。再如，在公众参与方面，可以借助裁量性措辞"可以"，如规定：每一缔约方可以召开劳动者和雇主代表以及其他公众组成的咨询委员会，为与劳动有关的事项提供建议；国内联系点可以接受公众通讯并予以审查。

三 TPP 谈判中的劳动标准之纳入模式

如本节导论所述，目前劳动标准问题的谈判事实上围绕美国 2011 年 10 月 28 日提出的建议文本展开。该文本中，劳动标准作为 TPP 协定专章，追求与贸易或投资等商业义务一致的强制实施水平，所采取的是一体化纳入模式。然而，在逡巡不前的谈判面前，美国预设的纳入模式已显出困境，有转向并列模式的可能。

（一）TPP 谈判方既有实践中的纳入模式

目前谈判方既有的将劳动标准纳入 FTA 的实践模式可分为一体化模式和并列模式。美国目前签订的包含劳动标准的 13 个 FTA[①] 中，除 NAFTA 采用劳动合作协议（并列模式）外，其他 12 个 FTA 均直接在正文中纳入劳动标准条款，在组织机构、争端解决以及制裁方式上寻求与贸易或投资问题

---

① 即《北美自由贸易协定》（1993 年签订，1994 年生效），美国－约旦 FTA 美国－约旦 FTA（2000 年签订，2001 年生效）、美国－智利 FTA 美国－智利 FTA（2003 年签订，2004 年生效）、美国－新加坡 FTA（2003 年签订，2004 年生效）、美国－澳大利亚 FTA（2004 年签订，2005 年生效）、美国－摩洛哥 FTA（2004 年签订，2006 年生效）、美国－巴林王国 FTA（2004 年签订，2006 年生效）、美国－阿曼 FTA（2006 年签订，2009 年生效）、美国与五个中美洲国家（哥斯达黎加、沙尔瓦多、危地马拉、洪都拉斯、尼加拉瓜）及多米尼加共和国之间的 FTA（2004 年签订，2006~2009 年生效）、美国－秘鲁 FTA（2006 年签订，2009 年生效）、美国－哥伦比亚 FTA（2006 年签订，2012 年生效）、美国－巴拿马 FTA（2007 年签订，2012 年生效）以及美国－韩国 FTA（2007 年签订，2012 年生效）。数据来源于美国贸易代表办公室网站，http://www.ustr.gov/trade-agreements/free-trade-agreements；以及美国政府官方网站，http://www.state.gov/e/eb/tpp/bta/fta/fta/index.htm，访问时间：2013 年 9 月 30 日。

整体一致的安排（一体化模式）。相比之下，加拿大和新西兰的既有实践①均采取并列模式。②尽管进行了议题区分，但加拿大和新西兰劳动方面的合作协定（备忘录）与贸易协定构成"一揽子协定"，缔约国必须同时接受。较之一体化模式，并列模式下劳动标准条款的义务性、精确性和授权性要素均弱于主协定的贸易或投资条款。

（二）目前一体化模式下谈判所面临的困境

当前 TPP 劳动标准议题谈判所存在的严重分歧主要缘于美国建议文本的严格要求难以为多数其他谈判方接受。根据透露出来的谈判信息，美国建议文本的要求甚至比其根据 2007 年贸易政策与秘鲁、哥伦比亚、巴拿马和韩国谈判或重新谈判缔结的 FTA 更严。③ 但是，共和党的反对使得美国建议文本最终可能难以超越美国与秘鲁、哥伦比亚、巴拿马和韩国之间 FTA 中的劳动标准水平。④ 因此，美国分别与秘鲁、哥伦比亚、巴拿马和

---

① 加拿大纳入劳动合作协议的 FTA 共 7 个，即北美自由贸易协定（1994 年生效）、加拿大－约旦 FTA（2012 年生效）、加拿大－智利 FTA（1997 年生效）、加拿大－哥斯达黎加 FTA（2002 年生效）、加拿大－秘鲁 FTA（2009 年生效）、加拿大－哥伦比亚 FTA（2011 年生效）、加拿大－巴拿马 FTA（2013 年生效）。信息来自加拿大国际贸易与对外事务部官方网站，http://www.international.gc.ca, 2013-09-30. 新西兰纳入劳动合作备忘录的 FTA 共 5 个，即新西兰－泰国 FTA（2005 年生效）、新西兰－新加坡－智利－文莱 FTA（2006 年生效）、新西兰－中国 FTA（2008 年生效）、新西兰－马来西亚 FTA（2010 年生效）、新西兰－中国香港 FTA（2011 年生效）。信息来自新西兰贸易与对外事务部网站，http://www.mfat.govt.nz, 2013-9-30。

② 加拿大目前签订的包含劳动标准的 7 个 FTA 均采劳动合作协议的方式，新西兰目前签订的包含劳动标准的 5 个 FTA 均采用劳动合作备忘录的形式。无论是劳动合作协议还是劳动合作备忘录，均不属于贸易协定之附件，而具有与贸易问题相联系却相对独立的地位，需要单独的缔约国签字。加拿大将这种劳动合作协议称为是贸易协定的"并列协定"（parallel agreement），而新西兰则称之为"联系文件"（associated instrument）或"附带协定"（side agreement）。

③ USTR Tables TPP Labor Proposal that Goes Beyond May 10 Temple, Inside U. S. Trade, 2012-01-06.

④ 2011 年 10 月 28 日，美国关于劳动标准的建议文本部分泄露之后，共和党很快做出反应。2011 年 12 月 11 日，美国筹款委员会主席大卫·坎普（Dave Camp）、贸易问题委员会主席布雷迪（Rep. Kevin Brady）、金融问题委员会委员副主席奥润·海什（Orrin Hatch）以及金融贸易问题分委会副主席图恩（Sen. John Thune）联合致信美国当时负责 TPP 谈判的对外贸易代表科克（Kirk），强调任何超越 2007 年新贸易政策的劳动标准模板的做法将严重损害共和党对 TPP 的支持，并将危及国会对 TPP 的审议。参见 USTR Tables TPP Labor Proposal, Holds Initial Talks During Ninth Round, Inside U. S. Trade, 2011-10-28。

韩国缔结的 FTA 中的劳动标准可以作为分析美国在 TPP 谈判中的态度与立场之参照。美国分别与秘鲁、哥伦比亚、巴拿马和韩国缔结的 FTA 对劳动标准的严格规定主要体现在四个方面：（1）保护水平方面，"不得为促进贸易或吸引投资而降低本国的劳动标准"；（2）国内实施义务方面，"缔约国不得为影响贸易，通过持续或反复的行动或不行动，不对国内劳动法进行有效的实施；允许缔约国拥有确定优先性项目的自由裁量权，只要遵守善意原则就可以；但缔约国不得以强制实施资源的分配为由不遵守本章的条款"；（3）强制争端解决方面，"劳动标准争端适用与商业争端一样的争端解决程序"；（4）制裁方式方面，"以金钱制裁和贸易制裁并举确保缔约国强制实施其国内劳动法"。

诚然，如本节第二目第（二）小目已经分析的，在目前的一体化模式下，针对越南等发展中国家谈判方依赖劳动密集型产品的出口以及国内司法资源相对紧张的实际情况，上述第（1）~（2）方面的严格规定可以通过增加条件或灵活性条款加以平衡。例如，在保护水平方面用"禁止贸易保护主义"加以限定，即"劳动标准方面的比较优势不应该被质疑，不得利用劳动法、规章、政策实施贸易保护主义"。再如，国内实施义务方面，增加"缔约方应当根据本国的经济社会发展的具体情况给予国内劳动法的实施以应有的考虑"之限定，或允许发展中国家谈判方拥有履行义务的过渡期。然而，上述第（3）~（4）方面是一体化模式的本质要求。美国既有实践中，在强制争端解决和制裁两方面对劳动标准议题与商业议题区分的思路与一体化模式不兼容，即若考虑议题区分，则采取并列模式（NAFTA 的实践）；若不考虑，则同时也不允许平衡条款或灵活性安排（其他 12 个 FTA 的实践）。因此，期待在一体化模式下修修补补地改变劳动标准的完全强制机制，并不现实。若预设的一体化模式不改变，反对的谈判方争取美国实质性让步的空间几乎为零。

（三）并列模式较之一体化模式的优点

一体化模式和并列模式的区分缘于区分议题的思路不同。一体化模式追求劳动标准具备与贸易和投资等商业问题一致的实施力度。尽管不排除议题交叉情况下谈判方打包交换的可能，但较之同类议题交叉，劳动标准与商业议题交叉的难度更大。原因在于，劳动标准属于社会议题，难以适用纯粹的经济计算,尤其是结社权和组织权等带有较强政治色彩的劳动标准,谈判方的分歧更明显。如果硬把劳动标准与商业议题直接交叉,容易拖延谈判进程。而并列模式通常基于商业议题与社会议题在实施程度上区别对待,有助于消除发展中国家对发达国家实施贸易保护主义的戒备心理,促成协定较快谈成。不可否认,就整体谈判框架而言,劳动合作协议(备忘录)的达成也是社会议题与商业议题间接交叉的结果,只是相对于一体化模式下赤裸裸的利益交换,并列模式更注意强调谈判方的理念共识。

与美国一样,加拿大和新西兰将劳动标准纳入FTA都是基于对发展中国家所谓的社会倾销之担忧,但这两个国家对所谓的社会倾销的反应不像美国那么强烈;在谈判过程中,劳动、环境等社会议题一般作为与贸易和投资相关但有区别的议题另行谈判。客观而言,加拿大和新西兰签订的劳动合作协议(备忘录)更有可能实际改善发展中国家的劳动标准。例如,加拿大签订的7个劳动合作协议中有6个规定了制裁(与哥斯达黎加签订的劳动合作协议没有规定任何制裁),但均未规定带有报复性质的中止减让(贸易制裁),只规定执行货币评估(金钱制裁),其目的就是让被申诉方拨出一部分资金真正改善其本国的劳动标准。再如,新西兰对外签订的劳动合作备忘录一概不主张制裁,而更强调缔约方在实施劳动标准方面的持续合作与对话。尽管不能得出绝对的结论,但从近年来美国和加拿大分别与相同国家(秘鲁、哥伦比亚和巴拿马)谈判包含劳动标准的FTA所花费的时间看,一体化模式下的谈判的确比并列模式耗时更长(见表3-6)。

表3-6 美国和加拿大分别与秘鲁、哥伦比亚和巴拿马从谈判到签订FTA的时间比较

谈判国家	秘鲁	哥伦比亚	巴拿马
谈判时间（美国）	2004.5~2006.4,后根据2007年美国新贸易政策于2007年6月通过修订议定书对劳动标准条款进行修改(超过3年)。	2004.5~2006.11,后根据2007年美国新贸易政策于2007年6月达成对劳动标准条款的修订协议(超过3年)。	2004.7~2007.6（约3年）
谈判时间（加拿大）	2007.6~2008.5（不到1年）	2007.7~2008.6（不到1年）	2008.10~2009.8（不到1年）

（四）美国预设的一体化模式转变的条件

目前美国内外情况表明，劳动标准纳入 TPP 的模式可能从"一体化"转向"并列"。

1. 内部条件

尽管乔治·沃克·布什政府 2001~2009 年主持缔结或缔结并生效的 12 个 FTA 都采取一体化模式纳入劳动标准，但这并不意味着该种模式绝对不会改变。美国曾在 NAFTA 谈判之时采取并列模式纳入劳动标准，当时的情况是民主党支配的政府主持谈判而共和党支配的国会决定 FTA 的批准。共和党对劳动标准纳入 FTA 的保守态度是影响当时克林顿政府采取并列模式对劳动标准争端进行折中处理（即提交给专家组裁决且能用制裁确保执行的劳动标准争端仅限于违反职业卫生与安全、雇佣童工和最低工资水平三类行为）的重要原因之一。相反，2001~2009 年，美国分别与约旦、智利、新加坡、澳大利亚、摩洛哥、巴林王国、5 个中美洲国家和多米尼加共和国、阿曼、秘鲁、哥伦比亚、巴拿马和韩国缔结或缔结并生效的 12 个 FTA 得以采用一体化的模式纳入较高的劳动标准，与同期支持较高劳动标准纳入 FTA 的民主党控制国会有关。如今，TPP 劳动标准议题谈判的政治背景类似于当年的 NAFTA 谈判，故此，尽管奥巴马政府支持较高的劳动标准纳入 FTA，但为了确保 TPP 协定最后获得国会的通过，其最终可能不得不向共和党妥协。

根据"劳动标准争端适用与商业争端相同的争端解决机制"之要求，可提交的劳动标准争端非常广泛，既涵盖与贸易、投资等经济合作有关的劳动标准争端，也涵盖国内的劳动问题。尤其是当要求搭配"金钱制裁与贸易制裁"时，劳动标准问题的调整幅度与力度将超过商业问题，冲淡 TPP 谈判的主旨。并且，较之美国分别与秘鲁、哥伦比亚、巴拿马和韩国之间的 FTA，将来的 TPP 协定是一个至少包含 12 个国家的诸边协定，如果不对提交专家组解决的劳动标准争端加以限定，极可能引发仲裁资源不足的问题。故此，尽管 2007 年美国两党达成的新贸易政策有一体化的要求，但不能排除两党基于变化的新情况以及可能面临的司法资源问题而就 FTA 中的劳动标准重新达成协议。

退而言之，美国改变一体化纳入模式并非等于放弃强制争端解决和制裁机制。虽然美国退让到新西兰 FTA 实践中的软法纳入模式几乎不可能，但在争端解决与制裁方面，加拿大采取并列模式的区别规定比较接近美国的实践同时又比较务实，可以作为重要参考。例如，加拿大既有的劳动合作协议也规定劳动标准争端可适用强制争端解决程序（专家组），只是附加了条件限制，即"与贸易有关、持续的未能有效地实施国内法、经国家间级别磋商仍未解决"。如此规定可以将强制执行资源集中在劳动标准争端发生的重点领域，达到有限司法资源的合理化利用。再如，加拿大既有的劳动合作协议对不履行专家组的裁决也规定了制裁，只是限定其为金钱制裁。如本节第二目第（三）小目所述，金钱制裁更有可能引导、帮助违反的缔约方真正改善其国内的劳动标准。

当前，美国两党正就"快车道程序"重新谈判，[①] 这也为劳动标准以并列模式纳入 TPP 提供新的契机。在参照美国和加拿大既有的并列模式实践，且不明显突破 2007 年美国新贸易政策相关要求的前提下，共和党有可能要求奥巴马政府在劳动标准方面适当妥协，以促进 TPP 劳动标准议题尽快谈成。

2. 外部条件

近年来，面对传统的劳动密集型产业的衰退以及国内失业率增加，美国把主要原因归咎于发展中国家实行低劳动标准从而获得竞争优势以及美国国内企业的转移投资。为了扭转这一局面，美国动用较多的人力和物力在 FTA 劳动标准的谈判上，这是显而易见的。然而，即便如此，谈判对方的态度在一定程度上还是可以影响谈判结果。例如，由于墨西哥在谈判 NAFTA 时坚决反对强制实施美国提出的高水平的劳动标准，而美国政府当时迫于快车道程序即将到期而不得已做出让步，所以墨西哥最后争取到以并列模式纳入劳动标准，只允许职业安全与卫生、雇佣童工以及最低工资

[①] 快车道程序授权源于美国 1974 年贸易法，目的是防止总统主导的贸易谈判最后因国会的反对而前功尽弃。对于美国总统根据此授权谈判缔结的 FTA，国会一般不做实质性审查，从而确保谈成的 FTA 可以顺利获得批准而生效。最初的快车道授权有效期为 6 年，后因谈判贸易协定的需要，一再延长，直到 1994 年 6 月 1 日失效。2002 年美国贸易促进权法案再次授予总统快车道程序权（又称为贸易促进权），该快车道程序授权到 2007 年 7 月 1 日失效。为了适应正在谈判的 TPP 以及 TTIP（《跨大西洋贸易与投资伙伴协定》）谈判的需要，美国目前正在讨论再次启动快车道程序。参见 Camp Sees Fast-Track Vote "Early Next Year" If Administration Engages, Inside U. S. Trade, 2013 - 12 - 12。

水平这3类案件进入专家组审查。目前12个TPP正式谈判方中,可能支持美国建议文本所含的完全强制执行义务的只有日本,而明确反对的已经有加拿大、新西兰、澳大利亚、越南、马来西亚和文莱。在TPP劳动标准议题上,谈判力量的对比显然比过去更有可能偏向反对美国建议文本的谈判方。若这些反对力量能够持续联合,推动劳动标准议题与商业议题的适当区分,争取以并列模式将劳动标准纳入TPP是有可能的。

四 TPP框架下跨国劳动监管应有的反思理性

与既有的FTA劳动标准实践一样,TPP劳动标准议题谈判也宣称出于解决发展中国家缔约方国内有关劳动问题的目的。因此,如何使谈判朝着真正解决劳动问题的方向发展,值得研究。

较之美国既有的FTA,TPP谈判追求更全面与更高程度的贸易与投资自由化。TPP谈判试图提升既有的贸易和投资体制中自由化程度较低的议题,诸如"知识产权保护尤其是其中的药品专利保护问题"、"国有企业的竞争中立问题"、"金融服务"以及"农产品市场准入",进入一个新的自由化高度,以期成为21世纪全面高标准的FTA模版。TPP一旦谈成,跨国经济子系统将以更快的速度和更大的规模向亚太地区扩张。如果不适当加以限制,其盲目扩张不可避免将冲击其他跨国社会子系统,带来严重的劳动、环境等社会问题。从这个角度看,美国将较高的劳动标准纳入TPP的设想,可以促使跨国经济子系统对其扩张做出自我限制,有助于实现跨国经济子系统与其环境系统的兼容。可以认为,TPP谈判"以更高的劳动标准搭配更高的经济自由化"的出发点符合反思性监管的思路。

然而,与美国之前谈成的FTA不同,目前正式加入TPP谈判的国家已达12个。其中发达国家谈判方与发展中国家谈判方之间的经济发展水平、社会保护状况的差距甚大。美国预设的劳动标准方面的"完全强制执行"义务,能否真正解决发展中国家谈判方国内存在的有关劳动问题?面对远远超过既有实践水平的劳动标准,发展中国家谈判方国内是否具备相应的实施能力以及愿否付出巨大的代价对国内劳动立法和司法体制进行大幅度的调整等问题不可不考虑。如果TPP有必要且必须搭配更高的劳动标准,那么劳动标准问题的谈判至少需要厘清以下两个关键问题。

其一,以"谁"的标准作为谈判的起点。奥巴马政府希望将来谈成的

TPP 超越既往 FTA 的自由化水平，因此认为其中的劳动标准要求也应该全面更新。然而，TPP 谈判不是美国的单边决策。根据本章第二节第一目的分析，美国既有的 FTA 之间的劳动标准要求并不完全一致，其中以美国分别与秘鲁、哥伦比亚、巴拿马和韩国签订的 FTA 要求最高。若像透露的信息所言，美国希望 TPP 谈判的劳动标准在这 4 个 FTA 的基础上再次提高，那么与美国已缔结 FTA 的谈判方，例如墨西哥和智利，能否接受？墨西哥当年接受北美劳动合作协议时，就已经相当勉强，而该协议现在仅是美国已缔结的 FTA 劳动标准实践的最低水平。美国 – 智利 FTA 中的劳动标准要求显然也低于美国根据 2007 年新贸易政策分别与秘鲁、哥伦比亚、巴拿马和韩国之间的 FTA。若 TPP 谈判的劳动标准在美国最近缔结生效的这 4 个 FTA 的基础上再次提高，智利是否做好进一步加强实施国内劳动法的准备？对于美国再次提高劳动标准的建议，作为美国既有 FTA 的缔约对方的这部分发展中国家谈判方（墨西哥和智利）尚且面临挑战，未有任何缔约经验且国内劳动保护水平自认较低的越南所面临的履行压力将更大。

如本章第二节第二目第（二）小目所分析，美国和加拿大既有 FTA 中的劳动标准实践以制裁作为确保缔约国强制实施国内劳动法的主导策略，带有明显的贸易保护主义动机，有过度回应发展中国家缔约方存在的相关劳动问题之危险。因此，美国和加拿大既有 FTA 劳动标准实践并不适合作为 TPP 谈判的起点。TPP 前身（"P4"）自带的劳动合作备忘录体现新西兰既有实践较为平衡的风格，有助于发展中国家缔约方提高对跨国投资和贸易引起的劳动问题的重视。这是导引发展中国家缔约方重视国内劳动保护的第一步。并且，除越南之外，新西兰既有的 FTA 劳动标准实践已经为 TPP 谈判中其他亚洲国家谈判方（即马来西亚和文莱）所接受。以 "P4" 劳动合作备忘录为谈判的起点，可以消除越南及其他发展中国谈判方的排斥心理。若 TPP 劳动标准问题的谈判介于新西兰既有的 FTA 实践模式和美国既有的 FTA 实践模式之间，将能够在一定程度上克服后一模式存在的过度回应倾向，同时又能够推动回应不足的前一模式向着更详尽、更具可操作性的反思性导引机制发展。

其二，解决"谁"的劳动问题。美国一再强调高水平的劳动标准是为了匹配高度自由化的 TPP。言下之意，TPP 劳动标准议题的谈判主要是为了解决更加高度的经济自由化对发展中国家谈判方带来的社会冲击，促进符合社会正义的自由化。既有 FTA 中的劳动标准条款都是针对国家设定义务。按照美国和加拿大既有的实践，当国家不履行协定规定的实施义务时，将遭受金钱制裁（执行货币评估），甚至贸易制裁（报复）。贸易报复将严重背离解决发展中国家缔约方国内有关劳动问题的初衷，因为在此种情况下，发达国家缔约方无异于以较好的社会保护制度向发展中国家缔约方索取额外的贸易利益。同样，金钱制裁如果运用不当，也将产生过度回应跨国劳动问题的危险。理由是，金钱制裁的前提应是被申诉国确实从违反劳动标准实施义务的行为中获取了额外的经济利益，否则，金钱制裁将导致发展中国家缔约方本已捉襟见肘的劳动保护陷入"雪上加霜"的境地。再退一步，如果金钱制裁未能用到被申诉国有关劳动问题的实际改善方面，则这种强制措施是否真正出于解决被申诉国国内有关劳动问题的动机，值得推敲。

根据本节第二目第（一）小目对美国和加拿大既有 FTA 中适用于劳动争端的制裁措施的比较分析可见，美国和加拿大既有 FTA 劳动标准实践在制裁措施的适用方面存在以下三方面区别：前者不仅可以对被申诉方适用金钱制裁，还可以适用贸易制裁，而后者只能适用金钱制裁；前者不论是金钱制裁还是贸易制裁，主要目的都是为了弥补申诉方的利益损失，而后者主要是用以改善被申诉方的劳动标准；前者执行货币评估不要求由缔约各方组成的劳动理事会（委员会）管理，未必专款专用，而后者执行货币评估必须由缔约各方组成的劳动理事会（委员会）管理，且必须专款专用。显然，美国既有 FTA 劳动标准实践的制裁措施严重背离解决被申诉国国内有关劳动问题的目的，如果将其纳入 TPP 的劳动标准内容之中，将严重偏离反思性监管的精神。相比之下，加拿大既有 FTA 劳动标准实践的制裁措施更可能导向真正解决被申诉国国内有关劳动问题之路。如果必须在两类制裁规定之间选择，那么，加拿大既有的 FTA 劳动标准实践的制裁规定偏离反思性监管的程度将更小。

通观本节所论，尽管目前 TPP 谈判中的劳动标准尚未定局，但鉴于美国、加拿大和新西兰的自由贸易协定实践在处理劳动标准问题方面已经积累了比较成熟的经验并且对其他谈判方的贸易协定实践形成较大的影响，可以认为谈判主要是这 3 个国家既有实践之间的相互竞争与妥协，并在此基础上达成能够为其他谈判方所接受的方案。目前谈判事实上围绕要求最严格的美国建议文本展开，TPP 劳动标准规则的内容因此将主要取决于美国对其既有实践的让步程度。尽管如此，其他谈判方可以通过弱化义务和授权争取有利于本国的谈判结果。

　　劳动标准问题历经了 18 轮谈判远未达成一致的事实反映出，在劳动标准纳入自由贸易协定方面，美国预设的一体化模式在逡巡不前的谈判面前已显出困境。TPP 谈判自第 18 轮开始接受日本正式加入的新情况虽可能加强美国关于劳动标准问题建议文本的影响，却难以改变此前谈判业已形成的美国、加拿大和新西兰既有实践相互竞争的基本格局。要推动 TPP 劳动标准议题的后续谈判尽快完成，谈判方可能需要采取议题区分的思路，转向并列模式。当前美国保守的共和党执掌国会以及多数谈判方反对美国政府建议的"缔约方实施国内劳动法方面的完全强制执行机制"，使得纳入模式的转变成为可能。

　　必须承认，TPP 谈判追求"以更高的劳动标准搭配更高的经济自由化"的出发点符合反思性监管的思路，因为这样才能促使跨国经济子系统对盲目扩张进行自我限制，实现跨国经济子系统与其环境系统的兼容。若TPP 谈判欲真正解决发展中国家谈判方国内的有关劳动问题，就必须考虑他们的承受能力，避免重复美国和加拿大既有 FTA 劳动标准实践的过度回应倾向。谈判更适合在新西兰既有 FTA 劳动标准实践模式的基础上提高，因为这样不至于谈判的起点太高，可以消除越南及其他发展中国家谈判方的排斥心理。若 TPP 劳动标准问题的谈判介于新西兰既有的 FTA 实践模式和美国既有的 FTA 实践模式之间，将能够在一定程度上克服后一模式存在的过度回应倾向，同时又能够推动回应不足的前一模式向着更详尽、更具可操作性的反思性导引机制发展。同时，由于美国既有 FTA 劳动标准实践的制裁措施严重背离解决被申诉国国内有关劳动问题的目的，而加拿大既有 FTA 劳动标准实践的制裁措施相对而言还有可能导向真正解决被申诉国国内有关劳动问题之路。如果必须在两类制裁规定之间选择，那么，加拿大既有的 FTA 劳动标准实践的制裁规定偏离反思性监管的程度将更小。

本章小结

受 1975~1998 年 ILO 陷入的制度性停滞的影响，基于对 ILO 监管能力的不完全信任，美国和欧盟等少数发达国家或发达国家集团开始通过单边措施与条约实践进行跨国劳动监管。

在劳动标准纳入 FTA 方面，美国和加拿大的硬法纳入模式与欧盟的软法纳入模式是美国、加拿大和欧盟在劳动标准与国际贸易应否挂钩仍有争论的背景下，以不同方式寻求其他国家（主要是发展中国家）进行跨国劳动监管合作的先行尝试。两大纳入模式均包含了相对于单边措施的结构性变革——软硬机制复杂糅合的特点。这种变革从局部层面体现了"适当克制硬性直接干预""导引国家通过社会对话与公众参与加强自我劳动监管""通过配套财政支持的技术援助和专题培训等加强缔约国自我劳动监管的能力建设"的反思理性。但整体而言，美国和加拿大的硬法纳入模式以制裁作为确保缔约国强制实施其国内劳动法的主导策略，利益计算的动机（贸易保护主义）明显，因此存在过度回应跨国劳动问题的危险，将偏离反思性监管的精神。相反，欧盟的软法纳入模式实践即便包含制裁措施，也仅限于严重整体性地违反 ILO 确立的核心劳动标准的少数特别紧急情况，且其适用条件严格，故而可能更接近反思性监管的精神。

相比区域贸易体制，劳动标准开始纳入双边或诸边投资体制的时间更晚（2000 年之后），且未发生激烈的理论争议。但事实上，与投资有关的劳动问题涉及的行业范围比贸易更广，发展中国家与发达国家之间的利益冲突由此更加激烈。较之区域贸易体制，既有的双边或诸边投资体制中的劳动标准实践要求更低、硬度更软。缘于此，寻求缔约国劳动监管制度之间最低限度兼容的"不降低要求"具有客观合理性，符合反思性监管的精神。尽管既有的实践在反思理性方面存在较大不足，但个别制度，诸如赋权东道国提高劳动标准的政策空间的新举措，体现了符合反思性监管精神的创新。原因在于，该创新措施体现了比利益导引更高明的观念导引，契合发展中国家追求具有"社会可持续性"投资的需要，更易被后者接受。以反思法理论检视不同国家将劳动标准纳入双边或诸边投资体制的实践可以发现，既有的三大类型实践都与反思性监管的精神存在较大的差距。

美国不管是在贸易体制抑或在投资体制下，其劳动标准实践明显可见是基于利益计算：前者基于贸易保护主义，要求严格；后者基于保护投资者利益，总体要求宽松。欧盟在区域贸易体制下的劳动标准实践虽然表现出观念优于利益的追求，但在双边或诸边投资体制下却显露出保护投资者利益的动机。新西兰和EFTA既有的FTA劳动标准实践对贸易和投资问题一并适用，其中纯粹软法的劳动合作机制虽然可以广泛赢得发展中国家缔约方的接受，但这仅仅是迈向反思性监管的第一步，即对加强自我劳动监管的认识。该类实践既无意施压发展中国家缔约方加强自我劳动监管，也无意提供额外的利益激励。由于过于简单和弹性，并且缺乏针对严重违反情况的强制纠正机制，新西兰与EFTA既有FTA中的劳动标准实践距离反思性监管的要求还很远。由此证明，国家的条约实践在跨国劳动监管中的作用不应该被高估。把解决跨国劳动问题的重任寄托在国家的单边措施或条约实践上，并不现实。

国家在跨国劳动问题上的利益分歧从当前富有争议的TPP劳动标准议题的谈判可见一斑。必须承认，TPP谈判追求"以更高的劳动标准搭配更高的经济自由化"的出发点符合反思性监管的思路，因为有必要施压具有盲目扩张本性的跨国经济子系统对其扩张进行自我限制，以便维护跨国经济子系统与其环境系统的兼容与稳定。但是，TPP谈判欲真正解决发展中国家谈判方国内的有关劳动问题，就必须考虑他们的承受能力，避免重复美国和加拿大既有FTA劳动标准实践的过度回应倾向。基于此，TPP谈判预设的以美国分别与秘鲁、哥伦比亚、巴拿马和韩国之间的FTA的劳动标准条款为起点再次提高劳动标准的做法，严重偏离反思性监管的精神。

劳动标准议题的谈判更适合在新西兰既有FTA劳动标准实践模式的基础上提高，因为这样的谈判起点不至于太高，可以消除越南及其他发展中国家谈判方的排斥心理。若谈判介于新西兰既有的FTA实践模式和美国既有的FTA实践模式之间，将能够在一定程度上克服后一模式存在的过度回应倾向，同时又能够推动回应不足的前一模式向着更详尽、更具可操作性的反思性导引机制发展。同时，由于美国既有FTA劳动标准实践的制裁措施严重背离解决被申诉国国内有关劳动问题的目的，而加拿大、美国既有FTA劳动标准实践的制裁措施相对而言还有可能导向真正解决被申诉国国内有关劳动问题之路。若必须在两类制裁规定之间选择，那么，加拿大既有的 FTA 劳动标准实践的制裁规定偏离反思性监管的程度将更小。

目前，TPP 劳动标准议题的谈判逡巡不前，足见劳动标准国家间造法的艰难。即便最终谈成，其涵盖的国家也不过十来个，范围非常有限。受利益计算影响，最后谈成的劳动标准内容难以完全回应真正需要解决的跨国劳动问题。TPP 谈判中的劳动标准问题再次证明，在跨国劳动监管方面，需要突破依靠国家单边措施或条约实践的狭隘思路，导引能够直接解决跨国劳动问题的社会力量。

| 第四章 |

跨国劳动监管中的私人机制

根据第二章和第三章的论述，既然政府间组织（IGOs）自20世纪70年代末以来已从传统的以硬法为主导的监管策略转向以软法为主导促进成员国的自我监管和导引跨国企业（MNEs）私人监管的策略，并且，国家的单边措施和条约实践在回应跨国劳动问题方面的能力和效果也被证明是有限的；那么，私人监管机制及其作用就特别值得关注。为此，本章重点分析公司行为守则以及全球框架协议这两个分别于20世纪70年代末和80年代末兴起的私人监管机制。

第一节 跨国劳动监管之公司行为守则

引　言

尽管公司制定行为守则的动机各不相同，但是这些守则都属于公司承担社会责任的自愿性努力，在一定程度上体现公司对社会价值的认可。公司行为守则调整的社会问题并不限于跨国劳动问题，然而自英国工业革命至今一直存在的劳资力量不平衡问题使得跨国劳动问题在公司行为守则中一直具有重要的分量。有关跨国劳动监管的公司行为守则在20世纪90年代曾经是热议的话题，但对于2000年之后这类行为守则的发展，国内外学者持续关注得很少。少数的进一步研究主要集中在此类行为守则的可诉性问题上。[1]那么，2000年之后有关跨国劳动问题的公司行为守则是否有进一步的发展，抑或不进反退？如果此类行为守则继续发展，那么它的内容

---

[1] 参见参考文献之 Haley Revak（2012）等。

和实施机制有何新变化？有关跨国劳动问题的公司行为守则得以产生与继续发展的原因在哪里？

为了回答这些问题，本文将首先概述公司行为守则对跨国劳动问题调整的历史演进，阐明各阶段的主要特点（第一部分）；接着分析公司行为守则针对跨国劳动监管的内容和实施机制的法律特征以及2000年之后的新变化（第二部分）；继而进一步论证公司行为守则包含的符合反思理性的监管创新（第三部分），以及在反思性监管框架中的地位（第四部分）；最后是简短的结论。

一 公司行为守则对跨国劳动问题调整的历史演进

（一）第一波公司行为守则运动（20世纪70至80年代）

早期回应社会责任的公司行为守则出现在20世纪七八十年代的美国，但主要调整的问题不是劳动问题，而是贿赂（非法支付）。[①] 二战之后至20世纪70年代初，美国的对外投资占世界总投资的一半以上，且来自美国的MNEs在全球MNEs中占据主导地位。[②] 美国MNEs在东道国（包括发达国家和发展中国家）的贿赂丑闻，引起了美国政府和公众的关注。[③] 为了维护公司形象并重塑消费者信心，一些MNEs以行为守则方式表明不会实施贿赂。相比之下，MNEs投资引起的劳动问题虽然也是当时国际社会关注的问题，但是该问题主要纳入东道国（尤其是发展中国家东道国）对MNEs行为促进其经济与社会发展的期待中提出，并集中反映在OECD《关于跨国企业行为的指南》（以下简称"OECD指南"）以及ILO《关于跨国企业与社会政策的三方宣言》（以下简称"ILO三方宣言"）

---

① JENKINS, RHYS, *Corporate Codes of Conduct*, New York: United Nations Research Institute for Social Development, 2001.5.
② 1959年全球13个主要行业中的156个最大的MNEs中，美国占111个（占71%）。虽然到了1976年有所减少，该数量和比例有所减少，但仍然维持在相对多数比例（68个，44%）。参见 KAUZLARICH, RICHARD D., "the Review of the 1976 OECD Declaration on International Investment and Multinational Enterprises", *the American University Law Review*, 1980-1981, 30.1013.
③ 当时尼克松总统推动对美国MNEs的海外贿赂问题进行调查，结果证实400多家美国MNEs在海外有贿赂行为，美国国会在进行广泛的听证之后，于1977年通过了《反海外腐败行为法》。

这两个 IGOs 的软法性监管文件中。这两个监管文件均要求 MNEs 遵守东道国的法律。

然而，某些东道国的法律在劳动保护方面缺失或甚至不利于劳动者的保护。于是，从 20 世纪 70 年代末开始，一些私人或者 NGOs 开始推动 MNEs 在东道国自愿给予不同种族、信仰的劳动者在雇佣、劳动条件、培训以及晋升等方面的非歧视待遇，或者不实施强迫劳动。如 1977 年苏利文原则（Sullivan Principles）由当时美国费城的牧师、大众汽车受托人委员会（Board of Trustees）的委员里恩·苏利文（Leon H. Sullivan）先生倡导，旨在鼓励当时在南非投资的美国 MNEs 超越南非政府的种族隔离政策，对黑人及其他非白种人适用与白种人同样的劳动标准。再如，1984 年麦克布莱德原则（MacBride Principles）由当时大赦国际组织创始人之一肖恩·麦克布莱德（Sean MacBride）先生起草，旨在推动在北爱尔兰投资的美国 MNEs 超越当时英国政府默许基于宗教的雇佣歧视的做法，对当时北爱尔兰不占主流地位的宗教（主要是天主教）信仰者适用与主流的宗教（新教）信仰者平等的劳动标准。再如 1988 年由美国一私人基金发起并以苏联人权活动家斯列帕克（Slepak）先生命名的斯列帕克原则是针对当时苏联存在的强迫劳动问题，要求美国 MNEs 以不实施强迫劳动推动东道国劳动状况的改变。

这些跨国劳动监管的私人倡议均取得了一定的积极成果，MNEs 根据这些私人倡议所制定的行为守则可以称为第一批调整跨国劳动问题的公司行为守则。其中，苏利文原则和麦克布莱德原则均成功游说了部分美国 MNEs 将该原则纳入公司行为守则，并推动了美国政府采取进一步措施解决相应的跨国劳动问题。例如，苏利文原则在实施的 15 年内共有约 150 个美国 MNEs 承诺遵守。[1] 遵守该原则的美国 MNEs 在培训当地黑人劳动者、晋升黑人工人当管理者等方面起到表率作用。[2] 该原则成为 1986 年通过的《全面反种族歧视法》的基础，美国政府以经济制裁手段促使南非政府废

---

[1] MURPHY, SEAN D., "Taking Multinational Corporate Codes of Conduct to the Next Level", *Columbia Journal of Transnational Law*, 2005, p. 43.

[2] LIUBICIC, ROBERT J., "Corporate Codes o f Conduct and Product Labeling Scheme: the Limits and Possibilities of Promoting International Labor Rights through Private Initiatives", *Law and Policy in International Business*, 1999, p. 30.

除种族歧视，使苏利文原则的成果得到巩固和扩展。① 再如，1984 年麦克布莱德原则推行之后，到 1995 年 2 月，在北爱尔兰投资的 80 家 MNEs 中有 44 家承诺遵守。② 当时美国还有一些州通过立法要求将养老金基金是否接受苏利文原则作为确定投资对象的一个要素。③ 1998 年，麦克布莱德原则为美国国会通过的《综合拨款法案》所吸收，该法案要求那些接受美国政府拨付给爱尔兰国际基金（IFI）的受益人（主要是北爱尔兰政府）必须遵守麦克布莱德原则。而 1988 年斯列帕克原则提出后得到当时美国和苏联工会组织、人权国际联盟与赫尔辛基委员会官员的支持，于 1989 年被美国国会列为《斯列帕克原则法案草案》，该草案要求美国企业在苏联投资设立合资企业时必须遵守斯列帕克原则。④ 然而，由于草案提出之后不久苏联就解体，该私人倡议和国会草案也就失去了意义。

可见，在第一波调整跨国劳动问题的行为守则运动中，守则的制定主体主要是美国 MNEs。守则的制定并非出自企业自发的行为，而是源于个人或 NGOs 的倡议。这些倡议的内容主要针对某些东道国对劳动者的保护缺失或实施不力的问题，要求 MNEs 超越东道国国内法的规定或实施要求提供劳动保护。并且，20 世纪 70、80 年代公司行为守则调整的跨国劳动问题具有单一性，主要针对特定东道国的特定劳动问题。

---

① COMPA, LANCE& HINCHLIFFE-DARRICARERE, TASHIA, "Enforcing International Labor Rights through Corporate Codes of Conduct", *Columbia Journal of International Law*, 1995, p. 33; WESTFIELD, ELISA, "Globalization, Governance, and Multinational Enterprise Personality: Corporate Codes of Conduct in the 21st Century", *Virginia Journal of International Law*, 2002, 40.

② MCMANUS, SEAN, the Macbride Principles, http://www1.umn.edu/humanrts/links/macbride.html, 2013-06-09; WESTFIELD ELISA, "Globalization, Governance, and Multinational Enterprise Personality: Corporate Codes of Conduct in the 21st Century", *Virginia Journal of International Law*, 2002. p. 40.

③ LIUBICIC, ROBERT J., "Corporate Codes of Conduct and Product Labeling Scheme: the Limits and Possibilities of Promoting International Labor Rights through Private Initiatives", *Law and Policy in International Business*, 1999, 30. 转引自 PEREZ-LOPEZ, Jorge F., "Promoting International Respect for Workers Rights through Business Codes of Conduct", *Fordham International Law Journal*, 1993, 17. 41-42.

④ SNEIDER, CAROLYN M., "the Slepak Principles Act and Soviet Union-United States Joint Ventures: Profits for People", *Loyola of Los Angeles International and Comparative Law Review*, 1990, p. 13.

（二）第二波公司行为守则运动（20世纪80年代末至今）

20世纪80年代开始，新自由主义逐步取代二战后推行的内嵌的自由主义，成为全球经济治理的主导观念。[1] 在新自由主义观念支配下，全球经济治理的三大核心机构，即国际货币基金组织（IMF）、世界银行集团以及世界贸易组织 WTO，[1995年之前以关贸总协定（GATT）为临时机制]利用贷款和市场准入杠杆，推动发展中国家的结构改革和政策调整。国家（尤其是发展中国家）被要求放松政府监管，推行私有化政策、审慎的财政货币政策以及最小化干预的贸易管理制度。MNEs由此获得了前所未有的扩张机会。除了继续传统分支机构的扩张方式外，很多MNEs开始采取网络化的扩张方式，即通过供货合同、承包合同等方式将发展中国家的企业纳入其全球供货链条之中。国家放松监管与MNEs的扩张引起多方面的劳动问题。

第一方面，受资本跨境自由流动与劳动力相对不自由流动差距的影响，全球范围内劳资谈判力量更加不平衡。

第二方面，某些行业，尤其是在传统的劳动密集型产业，MNEs转移投资或实行生产或服务外包的结果对发达国家劳动者的劳动保护带来较大的冲击。

第三方面，发展中国家竞争MNEs在本国的投资或购买合同，尤其是那些被发展中国家视为其比较优势的劳动密集型产业的投资与购买合同，导致一些发展中国家以降低劳动保护水平或实施强度作为自己的竞争优势。被指称为"血汗工厂"的供货公司基本来自发展中国家。

在这种宏观背景下，公司行为守则的制定受到以下几股力量的合力驱动。

其一，发达国家关注劳动问题的NGOs（包括工会组织）。出于对新自由主义经济观念下国家对社会监管缺乏效率之担忧，20世纪80年代末90年代初，关注MNEs社会责任的NGOs数量增多，[2] 他们关注的重要领域之

---

[1] 孙伊然：《全球经济治理的观念变迁：重建内嵌的自由主义？》，《外交评论》2011年第3期，第24~25页。
[2] JENKINS, RHYS, *Corporate Codes of Conduct*, New York: United Nations Research Institute for Social Development, 2001. 10.

一就是劳动保护。发达国家工会组织由于谈判地位弱化，也希望借助公司行为守则巩固自己的地位，因此他们往往与其他关注劳动问题的 NGOs 联合发起公众运动或提出倡议。其中比较有影响的 5 个倡议分别是洁净服装运动（clean clothes campaign，CCC）、社会责任国际（SAI）、有道德的贸易倡议（ETI）、公平劳动协会（FLA）、工人权利联盟（WRC）。

（1）洁净服装运动（1989 年倡导）。该倡议是由 15 个欧洲国家服装制造业的 200 多个关注劳动问题的 NGOs（包括工会组织）以及其他自愿组织组成的伙伴网络，其通过发动消费者联合抵制的方式向 MNEs 施压制定行为守则，改善劳动保护状况。

（2）社会责任国际（1997 年倡导）。[①] 该倡议是由企业、关注劳动问题的 NGOs（包括工会组织）发起，旨在促进劳动者权利得到保护，主要手段是通过促进有道德的工作条件、劳动权利、公司社会责任以及社会对话消除"血汗工厂"。社会责任国际本身不对 MNEs 及其供货公司遵守 SA8000 做出认证，而是由企业自行申请其所认可的第三方认证机构依据该标准进行有偿认证。

（3）有道德的贸易倡议（1998 年倡导）。该倡议的成员包括 MNEs 及其供货商、关注劳动问题的 NGOs（含工会组织）以及发展型慈善机构，其目的是确保全球范围内生产快速消费型产品的贫穷工人或易受侵害的工人的生活得到改善。与社会责任国际不同，有道德的贸易倡议不要求企业进行劳动保护方面的认证，而是就不同供货链条上的社会责任方面的良好实践组织信息交流和相互学习。截至 2013 年 5 月 29 日，共有 C&A 等 78 家知名 MNEs 接受其基本守则（ETI Base Code）。[②]

（4）公平劳动协会（1999 年倡导）。该倡议的会员既包括 MNEs 及其供货商，也包括关注劳动问题的 NGOs（包括工会组织）以及大学，旨在促进美国及世界其他国家服装行业劳动标准的提高。参加该协会的企业被要求实施其所倡议的《工作场所行为守则》以及《公平的劳动和负责任的采购原则》，协会可以不经通知对 MNEs 及其供货商的工厂进行独立的第三方检查，且可以主动或应利益相关方的申诉发起违反情况调查。截至 2013

---

① 1997 年成立时称为"美国经济优先权委员会"，2001 年改名为"社会责任国际"。
② 参见有道德贸易倡议网站，http：//www. ethicaltrade. org，2013 - 06 - 10。

年5月29日，共有苹果、阿迪达斯、耐克等39家MNEs以及香港飞达帽业控股有限公司、台湾保成国际集团等20家MNEs供货商加入该协会。[①]

（5）工人权利联盟（2000年倡导）。该倡议的发起者主要是关注劳动问题的NGOs（包含工会组织）与大学，旨在消除"血汗工厂"，保护全球服装行业及其他行业工人的权利。截至2013年3月，来自美国和加拿大的180所大学以及5所高中加入了该联盟。[②] 按照该联盟的章程，学校在申请加入联盟时必须提供被授权制造学校标志产品制造商的名称及地址、实际制造学校标记产品的下游供货商的名称和地址。学校还应该将联盟制定的《示范行为守则》纳入与制造商签订的授权制造协议之中，要求制造商通过供货合同要求其下游供货商遵守。与公平劳动协会不同，工人权利联盟在治理结构中排除了企业，主要通过"对涉嫌违反《示范行为守则》的工厂发起主动调查并披露调查结果""要求成员学校通过合同杠杆向MNEs及其供货商施压"等方式，促使违反情况得到改正。

其二，政府间组织（IGOs）。早在20世纪70年代，IGOs就开始尝试以全新的规范形式直接针对MNEs进行监管。目前针对MNEs的义务，已经形成OECD《关于跨国企业行为的指南》（2011版）、ILO《关于跨国企业与社会政策的三方原则宣言》（2006年版）以及UN全球契约（1999年）这三大规范文件主导的软法监管格局。这三大国际文件明确设定国际社会对MNEs遵守国际劳动标准之期待，创新性地引入劝说和促进（能力建设）机制（详见第二章第一节第四部分），是推动MNEs通过公司行为守则等方式在整个供货链条实施自我劳动监管的外部压力。

其三，发达国家政府。1994年，当时的美国总统克林顿决定给予中国永久最惠国待遇。为了回应关注劳动问题的NGOs（包括工会组织）对中国"存在侵犯包括劳动权在内的人权"的指责，克林顿政府于当年要求所有在中国投资的美国MNEs就劳动问题制定公司行为守则。1995年，这种要求扩展适用于所有在海外经营的美国MNEs。1996年，克林顿政府发起了白宫服装行业伙伴（White House Apparel Industry Partnership），旨在为全球MNEs及其供货商制定劳动方面的规则，该服装行业伙伴于1999年更名

---

① 参见公平劳动协会网站，http://www.fairlabor.org，2013-06-10。
② 参见工人权利联盟网站，http://workersrights.org/about/as.asp，2013-06-10。

为公平劳动协会。在欧洲，发达国家对公司行为守则的支持比较典型的是英国。有道德的贸易倡议自1998年成立至今，一直得到英国政府国际发展部的财政支持。[1] 此外，法国与荷兰政府鼓励公司制定行为守则并公布社会责任报告。[2]

其四，部分消费者。随着社会责任理念的推广，一些消费者在做出购买决定时除了关注产品的价格，也会考虑产品的生产过程。作为工人权利联盟主要推动力量之一的反"血汗工厂"学生联盟（United Students Against Sweatshops）即是一个典型的消费群体代表。然而，由于集体行动困境问题，个体消费者对公司行为守则的制定和实施难以形成有效的影响。因此，消费者通常在NGOs指挥下，通过联合抵制促使MNEs制定并实施有关劳动问题的行为守则。

其五，部分投资者或股东。近年来，一些宗教组织或机构投资者发起的"有道德的投资"运动也在一定程度上促进公司制定和实施行为守则。全球公司责任跨宗教中心（ICCR）、英国的公司责任民众委员会（ECCR）以及加拿大的教会与公司责任工作组（TCCR）等机构投资者均明确仅投资于具备社会责任的公司。它们还联合制定了《全球公司责任原则——公司责任标准》。这些宗教组织的投资力量不可小觑。全球公司责任跨宗教中心聚合275个宗教机构投资者，所掌握的投资资金在2000年就高达1100亿美元。[3] 此外，一些养老金基金等机构投资者也日益关注投资对象公司的社会责任。例如，英国2000年通过立法要求所有养老金基金必须在其投资者政策中考虑社会、环境与道德因素。[4] 美国大型的退休金基金加利福尼亚公共雇员养老金基金，也将投资对象的社会责任作为优先考虑的要素。[5]

---

[1] 2011年英国政府国际发展部再次为ETI拨付2011~2014年的经费130万英磅，www.ethicaltrade.org，2013-06-10。

[2] RUGGIE, JOHN GERARD, *Taking Embedded Liberalism Global*: *The Corporate Connection*, HELD, DAVID& KOENING-ARCHIBUGI, MATHIAS, ed., *Taming Globalization*: *Frontiers of Governance*, Cambridge: Polity Press, 2003.

[3] JENKINS, RHYS, *Corporate Codes of Conduct*, New York: United Nations Research Institute for Social Development, 2001.13.

[4] Id.

[5] RUGGIE, JOHN GERARD, *Taking Embedded Liberalism Global*: *The Corporate Connection*, HELD, DAVID& KOENING-ARCHIBUGI, MATHIAS, ed., *Taming Globalization*: *Frontiers of Governance*, Cambridge: Polity Press, 2003.

除了依照有道德的投资标准进行投资筛查外，这些机构投资者在成为公司股东之后，还会推动股东大会就社会责任问题做出决议，促使公司制定和实施行为守则。[1]

基于上述原因，自 20 世纪 80 年代末以来有关跨国劳动问题的公司行为守则发展较快，呈现以下四个方面的特点。

首先，公司行为守则制定主体多样化。除了保留公司自行制定的行为守则外，有关劳动问题的公司行为守则制定主体倡议从原来的个人或单一的 NGO 扩及多方利益相关者（multi stakeholder），即至少包含关注劳动问题的 NGOs（包括工会组织），许多情况下甚至还包括 MNEs 和发达国家政府。另外，较多的行业协会就跨国劳动问题制定了公司行为守则。[2]

其次，较之 20 世纪 70 年代和 80 年代中私人倡议偏重实体性原则的情形，20 世纪 80 年代末以来发布的多方利益相关者倡议一般包括比较具有可操作性的检查或调查程序。如公平劳动协会、工人权利联盟，除了提供劳动保护的实体标准规则之外，还规定倡议机构（组织）有权对 MNEs 及其供货商遵守行为守则的情况进行独立监督或调查。

再次，较之 20 世纪 70 年代和 80 年代中期的 MNEs，20 世纪 80 年代末以来 MNEs 对调整跨国劳动问题的行为守则更加重视。某些知名的 MNEs，如李维斯、耐克，愿意在制定或实施公司行为守则方面投入成本和精力，行为守则的制定和实施由原来的部门管理提升为董事会的决策事项。部分 MNEs 行为守则还包含制裁条款，未遵守行为守则的供货商将被中止或终止订单，但通常供货商在被制裁之前拥有采取补救措施的权利。[3]

最后，相较 20 世纪 70 年代和 80 年代中期公司行为守则主要来自美国 MNEs 之情形，20 世纪 80 年代以来，欧洲的 MNEs 也开始制定或采纳有关劳动问题的行为守则。较早采用劳动标准守则的欧洲 MNEs 有德国的

---

[1] 典型的例子是全球公司责任跨宗教中心，其在 2000 年促进 100 多个所投资的公司通过了 140 份关于社会责任的决议。JENKINS, RHYS.

[2] OECD 于 2001 年所调查的 246 个公司行为守则中，有 92 个公司行为守则的制定主体是商业协会，其中部分守则是关于劳动问题的。OECD. *Code of Corporate Conduct: Expanded Review of their Contents*, Paris: OECD Publication, 2001. 4.

[3] OECD. *Code of Corporate Conduct: Expanded Review of their Contents*, Paris: OECD Publication, 2001. 10.

C&A、Otto Versand，英国的 Pentland Group 等。[1] 与 20 世纪 70 年代和 80 年代中期调整跨国劳动问题的公司行为守则一般针对美国 MNEs 特定的海外市场的全资子公司不同，20 世纪 80 年代末以来，有关跨国劳动问题的公司行为守则开始扩及适用于 MNEs 在全球的供货商、承包商以及其他合作伙伴。[2]

目前未有关于跨国劳动问题的公司行为守则数量的确切数据。但是，以美国 MNEs 为例，采纳公司行为守则的 MNEs 较广，主要有运动鞋（如 Nike、ReeBok）、个人护理用品（如 Gillette）、照相器材（如 Polaroid）、固定设备（如 Hallmark）、五金器材（如 Home Depot）、旅馆（如 Starbucks）、电子设备和电脑（如 Honeywell）等行业的 MNEs。[3] 此外，那些公司结构和规模尚不足以制定行为守则的中小企业一般采纳商业组织制定的行为守则。美国运动鞋协会（Athletic Footwear Association）行为守则、美国玩具制造协会（the Manufacturers of America）行为守则、美洲商会亚太理事会（the Asia-Pacific Council of American Chambers of Commerce）等制定并发布的行为守则均适用于整个行业。[4] 根据 UN 全球契约公布的数据，截至 2013 年 5 月 29 日，已有来自 145 个国家超过 7000 家企业参与认可了全球契约的十大原则，其中包括四方面的劳动标准原则。根据这些公司加入全球契约的承诺，劳动标准方面的四方面原则必须内化到公司日常经营者中，而公司行为守则是内化这些原则的有力证据。更何况，可能有部分制定行为守则的 MNEs 并未加入联合国全球契约。故此，有理由认为，关于跨国劳动问题的公司行为守则的绝对数量不少。

根据上述阐述可以得出以下两点结论。第一，尽管有关跨国劳动问题的公司行为守则可能仅仅面向公众，也可能仅仅面向企业（主要是本部）的雇员；但是随着 MNEs 结构网络化程度提高，公司行为守则越来越关注

---

[1] JENKINS, RHYS, *Corporate Codes of Conduct*, New York: United Nations Research Institute for Social Development, 2001.5.

[2] OECD2001 年所调查的 246 个公司行为守则中关于劳动问题的守则有 148 个，其中 41.2% 提到对供货商或承包商的要求。

[3] U.S. DEPARTMENT OF LABOR, The Apparel Industry and Codes of Conduct (1996), http://www.dol.gov/ILAB/media/reports/iclp/apparel/main.htm, p.14, 2014-03-10.

[4] U.S. DEPARTMENT OF LABOR, The Apparel Industry and Codes of Conduct (1996), http://www.dol.gov/ILAB/media/reports/iclp/apparel/main.htm, p.15.

整个供货链条存在的劳动问题。原因在于，这些供货链条一般位于劳动保护缺乏或不足的发展中国家，一旦供货链条上的劳动问题被披露，作为买方的 MNEs 的品牌声誉将遭受较大的负面影响，可能因此损失销售市场以及来自机构投资者的投资。故此，通过公司行为守则要求供货商或承包商遵守相关的劳动标准是 MNEs 的利益所在。第二，无论是自行制定的还是根据私人倡议或商业协会要求采纳的行为守则，MNEs 并非作为跨国劳动监管的客体，而是被赋予监管主体的地位，负责监督海外分支机构、供货商、承包商以及其他与供货有关的合同对方当事人的劳动问题。

二 调整跨国劳动问题的公司行为守则的内容和实施机制

（一）劳动标准范围

1. 2000 年之前公司行为守则内容方面的特点[①]

2001 年 OECD 曾对 246 个公司行为守则中的 148 个有关劳动问题的公司行为守则进行调查，[②] 发现其中劳动条件的一般性承诺最常见，例如多数行为守则提到合理的工作环境（75.7%）、遵守当地法律（65.5%）。相比之下，在核心劳动标准项目上，禁止歧视或骚扰相对常见（60.8%），禁止使用童工的比例次之（43.2%），其他核心劳动标准项目的比例更低：禁止强迫劳动（38.5%），结社权（29.7%），集体谈判权则未被提及。公司行为守则在劳动保护内容方面呈现的模糊特点可能是因为，这些公司行为守则的制定者多数是公司，公司行为守则尽管仅为自愿承诺，但承诺一旦做出就会成为社会监督的对象。越是精确的措辞就越有可能暴露自己的违反行为，公司故此不愿意以精确的措辞强化自身的遵守义务。

2002 年学者 Rhys Jenkins 对 153 个有关劳动问题的公司行为守则进行调查后发现，商业协会以及多方利益相关者制定的行为守则在核心劳动标准项目以及非核心劳动标准项目上的内容比重存在差别（详见表 4-1 和表 4-2）。

[①] 由于 OECD 于 2001 年对 246 个公司行为守则进行的调查以及 Rhys Jenkins2002 年对 153 个公司行为守则的调查并未列出各个守则具体的制定时间，此处的 2000 年仅仅是一个大概的界限，不能排除有个别行为守则制定时间在 2001 年或 2002 年。

[②] JENKINS, RHYS, *Corporate Codes of Conduct*, New York: United Nations Research Institute for Social Development, 2001, p. 22.

表4-1　不同类型的公司行为守则涉及核心劳动标准项目的情况分析表

守则类型 项目	公司守则 （101个）	商业协会守则 （30个）	多方利益相关者守则 （20个）
禁止强迫劳动	41.6%	20%	65%
禁止使用童工	46.5%	23.3%	70%
禁止歧视或骚扰	67.3%	30.0%	75.0%
自由结社和集体谈判权	23.8%	13.3%	95%
ILO三方原则宣言	3.0%	6.7%	60%

表4-2　不同类型的公司行为守则涉及非核心劳动标准项目的情况分析表

守则类型 项目	公司守则 （总101个）	商业协会守则 （30个）	多方利益相关者守则 （20个）	总数
合理的工作环境	76.2%	80%	75%	
遵守法律	69.3%	53.3%	70%	
补偿	51.5%	16.7%	70%	
工作时间	35.6%	13.3%	60%	
培训	29.7%	30%	40%	
人权	22.8%	26.7%	30%	

表4-1、表4-2数据来源：Rhys/Pearson, Ruth/Seyfang, Gill. ed. *Corporate Responsibiity and Labour Rights: Codes of Conduct in Global Economy*, London: Routledge, 2002. 19.

从表4-1可见，多方利益相关者制定的行为守则比公司、商业协会制定的行为守则更有可能纳入核心劳动标准项目，尤其是其中的结社权和集体谈判权的纳入比例高达95%，远高于企业和商业协会的行为守则的纳入比例（分别是23.8%，13.3%）。这是因为，工会组织通常是多方利益相关者倡议的发起人之一，实现结社权和集体谈判权是工会组织参与此类倡议的最主要目的；而在其他两类公司行为守则的制定过程中，工会组织可能也会被邀请参与讨论，但却没有决策权。就单一的核心劳动标准项目的纳入情况而言，公司制定的行为守则的纳入比例一般高于商业协会制定的行为守则。造成该现象的原因在于，商业协会的行为守则意在适用于整个行业的所有企业，其中那些高度依赖品牌声誉的企业和那些对名牌声誉较不敏感的企业在实施劳动保护方面的积极性可能有差异，商业协会的行为守则为了扩大其适用性一般需要折中处理，从而极可能导致劳动保护内容被稀释。

表 4-2 的研究可以进一步证实 OECD2001 年调查报告的结论。在非核心劳动标准项目上，公司与商业协会制定的行为守则多数强调合理的工作环境和遵守劳动标准，因为这种笼统的规定不会给公司实施行为守则带来太大的压力。然而，一旦涉及补偿、工作时间限制、培训等具体的劳动保护义务，公司与商业协会制定的行为守则就显得比较保守。

可见，不同类型的公司行为守则以及不同公司制定的行为守则在内容方面呈现多样化特点。造成公司行为守则内容多样化的原因包括主观和客观两个方面。主观方面包括但不限于以下几种原因：制定主体对迫切需要回应或解决的劳动问题存在不同的认识，那些被认为最容易引起社会压力（社会舆论）和经济压力（销售市场和融资）的劳动问题更有可能被优先纳入公司行为守则之中；社会责任意识不同，不可否认，某些企业（例如 Levi Strauss、Body Shop）制定行为守则确实出于理念的认同。客观方面的影响要素则包括 MNEs 的规模与结构、对品牌声誉的依赖程度、供货商的结构以及对供货商的控制程度、东道国或供货商所在国的国内法是否禁止等。尽管如此，多方利益相关者制定的行为守则在内容方面往往代表最新的实践或努力的方向。

2. 2000 年至今的内容变化

由于 2000 年之前影响公司行为守则中的劳动标准内容之主观与客观原因在 2000 年之后仍然存在，可以认为，2000 年以来公司行为守则的内容继续呈现多样化的特点。2000 年之后，公司行为守则内容在多元化基础上继续发展。相当一部分 MNEs，例如 Levi Strauss、Nike、Adidas 等公司均对 90 年代的行为守则进行修改，增加劳动标准项目或细化原有的项目。[①] 尽管客观上难以对所有 MNEs 行为守则的劳动标准内容的变化逐一梳理，但从公平劳动协会、社会责任国际这两个多方利益相关者倡议近年

---

① 例如，Levi Strauss 于 1999 年、2005 年两次对 1992 年行为守则进行修改，增加了结社权和集体谈判的权利，2012 年版的行为守则（《社会与环境可持续指导手册》）前两章对劳动标准做了细化规定。Nike 于 1992 制定了行为标准，其最新版的行为守则是 2010 年版的守则以及 2012 年的守则领导标准（具体的标准）。Adidas 也于 1997 年制定首份行为标准，2006 年进行修改，细化了其中的项目内容。

的修改情况,[1] 可以预测公司行为守则内容的新变化。以下将通过公平劳动协会《工作场所行为守则》2011年版对1997年版的修改,以及社会责任国际制定的SA8000最近两版(2008年版与2001年版)的比较,加以论证。

首先,尽管劳动标准项目的范围基本未变,仍然包括四方面的核心劳动标准项目(禁止使用童工、禁止强迫劳动、禁止歧视、结社权和集体谈判权)[2] 以及三方面的非核心劳动标准项目(职业安全与卫生、工作时长以及报酬),2011年版《工作场所行为守则》和2008年版的SA8000关于四方面核心项目的内容均比旧规定更为明确、更严格,更有利于劳动者权利的保护。

雇佣童工的最低年龄方面,两个新守则均废除旧版规定的允许14周岁最低雇佣年龄的例外情况,规定最低雇佣年龄为15周岁,若当地法律有更高规定或者完成义务教育的年龄更高,以后者为准。相比ILO关于最低雇佣年龄的第138号公约允许例外情况下最低雇佣年龄可为14周岁之规定,两个倡议的新标准更为严格。此外,2008年版SA8000在2001年版的基础上增加了"要求供货商制定书面救济雇佣童工的程序"、"供货商应对童工继续接受教育予以财政和其他方面的支持"以及"判断何为危险、不安全或不健康的工作环境,应根据儿童的生理和心理特点确定"等内容。

禁止强迫或强制劳动方面,2011年版《工作场所行为守则》虽未列举具体情况,但增加了衡量的基准(benchmark)——"赋予工人在工作场所移动的自由";而2008年版的SA8000规定极为详细,包括修改强迫劳动的定义为"并非出于自愿,或是出于惩罚或报复的威胁,或者被要求抵债的",并增加"禁止以克扣劳动者的工资、福利、财产或证件的方式强迫劳动者为其劳动"以及"劳动者可以在标准的工作时间结束时离开,并在合理的期限内事先通知雇主的情况下终止雇佣合同"。在此方面,ILO关于禁止强迫劳动的第29号公约将强迫或强制劳动界定为"迫于惩罚的威

---

[1] 1997年公平劳动协会成立之时制定的《工作场所行为守则》经过10年的实施,董事会以及相关利益主体均认为有加强必要,于是2008年2月着手修改,2011年通过实施。针对跨国企业的附属单位,2011年,公平劳动协会还制定了《公平的劳动与负责任的采购原则》。1997年社会责任国际的前身美国经济优先权委员会发起的SA8000经2001年修改之后,经过7年再次进行修改,形成2008年版的SA8000。

[2] 核心劳动标准之组织权之所以未纳入绝大多数的公司行为守则,是因为该权利具有很强的政治敏感度,很容易与东道国国内法产生冲突。

胁或非自愿提供的劳动"。显然，两个倡议的新守则比 ILO 有关公约的界定更全面，更有利于劳动者。

禁止歧视方面，2011 年版《工作场所行为守则》在相应的基准中明确"禁止使用或威胁使用心理虐待，如不得为了维持劳动纪律，强迫工人签订自我批评书或将受纪律处理的工人名字张贴出来"以及"若法律没有对宣称受到骚扰或虐待的工人提供相关的保护，则雇主必须提供保护"；而 2008 年版的 SA8000 则在原来歧视理由（种族、阶层、宗教信仰、残疾、性别、性取向、工会成员、党派或年龄）的基础上增加了"基于国籍、社会出身、出生、家庭责任、婚姻状态、政治观点以及其他情形的歧视"。ILO 关于禁止雇佣歧视的第 111 号公约仅仅规定不得基于种族、肤色、性别、宗教信仰、政治观点、国籍、社会出身的歧视。可见，两个倡议的新守则在禁止歧视方面的规定更为全面。

在结社权和集体谈判权方面，2011 年版《工作场所行为守则》比旧版守则增加了衡量的基准——"若该权利受到国内法的限制，雇主不应阻止那些替代结社权的法律形式"以及"雇主不得制裁组织或参与合法罢工的工人"；而 2008 年版的 SA8000 在原来规定的基础上增加"公司应该尊重劳动者的结社权，并应该采取有效方式通知劳动者该方面的权利，保障他们行使该权利不会遭遇任何不利后果或来自公司的报复""公司不应以任何方式干预工人组织的建立、运行或管理，也不得干预集体谈判""工人自由选择其代表的权利""公司不得对工人代表进行骚扰、威胁或报复"。相比之下，ILO 关于结社权的第 98 号公约仅仅规定"不得以放弃加入工会作为雇佣条件，或者解雇、歧视加入工会的工人"，且该公约对集体谈判的要求仅仅是雇主或雇主组织与工人组织之间的自愿谈判。故此，两个倡议的新守则的规定更具体也更严格。

其次，追求高于当地或行业最低水平的劳动标准。2011 年版《工作场所行为守则》和 2008 年版的 SA8000 均追求国际公认的劳动标准，只是前者并未指明参照 ILO 制定的国际劳动标准，而后者明确以 ILO 相关公约规定的劳动标准为依据。但是，2011 年版《工作场所行为守则》极具创新性的修改，就是增加了"雇佣关系"条款，明确"雇主应该采纳和遵守那些尊重劳动者的劳动条件和规则，至少应该保障劳动者根据国内和国际的劳动法、社会保障法律和规章享有的权利"。2011 年版《工作场所行为守则》在禁止歧视方面规定的"若对宣称受到骚扰或虐待的工人没有相关的法律保护,则雇主必须提供保护",在结社权和集体谈判权方面规定的"若该权利受到国内法的限制,雇主不应该阻止替代结社权的法律形式",以及在报酬方面规定的"雇主支付的报酬应该至少达到当地最低工资水平或本行业现行的工资标准,以两者高者为准"等均体现了高于当地或行业最低劳动标准的努力方向。

可见,公平劳动协会与社会责任国际对其劳动行为守则倡议的修改在四个方面的核心劳动标准项目(禁止使用童工、禁止强迫劳动、禁止就业和雇佣歧视、结社权和集体谈判权方面)上均高于 ILO 相关公约的保护水平。尤其是,公平劳动协会 2011 年版《工作场所行为守则》多处体现了"高于当地或行业最低水平的劳动标准"之追求,有助于推动 MNEs 及其供货商在劳动标准方面的"向上竞争"(race to the top)。鉴于公平劳动协会、社会责任国际在跨国市民社会中的公信力且已拥有了一部分知名 MNEs 作为成员,有理由相信,这两个倡议内容的修改将对已加入和准备加入的公司修改或制定行为守则产生积极的影响。

(二) 实施机制

1. 2000 年之前的实施机制

正如 1996 年美国劳工部针对美国纺织业行为守则的实施情况的调查报告[①]所指出的那样:由于公司行为守则已经成为美国纺织业 MNEs 比较广泛的实践,更重要的问题在于 MNEs 为实施行为守则采取了哪些措施。[②] 鉴于纺织业是有关跨国劳动问题的公司行为守则适用的典型行业,可以认为此类行为守则的实施机制具有较大的代表性。以下分析建立在美国劳工部 1996 年对美国纺织业行为守则的实施调查报告之上,有关跨国劳动问题的公司行为守则的实施机制可分为透明度、监督以及制裁三个方面。

第一,透明度措施方面。提高公司行为守则的透明度,让外国供货商及其雇佣的工人、公众、关注劳动问题的 NGOs 以及有关政府知道行为守则的内容,有助于守则实施效果的提高。1996 年美国劳工部对美国

---

① 该报告可以从 http://www.dol.gov/ILAB/media/reports/iclp/apparel/overview.htm 下载。
② U. S. DEPARTMENT OF LABOR. The Apparel Industry and Codes of Conduct (1996), http://www.dol.gov/ILAB/media/reports/iclp/apparel/main.htm, p. 9, 2014 - 3 - 10.

纺织业 MNEs 在萨尔瓦多、危地马拉、多米尼加共和国、洪都拉斯、印度以及菲律宾这 6 个国家的 70 家供货工厂进行走访调查的结果显示,[①] MNEs 主要采取以下全部或部分透明度措施:将有关行为守则发送给外国供货商,就有关行为内容开展正规培训,将行为守则以当地文字张贴在工厂,让劳动者了解有关行为守则的内容,以及将有关行为守则传播给其他利益相关者。

第二,监督程序方面。监督方式分为四种。其一是内部监督,一般适用于那些对生产的全过程进行直接控制的大企业,这类企业一般不愿意让第三方进入其工厂且有能力对所有工厂进行监督。其二是代理购货商的监督。一般适用于那些依赖代理购货商对供货方实施公司行为守则的情况进行监督的中小企业。这种监督可以减少财政和行政负担,但公司对于行为守则的实施没有直接控制。其三是外部审计,即聘请会计公司或审计公司对行为守则的实施进行监督。相比前两种监督方式,外部审计可以在一定程度上提高公司行为守则的公信力。然而,基于外部审计可能存在因接受被审计的供货商的报酬而得出供货商未违反公司行为守则的审计结论之担忧,该种监督方式在公信力上被认为有一定缺陷。其四是 NGOs 监督。NGOs 具有比外部审计机构更高的独立性,是提高公信力的更好办法,然而愿意采用该监督方式的企业极少。根据 1996 年美国劳工部对美国服装行业 48 个公司的调查,[②] 采纳第一种监督方式的公司最多(有 Federated Department Stores 等 28 个),其次是外部监督(有 Dillar Department Stores 等 27 个),再次是外部审计(有 Price/Costo 等 4 个),最后是 NGOs 监督(仅 Liz Claiborne 等 2 个,均搭配其他监督方式)。部分美国企业兼采两种或三种监督方式,其中 JCPenny 等 14 家公司兼采内部和外部审计方式,而 Gap 公司兼采内部审查、代理购货商审查以及 NGOs 审查,Kellwood 公司则兼采内部审查、代理购货商审查以及外部审计。

第三,强制措施方面。强制措施是针对供货商违反公司行为守则的应对措施。强制措施对供货商遵守公司行为守则具有震慑作用。MNEs 对于供货商违反其行为守则的行为,一般首先会启动调查。若调查确实存在违

[①] Id. , pp. 85 – 96.

[②] U. S. DEPARTMENT OF LABOR. The Apparel Industry and Codes of Conduct (1996), http:// www. dol. gov/ILAB/media/reports/iclp/apparel/main. htm, pp. 33 – 34, 2014 – 3 – 10.

反情形，MNEs 可能采取强制措施，包括消极的强制措施（如要求对方支付违约金、中止合同履行、要求改正、支持开展教育项目、撤销既有合同、断绝商业关系等）以及积极的强制措施（若供货商的违反情况消除，则继续与供货商签订合同或增加订单）。

不同公司的强制措施的力度不尽一致。较温和的方式，如 Liz Claiborne 公司的做法是：首先对报告的违反情况进行调查，确定问题的性质和范围以及涉案工人的状况，然后要求供货商以人道方式解决问题，确保问题工厂达到行为守则规定的标准。Nike 公司的做法是：若发现违反行为守则的情形（使用童工除外），将要求工厂经理确定改正问题的时间表。比较严格的方式，例如，VF 公司的做法是：首先对违反情况进行调查，一旦确认存在违反情况，则会尽力与供货商合作改正这些问题，若供货商仍然未能改正有关问题，供货关系将被终止。Jones 公司则要求供货商采取救济措施，若供货商不采取救济措施或没有效果，将导致供货合同被撤销。Federated 公司的做法是：若发现因供货商自身的原因严重违反公司行为守则，将立即暂停接收该工厂所有的交货，并暂停签订新的订单，直到供货商建立必要的遵守机制。而 JCPenny 公司的做法是：若经过全面调查发现确实存在违反情形，将采取适当的纠正措施，包括撤销有关的订单、不允许供货商再使用问题工厂生产的订单产品，甚至终止与供货商的所有订单。最严格的方式，如 Kmar 公司的做法是，一旦发现供货商违反守则，就立即撤销订单，且所有的损失均由供货商承担。

2. 2000 年至今实施机制的变化

与内容方面继续呈现多样化的理由相同，不同主体制定的公司行为守则的实施机制也将保持差异化状态。然而，2000 年之后，部分公司采取新措施加强公司行为守则的实施效果。例如，2005 年 Nike 公司率先采取公开其全球供货商名单的做法，该做法为 Levi Strauss、Adidas、Timberland、Mountain Equipment Co-op 等公司效仿。[1] 公布全球供货商的做法可以增强公司行为守则实施的一致性与公信力。

在对供货商的监督方面，许多公司，诸如 Levis、Adidas、Nike，在

---

[1] DOOREY, DAVID J., "The Transparent Supply Chain: fromResistance to Implementation at Nike and Levi-Strauss", *Journal of Business Ethics*, 2011, 103 (4): 601.

2000 年之后根据情况变化多次对其行为守则做出修改,进一步加强对供货商的劳动监督力度。以 Nike 公司 2012 年发布的行为守则的实施标准即《守则领导标准》(Code Leadership Standards)为例,相较其 1992 年发布的缺乏系统的监督机制的第一份行为守则,[①] 新的实施标准详尽规定了供货商落实公司行为守则的义务,包括:指定专人负责 Nike 公司守则领导标准的实施;与工人沟通、对工人进行培训;就《守则领导标准》进一步做出解释,就雇佣、非歧视、申诉机制、报酬、骚扰和虐待以及工作时长等方面的良好的程序向 Nike 报告自己的遵守计划;配合 Nike 或关联品牌(Nike Affiliates)指派的内部监督员或第三方监督员的监督,允许监督员进入现场监督,注意保留有关文件以备调查,不得事先对雇员进行应对监督的培训;未经 Nike 或关联品牌公司批准,不得转包订单给其他工厂;若未能尽最大努力及时解决监督所发现的问题,将会引起采购协议框架内的制裁,如订单的减少或转移。而另有部分公司在确保供货商实施状况的基础上,进一步关注从本源上消除供货链条上存在的劳动问题。例如 Levi Straus 公司强调监督供货商实施守则仅仅是改善工作条件的一部分,因此,除了直接与供货商合作实施公司行为守则外,公司还设立基金资助供货商困难职工(称为"社区项目"),并加入 ILO 与国际金融公司(IFC)合作的"更好的工作"(better work)项目,帮助海地、印度尼西亚、莱索托以及越南提高劳动标准以及纺织业的竞争力。[②]

与此同时,公平劳动协会 2011 年专门就 MNEs 对供货商的监督义务制定了《公平的劳动与负责任的采购原则》。社会责任国际 2008 年版的 SA8000 的对实施机制做出了部分修改。这两个多方利益相关者倡议在加强公司行为守则实施力度上的新变化可以概括为以下几个方面。

第一,监督义务增加或细化。《公平的劳动与负责任的采购原则》以及 2008 年版的 SA8000 均要求 MNEs 应该确保公平劳动协会和社会责任国际所指派的监督员得以进入其供货商的工厂检查、审计,只是后者规定比较简单,而前者规定比较详细。例如《公平的劳动与负责任的采购原则》要求 MNEs 应确保供货商配合公平劳动协会的调查要求,参与公平劳动协

---

① DOOREY, DAVID J., "The Transparent Supply Chain: from Resistance to Implementation at Nike and Levi-Strauss", *Journal of Business Ethics*, 2011, pp. 591 – 594.

② 信息来自 http://www.levistrauss.com/sustainability/product/product-suppliers, 2013 – 04 – 14.

会的适当注意行动,包括未经通知的现场调查以及公司总部的访问,提供准确完整的供货商名录,向公平劳动协会提交《公平的劳动与负责任的采购原则》年度实施报告。① 此外,《公平的劳动与负责任的采购原则》对传统的实施程序,如发送行为守则给供货商、组织培训和沟通等实施程序进行细化,② 还要求确保供货商工人有权利用申诉程序以及秘密报告渠道。③

第二,强调外部沟通与利益相关主体的参与。社会责任国际 2008 年版的 SA8000 第 9.14 条"管理制度"要求公司应该乐意与所有利益相关主体就标准的遵守进行对话,而《公平的劳动与负责任的采购原则》则要求成员公司建立并维持与关注劳动问题的 NGOs(包括工会组织)的关系,向他们了解当地的劳动标准的遵守问题,并在监督和采取救济措施时与合法建立的工会或工人代表进行磋商。④

第三,强调预防措施与纠正措施并举。社会责任国际 2008 年版的 SA8000 第 9.12 条以及《公平的劳动与负责任的采购原则》均要求对违反守则的行为不仅要采取纠正行为,还要采取预防行为。前者比较概括,而后者非常详细,包括:成员公司应收集有关劳动标准的遵守情况的信息,并加以管理及分析(第 6 条);成员公司应该采取及时、预防性方式进行救济,应该在完成调查 14 日内联系被调查的供货商并与供货商合作在 60 天内设计解决所有违反问题的救济方案,并应该对采取措施进行根源分析,提供针对供货链条的可持续的解决方案,预防其他供货商发生类似违法情况,成员公司定期更新救济的禁止并确认救济完成,成员公司记录并追踪救济的进展(第 7 条);确保采购标准与工作场所标准一致,若有不一致,应及时采取措施避免对工作场所标准造成的负面影响,每季度还应整理采购决定的负面影响并采取必要的调整措施(第 8 条)。

有理由相信,公平劳动协会以及社会责任国际这两个倡议在行为守则实施机制方面的上述变化对于已加入、拟加入或表示支持的公司加强实施其行为守则,将产生积极的促进作用。

综上所述分析,自 20 世纪 70 年代至今,公司行为守则调整跨国劳动

---

① 参见 2011 年公平劳动协会《公平的劳动与负责任的采购原则》第 10 条。
② 参见 2011 年公平劳动协会《公平的劳动与负责任的采购原则》,第 1~3、5 条。
③ 参见 2011 年公平劳动协会《公平的劳动与负责任的采购原则》,第 4 条。
④ 参见 2011 年公平劳动协会《公平的劳动与负责任的采购原则》,第 9 条。

问题的内容和实施机制一直呈现多样化特点，且内容和实施机制总体呈现更严格的发展趋势。从公平劳动协会和社会责任国际这两个倡议的修改内容来看，四个方面核心劳动标准项目（组织权除外）均比 ILO 的核心劳动标准规定得更细更严格，且有意推动 MNEs 及其供货商"向上竞争"（race to the top）。在实施机制上，Nike 等部分 MNEs 自 2005 年开始披露其全球供货商，并加强对供货商实施有关跨国劳动问题的行为守则的监督。而 Levi 等部分公司则将更多的精力放在能力建设以及根源问题的解决上。这些公司在实施机制上的新举措与公平劳动协会和社会责任国际这两个多方利益相关者倡议对实施机制的最新修改是一致的。因此，可以认为，跨国劳动监管的公司行为守则正在推动企业的劳动标准"向上"发展。

三 公司行为守则符合反思理性的监管创新

公司行为守则本身就是直接回应跨国劳动问题的产物，具备朝向反思性监管的规范基础。独特的社会学习机制使得公司行为守则具备符合反思理性监管的创新。

（一）规范基础

在公力监管模式（即 IGOs、国家的单边措施与条约实践）下，MNEs 被要求直接回应的是来自国家的社会期待。国家未必能真正代表跨国市民社会，因此不能确保公力监管能完全回应跨国市民社会的期待。相比之下，公司行为守则是 MNEs 主动回应跨国市民社会期待的表现。故此，公司行为守则对跨国劳动问题的回应比公力监管更直接。较之公力监管（除单边措施外）的合法性来自于国家间的同意（包括具有法律效力的同意和仅具有政治意义的同意），公司行为守则的合法性来自于其对跨国劳动问题的直接回应。正如舒茨曼（Suchman）指出的那样，合法性是社会建构的，因为它反映了组织行为所蕴含的社会价值以及某些集体受众在认同共享的规范方面的一致性。[①] 有关劳动问题的公司行为守则体现了公司对劳动标准的承诺，体现公司在满足社会公众对劳动保护的期待方面的努力。

---

① SUCHMAN, MARK C., "Managing Legitimacy: Strategic and Institutional Approaches", *Academy of Management Review*, 1995, 20 (3): 574.

尽管不同制定主体的公司行为守则在内容方面可能存在差异，但因着公司加入 UN 全球契约时对内化 ILO 核心劳动标准的承诺，以及因着公司加入有关劳动问题的多方利益相关者倡议时对超越 ILO 核心劳动标准的公司行为守则倡议的接受及落实，可以相信，相当一部分公司行为守则所追求的劳动标准目标将与 ILO 保持一致。

由此可见，相比公力监管模式，公司行为守则基本排除了国家利益因素的干扰，更有可能围绕亟待解决的具体的跨国劳动问题设计有针对性的解决方案，从而更有可能真正解决发展中国家国内存在的有关劳动问题。这是公司行为守则朝向反思性监管的规范基础。

（二）独特的社会学习机制

MNEs 进行社会学习的过程实际上是 MNEs 与外部压力之间的互动过程。不同的多方利益相关者倡议为 MNEs 设置的社会学习门槛有区别，这是由 MNEs 之间对需要回应或解决的劳动问题的认识、MNEs 的规模与结构、MNEs 对供货商的控制程度等因素的差异决定的。因此，多方利益相关者倡议包含的灵活的社会学习门槛符合反思性监管的精神。

1. 跨国企业与外部压力之间的互动

公司行为守则回应跨国劳动问题的主要机制在于社会学习。诚如第一章第二节第一目所述，历次经济和金融危机也曾让有关利益集团认识到，跨国经济子系统在功能扩张的同时必须自我限制，才能避免自我毁灭，维持系统的持续稳定。然而，在跨国经济子系统的扩张与自我限制中，前者是本性，而后者通常需要足够的外界压力的干扰。跨国经济子系统通常根据外界压力的情况来判断其扩张是否已经到了其他社会系统难以容忍的程度。[1]

诚如本节第一目第（二）小目所析，公司制定或采纳行为守则的外部压力来自包括关注劳动问题的 NGOs（包含工会组织）、政府间组织（IGOs）、发达国家政府、部分消费者、部分机构投资者和股东等。其中关注劳动问题的 NGOs（包括工会组织）是最核心的外部压力来源。从两波调整跨国

---

[1] Teubner, Günter, *Constitutional Fragments: Societal Constitutionalism and Globalization*, Translated by Gareth Norbury, Oxford: Oxford University Press, 2012, p. 93.

劳动问题的公司行为守则运动可以看出，关注劳动问题的 NGOs（包括工会组织）不仅是公司行为守则的倡议者、制定者，而且是公司行为规则实施的监督者。较之公力监管框架下 NGOs 难以获得与国家或 IGOs 对等的地位，在私人监管框架下，NGOs 拥有与 MNEs 平等的地位。这些 NGOs 凭借自身的专业和资源优势，能够较为迅速准确地发现有关行业存在的劳动问题，并据此提出具有针对性的倡议，要求 MNEs 或其供货商采纳。同时，当 MNEs 或其供货商违反有关倡议的规则时，这些 NGOs 又可以代表劳动者与 MNEs 或其供货商沟通具体的解决方案，并对后续措施的实施进行跟踪与监督。

公力监管作为促使 MNEs 进行自我监管的外部压力之一，尽管较为权威，但仍需要通过 NGOs 才能有效发挥作用。NGOs 从这些公力监管安排中获得了代表劳动者进行申诉的权利、[1] 权威的话语依据[2]以及公认的对话与监督平台。[3] NGOs 可以利用这些权利和对话平台敦促 MNEs 加强自我监管。此外，利用公力监管者和 MNEs 分别要求和承诺的透明度措施，关注劳动问题的 NGOs（包括工会组织）还可以通过与消费者建立联系的方式推动 MNEs 制定行为守则并监督其供货商实施行为守则。若 MNEs 未能制定行为守则或未能有效监督其供货商实施行为守则，这些 NGOs 将通过媒体、消费者运动等方式对 MNEs 施加外部压力。在此过程中，负面声誉可能导致的消费市场损失、投资来源的损失以及同行的压力，将合力促使 MNEs 重视其对劳动者保护的不足并学习如何采取补救措施。

2. 社会学习的门槛

如本节第二目所述，公司行为守则在内容和实施机制上呈现的多样化特点，源于 MNEs 对需要回应或解决的劳动问题的认识、MNEs 的规模与结构、MNEs 对品牌声誉的依赖程度、MNEs 对供货商的控制程度等因素的差异。由此，根据不同 MNEs 的情况制定公司行为守则倡议符合反思性劳动监管的需求。尽管目前有关跨国劳动问题的公司行为守则均由 MNEs 自行制定或采纳，劳动标准的广度和深度并不一致，但恰恰是这种灵活性降

---

[1] 参见 OECD 指南的申诉程序、美国和加拿大既有 FTA 中的劳动条款或劳动合作协议规定的公众沟通程序。
[2] 参见 ILO 三方宣言更为全面精确的劳动标准。
[3] 参见 UN 全球契约的对话、申诉以及进展沟通机制。

低了公司行为守则被制定或采纳的门槛,有助于吸引更多的 MNEs 参与其中。一旦 MNEs 加入劳动保护方面的社会责任行列,就同时进入了社会责任的网络之中,将主动或被动地与网络中的利益相关者(包括工会组织在内的关注劳动问题的 NGOs、消费者群体、IGOs 以及国家等)进行互动或对话。在与利益相关者进行"相互理解或误解,相互接受或拒绝"的"黑箱"互动的过程中,MNEs 将不断地内化所感到的外部压力,并通过更新公司行为守则等措施对外部压力进行持续的回应。以下结合四个具有代表性的多方利益相关者倡议对此问题做进一步论证。

(1) 公平劳动协会和工人权利联盟

部分倡议,诸如公平劳动协会、工人权利联盟,以透明度作为促使 MNEs 学习的重要手段,具有较强的公信力。一方面 MNEs 加入这两个倡议有助于增强这些企业的品牌竞争力。但另一方面,由于这两个倡议对 MNEs 施加的学习压力也较大,MNEs 在加入或涉入这两个倡议时都比较谨慎,一般加入或涉入之前会做好实施能力的评估。[①] 即便如此,MNEs 一旦加入公平劳动协会或通过与工人权利联盟的成员学校签订许可制造协议涉入该联盟,这两个倡议的透明度机制将促使 MNEs 不断学习。例如,公司一旦加入公平劳动协会,就有义务在供货链条实施协会制定的《工作场所行为守则》。为此,公平劳动协会不仅将应成员公司的要求,就其遵守《工作场所行为守则》的安排进行认可评估,对成员公司的供货工厂、农场进行未经通知的第三方独立检查;还将主动或应有关劳动者、供货代表、当地的 NGOs 的申诉发起对 MNEs 及其供货商的调查。迄至 2013 年 6 月 19 日,公平劳动协会 39 个成员公司中只有 22 个成员关于实施《工作场所行为守则》的安排获得认可,部分成员的实施安排仍在制定之中或有待进一步改进。公平劳动协会已开展的针对成员公司供货工厂实施守则情况的随机第三方独立调查的次数超过 1500 次,共形成 1363 份评估报告。此外,公平劳动协会主动发起及应工人、工会组织以及其他关注劳动问题的 NGOs 的申诉发起调查的案件共计 39 个。目前尚未出现作为成员的 MNEs 不重视这些评估报告或调查报告的案例。

[①] 例如耐克加入 FLA 之前反复评估自己的实施能力。参见 DOOREY, DAVID J., "The Transparent Supply Chain: from Resistance to Implementation at Nike and Levi-Strauss", *Journal of Business Ethics*, 2011, 103 (4): 593.

与公平劳动协会类似，工人权利联盟也通过透明度机制对 MNEs 施加学习的压力。与公平劳动协会不同，工人权利联盟将 MNEs 排除在管理机构之外，因此被认为更能独立做出调查决定。截至 2013 年 6 月 19 日，工人权利联盟已经就 88 家知名 MNEs 位于 19 个国家的 80 家工厂进行独立的调查并形成了相应的书面报告。[1] 根据这些评估报告和调查报告，有关的劳动问题基本得到了解决。因此可以说，公平劳动协会以及工人权利联盟较好地实现了促进 MNEs 学习的目的。

(2) 有道德的贸易倡议和社会责任国际

相比之下，另外一些倡议，诸如有道德的贸易倡议和社会责任国际，加入的门槛则低得多。有道德的贸易倡议的基本守则非常简单，且自 1998 年以来未曾修改。与公平劳动协会和工人权利联盟下 MNEs 及其供货商被动学习的模式不同，有道德的贸易倡议注重发挥 MNEs 及其供货商主动学习的积极性。虽然有道德的贸易倡议也采取检查手段，但并不披露检查结果，而是将问题作为公司学习的机会，通过现场支持、参与创新及合作项目等方式帮助 MNEs 及其供货商提高实施有关劳动标准的能力。2002 年，有道德的贸易倡议的成员仅 25 个，到 2013 年 6 月已增至 78 个。自 2002 年至 2010 年，有道德的贸易倡议的审计总数从 7731 次增加到 17700 次；供货商的改善情况也相应从 1200 个改善个案增加到 12600 个。2002 年，许多成员公司的守则与倡议的基本守则并不一致，主要是生活工资、结社权和集体谈判权方面；到 2011 年，这种不一致大部分已经消失。[2] 2002 年，多数成员公司还没有报告相应的行动；而仅 2011 年，成员公司报告花在供货商方面的培训时间超过了 267000 工作小时。

类似地，社会责任国际目前的运行机制对 MNEs 的要求也较低，因为在该标准的认证中，主要监督义务和成本分别转移给认证机构和供货商。订单压力和认证费用负担将促使供货商学习遵守 SA8000 的标准。相比 MNEs 自行开展的内部检查，这种第三方专业认证更具有公信力。根据社会责任国际 2011 年度的报告，SA8000 覆盖的范围包括 62 个国家的 65 个行业中的 160 万名工人。社会责任国际的学习机制的特色在于，其将

---

[1] 参见工人权利联盟网站，http://workersrights.org/Freports/index.asp, 2013-06-19.
[2] BELL, STUART.. All Change? 10 Years of ETI Member Reports, http://www.ethicaltrade.org/news-and-events/blog/stuart-bell/all-change-10-years-of-ETI-member-reports, 2013-06-16.

MNEs 对供货商的监督义务转为管理指标，所推行的公司计划要求参与的公司引入供货链条的社会责任管理体系：先自我评估，然后接受社会责任国际的评估，获得供货链条管理级别，在此基础上与社会责任国际就制定和实施改善计划进行对话。各类成员（签约成员、体验成员以及支持成员）均必须每 3 年与社会责任国际讨论改善劳动标准的计划。拒绝对话或者在对话之后并未利用社会责任国际所提供的服务的成员公司，将被要求离开公司计划。截至 2013 年 5 月 29 日，社会责任国际推出的公司计划共拥有惠普等 7 个签约级别成员（signatory level）、迪斯尼以及贝拉卡（Beraca）这两个体验级别成员（explorer level），以及古驰（Gucci）等 11 个支持级别成员。① 尽管签约成员不多，但自成立以来，社会责任国际推出的公司计划以及与商业协会、政府、关注劳动问题的 NGOs（包括工会组织）合作推行的系列培训项目不少。其中包括旨在改善亚洲工人劳动条件的 WE 项目、旨在从本源上提升职业与卫生标准实施能力的工人参与项目（worker engagement program）。②

可见，MNEs 与 NGOs、IGOs、国家、消费者、机构投资者、股东等外部压力的复杂互动促使其重视在劳动者保护方面存在的不足，并学习如何采取补救措施。公平劳动协会等多方利益相关者倡议尽管设置的社会学习门槛高低不同，但凭借各自特殊的外部压力机制，均导向促使 MNEs 及其供货商持续进行自我劳动监管的结果。

四 公司行为守则在反思性监管框架中的地位

在新自由主义经济观念占据主导的当前社会条件下，较之以国家为对象的公力硬法监管的有限作用，公司行为守则将 MNEs 置于监管的主体地位，通过外部压力机制导引 MNEs 发挥自身的独特优势，是反思性跨国劳动监管框架中潜在的支柱力量。

（一）公力监管的不足

公司行为守则作为自愿性的跨国劳动监管形式，符合当前劳动问题国际

---

① 参见社会责任国际网站，http://www.sa-intl.org，2013 - 06 - 10。
② 参见社会责任国际网站之公司项目栏目，http://www.sa-intl.org/index.cfm?fuseaction = Page.ViewPage&pageId=1366，2013 - 06 - 19。

治理的特殊需要。理由在于，当前新自由主义虽面临挑战但在内嵌自由主义尚未重建①的国际经济背景下，跨国劳动领域出现了大片的监管真空地带。

首先，从政府间组织立法的角度看。新的国际劳动公约的制定越来越难。因为 ILO 建立在三方特别多数（2/3）同意的基础上，成员之间政治、经济、社会与文化水平有别，利益偏好也不同，要获得 185 个成员的 2/3 同意非常困难。已通过的国际劳动公约必须通过成员国的批准才能对国家产生约束力，但事实是，很多对国际劳动公约的通过表示支持的国家往往在批准时变得慎重。由此，其对跨国劳动问题的国际监管具有很大的限制性。

其次，从国家的单边措施或条约实践的角度看。虽然国内立法对 MNEs 行为的调整更具有明确性和可预见性，但是发达国家为了维持其 MNEs 的海外竞争力，不太可能将国内的监管要求延伸适用于 MNEs 在海外的分支机构或供货商。美国、加拿大、欧盟等少数发达国家或发达国家集团更愿意通过单边措施或条约实践为发展中国家设置较高的劳动标准要求。许多发展中国家要么因为担心加强劳动监管会削弱其在吸引投资或对外贸易上的比较优势，因而不愿意加强国内劳动监管；要么因为缺乏监管资源而无力监管。故此，目前回应跨国劳动问题的单边措施、既有区域贸易体制中的劳动标准实践，以及既有的双边、诸边投资体制中的劳动标准实践的影响均比较有限。

由此，跨国劳动领域出现公力监管之外的大片监管真空地带。事实上，如第一章第二节第一目所论，鉴于跨国劳动问题是跨国经济子系统内部扩张引起的问题，而跨国经济子系统在结构上具有自我封闭性，公力硬法监管的直接干预并不能有效根本地解决问题。因此，面对跨国劳动问题，更明智的做法是导引社会力量进行监管。如本节第三目第（二）小目之 1. 分析的那样，公司行为守则符合反思理性的监管创新源于以 NGOs 为核心的外部压力及与 MNEs 和其供货商的互动形成的特殊的社会学习机制。公平劳动协会、工人权利联盟、有道德的贸易倡议，以及社会责任国际等多方利益相关者倡议已取得的积极实施效果证明，公司行为守则（尤其是多方利益相关者倡议）可以在公力监管缺失或实施不力的领域发挥重要的

---

① 孙伊然：《全球化、失衡的双重运动与"内嵌的自由主义"——基于微观层面的探讨》，《世界经济与政治》2010 年第 5 期。

调整作用,是反思性跨国劳动监管的关键力量。

(二) 跨国企业的独特优势

公司行为守则在反思性监管中的独特作用还源于其自身的优势。MNEs 的全球化网络及其快速的决策与实施能力使得其行为守则可以跨越地域限制,迅速延伸适用于其全球范围的供货商、承包商、经销商及其他贸易伙伴。根据联合国贸易与发展会议发布的《世界投资报告(2013 年)》,截至 2012 年年底,MNEs 国外附属单位(affiliates,包括分支机构和供货商)雇佣的员工多达 72000000 人。[①] 若 MNEs 能够制定并实施跨国劳动监管的行为守则,存在劳动问题的附属单位的劳动者权益将直接得到改善。并且,MNEs 实施跨国劳动监管的行为守则还可能引发积极的社会溢出效应:在发展中国家,主要的 MNEs 在投资或采购方面采纳良好劳动标准可以带动当地同类公司效仿;而在发达国家,随着主要的 MNEs 劳动标准方面的良好实践逐步向外传播,发达国家国内对"逐底竞争"的担忧也可以逐步消除。

可见,在新自由主义经济观念仍然占据主导地位的今天,针对国家的公力硬法监管模式的实施难度大、影响范围有限。因此,引导 MNEs 的自我监管非常必要。MNEs 拥有网络化以及高效决策与实施的优势,MNEs 与以 NGOs 为核心的外部压力之间的互动,将使公司行为守则在公力监管力不能及的真空地带发挥重要的调整作用。

综合本节所述,自 20 世纪 70 年代末开始的两波公司行为守则运动反映了 MNEs 在外部压力下进行自我劳动监管的努力。相比公力监管模式,公司行为守则基本排除了国家利益因素的干扰,更有可能真正解决发展中国家国内存在的有关劳动问题。这使得公司行为守则具备朝向反思性监管的规范基础。公司行为守则符合反思理性的监管创新在于它能够调动各方力量(NGOs、IGOs、国家、消费者、机构投资者、股东等)共同参与监管,形成推动 MNEs 进行持续自我劳动监管的社会学习机制。调整跨国劳动问题的公司行为守则呈现多样化特点,这是由 MNEs 之间在结构和规模、对供货商的控制能力、对劳动问题的主观认识等方面的差异决定的。从这

[①] UNCTAD, *World Investment Report 2013*, New York: United Nations Publication, xv.

个角度看，适应不同 MNEs 情况而制定的公司行为守则倡议符合反思性劳动监管的需求。公平劳动协会、工人权利联盟、有道德的贸易倡议与社会责任国际等多方利益相关者倡议在具体实施中为 MNEs 设置高低有别的社会学习门槛，符合反思性监管的精神，实践中也取得了积极的效果。从两波公司行为守则运动的情况对比可以看出，公司行为守则正处在不断更新发展之中，采纳公司行为守则的 MNEs 的绝对数量也在继续增加。这是 MNEs 不断学习如何实施符合社会期待的劳动保护的结果，这种趋势应该是开放且整体向上的。

在新自由主义经济观念占据主导地位的当前社会背景下，以国家为对象的公力硬法监管作用有限，而公司行为守则的实施拥有主体方面的特别优势，即网络化结构以及高效决策与实施机制。从政治学角度看，公司行为守则是填补公力监管之外的大片监管真空地带的迫切需要；从系统学角度看，公司行为守则是盲目扩张的跨国经济系统进行自我限制以便维持系统稳定的需要。MNEs 制定或采纳公司行为守则的行为既来自社会的外在压力，也来自于其国际化策略持续稳定发展的内在需要。在外在压力与内在需要方向一致的情况下，应该并且能够进一步完善对 MNEs 的导引，发挥其在跨国劳动监管方面的支柱作用。

第二节　跨国劳动监管之全球框架协议

引　言

全球框架协议（Internaional Framework Agreement 或 Global Framework Agreement）[①] 与公司行为守则同为跨国劳动监管方面的私人努力，但它突破了公司行为守则的单边性，是 MNEs 与有关行业的国际工会组织谈判达成的旨在保护 MNEs 全球分支机构中的劳动者权益的协议。自 1988 年法国跨国公司达能（Danone，当时名称为 Boussois-Souchon-Neuvesel，BSN）与

[①] 全球框架协议是国际工会组织的对外称谓，具体的协议名称未必都包含"全球"一词。有些协议甚至仍采用"行为守则""联合声明""谅解备忘录"等表述，但它们与一般的公司行为守则不同，是国际工会组织与 MNEs 谈判的结果。

国际食品劳联（IUF）[①] 签订第一个全球框架协议[②]以来，迄至 2013 年 6 月 27 日，适用中的协议超过 110 个，[③] 本文仅以这些主要的行业性国际工会组织网站可以收集到的 95 个全球框架协议作为分析样本（参见附件 1）。全球框架协议虽然起源于欧洲，但渐渐为欧洲之外的 MNEs 所借鉴。在 MNEs 一度以公司行为守则为主要内容展示其社会责任的 20 世纪 80 年代末 90 年代初，为什么会有同样追求劳动者权益保护的全球框架协议的产生？全球框架协议是否是公司行为守则的简单翻新？两者的区别如何，是否存在替代关系？全球框架协议的合法性源于何处，有没有进一步发展的空间？等等问题，值得研究。

下文将首先分析全球框架协议产生及发展的内外因素（第一部分），接着比较论证其与公司行为守则在内容、实施机制以及法律性质等方面的区别（第二部分），然后运用反思法理论比较其与公司行为守则在监管方面的不同创新（第三部分），并论证全球框架协议在反思性监管框架中的地位（第四部分），最后是简短的结论。

[①] 包含食品、农业、餐饮、娱乐、烟草以及联合劳动者协会的国际联盟。
[②] PAPADAKIS, KONSTANTINOS, ed. *Shaping Global Industrial Relations*, Hampshire: Palgrave Macmillan, 2011. 3.
[③] 数据综合全球工会联盟（GUFs）的网站（http://www.global-unions.org），工业总工会[IndustriALL Global Union，2012 年 6 月由钢铁加工业劳动者联盟（IMF）、国际化学能源矿业和普通劳动者工会联盟（ICEM）、国际纺织服装和皮革劳动者联盟（ITGLWF）合并成立]网站，http://www.industriall-union.org/issues/confronting-global-capital/global-framework-agreements，建筑与木材劳动者国际联盟（BWI）网站，http://www.bwint.org/default.asp?Issue=Multinationals&Language=EN，以及国际网络工会[UNI，2000 年由国际商业文书及技术雇员联合会（FIET）、国际制图工会（IGF）、国际通讯工会（Communications International，CI）以及与媒体、广告、电影、有线电视及娱乐事业密切相关的国际媒体暨娱乐产业联合会（MEI）合并而成]网站，http://place.uniglobalunion.org/LotusQuickr/pub/PageLibraryC1257824003A7C09.nsf/h_E4587CB0130692ADC1257824003A9320/85984D3609359DD2C12578AA004FBFFE/?OpenDocument，最后访问时间：2013 年 7 月 22 日。根据全球工会联盟网站统计共 104 个，但是由于该网站只更新至 2012 年年底，故需要结合 IndusriALL、BWI 以及 UNI 这三个主要工会联盟网站公布的最新信息。据此，目前适用中的全球框架协议数量分别为 IndustriALL（43 个，其中 2 框架协议有 PSI 参与签订，故 PSI 签订的协议不另外列出；另外 2 个框架协议，即分别与 Lafarge 及 GDF 的协议，与 BWI 重复）、UNI（48 个）、BWI（18 个，其中 2 个与 IndustriALL 重复）、IUF（6 个）的总和，即 113 个。由于 UNI 网站上列出的 48 个全球框架协议只公开 30 个可供下载，因此，本文收集到的全球框架协议共 95 个。

一 全球框架协议产生及发展的原因

全球框架协议产生于 20 世纪 80 年代末,目前处于稳步发展的阶段。全球框架协议的兴起与冷战结束之后国际政治环境的改变密切相关。协调型市场经济制度为该类协议的产生与发展提供了良好的社会环境。企业的国际化扩张策略则是此类协议发展的内在动力。

(一) 全球框架协议的发展概况

早在 20 世纪 60 年代,当时金属加工、化学材料以及食品行业的"国际贸易秘书处"(International Trade Secretariats,英文简称 ITS;2002 年改为"全球工会联盟",英文简称 GUF)就开始通过跨国劳动者运动推动这些行业的 MNEs 建立世界企业工会委员会〔world engterprise councils,即 world works council(WWC)的前身〕,通过协调全球内的劳资谈判应对 MNEs 因重组与技术变化给劳动者带来的权益影响。[①] 继 1988 年 Danone 与 IUF 签订第一个全球框架协议之后,该策略的运用带来了更多的全球框架协议的签订。根据 ILO 的统计,[②] 1988~2002 年,所签订的全球框架协议共有 23 个,被称为是缓慢增长的阶段;2003~2006 年被称为是急剧增加的阶段,因为短短 3 年间,所签订或重新签订的全球框架协议多达 33 个。若以签订或重新签订的全球框架协议的数量算,可以认为,2007 年之后全球框架协议仍处在稳步发展的阶段,因为根据 ILO 的统计,[③] 2007 年到 2010 年中期所签订或重新签订的全球框架协议共 26 个,而 2011 年到 2013 年 6 月 28 日,所签订或重新签订的全球框架协议也达到 26 个(参见附件 1)。

(二) 全球框架协议产生与发展的背景

20 世纪 80 年代末 90 年代以来全球框架协议的产生与发展具有宏观的时代背景、中观的国家制度背景以及微观的企业背景。

[①] PAPADAKIS, KONSTANTINOS, ed, *Shaping Global Industrial Relations*, Hampshire: Palgrave Macmillan, 2011.3.

[②] PAPADAKIS, KONSTANTINOS, ed, *Shaping Global Industrial Relations*, Hampshire: Palgrave Macmillan, 2011.3, p.5.

[③] PAPADAKIS, KONSTANTINOS, ed, *Shaping Global Industrial Relations*, Hampshire: Palgrave Macmillan, 2011.3.

从宏观的时代背景看。冷战的结束导致不同国际工会组织关注的焦点从 20 世纪 50 年代开始的"东西"问题转向应对全球化挑战的国际劳动协调与合作。① 然而，在新自由主义经济观念占据主导地位的情况下，硬法方式的国家间劳动监管变得困难。20 世纪 80 年代末 90 年代初，受 NGOs 大力推动而产生的有关跨国劳动监管的公司行为守则数量虽然较之 20 世纪 70、80 年代有大幅度的增加，但在这些公司行为守则中，对结社权和集体谈判权的认可比例远低于对其他核心劳动标准的认可比例。② 在单个劳动者与企业力量对比悬殊的情况下，工会有助于纠正劳资谈判力量的失衡。而结社权和集体谈判权直接关涉工会的生存以及功能的发挥，对于巩固工会的地位，加强工会的作用，以及确保劳动者其他方面的劳动标准的实现具有重要意义。可以认为，20 世纪 80 年代末 90 年代初公司行为守则对结社权和集体谈判权规定的不足是促使国际工会组织寻求与 MNEs 签订全球框架协议的主要原因之一。

从中观的国家制度背景看。目前 95 个适用中的全球框架协议中，有 78 个框架协议的 MNEs 或包含 MNEs 的商业组织来自欧洲，非欧洲国家的 MNEs 为缔约方的全球框架协议仅 17 个。在这些来自欧洲国家的 MNEs 或包含 MNEs 的商业组织所签订的全球框架协议中，来自典型的自由型市场经济国家之英国的 MNEs 很少（1 个），而来自典型的协调型市场经济国家（德国、瑞典、挪威、丹麦、比利时、荷兰、瑞士）的 MNEs 则占多数（47 个）。③

---

① RIISGAARD, LONE, the IUF/COLSIBA-Chiquita Framework Agreement: A Case Study, Multinational Enterprises Programme Working Paper, No. 94, Geneva: ILO Publication, 2004.
② ILO 于 1998 年对 215 个公司行为守则的调查显示，仅有 15% 的守则认可结社权和集体谈判权，低于禁止强迫劳动（25%）、禁止使用童工（45%）、禁止歧视（多数）。2001 年 OECD 对 246 个公司行为守则中的 148 个有关劳动问题的公司行为守则进行调查得出类似的结论，结社权（29.7%），集体谈判权（0），低于强迫劳动（38.5%），禁止使用童工（43.2%），禁止歧视（60.8%）。参见 INTERNATIONAL LABOUR OFFICE, Overview of Global Developments and Office Activities Concerning Codes of Conduct, Social Labelling and Other Private Sector Initiatives Addressing Labour Issues, GB. 273/WP/SDL/1（Rev. 1），1998；OECD. Code of Corporate Conduct: Expanded Review of their Contents, Paris: OECD Publication, 2001. 10.
③ 自由型市场经济与协调型市场经济的分类来自霍尔（Peter A. Hall）和索斯卡斯（David Soskice），前者企业对内依靠等级控制，对外依靠竞争性市场安排，劳资关系市场化，工会地位微弱；后者企业虽然对外也注重竞争性市场安排，但更依赖与外部和内部利益主体的战略互动，对内包括工会的决策参与、劳动者的社会保障以及雇佣保护等。参见 HALL, PETERA. & SOSKICE, DAVID, Varieties of Capitalism: the Institutional Foundations of Comparative Advantage, Oxford University Press, 2001, pp. 8 – 11。

尽管不能得出绝对的结论，但有理由认为，在重视工会作用的协调型市场经济制度背景下，MNEs 更有可能与国际工会组织签订全球框架协议。

从微观的企业背景看。在一些行业中（如汽车制造、食品加工、网络通信等行业），企业工会本来就比较密集，且拥有劳资双方对话的传统。这些企业在向国际化扩张的过程中，为了消除工会对企业转移投资、减低劳动标准的顾虑，使其国际化策略具有合法性，往往愿意与国际工会组织签订全球框架协议，为企业所有分支机构设定劳动标准的底线。而在那些工会不密集的行业中，尽管许多企业为了回应社会对其承担劳动保护责任之期待而制定了公司行为守则，但这些单边制定的行为守则经常被公众批评为华而不实的公关策略。在这种情况下，部分企业为了增强其在劳动保护方面的社会责任制度的公信力，提高企业声誉，愿意超越单边的公司行为守则，与国际工会组织签订全球框架协议。[1] 另外还有一些 MNEs，如全球第三大电力公司——意大利国家电力公司埃内尔（Enel）以及丹麦最大的银行金融机构丹斯克银行集团（Danske Bank Gourp），将全球框架协议基础上的社会对话和磋商视为是一体化的人力资源管理的重要组成部分。[2]

可见，全球框架协议的产生虽然晚于调整跨国劳动问题的公司行为守则，但是自 21 世纪开始两者趋向并行发展，作为推动公司行为守则运动配角之国际工会组织转身成为推动全球框架协议的主力。尽管方式不同，但全球框架协议与公司行为守则一样，赋予 MNEs 以跨国劳动监管的主体地位。

二 全球框架协议与公司行为守则的主要区别

全球框架协议与调整跨国劳动问题的公司行为守则在主体、内容、实施机制、适用范围以及法律效力方面均存在区别。

（一）缔约主体

公司行为守则由企业（主要是 MNEs）单方制定或采纳，而全球框架

---

[1] EWING, KD. *International Regulation of the Global Economy-The Role of Trade Unions*, BERCUSSON, BRIAN & ESTLUND, CYNTHIA, ed. *Regulating Labour in the Wake of Globalization*, Oxford: Hart Publishing, 2008. 211.

[2] 参见 Enel Global Framework Agreement（2013）第 6 页以及 Global Framework Agreement on Fundamental Labour Rights within Danske Bank Group（2008），第 1 页。

协议具有双边性，缔约一方为 MNEs 或 MNEs 为主体的行业组织，① 另一方为国际工会组织。② 在某些情况下，地方工会组织也作为缔约主体在协议上签字。③ 在有些情况下，多个国际工会组织同为一个全球框架协议的缔约方。④

（二）劳动标准及工会义务

较之公司行为守则在劳动标准水平方面呈现多样化，且总体上对四方面的核心劳动标准和具体的非核心劳动标准的认可比例程度较低，全球框架协议在劳动标准水平方面比较统一，并且认可四方面的核心项目（结社权和集体谈判权、禁止强迫劳动、禁止使用童工、禁止雇佣或就业歧视）的全球框架协议占绝大多数（92 个），认可职业安全与卫生、体面的报酬以及适当的工作时长等方面的非核心项目的全球框架协议也较多（69 个）（参看附件 1 全球框架协议一览表，以下简称"附件 1"）。如本节附件 1 所列，许多全球框架协议，2011 年 IndustriALL 与德国 ZF 之间、2010 年 IndustriALL 与挪威 Aker 之间、2008 年 UNI 与英国 G4S 之间、2007 年 IUF 与法国 DANONE 之间，以及 2004 年 IndustriALL 与瑞典 SCA 之间的全球框架协议，仅仅将协议规定的核心劳动标准和有关的非核心劳动标准作为其实践的最低标准，并承诺尽可能提供更高的标准。

尽管多数全球框架协议与公司行为守则一样，由 MNEs 对劳动标准做出承诺，但是少数全球框架协议对缔约另一方的工会组织设定了具体的义务。例如 2008 年 UNI 与丹麦 ISS 签订的全球框架协议第 4 条以及 2012 年 UNI 与瑞典 Securitas 签订的全球框架协议第 3 条均规定，若提高劳动标准导致企业竞争力削弱，UNI 应与管理层联合采取策略促使同行企业劳动标

---

① 例如 2005 年 UNI 与国际邮政联盟（UPU）签订的全球框架协议。
② 目前主要有五大行业性国际工会组织，即国际工业总工会（IndustriALL Global Union）、建筑与木材劳动者国际联盟（BWI）、国际网络工会（UNI）、国际食品劳联（IUF）以及国际公共服务工会联盟（PSI）。
③ 例如，2012 年 BWI 与 Ferrovia 签订的全球框架协议中，附属于 BWI 的西班牙工会组织 Fecoma and Mca 也作为缔约方。2012 年 UNI 与 Securittas 签订全球框架协议中，瑞典国内最大的工会组织 Swedish Transport Workers' Union 也是缔约方。2012 年 IndustriALL 与 SieMNEs 签订的全球框架协议中，SieMNEs 公司工会组织 Central Works Council of SieMNEs AG 也作为签字方。
④ 例如 2013 年 BWI、IndustriALL 与 Lafarge Group 同签一个全球框架协议，2010 年 BWI、IndustriALL、PSI 与 GDF SUEZ 同签一个全球框架协议。2013 年 IndustriALL、PSI 与 Enel 同签一个全球框架协议。

准的提高,确保企业可以在提高劳动标准的同时不丧失市场竞争力。此外,两个协议均规定,UNI 履行此项义务由企业设立专项基金支持。① 再如,2010 年 UNI 与美国 Shoprite 签订的全球框架协议第 6~8 条对工会设定的义务更多,包括:如果劳动者从事任何形式的罢工或未受法律保护的工业行动,UNI 应该采取适当的措施使之恢复正常;UNI 进入工地会见劳动者要获得企业书面许可,并应该在双方确定的合适时间内会见;UNI 应采取适当措施确保地方工会支持分支机构的经营并遵守协议的宗旨和精神;UNI 因参加每年召开的联合会议而产生的费用由 UNI 自行承担。

(三) 实施机制

全球框架协议在实施机制方面不尽一致。与公司行为守则一样,全球框架协议一般都规定 MNEs 有义务告知利益相关者协议的内容,但绝大多数全球框架协议比公司行为守则更进一步,包含后续跟踪安排(如缔约双方定期联合召开实施情况的审查会议)以及争议解决方法。很多全球框架协议,如 2013 年 BWI、IndustriALL 与法国 Lafarge Group 签订的全球框架协议,2012 年 IndustriALL 与挪威 Statoil 签订的全球框架协议,2012 年 IndustriALL 与瑞典 SAAB 签订的全球框架协议,2011 年 IndustriALL 与比利时 Umicore 签订的全球框架协议,2011 年 IndustriALL 与德国的 ZF 签订的全球框架协议,2008 年 UNI 与英国 G4S 签订的全球框架协议,在透明度和实施程序方面的规定比较全面。在透明度方面,这些协议规定的措施包括网站公布、告知利益相关者、工作场所展示、对基层管理者和雇员进行教育培训。在实施程序方面,这些协议明确基层管理者为一线实施主体,允许当地工会组织参与实施监督,并规定缔约双方应定期联合召开会议,对协议的实施情况进行后续跟踪。全球框架协议以当地工会组织作为监督主体以及联合的后续跟踪机制对于劳动标准的实现具有重要意义,而公司行为守则对这两方面内容未做规定。基于此,全球框架协议的规定比公司行为守则更有助于提高劳动标准的实施力度。

如本节附件 1 所示,绝大多数全球框架协议都包括争议解决程序。这

---

① 分别参见 UNI 与 ISS 之间的全球框架协议(2008)第 5 条,UNI 与 Securitas 之间全球框架协议(2012)第 3 条。

些协议在争议解决方面体现的共同理念在于，因协议实施引起的争议应由双方通过对话予以解决。其中39个全球框架协议设立了专门受理争议的机构。① 尽管协议包含的争议解决的具体步骤不尽一致，但基本遵循从低到高（基层劳动者或工会组织首先向基层管理者申诉——由国家级工会组织向公司区域管理层申诉——由国际工会组织向公司总部管理层申诉——专门的争议解决机构）、从内（穷尽内部申诉）到外（采取外部沟通）的原则。其中3个全球框架协议②明确规定，在发生争议时，一方应在穷尽一切内部救济措施之后才可以解除协议。

（四）主要适用对象

公司行为守则虽然也适用于公司的分支机构，但其主要针对外部商业伙伴（供货商、承包商等）。相反，全球框架协议主要适用的对象是公司的分支机构，外部商业合作伙伴只是兼顾适用的对象，并且多数全球框架协议在对供货商适用方面采用软措辞（如"通知供货商、让他们知道协议的内容""促进、鼓励、支持、期待、尽力确保供货商遵守""试图与遵守协议标准的供货商合作""不与故意违反协议标准的供货商合作"等）。全球框架协议和公司行为守则在主要适用对象方面的区别缘于采纳它们的 MNEs 所在行业之间存在差异。尽管采取公司行为守则与全球框架协议的 MNEs 有一定的交叉，制定全球框架的 MNEs 也可能制定专门针对供货商的公司行为守则，但采取全球框架协议的 MNEs 集中在建筑与木材、钢铁加工、化学能源、制图、通信、媒体、娱乐、食品餐饮以及国际公共服务行业。这类企业对技术和资本高度依赖，一般采用母公司与分支机构的等级化、垂直控制结构，企业的总体结构称为生产者驱动的供应链（producer-driven global supply chains）。该类企业的母国具有较强大的行业工会组织，整个企业的工会组织也较完善，③ 行业工会组织与企业工会组织因而

---

① 这些专门受理争议的机构有多种名称，比较常见的是监督小组或监督委员会，还有联合工作组、专家顾问小组、审理委员会、协议适用专家组、联合委员会仲裁小组、解释委员会、审查委员会等。
② 即2013年IndustriALL、BWI与Lafarge签订的全球框架协议，2010年BWI与Pfleidere签订的全球框架协议，以及2010年IndustriALL与Aker签订的全球框架协议。
③ PAPADAKIS, KONSTANTINOS, ed, *Shaping Global Industrial Relations*, Hampshire: Palgrave Macmillan, 2011.6.

能够团结起来要求公司与之签订全球框架协议。

相比之下,采取公司行为守则的 MNEs 集中在服装、鞋帽、护肤品、电子设备行业的大型零售商、贸易公司与品牌公司。其利润来源主要依靠高价值研究、设计、销售、营销等的独特组合,企业一般将大部分生产外包给发展中国家的供货商,企业与供货商之间是平行的合同关系。这类企业的总体结构称为买方驱动的供应链(producer-driven global supply chains)。此类企业母国的行业工会组织力量较弱,供应商一般位于工会制度不完善的发展中国家,[1] 因此客观上行业工会组织与企业工会组织难以形成团结力量制衡 MNEs 及其供货商。在此情况下,MNEs 制定或采纳公司行为守则主要出于 NGOs 的压力而非工会组织的压力。在目前适用全球框架协议的 MNEs 中,只有 H&M(瑞典)、Mizuno(日本)、Inditex(西班牙)来自服装行业。其中,H&M 与 Mizuno 均只适用于分支机构,未提及对供货商的适用。Inditex 公司 2007 年与 IndustriALL 之间的全球框架协议专门适用于供货商,但 2009 年其与 IndustriALL 及 UNI 签订的规范商业和销售网络的全球框架协议则明确不适用于第三方,主要适用于其分支机构。

(五) 法律约束力 (enforceability)

近年在美国相继出现了 MNEs 被消费者以及外国劳动者起诉违反公司行为守则的案例,MNEs 应否受其行为守则承诺的约束成为学者关注的热点。例如,1998 年,美国消费者 Kasky 在加利福尼亚州法院起诉耐克公司违反加利福尼亚州的反不正当竞争与不实广告方面的法律。[2] 再如,2005 年,美国沃尔玛集团被中国、缅甸、印尼、斯威士兰、尼加拉瓜供货工厂的劳动者诉至加利福尼亚州法院。[3] 该集团诉讼的劳动者诉称,沃尔玛公司损害了原告基于公司行为守则享有的第三方受益的权利,且其所获得的

---

[1] PAPADAKIS, KONSTANTINOS, ed, *Shaping Global Industrial Relations*, Hampshire: Palgrave Macmillan, 2011.6.

[2] 案件资料来自 MARYANOV, DEBRA COHEN, "Sweatshop Liability: Corporate Codes of Conduct and the Governance of Labor Standards in the International Supply Chain", *Lewis&Clark Law Review*, 2010, 14.

[3] 案件资料来自 MARYANOV, DEBRA COHEN, "Sweatshop Liability: Corporate Codes of Conduct and the Governance of Labor Standards in the International Supply Chain", *Lewis&Clark Law Review*, 2010, 14, p.63.

利益因为建立在损害劳动者权利的基础上，属于不当得利。这两个案件的原告均试图证明，MNEs 在公司行为守则中做出的承诺具有法律约束力。尽管结果不太一样，但最后裁决的结果并没有实质性突破公司行为守则的自愿性质。

以 Kasky 诉耐克公司案为例。该案一审法院驳回原告起诉，认为被告发布公司行为守则的行为符合美国宪法第一修正案的言论自由的规定。该案原告上诉至加利福尼亚州最高法院。加利福尼亚州最高法院先认定被告发布的公司行为守则属于商业演讲，可能涉及不实广告，允许移送诉讼材料，但之后又以浪费上诉资源发回重审（dismiss the review as improvidently granted）。就在该案依法被重审之前，耐克公司与原告达成和解，耐克公司为此同意支付 150 万美元给美国的公平劳动协会，希望由该协会监督自己实施公司行为守则的情况。尽管如此，该案上诉法院的模糊态度并不足以得出"跨国企业在公司行为守则中做出的承诺具有法律约束力"之结论。

再以 Doe 诉沃尔玛公司案为例。该案法院明确否认了公司行为守则的法律约束力。该案中，原告诉称沃尔玛公司损害了原告基于公司行为守则享有的第三方受益的权利，且认为其所获得的利益是建立在损害劳动者权利的基础上的，属于不当得利。原告有三个理由：第一个理由基于合同，即沃尔玛和公司雇员之间存在要约和承诺的关系；另一个理由基于第三方受益，也就是即便沃尔玛和公司雇员之间不存在要约和承诺的关系，沃尔玛针对供货商制定并发布的行为守则也构成沃尔玛公司与供货商之间的合同，供货商的劳动者基于沃尔玛与供货商的合同拥有第三方受益的权利；第三个理由基于不当得利，即沃尔玛公司负有依据行为守则监督供货商履行有关劳动标准的义务却不履行，沃尔玛的受益建立在供货商劳动者权益受到侵害的基础上，属于不当得利。但是，原告的主张并没有得到法院的支持。

2007 年 4 月，一审判决驳回原告诉求，原告不服上诉。2009 年 7 月，位于加利福尼亚州的第二巡回法庭的判决维持了一审意见，并阐述了对公司行为守则的法律性质的观点。在公司行为守则是否成为沃尔玛公司与供货商劳动者之间合同的问题上，上诉法庭意见认为，公司行为守则若要构成沃尔玛公司与其供货商的劳动者之间的合同，必须满足"承诺足以构成要约""供货商的劳动者知道该守则的内容并产生合理的依赖""供货商的劳动者以继续工作或开始工作表示对要约的接受"。上诉法庭认为，后两个条件没有问题，但是第一个要件不符合。因为要约的内容必须明确，而供货商即便不知道公司行为守则也不必然被排除在供货商的资格之外，即便是违反公司行为守则的供货商仍然有机会采取补救措施而继续保持供货资格。此外，合法的要约要求要约人必须有受要约约束的意思表示，而沃尔玛主张其制定行为守则的目的仅仅是让供货商知道不遵守的后果将导致定单被取消，并不表示自己负有监督供货商的确定性义务。沃尔玛公司的主张得到上诉法庭的支持。在公司行为守则是否赋予供货商的劳动者以第三方受益的权利方面，上诉法庭认为，Zigas 诉 Superior Court 案的判例明确，第三方受益的权利必须有合同的明确认可，然而沃尔玛公司行为守则并未对此问题予以明确，并且沃尔玛也声明其对供货商的监督是为了行使维护自己的公众形象之权利，并非为了供货商或供货商劳动者的利益。故此，上诉法庭认为，上诉方的"第三方受益权利"的主张缺乏充分的依据。在沃尔玛是否存在不当得利的问题上，上诉法庭认为，由于供货商劳动者与沃尔玛公司并不存在在先的关系（prior relationship），故而也不存在不当得利之情形。

相比之下，全球框架协议的双边特点以及对公司所有组成单位的适用使得其法律约束力问题更有理由引人关注。

在 95 个适用中的全球框架协议中，有 5 个协议明确表示具有法律约束力，有 19 个明确表示不具有法律约束力（参见附件 1）。在规定有法律约束力的全球框架协议中，有 3 个协议从正面认可其法律约束力。2011 年 IndustriALL 与比利时 Umicore 签订的全球框架协议明确规定：与协议有关的争议受比利时法院专属管辖，适用比利时法律。2005 年 UNI 与丹麦 Falck 签订的全球框架协议则规定：协议适用丹麦法律，如与丹麦法律违反，必须修改。2008 年 UNI 与丹麦 ISS 之间的全球框架协议规定：有关争议应先诉诸公司内部解决，留给公司一定的时间解决之后，才能诉诸法律诉讼途径或采取公众行动。另有 2 个全球框架协议从反面认可了协议的法律约束力。2013 年 UNI 与西班牙 Codere 之间签订的全球框架协议在不违反东道国国内法的情况下认可协议的法律约束力，且认为部分违反的条款不影响其他条款的强制效力。2012 年 UNI 与瑞典 Securitas 签订的全球框架协议规定，若协议违反东道国法律，不具有法律约束力。相反，UNI 分别于

2013 年与挪威 Telenor、2010 年与马来西亚 Systema Televisyen、2008 年与英国 G4S 以及 2007 年与 Quebecor 签订的 4 个全球框架协议，IndustriALL 分别于 2012 年与挪威 Statoil、2011 年与德国 SieMNEs、2011 年与德国 MANN + HUMMEL、2011 年与德国 ZF、2010 年与挪威 Norsk Hydro、2005 年与德国 BMW、2004 年与德国 Prym、2003 年与德国 Evonik（前身为 RAG）、2002 年与德国 Leoni、2002 年与德国 Volkswagen 签订的 10 个全球框架协议，以及 BWI 分别于 2012 年与西班牙 FCC Construcción、2012 年与西班牙 Ferrovial、2012 年与西班牙 OHL、2010 年与德国 Pfleidere、2000 年与德国 HOCHTIEF 签订的 5 个全球框架协议，这 19 个协议均明确协议"仅具有自愿性质或为公司自我设定的义务，不具有法律约束力，任何个人或第三方不得据此要求强制执行"。

其他 71 个全球框架协议对法律约束力问题未加明确。部分协议，例如 IndustriALL 分别于 2003 年与德国 GEA 之间，2003 年与德国 Rheinmetall 之间、2004 年与德国 Röchling 之间的协议，虽然明确表示对其全球范围内的机构具有法律约束力，但并不能据此推出其具有法律约束力。例如 2002 年 IndustriALL 与德国 Leoni 之间的全球框架协议也规定对其全球范围内的组成单位具有约束力，但却明确排除了协议的法律约束力。另有一些协议虽然也采取类似于法律效力的措辞（如 valid, effective），但同样不能认定其具有法律约束力。例如 2010 年 BWI 与德国 Pfleidere 之间的全球框架协议虽然明确自签字之日起 5 年内有法律效力（valid），但同时规定第三方不得主张权利。

目前尚未看到公开报道的关于全球框架协议的诉讼案件。鉴于此，有必要参照既有的公司行为守则的诉讼案件对这部分未明确法律约束力的全球框架协议的法律约束力问题加以分析。

首先，根据合同原理认定这部分全球框架协议的效力之可能性。要约与承诺理论来自商事领域。然而，Doe 诉沃尔玛公司案中，美国联邦法院并没有区分公司行为守则与商事合同的区别。美国法院的做法有可能为其他英美法系国家的法院效仿。全球框架协议在形式上与公司行为守则不同，是双方谈判的结果并有双方的签字。据此，如果有证据证明跨国企业一方具有受约束的意思表示，而另一方有承诺的意思表示，即可认定合同成立。然而，合同成立并不等于合同有效，后者还需要考察合同当事人是否具备缔约主体资格。既有的全球框架协议中，MNEs 承诺的劳动标准是否明确？拥有独立法律人格的 MNEs 的海外子公司是否均愿意承认协议对自己的法律约束性？国际工会组织代表 MNEs 全球分支机构所有劳动者的资格是否为东道国的法律所认可？这些问题至今仍然存在。原因在于：多数全球框架协议仅仅认可核心劳动标准的原则，并没有细化具体的内容；MNEs 资金和技术杠杆对拥有独立法律人格的海外分支机构形成的影响力不尽一致；不能排除某些东道国对本国劳动者加入国际工会组织存在限制。因此，即便 MNEs 可以被视为合同的一方当事人，但是其在全球框架协议中的承诺是否构成要约以及对方当事人是否具有缔约主体资格等问题将构成认定全球框架协议效力的法律障碍。

其次，根据国内集体劳动合同认定这部分全球框架协议的效力之可能性。因全球框架协议引起的诉讼中，一方当事人是 MNEs 母公司，另一方是国际工会组织，或者国际工会组织加上国内工会组织。这里仍然面临诉讼主体的资格问题，例如，MNEs 母公司是否被认定为直接责任主体？母公司是否对其分支机构承担连带责任？国际工会组织依据东道国法律能否合法代表国内相关劳动者？等等。因此，将全球框架协议认定为国内集体劳动合同也不可行。

综上所述，若全球框架协议未明确自身具有法律约束力，很难根据合同法、劳动法等有关法律进一步认定其法律约束力。即便是那些明确规定自身有法律约束力的全球框架协议，若其在未认可其约束力的国家起诉，也将面临败诉的风险。进而言之，国际工会组织强制执行全球框架协议的申请未必能获得所有相关国家的法院支持。何况，判决在全球范围内的承认与执行不仅可能存在法律障碍问题，更可能存在效率问题。因此，尽管某些全球框架协议在某些国家获得承认具有强制执行效力，但总体而言，全球框架协议仍属于自愿性质的劳动监管形式。

三　全球框架协议之于公司行为守则的监管创新

与公司行为守则一样，全球框架协议也是直接回应跨国劳动问题的产物。由于全球框架协议的双边性以及援引的解释依据更权威，全球框架协议在朝向反思性监管方面比公司行为守则更进一步。全球框架协议具备符合反思性监管的创新之处在于它的社会对话机制。以下通过其与公司行为守则的比较，进一步论证全球框架协议的创新之处。

(一) 更强的规范基础

与公司行为守则一样，全球框架协议的合法性并非来自国家权威，而在于 MNEs 在劳动保护方面的努力能够在一定程度上满足国际社会的期待。相比公司行为守则极少提及劳动权方面的国际公约，全球框架协议更注重以 ILO 及联合国有关劳动权的国际公约作为规范基础。在 95 个全球框架协议中，除 4 个协议[①]未提及任何国际文件，4 个协议[②]仅仅提及 1998 年 ILO《关于劳动权利和基本原则及其后续措施的宣言》外，其他均提到 ILO 管辖下的有关公约，并且主要是 8 个核心劳动公约中的全部或部分公约。在这些提到 ILO 管辖下的劳动公约的全球框架协议中，有些还增加了其他国际公约、宣言或 IGOs 的软法安排，如《联合国儿童权利公约》、《联合国世界人权宣言》、《联合国消除对妇女一切歧视的宣言》、OECD 指南、ILO 三方宣言以及 UN 全球契约等，作为自己的规范基础。尽管同公司行为守则一样，全球框架协议的内容不尽一致，但由于绝大多数全球框架协议建立在 ILO 管辖下的有关劳动公约以及其他劳动保护方面的国际性文件基础上，这些劳动标准的解释具备比较权威的依据，从而有助于劳动标准适用的统一。

较之公司行为守则，全球框架协议还具备第二个合法性基础，即它是劳资双方谈判达成合意的结果。在这些协议中，国际工会组织代表其全球分支机构的劳动者进行谈判的合法地位获得 MNEs 的承认。谈判的内容主要涉及与劳动者权益关系密切的结社权与集体谈判权、禁止强迫劳动、禁止使用童工、禁止雇佣和就业歧视这四个方面的核心劳动标准项目，以及职业安全与卫生、体面工资、适当工作时长这三个方面非核心劳动标准项目。MNEs 愿意在有关劳动标准方面做出承诺并按约定的程序付诸实施，且愿意与国际工会组织合作对协议的实施进行后续跟踪，解决实施劳动标准引起的争议或其他有关问题。而国际工会组织也承诺通过对话和平解决劳资争议而尽量不诉诸外部措施。如本节第二目第 (二) 小目所述，近年

[①] 即 2010 年 UNI 与马来西亚 Systema Televisyen、2005 年 UNI 与瑞士 UPU (国际邮政联盟)、2002 年 IUF 与新西兰 Fonterra、2003 年 IndustriALL 与瑞典 SKF 之间签订的全球框架协议。

[②] 即 2011 年 UNI 与巴西 Banco do Brasi、2010 年 UNI 与美国 Shoprite、2011 年 IndustriALL 与巴西 Petrobras、2000 年 BWI 与德国 Hochtief 之间签订的全球框架协议。

来签订的全球框架协议中有部分已经开始为国际工会组织设定具体的义务，例如"平息罢工或未受法律保护的工业行动（industrical action，包括罢工、怠工等）"、"采取措施促使同行业竞争对手相应提高劳动标准，以确保缔约一方的跨国企业不至于因协议的承诺而处于不利的竞争地位"。

可见，与公司行为守则一样，全球框架协议也排除了公力监管实践中来自国家利益因素的干扰。比公司行为守则更进一步，该类协议甚至排除了其他社会因素的干扰，直接由最核心的利害关系人（劳资双方）针对跨国企业集团内部（主要是位于发展中国家的分支机构）存在的劳动问题协商解决方案。并且，由于全球框架协议以国际劳动公约和其他有关劳动权的国际性文件作为规范基础，因此在跨国劳动问题的解决结果方面将更趋向一致。可以认为，全球框架协议比公司行为守则具备更高程度的反思理性。

（二）更接近反思理性内核的社会对话机制

与公司行为守则以社会学习作为作用机制不同，全球框架协议的作用机制在于社会对话。该机制与20世纪80年代开始的欧共体（欧盟）的社会对话机制[①]有密切关系。全球框架协议起源于欧洲，目前缔约的MNEs

---

[①] 1985年1月，在Val Duchese高端会议上，共同体层面的主要社会伙伴（劳动者和雇主代表）首次聚集在一起进行社会对话。从那时起，社会对话成为构建"社会型欧洲"的重要组成部分。1991年，共同体层面的社会对话产生了关于社会政策的协议，该协议内容由于英国的反对未被列入《马斯特李赫特条约》（缔结欧洲经济共同体条约）的正文，仅被列为关于社会政策的议定书，且明确不适用于英国。该议定书第4条第1款和第2款以及第2条第4款赋予社会伙伴参与制定及实施共同体立法（条约制定或修改称为欧盟的一级立法即primary legislation，而欧盟理事会、欧盟委员会颁布的指令、规章、决定和建议为二级立法，即secondary legislation）的权利。1997年《阿姆斯特丹条约》对1992年的《马斯特李赫特条约》进行修改时，第136、第137、第138、第139条正式确定了社会伙伴通过对话参与欧盟二级立法的制定与实施。2007年《里斯本条约》修改时，社会对话的条款规定在第151~155条，内容基本未变。根据《里斯本条约》第151条，成员国应该促进劳资双方对话，以便促进劳动权等基本社会权利的实现。该条约第152条规定：欧盟在考虑成员国制度多样性的前提下，承认并促进欧盟层面的社会伙伴的作用；在尊重社会伙伴独立性的前提下，促进他们之间的社会对话；关于经济增长和雇佣的三方社会峰会负责促进社会对话。该条约第154条第1~第4款规定：欧盟委员会的职责之一是促进共同体层面的劳资磋商并采取一切相关措施，确保对双方支持的平衡，以便促进他们之间的对话；为此目的，委员会在提交社会政策领域的建议时，应该就共同体行动的可能性向劳资双方咨询；若经过咨询，欧盟委员会认为共同体的行为是明智的，劳资双方应该就拟建议的社会政策的内容咨询劳资双方，劳资双方应该向委员会提交自己的意见，在适当的情况下，提交建议；在接受咨询情况下，劳资双方应该通知欧盟委员会他们（转下页注）

仍主要来自欧洲，缔约的国际工会组织则全部来自欧洲国家。显然，劳资双方通过社会对话参与欧洲社会政策的制定与实施的实践，为全球框架协议的产生和发展创造了有利的社会条件。

跨国劳动问题最终需要在微观的企业（主要是 MNEs）层面才能解决，而解决问题的核心主体就是劳资双方。MNEs 与国际工会组织是跨国劳动问题中最主要的利益相关者，他们的直接沟通有助于 MNEs 准确回应劳动者对劳动标准的期待。如第一章第二节所论，在对话（谈判）过程中，双方得以对冲突的利益进行共同的判断、互相恳求及劝说，促使预设的利益被重新建构。对于结构封闭的跨国经济系统，对其内部劳资谈判的具体结果进行干预的努力很难，也没有必要。更需要努力的应该是，针对 MNEs 与劳动者双方的力量悬殊，如何更好地规范对话双方的权能，建构对话的组织机制，以及界定对话的框架与程序。[①]全球框架协议体现了通过建构社会对话机制，促进 MNEs 对劳动问题进行自我监管的反思理性。

（接上页注①）希望启动第 155 条的程序，该程序不超过 9 个月，但有关的劳资双方和欧盟委员会一致认为需要延长的除外。《里斯本条约》第 155 条第 1～2 款规定：经劳资双方联合请求的共同体层面的社会对话可以产生包括协议在内的合同关系；共同体层面的社会对话产生的协议可以根据成员国以及劳资双方制定的程序和惯常做法加以实施，对于第 153 条规定的事项，也可以在本协定缔约国的联合请求下，经欧盟委员会提议，由欧盟理事会通过决定（decision）加以实施，除第 153 条第 2 款规定的事项必须遵循全体一致原则之外，理事会在通过决定时遵循特别多数原则。截至 2011 年，得到欧盟指令实施的社会伙伴协议有 3 个，即关于产假的指令（1995 年发布，2009 年修改）、兼职工作的指令（1997 年）以及固定期限合同的指令（1999 年）；由社会伙伴自我执行的社会伙伴协议有 4 个，即关于远程工作的协议（2002 年）、与工作有关的压力的协议（2004 年）、禁止职场骚扰和暴力的协议（2007 年）以及包容性劳动市场的协议（2010 年）。社会伙伴参与欧盟二级立法的实施之权利主要体现在《阿姆斯特丹条约》第 153 条第 3 款。该款规定：应劳资方的联合请求，成员国可以委托他们实施理事会关于第 2 款规定的指令，或在适当的情况下委托他们实施理事会关于第 155 条做出的决定；在此情况下，劳资双方应该在指令或决定根据条约付诸成员国实施的时限内提出实施协议所必要的措施，以便确保指令实施的结果。条约参见欧盟相关网站，http://europa.eu/eu-law/treaties/，2013 - 07 - 19；http://www.lisbon-treaty.org/wcm/，2013 - 07 - 19。论文见：WEXLEY, MATTHEW H.. The Impact of Sweden's Accession into the European Union on Its Social and Labor Polices, Cardozo Journal of International and Comparative Law, 1996, 4; COSTA, ISABEL DA& REHFELDT, UDO. Transnational Restructuring Agreements: General Overview and Specific Evidence from the European Automobile Sector, PAPADAKIS, KONSTANTINOS, ed. Shaping Global Industrial Relations, Hampshire: Palgrave Macmillan, 2011. 146.

① Teubner, Günter, "Substantive and Reflexive Elements in Modern Law", *Law and Society Review*, 1983, 17 (2): 276.

首先，全球框架协议认可社会对话的宗旨。许多全球框架协议，诸如 2013 年 UNI 与 Telenor（挪威）、2011 年 UNI 与 Banco do Brasi（巴西）、2010 年 UNI 与 Antara（印度尼西亚）之间签订全球框架协议等，均在序言中明确，协议旨在创设或加强全球范围内的社会对话，构建互信的劳资关系。全球框架协议一般明确或暗含作为缔约一方的 MNEs 对缔约另一方的国际工会组织及成员工会的合法性及代表性的认可，这是社会对话的前提。

其次，全球框架协议注重规范社会对话方的谈判权能和组织机制。绝大多数全球框架协议以结社权和集体谈判权作为构建社会对话的基础，因而对此两项核心劳动标准做出比其他核心劳动标准更为详细的规定。其中一般包括劳动者加入工会的自由、工会代表独立会见劳动者的自由、工会代表劳动者与企业进行集体谈判的自由、工会代表劳动者参与争端解决的权利、工会代表劳动者就教育培训等有关事项与管理层进行磋商的权利、确保参加工会组织和集体谈判的劳动者不遭恐吓或报复、压制或歧视等。针对东道国对结社权和集体谈判存在的限制，一些全球框架协议，如 2010 年 IndustriALL 与 Norsk Hydro（挪威）之间签订的全球框架协议，要求企业应努力寻求与所在国法律和自身社会责任政策相适应的本地解决方案。再如 2002 年 IndustriALL 与 Daimbler（德国）之间的全球框架协议规定，即使在结社自由不受保护的国家里，MNEs 也应保障该自由。这些规定为 MNEs 的全球分支机构的社会对话提供有力的依据。

再次，全球框架协议注重界定对话的框架与程序。社会对话贯彻于全球框架协议的实施过程。如本节第二目第（三）小目所述，无论是协议实施的联合审查会议，还是争议解决的联合监督机构，都体现了社会对话的理念。绝大多数全球框架协议规定，只有穷尽内部沟通仍未能解决问题时，一方才能在提前通知对方的情况下解除协议。本文探讨的 95 个全球框架协议中，有些协议规定的期限已经届满未续，有些协议甚至根本并未规定有效期，但它们至今仍然被列在有关国际工会组织的网站上。按照 UNI 的解释，被公开在其网站上的全球框架协议，不管是否规定有效期，也不管是否超过有效期，都有意义——要么代表协议继续有效，要么代表协议正在由国际工会组织与 MNEs 谈判更高的劳动标准。在 UNI 看来，全球框架协议的意义似乎并不受其有效期的影响，其存在本身就是意义，它代表了日益兴起的国际工会组织与 MNEs 进行谈判和对话的工具（参见附件 2：UNI 工作人员于 2013 年 7 月 25 日对笔者提出的有关咨询的电子复函）。

尽管部分全球框架协议明确或暗含可诉性，但是正如本节第二目第（五）小目论及的，即便有国家承认国际工会组织及其成员工会的合法性，并且其司法机关也判决国际工会组织一方胜诉，但判决在那些不承认"母公司对子公司负连带责任""国际工会组织合法性及代表性"的东道国，将面临被拒绝承认和执行的危险。即便部分东道国承认和执行有关判决，协议在这些国家分别申请承认与执行，也将耗费巨大的时间、精力及资金。相比之下，社会对话机制更适合解决 MNEs 及其全球范围内的分支机构的劳资争议。理由是，在社会对话机制下，MNEs 及其分支机构的集体谈判模式得以构建，劳资双方谈判得以建立在平等商谈的基础之上。不可否认，MNEs 分支机构的情况各不相同，就同一事项谈判的结果不可能完全相同。然而，全球框架协议通过克服单个劳动者的谈判弱势，使得 MNEs 及其分支机构中劳资双方的谈判力量趋向平衡，能够实现令谈判双方都能接受的公平的结果。

总之，相比公司行为守则的社会学习机制的启动主要源于关注劳动问题的 NGOs（包括工会组织）、国家、IGOs、消费者、机构投资者、股东等外部压力，全球框架协议的社会对话机制的启动主要取决于 MNEs 的内部压力（即国际工会组织）。全球框架协议通过类似契约的双边形式明确有关的劳动标准，其中工人（劳动者）获得了劳动标准的制定、实施与监督的权利。较之公司行为守则对劳动标准的单边承诺、实施程序不够透明、工人参与监督的权利基本缺失之情况，全球框架协议对具体的跨国劳动问题的解决无疑更加深入。可以认为，全球框架协议比公司行为守则更接近反思性监管精神的内核。

四 全球框架协议在反思性监管框架中的地位

作为反思性监管框架的基础（自我监管）的两种重要形式，全球框架协议与公司行为守则所覆盖的领域呈现明显的互补性。与此同时，全国框架协议在实施中面临的现实障碍反过来验证了反思法理论所主张的"最低限度的硬法具有必要性"。

(一) 地理区域和行业分布

如本章第一节第三目第（三）小目业已提到的，在新自由主义经济观念仍然占据主导地位的今天，国家的公力监管存在较大的不足，而导引 MNEs 的自我监管本身就是符合跨国经济子系统运作规律的举措，并且该实践已经取得了初步的成效。全球框架协议与公司行为守则同为 MNEs 回应跨国劳动问题的自愿安排。尽管采纳两者的 MNEs 类型有一定的交叉，但诚如本节第一目和本节第二目第（四）小目所比较的那样，前者主要来自欧洲协调型市场经济国家的建筑与木材、钢铁加工、化学能源、制图、通信、媒体、娱乐、食品餐饮以及国际公共服务行业等具备生产者驱动供应链条的 MNEs，而后者主要来自美国自由型市场经济国家服装、鞋帽、护肤品、电子设备行业的大型零售商、贸易公司与品牌公司等具备买方驱动供应链条的 MNEs。很明显，分别采取这两种自愿性劳动监管形式的 MNEs 在地理区域和行业分布方面具有较大的互补性。

(二) 实施障碍与发展前景

必须承认，全球框架协议呈现进一步扩展的趋势。由于其实施很大程度上仰赖国家对集体谈判权、结社权和组织权的认可，因此在集体谈判权、结社权和组织权不被认可或不被有效实施的国家，全球框架协议的实施所面临的障碍也是明显的。这样的事实反过来也证明，国家之间最低限度的硬法对于跨国劳动问题的真正解决是必要的，因此验证了反思法理论。

1. 实施障碍

鉴于欧盟区域具备社会对话传统以及较完善的劳动保护，有理由相信全球框架协议实施面临的挑战将是在欧盟之外的分支机构。2011 年，签订全球框架协议的欧洲 MNEs 分支机构约有一半分布在美国和巴西。[1] 这两个国家中，巴西虽然已经签订了 ILO 管辖下的 8 个核心劳动公约中的 7 个，其中包括关于集体谈判权的公约，但尚未批准关于结社权和组织权的第 87

---

[1] FICHTER, MICHAEL & HELFEN, MARKUS, Implementing International Framework Agreements on the Ground: Case Studies, PAPADAKIS, KONSTANTINOS, ed. Shaping Global Industrial Relations, Hampshire: Palgrave Macmillan, 2011, p. 87.

号公约。迄至 2013 年 7 月，巴西在 ILO 被诉违反结社权的案件多达 64 件。① 美国目前仅批准了 2 个 ILO 管辖下的核心劳动公约，并未批准有关结社权、集体谈判权与组织权方面的第 87 号和第 98 号公约。迄至 2013 年 7 月，美国在 ILO 被诉违反结社权的案件多达 44 件。况且，美国和巴西均缺乏像欧洲那样的社会对话传统。因此，全球框架协议在这两个国家的实施情况可以在一定程度上说明全球框架协议在结社权和集体谈判权不完善的国家实施的大致情况。

从 Rhodia、Leoni、Daimbler 等企业在巴西实施全球框架协议的情况来看，Rhodia 以及 Leoni 的工资待遇均高于当地平均水平，劳动者对企业的满意度较高。② 全球框架协议在巴西的实施并非一帆风顺。2006 年，Leoni 在巴西的分支机构的工会依据全球框架协议逐层提出申诉未得到满意结果后，发动劳动者罢工。后来，Leoni 德国总部管理层介入，对巴西的分支机构的管理层进行改组。此次罢工使得 Leoni 工会得以壮大，参加工会的劳动者比例超过 50%，国家级工会组织得以进入工厂了解劳动者的劳动条件。自此之后，管理层与劳动者组织之间的谈判才进入常态化阶段，双方通过对话解决了工资、劳动条件、劳动时长等问题。③ 与 Leoni 巴西公司不同，Daimbler 巴西公司（Mercedes）从一开始就拥有密度较高的工会组织，其工会组织的密度（即参加工会组织的员工与全体员工数量的比例）高达 88%，远超过巴西整个国家工会的平均密度（30%）。④ 工会组织的团结确保全球框架协议得以实施。⑤

---

① 数据来自 ILO 官方网站。
② FICHTER, MICHAEL & HELFEN, MARKUS, Implementing International Framework Agreements on the Ground: Case Studies, PAPADAKIS, KONSTANTINOS, ed, Shaping Global Industrial Relations, Hampshire: Palgrave Macmillan, 2011, p. 95~96.
③ FICHTER, MICHAEL & HELFEN, MARKUS, Implementing International Framework Agreements on the Ground: Case Studies, PAPADAKIS, KONSTANTINOS, ed, Shaping Global Industrial Relations, Hampshire: Palgrave Macmillan, p. 98.
④ FICHTER, MICHAEL & HELFEN, MARKUS, Implementing International Framework Agreements on the Ground: Case Studies, PAPADAKIS, KONSTANTINOS, ed, Shaping Global Industrial Relations, Hampshire: Palgrave Macmillan, p. 99.
⑤ Mercedes 的工会领导是总公司 Daimbler 谈判团队的成员之一，Mercedes 还拥有自己的工厂委员会以及工厂网络。虽然 2003 年、2005 年当地的工厂管理层曾经解雇劳动者代表，但是 Mercedes 工会组织依据全球框架协议，通过申诉以及联合 Mercedes 供货商的工会组织发动联合抵制供货运动，导致 Mercedes 管理层最终同意恢复那些被解雇的劳动者代表的工作。

相比巴西，美国比较不愿承担 ILO 管辖下的核心劳动公约的义务。除了禁止强迫劳动和禁止使用童工的第 105 号和第 182 号公约外，美国在结社权、集体谈判权和禁止歧视方面都不承诺履行国际劳动公约的义务。国际工会组织促进全球框架协议在美国的实施所面临的挑战可想而知。EADS、Daimbler 全球框架协议在美国实施的失败教训[1]以及 Lafarge、Skanska、Dannon、G4S 全球框架协议在美国实施的成功经验[2]再次证明，工会

---

[1] IndustriALL-EADS 全球框架协议的失败案例——总部位于法国、德国和西班牙的 EADS 与 IndustriALL［当时签约的国际工会组织是国际钢铁劳动者联盟（IMF）以及欧洲工厂工会委员会（EWC）］2005 年签订全球框架协议后不久，机械师和航天航空工作者协会（IAM）针对 EADS 分支机构 Eurocoper 在美国密西西比州的哥伦比亚市的工厂发起了组建工会的运动。作为回应，分支机构 Eurocoper 的管理层发起了反工会运动，包括贴出海报敦促雇员不得加入。IAM 向欧洲工厂工会委员会申诉 Eurocoper 违反 EAD 全球框架协议中的结社权规定。EWC 致信 Eurocoper 管理层要求采取纠正措施未果，继而向 EADS 管理层申诉，EADS 管理层却采取了非常含糊的态度，首先表示美国分支机构 Eurocoper 有权向雇员表明自己对组建工会的态度，其次要求 Eurocoper 将来应更加考虑 EADS 全球框架协议的精神。面对该结果，IAM 并没有依据全球框架协议继续争取结社权，并且当 IMF 试图联合 IAM 利用美国政府废止 EAD 的军事物资采购合同转而将机会给予允许雇员加入 IAM 的波音公司的决定重启与 EADS 的谈判时，IAM 却未做出回应，最后错过了利用全球框架协议进行社会对话的机会。IMF-Daimbler 全球框架协议的失败案例——2002 年德国 Daimbler 与 IMF 签订的全球框架协议认可劳动者组建工会的权利。2008 年当全美汽车劳动者联合会（UAW）在 Daimbler 的美国分支机构，即位于阿拉巴马州塔斯卡卢萨（Tuscaloosa）的分支机构 Mercedes-Benz 发动劳动者加入工会的运动时，尽管 Mercedes-Benz 管理层未发起反工会运动，UAW 的行动仍然未获成功。究其原因，Mercedes-Benz 管理层采取与雇员个人交谈的方式劝说其放弃加入工会，并在雇员中散播公司劳资关系良好，工会的存在将危及合同的存续之不明来源传单。UAW 就此向总公司 Daimbler 的世界工厂工会理事会申诉，Daimbler 世界工厂工会理事会要求 Mercedes-Benz 管理层采取纠正措施。Mercedes-Benz 管理层在数周之后才予以回应，此时所散播的信息已经传开。Daimbler 总部最后认定该传单系伪造且是对公司政策的误述，因而不采取任何纠正措施。在 Mercedes-Benz 故意拖延解决问题期间，由于工会组织未采取有力措施，组建工会的动力被大大削弱，许多雇员撤回了支持工会选举的签字。以上资料来自 FICHTER, MICHAEL & HELFEN, MARKUS, Implementing International Framework Agreements on the Ground: Case Studies, PAPADAKIS, KONSTANTINOS, ed. Shaping Global Industrial Relations, Hampshire: Palgrave Macmillan, 2011, p. 99。

[2] BWI、ICEM-Larfarge 签订全球框架协议的成功案例——2005 年，虽然 BWI 以及 ICEM 联合与法国 Lafarge 签订了全球框架协议，但其美国密西西比州的工厂却迟迟不愿兑现其中的劳动权利，有关劳动合同的纠纷非常多。经多次谈判失败后，2009 年，Lafarge 在美国的全部分支机构的工会组织建立网络，联合敦促 Lafarge 总部派出顾问小组（Reference Group）到美国密西西比州的工厂进行调查。起初 Lafarge 总部并未理睬其分支机构工会组织的要求，直到国际工会组织 ICEM 通知 Lafarge 公司将宣告之前的全球框架协议无效，才引起 Lafarge 的重视。面对工会组织的国际团结，Lafarge 最终改变立场，并实质上解决了美国密西西比州工厂存在的所有的合同问题。BWI-Skanska 全球框架协议的成功案例——（转下页注）

组织的团结对于全球框架协议在结社权和集体谈判权不完善的非欧洲国家的实施具有重要意义。

以上表明，全球框架协议在欧盟之外的分支机构的自动实施面临较大的挑战，其成功实施往往需要结合工会团结、媒体曝光等外在压力。全球框架协议在某些东道国的实施之所以面临较大的实施障碍，很重要的原因在于这些国家缺乏国内法予以认可并有效实施的结社权、集体谈判权和组织权。该事实反过来也证明，ILO 将结社权、集体谈判权和组织权的公约作为最基本的核心劳动公约加以推进，追求成员国之间最低限度的硬法协调，是有必要的。

2. 发展前景

不可否认，尽管面临较大的实施障碍，但全球框架协议毕竟已经在结社权和集体谈判不完善的非欧盟国家生存下来，并开始显示出其生命力。从全

（接上页注②）瑞典公司 Skanska 在美国洛杉矶的分支机构的劳动者长期以来都由工会组织 Teamsters 代表。2009 年 9 月，该工厂的管理层宣布 Teamsters 对雇员的代表合同已经到期且不愿就此问题重新谈判。Teamsters 认为此举违反了 2001 年 BWI 与瑞典的 Skanska 签订的全球框架协议以及 2006 年 Skanska 就其在美国的经营做出的社会对话承诺。Teamsters 通知 BWI 公司拒绝谈判，请求 BWI 与公司总部联合解决公司分子机构违反全球框架协议的问题。与此同时，Teamsters 发起了新的工会确认选举。分支机构的管理层威胁其雇员不要参与选举，但是其雇员给了 Teamsters 完全的支持。在 BWI 以及地方工会组织的联合努力下，Skanska 美国分支机构的管理层只好与 Teamsters 谈判同意续签代表合同。Dannon 的成功例子——法国公司 Dannon 早在 1988 年就率先签订全球框架协议，并定期更新协议。尽管如此，该全球框架协议在美国的实施也曾遇到困难。2007 年 1 月，其在美国俄亥俄州的酸奶工厂的工会加入了烘焙、甜品、烟草及谷物磨坊工会联盟（BCTGM），在此过程中，国际工会组织 IUF 发起全球信息运动，积极推动 Dannon 加入 BCTGM。然而，Dannon 美国分支机构的管理层却拒绝承认 BCTGM 的代表性。BCTGM 为此发起了工会认可选举并获胜，而 IUF 与 Dannon 管理层的对话推动了 Dannon 分支机构对 BCTGM 的认可。BCTGM 在俄亥俄州的分支机构组建工会的成功经验的基础上，在犹他州和弗吉尼亚州的 Dannon 工厂也组建了工会。UNI-G4S 全球框架协议的成功经验——2008 年，英国 G4S 与 UNI 签订了全球框架协议，其中附加了 G4S 在美国的分支机构 Wackenhut 与服务行业雇员国际联盟（SEIU）之间关于认可 SEIU 代表 Wackenhut 在 9 大美国大城市的员工的资格之协议。为了争取该附加协议，SEIU 自 2003 年就启动了工会认可的全球运动。SEIU 针对 Wackenhut 存在的劳动条件、工资、性骚扰、培训以及对雇员代表报复等问题报告 Wackenhut 的投资者，并在股东大会上对公司管理层提出质询，还发动示威游行以及媒体运动。Wackenhut 的订单因此受到严重影响。最终，G4S 管理层为了赢得客户和投资者的信任，争取雇员的合作，于 2008 年同意签订全球框架协议以及认可 SEIU 在美国的劳动者代表组织的附加协议。以上资料来自 FICHTER, MICHAEL & HELFEN, MARKUS, Implementing International Framework Agreements on the Ground: Case Studies, PAPADAKIS, KONSTANTINOS, ed, Shaping Global Industrial Relations, Hampshire: Palgrave, Macmillan, 2011. 107 – 110.

球框架协议的分布区域看,目前已经有美国、加拿大、巴西、澳大利亚、新西兰、马来西亚、日本、印度尼西亚、俄罗斯和南非的 17 家 MNEs[①] 开始向欧洲的 MNEs 学习,以全球框架协议表明其对雇员的责任,努力构建互信的工业关系。全球框架协议发展的内在动力,即"MNEs 国际化战略的进一步深化"、"出于规避管理风险的考虑"以及"对社会可持续发展的日益重视",将促使公司将其社会责任(social responsibility)以及对雇员的责任(corporate accountablity)逐步内化到公司的决策之中。全球框架协议发展的外在动力,即"国际工会组织团结地进一步加强以及推动协议实施的经验更加成熟",加上"国家、IGOs 有关法律文件对 MNEs 加强自我监管的强调",也将为全球框架协议的发展提供有利的社会环境。可以相信,在内在与外在发展动力的合力驱动下,全球框架协议将在跨国劳动监管方面发挥更明显的基础性作用。

综合本节所述,20 世纪 80 年代末兴起的全球框架协议直接启动跨国经济子系统内部的社会对话(劳资对话),既排除了公力监管实践中来自国家利益因素的干扰,也排除了公司行为守则实践中其他社会因素的干扰,因此在朝向反思性监管方面比公司行为守则更进一步。并且,全球框架协议以国际劳动公约和其他有关劳动权的国际性文件作为规范基础,因此在跨国劳动问题的解决结果方面将更趋向一致。可以认为,全球框架协议比公司行为守则更接近反思性监管精神的内核。在反思性监管框架中,全球框架协议与公司行为守则共同构成该框架的基础(即自我监管),但在区域和行业分布方面呈现很强的互补性。全球框架协议源自欧洲,但目前已慢慢扩展至美国、加拿大、巴西、澳大利亚、新西兰、马来西亚、日本、印度尼西亚、俄罗斯和南非,为这些国家的部分 MNEs 所借鉴。全球框架协议扩展缓慢的原因主要是,结社权、集体谈判权和组织权在有关东道国国内法不被认可或不被有效实施。这样的事实反过来也证明,ILO 将结社权、集体谈判权和组织权方面的公约作为最基本的核心劳动

---

① 即美国的 Ford(2012 年签订)、Shoprite(2010 年签订)、Chiquita(2002 年签订),加拿大 Quebecor(2007 年签订)、巴西 Banco do Brasi(2011 年签订)、Petrobras(2011 年签订)、Telecomunicaciones(2009 年签订)、Ability(2008 年签订),澳大利亚 NAG(2006 年签订)、新西兰 Fonterra(2002 年签订)、马来西亚 Systema(2010 年签订)、日本 Mizuno(2011 年签订)、Takashimaya(2008 年签订)、印度尼西亚 Antara(2010 年签订)、俄罗斯 Lukoil(2012 年新版)和南非 AngloGold(2009 年签订)、Nampak(2006 年签订)。

公约加以推进，追求成员国之间最低限度的硬法协调，是符合反思理性的举措。

本章小结

公司行为守则和全球框架协议兴起的时代背景正是政府间组织（IGOs）于20世纪70年代末开始的劳动监管策略转型，即从传统的以硬法为主导的监管策略转向以软法为主导促进成员国自我监管和导引跨国企业（MNEs）私人监管的策略（详见第二章的论述）。OECD指南、ILO三方宣言以及UN全球契约这三大针对MNEs的公力软法监管文件以"劝说和促进"策略，导引MNEs通过积极行动回应国际社会对其加强劳动保护的期待。公司行为守则和全球框架协议受此影响，尝试直接回应跨国劳动问题。由于排除了公力监管实践中来自国家利益因素的干扰，这两大私人机制更有可能真正解决发展中国家国内存在的有关劳动问题，因此均具备朝向反思性监管的规范基础。

公司行为守则和全球框架协议都包含符合反思理性的监管创新。前者的创新之处在于调动各方力量（NGOs、IGOs、国家、消费者、机构投资者、股东等）共同参与监管，形成推动MNEs持续进行自我劳动监管的社会学习机制。公司行为守则的多样化特点源于MNEs之间在结构和规模、对供货商的控制能力、对劳动问题的主观认识等方面的差异。其灵活性降低了MNEs加入的门槛，有助于吸引更多的MNEs参与其中。一旦MNEs加入劳动保护方面社会责任的行列，就同时进入了社会责任的网络之中。与利益相关者进行"相互理解或误解，相互接受或拒绝"的"黑箱"互动的过程，也是MNEs不断地内化外部压力，持续回应跨国劳动问题的过程。基于此，适应不同MNEs情况而制定的公司行为守则倡议可被认为符合反思性监管的精神。

较之公司行为守则，全球框架协议在朝向反思性监管方面更进一步。理由是，全球框架协议既排除了公力监管实践中来自国家利益因素的干扰，也排除了公司行为守则实践中其他社会因素的干扰。较之公司行为守则的社会学习机制的启动直接来自NGOs（包括工会组织）、国家、IGOs

等外部压力,全球框架协议的社会对话机制的启动直接来自 MNEs 的内部压力(即国际工会组织)。较之公司行为守则存在承诺的单边性、实施程序不够透明、工人参与监督的权利基本缺失等不足,全球框架协议以契约方式直接赋予工人(劳动者)在劳动标准的制定、实施与监督方面的权利。全球框架协议对具体的跨国劳动问题的解决无疑更加深入。可以认为,全球框架协议比公司行为守则更接近反思性监管精神的内核。

在新自由主义经济观念占据主导地位的当前社会背景下,以国家为对象的公力硬法监管作用已被证明非常有限(详见第二章和第三章的论述)。事实上,鉴于跨国劳动问题是跨国经济子系统内部扩张引起的问题,而跨国经济子系统在结构上具有自我封闭性,公力硬法监管的直接干预并不能有效根本地解决问题。因此,面对跨国劳动问题,导引私人机制非常关键。公司行为守则和全球框架协议的实施已经显示出开放且整体向上的发展趋势。目前两大私人机制进一步扩展在不同程度上都面临来自某些东道国国内法对集体谈判、结社权和组织权的不予认可或不予有效实施的实施障碍(全球框架协议更为明显)。这样的事实反过来也证明,ILO 将结社权、集体谈判权和组织权的公约作为最基本的核心劳动公约加以推进,追求成员国之间最低限度的硬法协调,是必要的。公司行为守则和全球框架协议的实施拥有主体方面的特别优势,即网络化结构以及高效决策与实施机制。可以相信,随着更多的国家批准并真正实施 ILO 有关结社权、集体谈判权和组织权的核心劳动公约,这两大私人机制将成为反思性跨国劳动监管框架的坚实基底。

附件1 四大国际工会组织与 MNEs 签订的全球框架协议一览表

附表 4-1 BWI 与 MNEs 签订的全球框架协议

	签订日期，MNEs 所属国，行业	规范基础	保护水平与权利项目	对供货商的要求	实施程序（包括冲突解决）	有效期
1. BWI-IKEA	1998 年首个协议。2001 年，重签，瑞典，家具制造。	1948 年联合国人权宣言，1998 年 ILO 宣言所示的 8 个公约以及 1992 年里约可持续发展宣言。		专门针对供货商。2000 年制定了《Ikea 家具采购方式》（行为守则）目前为 2007 年版。要求供货商遵守国内和国际公约，明示行为守则是最低要求。要求供货商告知其工人或分包商，持续拒绝改正的供货商将被终止合作关系。设立专门的监督机构贸易服务办公室，形成全球监督网络。	设立联合会工作组，每年开会两次，由 IKEA 向 BWI 报告实施情况。BWI 接到任何违反守则的情况，向工作小组报告，由工作小组进行审查并提出适当建议。	无固定期限。

续表

	签订日期，MNEs 所属国，行业	规范基础	保护水平与权利项目	对供货商的要求	实施程序（包括冲突解决）	有效期
2. BWI-Faber Castell	最新版2008年签订，2000年首签，德国，装饰设计。		遵守国内法。核心项目方面：都有公约的依据（童工15周岁或义务教育结束），没有援引ILO公约，包括体面的工资、工作时长。	只与遵守协议标准的供货商、承包商或分包商合作。签订合作协议之前要求他们提交自我评估报告。	每两年合作伙伴提交自我评估报告—公司内部审计—由公司和工会组织成的监督委员会进行外部审计。违反同意当场解决。若不能当场解决，由监督委员会审查并提出解决建议。	2000年签订，2008年修订。一方可以提前3个月以书面方式要求终止协议履行。
3. BWI-Ballast Nedam	2002年，荷兰，继Ikea, Faber之后，建筑业第一个签订IFA的公司。有国内工会参与。	ILO关于结社权和集体谈判、禁止使用童工、充分工资、体面的工作条件和工作时间的公约，OECD关于人权、反腐败、避免不公平竞争等方面的原则。		认可对其自身雇员及合作伙伴雇员的责任。公司要求其合作伙伴应该遵守该协议并确保该协议为下游合作伙伴所遵守，协议应该以当地语言展示在工作场所。	公司告知其雇员、国家项目协议的内容、国家经理人员应该知有关合作监督的信息双方合作具体实施。每年一次会议双方合作负责人员。协议的实施，公司设定专人负责公司的实施。若工会组织发现违反情况，报告给公司执行董事会并采取适当解决措施。协议由双方联合解释。	试用期2年，目前仍在适用。

续表

	签订日期，MNEs 所属国，行业	规范基础	保护水平与权利项目	对供货商的要求	实施程序（包括冲突解决）	有效期
4. BWI-Lafarge	法国，2013年重签，2005年首签。最大的建筑材料跨国公司。	1998年ILO宣言，ILO三方宣言，OECD指南，UN全球契约。	不得削减附属机构既有的保护水平；四方面核心劳动标准有具体的公约，包括核心项目，保护移民工人，生活工资（至少达到当地保护水平），工作时长（遵守当地法律，一周至少休息1天），职业卫生与安全，均有公约依据。	适用于公司总部及分支机构，并确保与整个包链条，供货链条以及合作企业沟通，促进协议的遵守。要求供货商遵守法律、法规以及协议的内容，要求商或分包商口头或书面告知雇员有关工作条件。	全球公布一展示在相关工作场所—培训工人及管理者；设立双方代表组成的专家顾问组，每年至少开会1次了，必要时对协议实施进行后续跟踪—欧洲层面实施国工厂理事会拥有出席会议的权利，认可从属地原则，工业关系问题尽量由职场内部解决解决程序：当地管理者—国家级工会—专家顾问组与国际工会区域协调员合作解决—解除协议作为最后的救济手段。	无期限限制，一方可提前3个月书面通知解除。
5. BWI-FCC Construcción	2012年，西班牙，建筑业。有地方工会参与。	1948年世界人权宣言，ILO三方宣言，OECD指南，UN全球契约。	核心劳动项目：结社权和集体谈判权，禁止强迫劳动，禁止使用童工（最低雇佣年龄为15周岁或完成义务教育），禁止歧视公约依据。	促进和鼓励供货商及分包商认同并遵守有关的国际原则。	有关协议解释和实施的争议应该合作解决，当地管理者提交国家级层面的工会讨论一专家顾问组解决；设立双方代表组成的审查委员会，每年至少开会1次。	明确规定是自愿协议。一方提前3个月通知解除。

第四章 跨国劳动监管中的私人机制 | 261

续表

	签订日期，MNEs 所属国、行业	规范基础	保护水平与权利项目	对供货商的要求	实施程序（包括冲突解决）	有效期
			没有公约依据；非核心项目中，职业卫生与安全有公约依据。非核心项目还提到生活性工资（至少达到国内法或集体协议水平）、保护移民工人、工作时长、培训、社会保障等内容。		公司承诺可向工人调查信息，协议审查的结果并入公司年度公报。	
6. BWI-Ferrovial	2012，西班牙。有地方工会组织参与。建筑业。	同 FCC Construcción。	不得降低或毁损目前既有的劳动法和集体协议的保护水平。核心与非核心项目同 FCC Construcción。	促进和鼓励供货商、承包商、分包商对协议所含原则的尊重与认同。	因协议引起的争议由双方合作解决，协议未尽事项应依据相关国内法加以解决。冲突解决三步骤同 FCC Construcción。告知公司所有代表组织，设立有各方代表组成的专家顾问小组，每年至少开会1次，当地工会参与协议的监督，协议审查结果并入公司年度公报。	明确是自愿承诺，单方提前3个月通知解除。

续表

	签订日期，MNEs 所属国，行业	规范基础	保护水平与权利项目	对供货商的要求	实施程序（包括冲突解决）	有效期
7. BWI-GDF SUEZ	2010 年，法国，对公司行为守则的进一步发展，电子设备行业。	同 FCC Construcción。	承诺遵守国内法，但是指出来国内保护不充分或实施不力。核心项目，设有禁止童工，其他三个方面均有 ILO 公约依据，职业与卫生、稳定、持续的雇佣均有 ILO 公约依据。另外还涉及培训。	仅提及协议适用于现在利将来的雇员，分包商，供货商。	题目强调社会对话。当地管理层—国家级层面的工会讨论—签订协议双方解决—调解。	有效期 3 年（2013 年 11 月），任何一方提前 6 个月可单方解除。
8. BWI-HOCHTIEF	2000 年，德国，建筑公司。有地方工会组织参与。	仅提及 ILO 有关四个方面核心劳动标准。提及充分的工资，合理的时长，体面的工作条件以及稳定的雇佣条件，未指明具体的公约依据。	未具体展开。	要求合作伙伴遵守。	认可是公司自我设定的义务。
9. BWI-Impregilo	2004 年，意大利，建筑公司。有地方工会组织参与。	同 FCC Construcción。	四方面核心项目都有 ILO 公约依据。非核心项目包括职业安全与卫生，体面的工作条件，有公约依		无冲突解决。透明度；告知工人，展示在工作场所，缔约方代表合作伙伴在工作组负责审查实施并出具报告。	一方提前 3 个月可以通知解除，签订 2 年后应一方要求可以修

续表

签订日期，MNEs 所属国，行业	规范基础	保护水平 与权利项目	对供货商的要求	实施程序（包括冲突解决）	有效期
10. BWI-Itacementi 2008年，意大利，水泥生产业。	1948年世界人权宣言，1998年ILO宣言，OECD指南，UN全球契约。	四个方面的核心项目均有公约依据，童工必须完成义务教育15周岁以上或非核心项目中，社会保障、职业安全与卫生、生活工资有公约依据且指明生活工资包括工人及家庭成员的基本生活需要。还提及工作时长、工作福利等非核心项目。	承诺促进供货商、包商、分包商遵守相同的标准。	无冲突解决。透明度：工作场所展开出、网站。吸收地方工会参与监督。专家顾问小组，至少每年开会1次。拨出专门的经费。	一方提前3个月可以通知解除。
11. BWI-OHL 2012年，西班牙，有地方工会参与。	同FCC Construcción。	不减损既有的工会权利标准。核心与非核心项目同FCC Construcción。		冲突解决三步：同FCC Construcción。透明度：告知。双方代表组成审查委员会，每年至少开会1次审查实施情况，审查结果并入公司年报。	强调自愿承诺。一方提前3个月可以单方通知解除。

263

续表

	签订日期，MNEs 所属国，行业	规范基础	保护水平与权利项目	对供货商的要求	实施程序（包括冲突解决）	有效期
12. BWI-Pfleidere	2010年，德国，木质产品制造。	不减损既有的工会权利。	四方面核心项目均有ILO公约依据，童工须15周岁或完成义务教育。非核心项目中，适当的报酬，职业安全与卫生有ILO公约依据，还涉及适当的报酬，工作时长，社会保障等。	试图与遵守协议的供货商，承包商或分包商合作。	冲突解决四步走：前三步同FCC Construccion，第四步解除协议为最后的救济方法。实施：通知分支机构工人，纳入采购合同，建立内部审查机制，由企业，地方工会组织以及国际工会组成的监督委员会。每年至少开会1次，有关监督费用由企业承担。	明确有法律效力（valid）。一方可以前3个月可以单方通知解除。第三方不得主张权利。
13. BWI-Royal BAM	2006年，荷兰，建筑服务业。	1998年ILO宣言，OECD指南。	四方面核心项目均有ILO公约依据，童工须15周岁或完成义务教育。生活工资（不低于国内法主流标准），体面的工作条件有公约依据，还涉及工作时长，培训，社会保障等。		强调持续对话。无冲突解决程度。透明度：告知员工，培训，有协议。签字方组成的专家顾问小组，至少每年开会1次，审查协议实施，审查结果列入年度报告。	应一方要求可以修改，2年后任何一方可以提前1个月通知解除。

续表

	签订日期，MNEs所属国，行业	规范基础	保护水平与权利项目	对供货商的要求	实施程序（包括冲突解决）	有效期
14. BWI-Skanska	2001年，瑞典，建筑业。	ILO公约。	至少达到国内法的最低标准，尊重ILO有关公约，其中核心项目还包括ILO核心公约依据，非核心项目包括合理的工作时间、工作条件以及社会保障。	仅提到反情况应通知供货商。	由协议适用专家组将违反情况报告给公司管理层，由公司管理层采取救济，若未能解决问题，提交仲裁委员会（由双方代表各1名加上独立的专家，共3名成员组成），成立协议适用于专家组，由双方代表组成。	一方提前3个月即可解除。
15. BWI-Schwan STABILO	2005年，德国，办公用品生产业。	ILO公约。	四方面的核心项目都有ILO公约依据。非核心项目包括体面的工资（至少达到国内最低标准或行业主流标准）、工作时长、体面工作条件、社会保障。	仅提到待供货商适用类似的标准。	无冲突解决。设立监督委员会，由签约方的代表组成，每年至少开会1次。每2年至少召开由现场监督工会组织参与的会议。机构和当地工会组织有的会议。发现违法情况，由监督委员会采取适当的救济措施。	
16. BWI-STAEDTLER	德国，2006年，美工用品生产，有地方工会组织参与。	1948年世界人权宣言，1998年ILO宣言，ILO三方宣言，OECD指南。	有义务强制实施ILO有关公约的标准。四方面的核心项目均有公约依据。童工最低。	只和遵守协议有关标准的供货商、承包商签约时将遵守有关标准合作。	无冲突解决。告知雇员一项董事会纳入管理问卷调查，并将遵守有关标准。设立内部审查——纳入管理的薪酬计划中等。	一方提前3个月可以书面通知解除。

续表

	签订日期，MNEs所属国，行业	规范基础	保护水平与权利项目	对供货商的要求	实施程序（包括冲突解决）	有效期
17. BWI-Veidekke	挪威，2005年，建筑业。	1948年世界人权宣言，1998年ILO宣言，OECD指南。	四方面的核心项目都有公约依据。非核心项目中，职业安全与卫生有ILO公约依据。还涉及体面的工资（应满足工人及其家庭员基本生活需要），培训，工作时长等。	准纳入合同中。	由缔约三方代表组成监督团队，基层工会组织有权参与监督会议。	
					冲突由地方管理层解决。一国家层面的工会讨论并提交给公司的区域管理层—国际工会组织提交给公司总部管理层。透明度：告知雇员，公布在职场以及网站，培训地方雇员，管理人员及工会组织，年度会议由各方代表参加，对协议实施进行年度审查，审查报告列入企业年度报告中。	2年，之后可以继续有效或修改或解除。
18. BWI-Wilkhahn	2009年，德国，办公设备生产。有地方工会组织参与签订。	ILO有关公约。	四方面核心项目都有ILO公约依据。非核心项目中，职业卫生	期待供货商、承包商以及分包商适用类似的标准以便维持长久的合作。	冲突申诉并提出适当的解决方案。	提前3个月通知。

续表

签订日期、MNEs 所属国、行业	规范基础	保护水平与权利项目	对供货商的要求	实施程序（包括冲突解决）	有效期
		生与安全有公约依据。还包括增加工作时长（每周至少休息一天），工资（至少达到国内法最低工资）等非核心项目。		透明度：告知，公布。调查问卷—内部审查—外部审查（监督委员会）（签约代表组成）。	
BWI-2010年范本	1948年世界人权宣言，1998年ILO宣言，OECD指南以及有关ILO公约。	不得减损既有的工会权利。核心项目四方面都有公约依据，体面劳工包括工资约依据项目的基本需要家庭成员非核心项目，包括其他职业安全与卫生，社会保障，都有公约依据。此外还涉及工作时长等。	适用于供货商、承包商以及分包商、合资企业。	冲突解决四步走：地方管理层—国家层面的工会组织—国家层面的工会组织向公司提出—区域工会组织协调与地方工会组织合作负责的管理人员提出—专家顾问小组—仲裁（仲裁员由成员有约束力的组的成员负责挑选）—解除协议（最后的选择）。透明度：公开，培训地方劳动者、管理人员、工会组织，设立专家顾问小组。	一方可以提前3个月通知解除。

附表 4-2　IndustriALL 与 MNEs 签订的全球框架协议

	签订日期，所属国家，行业	规范基础	保护水平（与国内法关系）权利项目	对供货商的要求	实施程序（包括争议解决）	有效期
1. IndustriALL-SieMNEs	德国，2012 年，电器生产。	1998 年 ILO 宣言及八个核心公约，世界人权宣言，UN 全球契约。	四方面的核心项目都有公约依据，核心项目如职业安全与卫生、时长、培训都没有公约依据。	尽力确保供货商协议所含原则纳入其经营政策中，专门就供货商行为制定行为守则。	强调遵守东道国法律基础上的国际程序，设立内部沟通程序，保证报告者不受不利影响，受理违法行为报告，由公司区域管理层负责解决。四步走：当地一国家级工会组织一区域（仲裁）一中央工厂委员会谈判小组（负责实施并就问题解决提出建议，每年召开 1 次会议，费用由公司承担）。	未提及。个人或第三方不得主张权利。
2. IndustriALL-Daimler	2008 年修订，德国，2002 年制定，有中文版发布。汽车制造。	尊重并支持国际公认的人权，未提及具体的公约。	核心项目有涉及，但仅仅是原则规定。结社权及原则规定，即使在联盟国家里，也有义务保护联盟自由的权利。	2002 年版：支持供货商制定并实施相对应的原则，认为是良好业务关系的基础。2008 年版：扩及适用销售伙伴，在序言中明确适用于所有的商业伙伴。为更好地实施框架协议对供货商的要求，2008 年 6 月还采纳了关于可持续发展的供货商指南。	告知雇员，可致电集团审计部门热线申诉，由审计部门审查并采取措施。公司定期向工会组织报告执行情况。	

续表

签订日期、所属国家、行业	规范基础	保护水平（与国内法关系）权利项目	对供货商的要求	实施程序（包括争议解决）	有效期
3. IndustriALL-Evonik（前身RAG）	2003年，德国，化工、能源及房地产。	仅提到ILO有关公约，未提及具体的公约。	劳动条件和劳动保护至少达到国内最佳标准。核心项目方面仅提到三方面，未提到禁止强迫劳动。非核心项目提到工资、工时。		告知雇员。缔约双方相互交流协议的实施情况，遇有违反协议问题，合作解决。	与其他多数IFA一样，提到具体的生效日期，但未提及其他。第三方不得主张权利。
4. IndustriALL-PSA Peugeot Citroën	2010年，法国，有中文版发布，汽车制造。	ILO基本原则及宣言，UN全球契约。	促进人权保护不完善的国家的人权保护。四方面核心公约项目都有ILO公约依据。非核心项目中，报酬以及职业安全与卫生有公约依据。	适用于整个汽车部门及分支机构。第四章专门适用于供货商、承包商、工业合作伙伴以及销售网。在不替其供货商、承包商以及其合作伙伴遵守，并要求他们对各自的下游供货商、承包商做同样的要求。若供货商违反，警告一纠正一解除合作关系。	保障通过社会对话的方式促进协议的实施。每个主要国家组建当地社会观察工作组，对协议实施进行限踪。其他国家，依据年度协议跟踪框架征求当地工会组织或工人代表的实施意见。集团层面，将欧洲企业工会委员会扩大吸收非欧洲工会组织参加。协议每年实施3年，由企业做出自我评估报告，交由工会组织审阅。子公司选择适合自己的行动方案。将协议通知有关政府和行政部门。	明确无限期。

续表

	签订日期、所属国家、行业	规范基础	保护水平（与国内法关系）权利项目	对供货商的要求	实施程序（包括争议解决）	有效期
5. IndustriALL-Aker	2010年对2008年版修订，挪威，有当地工会参与，远洋捕鱼、建筑和工程设计。	1948年世界人权宣言，1998年ILO宣言，OECD指南。	协议仅代表最低标准，公司应尽可能在此基础上提高。四个核心项目都有ILO公约依据，非核心项目中，职业安全与卫生有公约依据，其他没有。体面的工资包括工人及其家庭成员的基本生活需要，还涉及工作时长、培训等非核心项目。	要求合作伙伴遵守，若不遵守可能导致终止合作关系。	告知职员，公布在网站上。确保工人代表参与协议的实施。召开年度审查会议，各方代表参加。当地工人代表与当地管理人员—国际工会与企业区域管理层面主要工人代表（chief shop steward）提交给集团总部管理层—由协议双方代表3名组成的监督小组—ILO或中立第三方仲裁—解除协议（最后救济）。	2010年修订之后，变成无固定期限（根据最新报告的消息）。
6. IndustriALL-AngloGold	2009年，南非，采矿。	促进全球报告倡议以及UN全球契约的实现，促进ILO相关公约标准的实现。	四方ILO核心项目依据。非核心项目中，职业安全与卫生采取行业最佳实践。		信息分享与培训。每年开会审查最佳实践。开会审查未能解决的违反情况，由临时分委员会审查并提出建议。	除非修订或一方提前3个月通知解除，否则一直有效。
7. IndustriALL-BMW	2000年，德国，有中文版发布，汽车制造。	UN全球契约，ILO相关公约。	遵守国内法规定。四方ILO核心项目依据。非核心项目都没有公约依据，涉及职业安全与卫生、报酬、工作时长、培训等。	支持和鼓励供货商协议所有的标准。	组织与员工的交流，定期就协议实施进行交流。	未规定。不得延伸个人或第三方权利要求。

续表

	签订日期、所属国家、行业	规范基础	保护水平（与国内法关系）权利项目	对供货商的要求	实施程序（包括争议解决）	有效期
8. IndustriALL-Bosch	2004年，德国，有中文版公布，无法查明具体行业。	仅提及国际认可的ILO公约。	结社权和集体谈判权、儿童劳动工同酬有ILO公约依据，其他没有公约依据，且很宽泛。	不与屡次故意违反ILO标准的供货商合作。	告知员工。违反协议处理：投诉一国家级别高级管理层和员工代表讨论一欧洲企业高级管理层一欧洲企业工会委员会。告知企业工会委员会一欧洲企业工会委员会与企业高级管理层联席会议。	
9. IndustriALL-Brunel	2007年，荷兰，无法查明具体行业。	ILO基本原则与权利、ILO公约。	四方面核心项目都有ILO公约依据。职业安全与卫生有公约依据。报酬一方面至少达到国内法水平或集体协议。	虽然无法为供货商等履行协议承担责任，但是将协议发送给供货商以反分包、要求他们遵守。供货商若不遵守，将导致订单撤销。	广泛通知雇员。与实施有关的问题由缔约双方讨论解决。	
10. IndustriALL-EADS	2005年，法国、德国和西班牙，航空服务。	世界人权宣言、ILO公约、OECD指南、UN全球契约。	认可结社权和集体谈判权通常为工业对话方面的权利。四方面核心项目都有ILO公约依据。非报酬一项目中，报酬有ILO公约依据，其他没有公约依据。	作为选择供货商的标准之一。期待供货商认可并实施协议的标准。	违反情况：中央管理层向欧洲企业工会委员会一协议双方层提出纠正建议一指派代表组成仲裁小组。	

续表

签订日期、所属国家、行业	规范基础	保护水平（与国内法关系）权利项目	对供货商的要求	实施程序（包括争议解决）	有效期
11. IndustriALL-Electrolux	2011年，瑞典，电器设备制造。	ILO公约，OECD指南。	四方面核心项目都有ILO公约依据。附带特别强调工会方面，双方承诺不支持黄色工会（资方赞助的假工会）。其他非核心项目没有公约依据。	要求供货商以及分包商必须遵守。	管理层负责实施。每年与工人代表讨论实施情况。	
12. IndustriALL-Endasa	2002年，西班牙，电器设备制造。	ILO公约。	仅强调结社权和集体谈判权的ILO公约。强调构建对话与国际工会磋商的管道。		本身成为制度化的对话议定书。主要是工会磋商方面。	协议显示已经到期，但仍在适用。
13. IndustriALL-Enel	2013年，意大利，有地方工会参与。电器设备制造。	世界人权宣言，1998年ILO宣言与有关核心劳动公约，ILO三方宣言，OECD指南。	认为社会对话是预防和管理潜在的劳资冲突的主要手段，强调为社会对话制定指南。为解决企业和雇员共同利益问题提供有效的适任。视为是人力资源管理的组成部分。四方面核心项目都有ILO公约依据。其他非核心项目很多。		有专门一部分涉及组织和实施程序。设立全球工厂理事会，确保并延伸社会对话，公司提出改善建议。但本身不具有集体谈判的职能，不代替工人的信息和磋商权。公司设立协调管理委员会为全球工厂理事会开展的活动提供方便，负责管理集团内的社会对话关系。部分重要的非核心项目方面也设立多边委员会。	有效期3年。

续表

签订日期，所属国家，行业	规范基础	保护水平（与国内法关系）权利项目	对供货商的要求	实施程序（包括争议解决）	有效期
14. IndustriALL-Eni 2002年，意大利。能源行业。	世界人权宣言，ILO核心公约。	四方面核心项目都有ILO公约依据，非核心项目涉及职业安全与卫生，但没有公约依据。		强调磋商与对话。告知工人。公开协议内容，年度会议吸收地方工会组织或工人代表参与。	协议显示2年，但仍在适用。
15. IndustriALL-Feudenberg 2000年，德国。能源行业。	ILO公约。	强调加强社会责任对话与公司社会责任。四方面核心项目都有ILO公约依据，且是最低标准。非核心项目涉及职业安全与卫生，但无公约依据		通知各个分支机构。每年召开磋商会议，有违反之处直接通知对方，共同解决。	显示有效期只到2001年底，但仍在适用。
16. IndustriALL-Ford 2012年，美国，汽车制造。	世界人权宣言，ILO三方宣言，OECD指南，苏利文社会责任全球原则，ILO公约。	四方面核心项目未提及ILO公约依据，非核心项目涉及职业安全与卫生。	鼓励他们采取并制定实施类似的标准。公司对一层供货商进行实施评估。	有关实施问题在信息分享论坛会议中讨论并合作解决。持续遵守情况非会议与公司管理层的年度会议上审查。	
17. IndustriALL-GEA 2003年，德国。能源行业。	ILO核心劳动标准，OECD指南，ILO公约。	强调结社权合作，提升社会对话，除童工外，三方面核心项目均提及ILO公约依据。	支持和鼓励商业伙伴遵守，合作优先考虑因素。	公开内容。实施情况及问题至少1年各方共同讨论1次。	对企业内部有约束力。

续表

	签订日期、所属国家、行业	规范基础	保护水平（与国内法关系）权利项目	对供货商的要求	实施程序（包括争议解决）	有效期
18. Industri ALL-Merloni Elettrodomestici	2001年，意大利，家用电器制造。	ILO三方宣言及相关公约，ILO1998年宣言。	四方面核心项目有ILO公约依据，其中还包括保护工会代表的公约。	考虑采取最适当的措施确保直接供货商遵守ILO公约，尤其是禁止使用童工、禁止强迫劳动及结社权和集体谈判权的公约。对于供货商严重违反公约的情况，保留取消订单的制裁权。	告知，设立国内联合委员会负责监督。在国内信息会议以及欧洲企业工会委员会会议上，企业负责实施情况做出报告，非欧洲理事会的国家也可派工人代表参加。	
19. Industri ALL-Inditex	2007年，西班牙，服装。	ILO核心劳动公约。	四个方面核心项目以及其他非核心项目。	协议主要针对供货链条，确保整个有供货链（包括那些没有国际工会组织分支机构的供货商）遵守。要求遵守ILO有关公约，尽可能采取一切措施确保整个供货链条的成功实施。	告知供货商。设立双方指派的6名代表组成的委员会，年度审查。相互通知违反情况并共同讨论早期数济措施。有争议协商解决，无法达成一致，请求ILO的专业意见。	有效期1年，之后若一方未提前3个月通知解除或明确表示不愿续约，将自动延长1年。
20. Industri ALL-Lafarge	与BWI同。					
21. Industri ALL-Leoni	2002年，德国，常州铜线有限公司，有中文版公布。电缆材料制造。	个别ILO公约。	只有结社权有ILO公约基础，其他方面没有提到，涉及非核心项目也没有ILO公约依据。	除适用于客户、雇员还适用于股东、商业伙伴。鼓励商业伙伴遵守，作为优先建立合作关系的考虑要素。	以合适方式告知所有雇员及其代表。内审部门进行内部审查。年度欧洲企业工会委员会会议上讨论实施问题。	在全球范围内对公司有约束力。第三方不能据此要求强制实施任何权利。

续表

	签订日期、所属国家、行业	规范基础	保护水平（与国内法关系）权利项目	对供货商的要求	实施程序（包括争议解决）	有效期
22. Industri ALL-Lukoil	2004年签订，2012年重签，俄罗斯。石油开发。	世界人权宣言、全球契约、UN公约以及ILO公约。	四方面核心项目有ILO公约基础，保护孕产哺乳女性也有公约依据。还涉及其他非核心项目。	将告知承包商、供货商，授权许可主要供货商该协议的存在并鼓励他们遵守所含的标准。	散播文本，应要求代为解释，告知雇员。培训。不得替代当地的集体谈判。年度会议通过讨论实施问题。公司支持国际工会组织建立全球网络、确保企业内部的工会组织代表进行有效沟通的信息交流。	有效期1年。若届时一方未提前30天通知解除，自动延续适用。
23. IndustriALL-MANN + HUMMEL	2011年，德国。空气滤清和石油滤清。	8个ILO管辖下的核心劳动公约以及国际认可的人权标准。	四方面核心项目有ILO公约基础，涉及非核心项目。	鼓励承包商、供货商遵守协议所含的标准，以便建立可持续的合作关系。	合适方式传播。实施问题在欧洲企业工会委员会年度会议上磋商。申诉由当地工人代表或公司指定的外部审查员提出，秘密处理，确保报告者不遭报复。	个人或第三方不得主张权利。
24. IndustriALL-Man Group	2012年，德国。机械制造。	8个ILO管辖下的核心劳动公约。		除了适用于雇员、管理人员外，还适用于商业伙伴、IGOs和NGOs。供货商遵守协议所含的标准，鼓励和支持供货商采取类似标准。	告知雇员。有关组成单位的董事有责任受理并解决争议一公司的劳动关系部采取适当措施（确保提供信息者不遭报复）一特别重大事件由公司负责劳动关系的执行董事会成员处理。	

续表

签订日期、所属国家、行业	规范基础	保护水平（与国内法关系）权利项目	对供货商的要求	实施程序（包括争议解决）	有效期
25. IndustriALL-Mizuno	2011年，日本。服装业。	世界人权宣言，ILO核心公约。			要求各方相互交流，共同解决实际存在的问题。	
26. IndustriALL-Norsk Hydro	2010年，挪威，有中文版本。铝业。	ILO公约。	如果与当地法律不一致，应努力寻求与所在国法律和自身社会责任政策相适应的本地解决方案。四方面核心项目以及职业安全与卫生有ILO公约基础，还涉及其他非核心项目。	适用于合作伙伴和承包商。	强调对话。告知成员工会。地方工会与监督。方便的情况下，每年召开一次会议讨论，但不是必须。争议解决一相互走走：当地管理者申诉一相应国家级工会出面协调一国际区域总工会出面协调一终止强制实组织总部出面协调出出面（最后的救济）。	有效期2年，可以延长或重新协商确定。（已到期，仍在适用）。当事方不得强制实施协议。
27. IndustriALL-Norske Skog	2002年，挪威。造纸业。	ILO核心劳动公约。	仅代表最低标准，应尽可能提高。四方面核心项目有ILO公约基础，其他没有。	通知其分包商和供货商有关协议的内容，鼓励他们遵守所列的标准。	传播协议，告知地方工会组织及雇员。工厂展出，网站公布。监督与参与：当地工会人代表参与进行培训。争议解决三步走：向当地管理层申诉一国家级工会出面协调一国际工会组织要求公司总部解决。召开年度会议审查实施情况，应有主要工人代表参加。	有效期2年，可以延长或修改。

续表

签订日期，所属国家、行业	规范基础	保护水平（与国内法关系）权利项目	对供货商的要求	实施程序（包括争议解决）	有效期
28. Industri ALL-Prym	2004年，德国，有中文版本颁布，金属制造。	ILO 核心劳动公约。		鼓励和支持合作伙伴在自己的企业内实施，以确保对合作关系有利。	以所在国语言公布。欧洲企业工委会按年度会议由公司报告执行情况并共同讨论争议解决的问题。	第三方不得主张权利。
29. Industri ALL-Renauld	2004年，法国，汽车制造。	ILO 核心劳动公约，UN 全球契约。	四方面核心项目以及工资有公约依据，职业安全与卫生采欧洲标准，还涉及其他非核心项目。	通知供货商该协议内容，鼓励他们考虑遵守，励该公司内部参照该标准实施，将该标准作为长期合作关系的基础。	传播给所有的雇员，雇员有报告违反的权利，允许地方工人代表参与监督。	
30. Industri ALL-Rheinmetall	2003年，德国，车辆武器配件和防卫产品制造。	ILO 核心劳动标准。	四方工资有公约依据，职业安全与卫生采欧洲标准，还涉及其他非核心项目。	支持并明确鼓励其商业伙伴在公司内部参照该标准实施，将该标准作为长期合作关系的基础。	监督责任由于组成单位的管理人员和工人代表。雇员至少每年交换一次实施方面的信息，报告权利而不遭报复。暂定在欧洲企业工会委员会年度会议上交流信息。	对其全球范围内的组成单位具有约束力。
31. Industri ALL-Rhodia	2008年，法国，有中文版本，化工产品生产。	ILO 关于基本人权的公约，包括核心公约以及针对负有家庭责任的员工（如哺乳期产妇）的保护公约，UN 全球契约。	四方面核心项目以及保护负有家庭责任的员工有公约（第153号公约），还涉及其他非核心项目：强调劳资对话。	希望其供货商遵守类似内容，任何严重违反情况将导致合同关系终止。	4个实施阶段：介绍一部署一成效一绩效，并非取代当地的对话集体谈判。告知员工并公布在网站上。年度评审会议共同审查实施状况，费用由企业承担。	有效期3年，一方可以提前6个月通知解除。

续表

签订日期、所属国家、行业	规范基础	保护水平（与国内法关系）	对供货商的要求	实施程序（包括争议解决）	有效期
32. IndustriALL-Röchling 2004年，德国，塑料制造。	ILO公约。	四方面核心项目以及报酬等，还涉及其他非核心项目。	支持和鼓励其商业伙伴在企业内部实施类似的标准，并作为未来合作关系的基础。	员工有报告的权利，确保其不遭不利影响。召开年度会议讨论实施事宜，目前在欧洲企业工委会委员会年会中讨论。	对全球范围内的集团组成单位有约束力。
33. IndustriALL-SAAB 2012年，瑞典，防卫与安保产品制造。	ILO公约、OECD指南。	四方面核心项目有公约依据，还涉及其他非核心项目。	供货商同意应遵守守则。	公司管理层负责与监督。每年召开会议讨论实施情况。	协议终止后6个月仍然适用。
34. IndustriALL-SCA 2004年，瑞典，个人生活用品制造。	世界人权宣言、1998年ILO宣言及有关公约。	所提出的标准仅仅是最低标准。核心项目与非核心项目都有，但未列明具体公约。		告知。申诉程序三步走：向当地管理层申诉—国家级工会出面协调—国际工会组织要求公司总部解决。年度会议审查实施情况。	有效期2年，到期可以继续适用或修改，一方提前6个月书面通知可以解除。
35. IndustriALL-SKF 2003年，瑞典，润滑产品生产。		四方面核心项目及非核心项目均指明公约依据。职业安全与卫生依据（ISO14001）。	鼓励其供货商遵守类似的行为守则。	强调所有行为义务遵守行为守则，双方定期审查行为守则的实施状况。	
36. IndustriALL-Statoil 2012年，挪威，能源行业。	ILO公约。	四方公约依据，涉及非核心项目。不替代当地的工业关系。	尽可能适用于其供货商和分包商。	告知、公开、展示、培训。年度审查会议。报告违反者不受歧视，便利工会代表开展工作。	当事方不得强制实施协议，第三方或可便利实施协议。

续表

签订日期，所属国家、行业	规范基础	保护水平（与国内法关系）权利项目	对供货商的要求	实施程序（包括争议解决）	有效期
37. IndustriALL-Umicore	2011年重签，2007年签订，比利时，有中文版本。金属制造。	世界人权宣言，ILO核心劳动标准，ILO公约。	四方面核心项目和报酬有公约依据，涉及非核心项目。	支持并特别鼓励其商业伙伴（包括供货商和承包商）在自己的公司政策中考虑并实施ILO核心劳动标准，这是增进未来业务关系的基础。	告知，如有需要还要培训。业务单位是第一实施责任人。员工有报告或集团员工可向上级主管报告，不遭不利影响。设立特别委员会负责监督协议实施，每年召开一次会议，审查投诉及补救措施。	有效期4年，一方提前6个月挂号信通知解除，否则继续有效4年。企业合并，对新企业继续有效。受比利时法院专属管辖，适用比利时法律。
38. IndustriALL-Vallourec	2008年，法国。能源行业。	ILO核心劳动公约。	仅列出公约列出项目。	要求供货商，分包商遵守并纳入对其评估的标准中。	告知员工。雇员有申诉的权利，向当地人力资源管理层申诉，由当地人力资源部向公司中央人力资源部报备，并向欧洲企业工会委员会报告。	
39. IndustriALL-Volkswagen	2002年，德国。汽车制造。	ILO公约。	四方面核心项目都有，但未列出公约依据，还涉及非核心项目。	支持并明确鼓励其承包商在实施自己的公司政策中考虑并实施ILO核心劳动标准，这是增进未来业务关系的基础。	告知雇员。全球企业工会理事会会议讨论实施情况。	第三方不得主张权利。

续表

签订日期，所属国家，行业	规范基础	保护水平（与国内法关系）权利项目	对供货商的要求	实施程序（包括争议解决）	有效期
40. Industri ALL-ZF	2011年德国，有中文版本，变速器生产商。	1998年ILO宣言，UN全球契约，OECD指南，ILO公约。	仅是最低标准。四方面核心项目都有公约依据。还涉及非核心项目。	要求供货商认可并使用本协议的准则，鼓励供货商在各自的公司推介并实施类似的准则，这将为与公司建立长期合作关系打下良好基础。新的或现有供货商应该以适当方式确保遵守协议标准。	告知。事业部管理层是一线监督者，商业伙伴、客户提出特殊情况下的联系人。客户提出意见不遵不利影响，内审机构将组织内部设容纳人内审标准。法规部设有投诉热线。若违反情况发生，集团审计定期向国际工会组织通报实施情况并与之交流。	第三方不得提出权利主张。
41. Industri ALL-Petrobras	2011年，巴西，石油产品生产。	世界人权宣言，ILO三方宣言，ILO1998年宣言，OECD指南，UN全球契约。	并非代替或干预地方实践。ILO1998年宣言的四个方面的原则。	尽力使承包商遵守协议的标准。	公布，培训，分歧由双方负责解释。	一方提前6个月可以解除。有效期2年，期满可以延续适用。
42. Industri ALL-GDF SUEZ（PSI/BWI也有签订）	2010年，法国，同BWI。					

续表

签订日期、所属国家、行业	规范基础	保护水平（与国内法关系）与权利项目	对供货商的要求	实施程序（包括争议解决）	有效期
43. Industri ALL-EDF（PSI也有签订）	2009年，法国，有中文版本，电力生产商。	《世界人权宣言》《联合国取消对妇女一切歧视的权利公约》，UN全球契约，ILO核心劳动公约（尤其是ILO第135号关于员工代表的公约）。	在遵守东道国法律和法规的前提下争取成为同行业的最佳实践者。四方面核心项目有公约依据。还涉及非核心项目。	要求由其直接控制，直接或间接控股比例超过45%，且员工人数超过50人的分支机构实施。应系统保证承包商遵守。屡次发生违反，且未能改正的情况下，在可履行合同义务的情况下，将中止与失承包商的合同关系。	强调社会对话。告知雇员。成立社会责任对话委员会。每年召开1次会议，是唯一有权受理实施同问题的机构，邀请会议费用由集团公司承担。NGOs参加会议。协议解释归社会责任对话委员会。	4年，可提前3个月讨论延长。一方提前6个月以挂号信通知对方解除。

附表4-3　UNI与MNEs签订的全球框架协议

签订日期、所属国家、行业	规范基础	保护水平与权利项目	对供货商的要求	实施程序（包括冲突解决）	有效期
1. UNI-GiettC-MC①	2011年，比利时，公司组织（私人雇佣机构国际联盟）。	ILO关于私人雇佣机构的181号公约和188号建议书，1998年ILO宣言。	主要是保护临时工人，重点是落实公约关于临时工作免收费的规定、非歧视原则、ILO关于结社权和集体谈判权（有公约依据）、行业社会对话、禁止替换罢工的临时工人，明确工资、福利等。		国内层面：扫除障碍，对政府合作提供充分的社会保护，保护行业社会对话以便谈判临时工人的工作条件；国际层面：与ILO合作，促进行业国际层面对话。公布，每年两次公开会议评估实施情况。	

续表

签订日期，所属国家，行业	规范基础	保护水平与权利项目	对供货商的要求	实施程序（包括冲突解决）	有效期
2. UNI-France Telecom	2011年，法国。电信服务。	世界人权宣言，ILO标准，UN全球契约。	四个核心项目和报酬有公约依据，职业安全与卫生及其他项目未明确。重组时遵循可预见原则，社会对话原则以及社会支持原则。	通知供货商以及分包商协议的存在，支持采纳协议的标准有利于长期合作。	告知雇员，同监督。缔约双方共同应在诉诸外部沟通之前，争议发生时，雇员先应在诉诸外部沟通之前，通知管理层。公司承诺采取措施确保协议的实施。对于直接控制的分支机构，鼓励实施但尊重这些机构的独立性。每半年召开1次会议对协议实施进行监督。	无固定期限，一方可提前3个月通知解除。
3. UNI-Portugal Telecom	2006年签订，葡萄牙。电信服务。有地方工会参与。	ILO相关公约。	四个核心项目都有公约依据，体面最低工资、工作时长、职业安全与卫生也有公约支持，还涉及其他非核心项目。		展示在工作场所。每年召开1次会议审查实施情况。	2年，若一方没有提前3个月解除，视为自动延续适用。
4. UNI-Systema Televisyen Malaysia Berhad	2010年，马来西亚，有线电视服务。		持续不反对参与工会的工人，继续善意与代表工人的工会审查集体协议的条款，不干预工会的活动，性别平等。			明确不具有约束力，仅是双方合作的表示。

续表

签订日期，所属国家、行业	规范基础	保护水平与权利项目	对供货商的要求	实施程序（包括冲突解决）	有效期
5. UNI-Takashi-maya	2008年签订，日本。连锁百货公司。	结社和谈判权有指出依据是ILO公约，但未指明具体项目。	除了结社权和谈判权有指出依据ILO公约外，其他核心项目未指明具体依据，还涉及其他非核心项目。	将努力让潜在的合作伙伴知道公司希望跟遵守协议所列标准的企业合作。	告知国内外办公机构，合作管理和实施协议。劳动争议发生时，由所在的公司解决，若不能解决，国际工会组织将进行调解，尽最大努力促成双方达成和平解决方案。	
6. UNI-Banco do Brasi	2011年，巴西。银行业。	ILO1998年宣言，世界人权宣言，UN全球契约。	遵守国内法。强调社会对话对预防和减少劳资冲突的重要性。列出四方面核心劳动标准。结社权和集体谈判权非常具体。	建议供货商，分销商遵守。	告知位于美洲的所有分支机构。双方各派代表组成专门的小组负责协议的解释。	有效期2年，一方随时提前通知解除。
7. UNI-Antara	2010年签定，印度尼西亚（该国对8个核心公约均已批准），名为有关行为守则的劳资协议。新闻广播行业。	结社权和集体谈判权的ILO公约。	强调社会对话对加强互信、互利发展的重要意义。列出四方面劳动核心标准。只有结社权和集体谈判权有公约依据，且非常具体。	希望获得外部机会的第三方公司遵守这些原则。	告知。如有争议，由UNI全球工会出面调解，和平解决。	

续表

	签订日期、所属国家、行业	规范基础	保护水平与权利项目	对供货商的要求	实施程序（包括冲突解决）	有效期
8. UNI-Telecomunicaciones	2009年签订，巴西（该国组织权公约除了，7个核心公约都已签订）。电信行业。	ILO公约。	四个核心项目，工人代表、工作时长、最低工资、职业安全与卫生方面都有ILO公约依据。培训、社会保障没有公约依据。		告知所有的分支机构。双方共同监督协议的实施。进行持续的监督对话。各派3名代表组成监督小组，审查案件并向双方做出报告。	有效期5年，可以延长。
9. UNI-Ability	2008年签订，巴西。电子技术服务。	ILO公约。	基本同上。		基本同上。	基本同上。
10. UNI-Carrefour	2000年，法国。连锁超市。	ILO关于结社权和集体谈判权以及雇员代表的公约依据（第87、第98、第135号）。	核心项目未提及禁止歧视，重点提到结社权和集体谈判权。	确保ILO原则得到供货商的尊重。		
11. UNI-Codere	2013年，西班牙。网络设备。	ILO核心公约以及其他公约。	要求协议在东道国国内法框架下实施。如条款违反国内法，该条款无效，但其他条款继续有效。不减损既有的工会权利以及工人的权利。核心项目均有公约依据，其		公开、告知分支机构、永久性对话、定期开会。双方各派3名代表组成实施小组每年至少开会1次，指定开会的联系人。双方同意可以召开临时会议。争议由双方合作解决，有必要设立由双方各派3名代表组成的监	在不违反东道国内法的情况下有强制执行力。（部分违反国内法的条款不影响其他条款的强制制效

第四章 跨国劳动监管中的私人机制 | 285

续表

签订日期、所属国家、行业	规范基础	保护水平与权利项目	对供货商的要求	实施程序（包括冲突解决）	有效期
		中结社权和集体谈判权非常具体。最低工资，工作时长，职业安全与卫生也有公约依据。培训、社会保障没有公约依据。		督小组进行审查，并向双方报告。	力）有效期2年，若一方未提前3个月解除，可以继续生效1年。
12. UNI-Danske Bank	2008年，丹麦。银行。 UN 全球契约以及 ILO 公约。	明确协议内容仅是最低标准。认为协议是追求国际化发展策略所必须的。对话与磋商是可认可资源管理的重要内容。结社权和集体谈判权没有依据，其他三方面有 UN 全球契约依据。报酬、职业安全与卫生有 ILO 公约依据，其他非核心项目没有依据。公司重组时遵守"预见原则"、"社会对话原则"以及"社会支持原则"。	尽力确保目前及未来的主要的供货商以及外包商遵守同样的基本原则。	告知雇员。告知供货商和承包商协议的存在。在诉诸外部沟通之前先联系总部管理层。公司承诺采取适当的措施确保协议的实施。双方合作监督，经常召开会议讨论实施情况并做出报告。	任何一方提前3个月可以解除。

续表

签订日期、所属国家、行业	规范基础	保护水平与权利项目	对供货商的要求	实施程序（包括冲突解决）	有效期
13. UNI-Elandeers	2009年，瑞典。印刷业。	ILO公约	明确协议内容仅是最低要求。四个核心项目都有公约依据，其中结社权和集体谈判权具体、报酬、工作时长、职业安全与卫生都有公约依据。	不与故意违反协议的供货商或销售商（vendors）合作。	持续对话（共同解决）。施存在的问题，各方指定联系人。至少每年开会1次审查实施状况，做出反馈报告。设立监督观察机构确保协议实施。传播协议文本给各分支机构。	一直有效，一方可提前6个月通知解除。
14. UNI-Euradius	2006年，荷兰。出版公司。	ILO公约	四个核心项目以及ILO公约代表依据，其中结社权和集体谈判权依据很具体。报酬、工作时长、职业安全与卫生都有公约依据。还涉及教育、培训和社会保障，无公约依据。	认为遵守协议是长期经营的基础，应该告知所有的供货商有遵守该协议的义务。	告知。公司每年向工会组织提交实施报告，由工会组织审查。	有效期5年，期满评估并延续。
15. UNI-Falck	2005年，丹麦。紧急救援以及预防保健产品生产。		强调劳资关系做好通过对话与合作以调整。		建立由双方代表组成的世界企业工会委员会，促进全球社会对话，并成为信息与磋商的论坛，鼓励企业管理层对工会成员进行培训。世界企业工会成员名	协议适用丹麦法律，如与丹麦法律冲突，必须修改。

续表

	签订日期、所属国家、行业	规范基础	保护水平与权利项目	对供货商的要求	实施程序（包括冲突解决）	有效期
16. UNI-G4S	英国，2008年。安保服务。	ILO 8个核心劳动公约、OECD指南。	至少达到东道国的最低标准，努力成为所在国的最佳实践企业。不减损既有的工会权利。核心项目有公约依据，结社权和集体谈判权规定非常详细。未涉及核心项目。	努力与商业伙伴合作确保他们对协议所含原则的遵守。	确保管理层就协议与雇员进行沟通。违反此义务的管理层将遭受纪律制裁。协议将定期开展义务的社会对话。每年至少2次正式的审查会议。争议四步走：当地管理层申诉——UNI代表提交给企业雇员关系管理层予以纠正——提交给中立的仲裁会议讨论解决——中立仲裁小组。	无期限限制，任何一方可以单方通知单独或重新谈判、解除协议。无强制执行力，个人或第三方不得提出强制实施。
17. UNI-H&M	2004年，瑞典。服装。	UN全球契约、OECD指南、1998年ILO宣言，ILO核心劳动公约以及工人代表的公约。	四方面核心项目及工人代表，没有展开。			
18. UNI-ICOMON	2008年，法国。未能查明。	ILO公约。	核心项目和非核心项目都有公约依据。			

续表

	签订日期，所属国家、行业	规范基础	保护水平与权利项目	对供货商的要求	实施程序（包括冲突解决）	有效期
19. UNI-Inditex	2009年，西班牙。服装生产。	国际认可的人权和工会权利公约，ILO公约。	核心项目和工人代表都有公约依据，非核心项目（职业安全与卫生、工资、工作时长）都有公约依据。	明确不适用于故意违反协议标准的第三方。	传播协议。有效的沟通渠道，持续的对话。至少1年开1次会议解决实施的问题。	无固定期限，一方可以提前6个月终止。
20. UNI-ISS	2008年，2003年第一次签定。丹麦。设施管理与安保服务。	1998年ILO宣言，ILO关于保护工人代表的第135号公约，结社权和集体谈判权的公约，禁止强迫劳动、禁止使用童工和歧视的公约，OECD指南。	不减损既有的工会权利。遵守国内法的最低要求，但不限于此。认可工会组织的作用，认可行业范围内建立工会的阻碍，同意为工会组织的建立和发展提供便利条件。四方面核心项目都有公约依据。联合项目承诺保障加工会组织和集体谈判的工人不遭恐吓或报复，压制或歧视。结社权和集体谈判权非常详细。相反，工会也有义务：监督市场上其他公司劳动标		传播协议。为工会监督和提高特定行业的劳动标准设立联合基金。1年2次开会实施情况。若有关问题无法在审查会议上解决，可以寻求双方同意的独立的仲裁或调解小组解决。若小组可以达成调解意见，该小组可以出具独立的裁决，对双方有约束力。费用由系担。该争端解决程序不适用于集体协议身所产生的争议由其本协议，后者有争议先请公司内部解决，留给诉诸公司一定的同解决之后，才能诉诸法律诉讼途径或采取公众行动。	无期限限制，一方可提前3个月通知解除。暗含有法律约束力。诉诸法律法解决的情况下，诉诸公众诉讼或公众行动。

续表

签订日期、所属国家、行业	规范基础	保护水平与权利项目	对供货商的要求	实施程序（包括冲突解决）	有效期
21. UNI-Metro	2012年版最新。之前2004年，2008年版。德国。连锁超市。	ILO四个基本原则。	无条件支持ILO核心劳动标准。集体谈判和结社非常具体。对工会的组建支持。严格中立立场。当地社会伙伴负责构建社会伙伴关系。四方面核心项目都有提到ILO公约，但未指明是哪个公约。非核心项目设有公约。		地方管理层是一线的实施者。利益冲突通过公开业的对话加以讨论，并以公开方式解决。建设性对话。定期信息和磋商会议。麦德林欧元论坛可以作为对话的论坛。	
22. UNI-NAG	2006年，澳大利亚。银行。	ILO公约。	个人选择，结社权和集体谈判权。为全球建设性关系提供全球框架。准的提高，以便缓解解工资增长的压力和工作条件改善，让公司能够在不损害其竞争力的情况下提高劳动标准。对待，公平		当地管理层是一线实施者，也是最终解决问题的主体。年度会议加强实施问题的对话。	

续表

	签订日期，所属国家，行业	规范基础	保护水平与权利项目	对供货商的要求	实施程序（包括冲突解决）	有效期
23. UNI-Nampak	2006年，南非。包装产品生产。	ILO标准。	目的：创设持续对话的有效渠道。不替代国内既有的协议。四方面核心项目以及保护工人代表有公约依据。结社权和集体谈判权跟许多协议一样，规定非常具体。工会权利包括：集体谈判，代表工人参与争端解决，就与工人有关的事项如教育培训等与管理层谈判磋商。重申没有反对地方实施程序由国内工会与管理层谈判）。还涉及职业卫生与安全、报酬、工作时长等非核心项目。		传播协议。持续对话，定期开会，至少1年1次，解决实施存在的分歧或争议。	
24. UNI-OTE	2001年，希腊。典型公司。	ILO核心公约。	四方面核心项目以及传统的非核心项目都有公约依据。教	尽力邀请供货商、承包商、分包商认可实施协议的社会标准。	持续对话，定期开会，至少1年1次，解决实施中存在的分歧或争议。实施办	5年，重新评估，可以延长。

续表

	签订日期、所属国家、行业	规范基础	保护水平与权利项目	对供货商的要求	实施程序（包括冲突解决）	有效期
25. UNI-Quebecor	2007年，加拿大。媒体行业。	ILO核心劳动公约以及保护工人代表的公约（第135号）。	目的：创设持续对话的有效渠道。四方面核心项目以及工人代表有公约依据，其他非核心项目没有。	不与故意违反本联合声明标准的供货商或销售商合作。	合作解决。各指定1名联系人，每年至少开会1次。	明确法律约束力，任何个人或第三方不具有强制实施权利。
26. UNI-Securitas	瑞典，2012年。2006年首签。安保服务。	世界人权宣言，OECD指南，1998年ILO宣言。ILO 8个核心劳动公约。	不得违反当地法律，若违反、其他部分继续有效。不得减损既有工会的权利以及工人道国内达到最低标准；公司业务扩展、新市场竞争背景，UNI面临结社的挑战，认可工会方面的地位和作用，工会的义务，若提高劳动标准导致企业竞取超越。	尽力与商业伙伴合作使他们以符合协议标准的方式开展经营，不与未遵守这些标准的企业合作。	为工会履行义务拨付专项资金，依据个案确定。确保地方管理层遵守协议。每年至少开会2次讨论实施问题。建设性对话。争议诉一国家级工会向当地管理层提出—UNI向企业实施工作组提出，后者应以公开透明方式进行调查并解决（敏感同题可以从较高级别开始）一双方认可的中立的调解人。	有效期2年，若一方未提前3个月通知解除，继续有效。暗含着只要不违反道国内法，即为有效，可以强制执行。协议解释适用瑞典法律。

续表

签订日期、所属国家、行业	规范基础	保护水平与权利项目	对供货商的要求	实施程序（包括冲突解决）	有效期
		争力削弱，当地工会以及管理层应该联合采取管理策略促使同类市场劳动标准的提高，确保企业可以在提高劳动标准的同时不丧失竞争力。对工会代表的认可不应导致企业处于不利的竞争地位。			
27. UNI-Shoprite 2010年，美国。连锁超市。	1998年ILO宣言，没有公约。	不代替既有的协议。遵守东道国国内法最低标准。工会的义务：如果工人从事任何形式的罢工或未受法律保护的工业行动，工会组织应该采取适当的措施使之恢复正常。工地会见工人要获得企业书面许可，并应该在双方确定的合适时间内会见。工会组织应采取适当措施	尽力使其合作伙伴遵守协议的标准。	最多1年1次联合会议，费用由工会组织自理。企业准许工人代表请假开会，各指派1名联系人。企业有报告义务。	任何一方可以提前60天解除协议。

续表

签订日期，所属国家、行业	规范基础	保护水平与权利项目	对供货商的要求	实施程序（包括冲突解决）	有效期
28. UNI-Telefonica	2001年，西班牙。电信服务。	ILO公约。	确保地方工会支持分支机构的经营并遵守协议的宗旨和精神。四方面核心项目以及传统有公约依据，教育培训，社会保障没有公约依据。	鉴于该协议是工业关系进步的要素之一，将告诉那些想要合作的第三方需要遵守这些原则。	传播，双方合作实施，定期开会，遇有分歧合作解决，双方代表各3名组成工作小组，负责审查并向双方报告。	有效期5年，可以延长。
29. UNI-telenor	2013年，挪威。信息技术与媒体行业。	UN全球契约，UN保护、尊重和救济框架，ILO核心劳动公约（尤其是结社权和集体谈判权方面）。	目的：加强社会对话，尤其是结社权和集体谈判权方面。不能代替既有的集体协议或地方协议。四方面核心项目有依据，其他没有。		善意合作实施。持续对话。每年至少召开1次会议，在诉诸外部解决之前有争取内部解决的义务。	明确不具法律约束力。有效期2年，可以延长。
30. UNI-UPU（国际邮政联盟，行业组织）	2005年，瑞士。邮政服务。		目的：双方期望寻求社会对话，促进社会对话以确保可持续发展。			有效期至2008年，一方提前90天可以书面通知解除。

注：即国际临时工作组织联盟。该全球框架协议的缔约企业包括6个联盟的成员公司，即Kelly Services（美国），Manpower（英国），Adecco（瑞士），Usg People（荷兰），Olympia Flex Group（欧洲），Randstad（荷兰）。截至2013年7月1日，该联盟共有来自瑞典、英国、意大利、美国、荷兰、日本的8个成员公司。

附表 4-4 IUF 与 MNEs 签订的全球框架协议

	签订日期，所属国家、行业	规范基础	保护水平与权利项目	对供货商的要求	实施程序（包括冲突解决）	有效期
1. IUF-DANONE	2011 年最新，法国，食品业。逐步增加保护。	ILO 公约。	全球框架协议包括 1 个协议包。2011 年内容：不得减损既存的保护标准；2011 年主要是关于职业卫生、安全与压力。之前的内容： 1. 1988 年《共同观点》； 2. 1989 年 BSN《集团内公司经济与社会信息计划》； 3. 1992 年《关于技能培训的框架协议》； 4. 1994 年《关于工会权利的联合宣言》； 5. 1997 年《影响工作条件的商业行为变化的共同谅解》； 6. 1999 年《实施手册》； 7. 2005 年，内容具体，包括： ① 促进男女平等； ② 技能培训； ③ 工会权利； ④ 影响工作条件的商业行为变化； ⑤ 建立社会指数； ⑥ 基本社会原则，其中核心项目都有公约依据，职业卫生与安全、报酬与工作时长没有公约依据。	2011 年根据最佳实践，将协议传递给供货商、承包商；2007 年：作为最佳实践传递给供货商；2005 年：承诺要求主要供货商、承包商遵守。	2011 年实施：告知，传播；任何争议可提交解释委员会；至少每年召开 1 次会议讨论实施问题。2007 年：开放对话。联合监督，每年至少召开 1 次会议。导航小组（steering group）作为解释委员会。	

续表

	签订日期、所属国家、行业	规范基础	保护水平与权利项目	对供货商的要求	实施程序（包括冲突解决）	有效期
			8. 2007年《关于多样化的约定（禁止歧视）》：不减损既有的保护，是最低标准，争取超越。			
2. IUF-Accor	1995年，法国。酒店服务。	ILO关于结社权、集体谈判权以及保护工人代表的公约。	主要关于结社权，集体谈判权以及保护工人代表，其他涉及培训、工资、晋升。			
3. IUF-Club Med	2004年，2009年重签，法国。度假旅游服务。		2004年：ILO核心劳动公约，尤其是结社权和集体谈判权的公约；土耳其及欧盟之间关于劳动力流动的协定。2009年：扩展适用于非洲工人，解决调换休假时间的问题，双赢结果。后来扩展到所有非欧国家的分支机构。跨境流动成为有协调的跨国集体谈判的工具。			
4. IUF-Fonterra	2002年，新西兰。乳品生产。	没有公约依据。	四个方面的核心项目，尤其是结社权和集体谈判权的规定很细。非核心项目包括职业安全与卫生。但些没有公约依据，影响就业条件商业行为变化的，应通知工会。		审查委员会，双方各出5名成员组成，负责审查实施问题。	无固定期限，一方可提前3个月书面通知解除。

续表

签订日期、所属国家、行业	规范基础	保护水平与权利项目	对供货商的要求	实施程序（包括冲突解决）	有效期
5. IUF-Sodexo	2011年，法国。食品服务与设备管理。	世界人权宣言，OECD指南，ILO 1998年宣言，ILO核心劳动公约以及保护工人代表的公约。	不减损既有的保护水平或工会组织权利。工会组织处于竞争劣势，IUF为避免企业与同行业其他MNEs达成类似协议；不支持国际联合抵制、公众运动、负面曝光等不利于企业的行为。四个核心项目及部分非核心项目都没有公约依据。		告知雇员。双方共同解决实施问题。双方领导人定期接触。年度会议审查实施情况以及改善工会制度不受欢迎的国家的社会对话的情况。但年度会议不是集体谈判的论坛。双方领导人视察基层。争议由双方通过善意社会对话解决，包括在年度审查会议上的对话。若无法解决，可以交由双方合意选出的独立调解员帮助解决。	
6. IUF-Chiquita	2001年，美国。香蕉生产。	ILO核心劳动公约以及保护工人代表的公约。	四方面核心项目及保护工人代表。	要求供货商以及合作伙伴提供合理证据表明已经遵守相关的国内法以及协议中的最低标准。要求供货商实施该标准的实际效果取决于该标准对供货商的影响力，审查委员会应考虑此因素。	设立审查委员会。审查委员会每年召开2次会议。双方各指定1名联系人。双方商谈判和沟通。	持续到一方提前书面通知解除。

附件2 UNI 工作人员于 2013 年 7 月 25 日对笔者提出的有关咨询的电子复函

Magdalene Kong magdalenekong@ uni-apro. org. sg
13/7/25
发送至笔者、Christopher

Dear Lisa,
Thanks for your questions and email.
My answer is red below.
Good luck on your thesis.

Best regards,
Magdalene Kong
邝莉云

UNI global union-Asia & Pacific
170 Upper Bukit Timah Road
Bukit Timah Shopping Centre
#14 – 01
Singapore 588179
Tel：+65 6467 7888
Fax：+65 6468 1410
magdalenekong@ uni-apro. org. sg
www. uniglobalunion. org Begin forwarded message：

From：郑丽珍 < lisa841@ gmail. com >
Date：July 22, 2013 PM 03：46：24 GMT +08：00
To：contact@ uniglobalunion. org

Cc： chrisng@ uni-apro. org. sg，
uni-europa@ uniglobalunion. org，
leocadie. bodjouo@ uniglobalunion. org，
adriana. rosenzvaig@ uniglobalunion. org

Subject： please help-questions on international framework agreements by UNI

Dear experts of UNI,

This is Lisa Zheng, a Phd. student from Law School of Xiamen University, China. Can I have your attention for a few minutes?

I am doing my Ph. d thesis on transnational labor regulation and one of the chapter is about internaitonal framework agreement. While I am studying the framework agreements signed by UNI, I have two puzzles.

1. Different number of framework agreements . As shown in seciton of "break through" (at http://www. uniglobalunion. org/Apps/uni. nsf/pages/gfaEn), the number is 48 as of March, 2013. But as I enter the button below the page and log on the guided website：

http://place. uniglobalunion. org/LotusQuickr/pub/Page Library C125782 4003A7C09. nsf/h _ E4587CB0130692ADC1257824003A9320/85984D3609359 DD2C12578AA004FBFFE/? OpenDocument, I could only see 30 agreements.

My first question is what is the real number of framework agreements by UNI? **There are a total of** 48 **global agreements by UNI.**

2. Are all the available 30 agreements still in effect? since some of the agreements have definite effective period, such as Euradius agreements only says to last from 2006 – 2011, OTE from 2001 – 2006 and UPU only last until 2008. And still some agreements, such as CiettCMC, Metro, NAG, Nampark, do not mention an-

ything about the valid period.

My second question is are all the available 30 agreements still applied? **All of the global agreements are either in effect or are pending negotiations with the company on renewing a new and better global agreement for workers, particularly in earlier signed global agreements as global agreements/ international framework instruments are by themselves emerging tools to negotiate and dialogue with MNCs.**

| 第五章 |

跨国劳动监管制度的新框架

通过第二章至第四章的论述可以看出，在跨国劳动问题的公力监管中，传统的以国家为直接对象的硬法监管模式已经发生改变，加入了促进国家自我监管的软法机制以及以跨国企业（MNEs）为直接监管对象的软法机制。与此同时，促进 MNEs 自我监管的私人机制正在兴起。鉴于此，本章将进一步探讨跨国劳动监管框架之重构问题。

第一节 "软""硬"监管与"公""私"监管的重新定位

引 言

跨国劳动问题的监管，依主体可分为公力［主要指国家和政府间组织（IGOs）］监管和私人（主要指 MNEs）自我监管；依照规范形式，可分为硬法机制（尤其体现为国家和 IGOs 监管实践中的制裁性措施）和软法机制（主要来自国家和 IGOs 监管实践中的合作行动等促进性措施以及私人的自愿承诺）。如第二章和第三章所分析的那样，传统的公力硬法监管模式自 20 世纪 70 年代末开始遭遇困境。相比之下，同期开始的公力软法监管和私人机制取得了积极成效（见第二章和第四章的分析）。那么较之传统的公力硬法监管模式，目前"软""硬"监管与"公""私"监管的定位是否发生改变？它们彼此之间存在何种互动？这些问题值得探讨。

为此，本节首先探讨传统的以公力硬法监管为主的模式转向以公力软法监管与私人自我监管为主的模式之必然性（第一部分）；接着分析公力软法监管与私人自我监管具备适应性的内在原因——存在有联系又有区别的反思理性（第二部分）；最后就跨国劳动监管转向以公力软法机制和私人机制为主导是否意味着对硬法的抛弃进行澄清，并论证公力硬法机制的合理定位（第三部分）；最后是简短的结论。

一 以公力软法监管与私人自我监管为主的必然性

（一）纯粹的公力硬法监管不具有现实可行性

如第二章第二节所述，ILO纯粹的硬法监管之所以无法适应20世纪70年代之后日益复杂的跨国劳动问题，既有宏观环境的影响，也有制度本身的因素。事实上，劳动保护作为国家社会政策的重要内容，其实现与国家的经济发展阶段密切相关，即便是发达国家，也不愿意对此承担硬法义务。发达国家对承担包括劳动保护在内的社会权利的硬性义务的排斥态度可以从《经济社会文化权利公约》的起草历史得到证明。作为社会权重要内容的劳动保护具体体现在1948年《世界人权宣言》的第23~35条。1948~1951年，联合国人权委员会曾试图将《世界人权宣言》第23~28条规定的经济、社会、文化权利，连同宣言规定的公民权利和政治权利转化为对国家具有约束力的人权公约。但是，对此表示强烈反对的并不是发展中国家，反倒是西方发达国家，其反对的理由主要有三：前者不可诉，后者可诉；前者要求国家采取积极措施予以促进，而后者要求国家消极不作为，不干预个人权利；前者只能由国家逐步实施，而后者可以由国家立即强制实施。[①] 发达国家的反对意见最终为联合国人权委员会采纳。1951年，联合国大会决议将劳动保护在内的经济社会文化权利与公民权利和政治权利分开制定条约。1976年生效的《经济社会与文化权利公约》仅确定国家对包括劳动权在内的经济社会文化权利的促进义务，并未确定具有硬法性质的国家间的控告机制和个人来文（申诉）机制。尽管2008年12月通过的《经济、社会与文化权利公约任择议定书》增加了个人来文（申诉）程序、国家间控告程序以及调查程序等硬法要素，但迄至2014年2月10日，相比《经济社会与文化权利公约》批准的国家达

---

① BREINING-KAUFMANN, CHRISTINE, *Globalization and Labour Rights: the Conflict between Labour Rights and International Economic Law*, Oxford: Hart Publishing, 2007, p. 35.

161个的事实，批准该议定书的国家仅13个。[1] 其中多数是美洲的发展中国家，除了芬兰、葡萄牙和西班牙3个欧盟成员外，尚无其他发达国家批准。

虽然随着时代的演进，劳动保护之外的部分社会权区域的硬法调整也有所进展，[2] 但是劳动权方面的区域硬法一直难以推进。即便是20世纪70年代以来致力于构建社会型欧洲的欧盟，其通过对各成员具有约束力的指令协调区域劳动保护的最初尝试，[3] 到了20世纪90年代中期不得不有所退却。以1994年欧盟委员会发布的《关于增长、竞争和雇佣的白皮书》为标志，通过1997年与2007年分别对《马斯特里赫特条约》进行修改的《阿姆斯特丹条约》和《里斯本条约》以及相应的雇佣和社会政策实施策略（议程），[4] 欧盟的社会政策开始从以劳动法为中心，转向"明确包括增加就业机会（充分就业）和预防社会排除"的更广泛的社会政策目标。目前欧盟明确拒绝以全面协调作为社会政策实施的方式，并日益倚重开放式

---

[1] 数据来自联合国网站之条约数据库，https：//treaties. un. org/Pages/ViewDetails. aspx？src = TREATY&mtdsg_ no = IV-3-a&chapter = 4&lang = en，2014 – 02 – 10。

[2] 根据欧盟、美洲以及非洲这3个区域的既有实践，经济、社会与文化权利具有一定程度的可诉性，但截至2010年，有关案例基本未涉及劳动权利。参见孙萌《经济、社会与文化权利的可诉性——标准与实践》，知识产权出版社，2011，第98～110、第117～124、第131～138页。

[3] 1973年英国、爱尔兰和丹麦加入当时的欧共体前夕，共同体成员在巴黎召开会议，发表公报强调："对社会领域采取强有力的行动对于组建经济和金融共同体非常重要，成员认为同时扩大共同体的经济和社会领域的份额是绝对必要的。"当时的欧共体委员会据此起草了关于雇佣的行动计划，确立了三方面的社会政策目标，即"实现欧盟区域更全面更好的雇佣机会"，"改善生活和工作条件"，"劳资双方在共同体的经济和社会决策中的参与程度"以及"提高工人对公司的参与程度"。这标志着当时的欧共体进入一个有标志意义的社会立法阶段（硬法协调的阶段）。1975～1980年，欧共体通过了3个针对集体裁员、企业转型（transfer of undertaking）以及破产情况下劳动者保护的指令。参见 BARNARD, CATHERINE &SIMON DEAKIN, "'Negative' and 'Positive' Harmonization of Labor Law in the European Union", *Columbia Journal of European Law*, 2002, 8: 402。

[4] 1997年《阿姆斯特丹条约》增加了雇佣章（第八章）强调欧盟对成员国社会政策的支持和补充地位。据此，国内措施将被推定优先于欧盟措施。2001年《尼斯条约》重述了《阿姆斯特丹条约》的雇佣政策。欧盟委员会2000年通过了旨在追求欧盟未来十年经济可持续、充分雇佣和社会团结的里斯本策略。为了实施该策略的社会政策目标，欧盟委员会分别于2000年、2005年制定了具体的社会政策议程。

协调①和社会对话［详见第四章第二节第三目第（二）小目］等软法机制作为主要的实施方式。② 欧盟不得不诉诸软法机制协调区域劳动保护有三方面的主要原因。第一方面的原因是，欧共体6个创始成员国的劳动法与社会保护制度比较接近，随着共同体成员的扩大，各成员在此方面的差异扩大。第二方面的原因在于，根据1994年12月6日欧盟理事会的决议，"共同体在社会领域的立法必须考虑所有成员的具体情况，既不能过度扩张成员国的权限，也不能强制成员国废除其既有的社会权，并且，指南必须具备充分的灵活性，其内容应限定于可以被并入各成员国国内法的条款"。③ 这大大增加了对具有灵活性的各国劳动政策进行硬法调整的难度。第三方面的原因是，以英国为代表的部分成员缺乏硬法协调的政治意愿。

欧盟的区域协调经验再次证明，直接硬性要求国家广泛批准有关国际公约，实施共同的劳动标准并不现实。与此同时，对于仅依靠东道国或母国均无法有效监管的MNEs，由于后者不是国际法的主体，IGOs对其实施直接的硬性监管也缺乏国际合法性。此外，国际社会的平权结构下，一国针对其他国家的单边硬法监管也存在合法性问题。事实上，作为公力监管机构的国家和IGOs由于技术和资源的限制，客观上也无法对充分复杂的跨国劳动问题进行全面的硬法监管。

（二）公力软法监管与私人自我监管的适应性

与纯粹的公力硬法监管遭遇困境相反，公力软法监管与私人监管体现

---

① 该协调方法的法律依据在于《阿姆斯特丹条约》的雇佣章，最早体现在1997年卢森堡就业峰会提出的"旨在引导并协调成员国的雇佣政策，实现高水平的雇佣目标"的欧洲雇佣策略（EES），并于2000年在里斯本召开的欧盟理事会得到明确的阐析。开放式协调方法建立在软法机制上，包括为欧盟各成员制定实施指南，设立定量和定性的指标和标准以作为衡量成员国最佳实践的方法，通过设定具体目标、定期审查、评估以及作为相互学习过程的同行评议，将欧盟的标准内化为成员国国内和区域内的政策。该方法不包含任何制裁，成员国对雇佣政策的实施负有主要责任，欧盟重点关注的是成员国宗旨的统一。由于开放式协调方法在雇佣领域取得了较好的实施效果，现已逐步扩展适用于社会包容、退休金、医疗、教育等领域。参见 ASHIABOR, DIAMOND, *the European Employment Strategy: Labour Market Regulation and New Governance*, Oxford: Oxford University Press, 2006, p. 208～211。

② ASHIABOR, DIAMOND, *the European Employment Strategy: Labour Market Regulation and New Governance*, Oxford: Oxford University Press, 2006, p. 93～241。

③ HEPPLE, BOB, *Labour Laws and Global Trade*, Oxford: Hart Publishing, 2005, p. 223.

出对复杂的跨国劳动问题的适应性。

首先,针对国家的公力软法监管具备的适应能力。如第二章第二节所论,鉴于其在1975~1998年硬法监管陷入制度性停滞之教训,ILO认识到,其创立之初的硬法监管模式赖以存在和发展的政治、经济和观念条件在1975年之后,尤其是冷战结束之后,已经发生根本性改变。在国际工人运动持续处于低谷,新自由主义经济观念占据主流以及ILO成员对劳动监管的利益偏好存在复杂分歧的新的政治、经济和观念条件下,继续追求所有的劳动公约对成员国的普遍约束力并不现实。于是,ILO对其硬法监管模式进行改革,从全面的硬法调整(追求成员国批准全部劳动公约)转向最低限度的硬法安排(追求四方面核心劳动公约的批准)。在实施方式上,ILO通过引入《关于劳动权利和基本原则及其后续措施的宣言》独特的"劝说与促进"的软法机制,追求成员国对核心劳动公约批准的硬法监管目标。同时,鉴于各国劳动监管制度之间存在复杂差异且相互独立的现实,对于《费城宣言》所包含的超越"最低限度的安排"的宏伟社会政策目标,ILO重申该目标的重要意义,但将自己定位在劝说和促进的角色。ILO以"体面工作计划"和《关于公平的全球化所需要的社会正义的宣言》等软法规范,通过倡导"全球化的社会保护层"等社会政策话语以及推行后续措施等能力建设支持项目,逐步推进成员国对国际社会政策的认可和实施。

诚如第二章第三节所述,受到ILO公力软法监管策略的影响,世界银行集团和IMF也对部分核心劳动标准(禁止强迫劳动、禁止恶劣形式使用童工以及禁止雇佣歧视)以及"体面工作计划"做出了务实的促进性安排。这些安排有助于有关劳动标准内化到贷款申请国的经济与社会政策中。

事实上,就连习惯采取单边硬法措施的美国也不得不承认软法措施的积极作用。相比其纯粹采用硬法措施的单边实践,美国既有的区域贸易体制中的劳动标准实践虽然以硬法措施为主,但也加入了诸如公众对话、合作行动、技术援助等辅助性的软法措施(详见第三章第二节)。截至2014年1月,美国FTA框架下的劳动标准争端均未进入专家组程序,更没有判定制裁的案例。而迄至2010年3月,《北美劳动合作协议》之下的37个劳动标准申诉均止于部长级磋商,并导向缔约国之间的一系列合作行动。该事实反过来也证明,这些软性措施虽然仅在美国和加拿大既有的FTA劳动标准硬法实践中居辅助地位,但已基本可以解决有关的劳动问题。

其次，导引社会力量的 IGOs 软法监管和作为导引结果的私人自我监管具备的适应能力。如第二章第一节所论，IGOs 针对 MNEs 的软法监管在不突破传统的国际法主体结构的前提下对跨国劳动监管问题进行有益尝试。通过"政府制定，建议 MNEs 遵守"、"政府制定社会政策，MNEs 配合实施"以及"邀请商业界参与联合国全球规则的制定"，IGOs 软法监管明确表达了国际社会对 MNEs 在劳动监管方面的普遍性期待，将 MNEs 置于直接义务主体的地位。在实施机制上，IGOs 软法监管改变传统的"依赖国家批准，或依赖国家的制裁作为强制实施的最后保障"的方式，完全依托劝说和促进机制。IGOs 软法监管或采取"将羞辱与非法律性质的经济制裁相结合"的策略，或采取"话语传播"的策略，抑或采取"以网络、学习与对话为主，公开羞辱为辅"的策略，尝试一方面通过能力建设的方法激发 MNEs 自我监管的内在动力，另一方面用羞辱的方法为 MNEs 施加自我监管的压力。通过对跨国经济系统的"不断观察、不断理解或误解，不断接受或拒绝"，IGOs 软法监管试图找到据以实现跨国经济系统与社会之间最低限度兼容的实施机制。IGOs 软法监管的实施过程反映了反思法理论下法律的"实验与学习"精神。

针对 MNEs 的 IGOs 软法监管"实验与学习"的过程，也是导引社会力量的过程。鉴于 IGOs 的硬法监管遭遇的困境以及少数发达国家或国家集团的单边或区域监管存在的局限（见第三章的论述），突破以国家为直接监管对象的狭隘思路，导引社会力量的参与，非常重要。社会力量既包括跨国商业力量，也包括跨国市民社会力量（以 NGOs 为代表）。如第一章第三节所述，理性的 NGOs 不仅可以为 MNEs 进行社会学习提供外部压力，还可以解决国家或 IGOs 在跨国劳动问题上的监管俘获问题。第二章第一节的分析也证明，OECD 指南、ILO 三方宣言以及 UN 全球契约目前所取得的实施成果均离不开理性的 NGOs 的参与。

私人机制的兴起正是 MNEs 回应 IGOs 软法监管导引的表现。如第四章所述，MNEs 分别以公司行为守则的社会学习机制和全球框架协议的社会对话机制尝试满足劳动保护方面的社会期待。其中，公司行为守则的产生乃是 MNEs 在 NGOs、IGOs、发达国家政府、消费者、股东或机构投资者的外在压力下，学习如何对自我经济扩张予以限制，以便符合社会对其劳动保护的期待。可以认为，公司行为守则的不断更新是 MNEs 不断学习如何符合社会期待的劳动保护的结果，这种趋势应该是开放且整体向上的。相比之下，全球框架协议通过认可社会对话的宗旨，规范社会对话方的谈判权能和组织机制，界定对话的框架与程序，建构了MNEs及其分支机构的集体谈判模式，使得劳资双方谈判得以建立在平等商谈的基础之上，有助于谈判双方获得彼此都能接受的公平结果。从目前既有的全球框架协议的实践来看，协议的存在本身就有意义，因为它代表了国际工会组织与MNEs进行谈判和对话的工具。一旦协议得以签订，其社会对话机制就进入持续状态，不受协议有效期的影响。

（三）公力软法监管和私人自我监管的实践效果

目前针对MNEs的公力软法监管依赖共同但有区别的劝说与促进策略，取得了初步的成效。依据第二章第一节分析结果中的OECD指南既有的实践显示，工会申诉的积极性较高，国内联系点对申诉案件的消化逐步提高。ILO三方宣言在研究和促进方面的努力，使其成为解决有关MNEs的劳动标准申诉的权威规范依据。UN全球契约吸引来自145个国家的众多的商业企业参与，是目前世界上最大的自愿性公司责任倡议。

针对国家的IGOs软法监管的实践效果更为明显。依据第二章第二节的分析，促进八个核心劳动公约普遍批准的硬法目标已基本实现。ILO 1998年《关于劳动权利和基本原则及其后续措施的宣言》为部分FTA或BIT的劳动标准实践所接受（参见第三章的有关论述），并为一部分私人机制（包括MNEs行为守则以及全球框架协议）所援引，作为确定劳动标准内容的主要依据。ILO的部分核心劳动标准被列为世界银行集团的贷款、担保或援助安排的审查项目之一，其"体面工作计划"则被世界银行集团和IMF列入《全面发展框架报告》（CDF）以及《减少贫穷策略报告》（PRSP）之中，有关劳动标准借由经济路径得到了较多的发展中国家的承认与实施。

与此同时，公司行为守则和全球框架协议这两大MNEs自我监管机制均显示出进一步发展的生命力。如第四章分析的那样，其中，公司行为守则的适用区域主要以美国为中心，并向欧洲以及其他区域扩展；而全球框架协议的适用区域以欧洲为中心，向美国以及其他地区扩展。在行业方面，全球框架协议主要适用于以高资本和高技术为特点的建筑与木材、钢铁加工、化学能源、制图、通信、媒体、娱乐、食品餐饮以及国际公共服务行业,而公司行为守则主要适用于以高价值研究、设计、销售、营销为特点的服装、鞋帽、护肤品、电子设备行业的大型零售商、贸易公司与品牌公司。可见,这两大私人机制正以各具特色的作用吸引不同地区、不同类型的MNEs加入自我劳动监管的行列。

由此可见,面对20世纪70年代末以来日益复杂的跨国劳动问题,传统的公力硬法监管的主导地位已经动摇,公力软法监管和私人监管凭借其强大的适应能力,在调整跨国劳动问题方面取得了积极的成果。由此决定,跨国劳动问题的监管机制将由传统的以公力硬法监管为主转向以公力软法监管和私人自我监管为主。

二 政府间组织的公力软法监管与私人自我监管的不同反思理性

IGOs软法监管与MNEs自我监管的适应性缘于其对跨国劳动问题根源的正确认识。与私人自我监管直接解决具体的劳动问题不同,IGOs软法监管体现出更高层次的导引,即创设MNEs进行自我监管的动力和压力。

(一) 公力软法监管的上位导引

传统的硬法监管模式假定跨国劳动问题缘于某些国家的劳动标准要求较低,因此责任在于这些国家;但事实上,跨国劳动问题的根源是跨国经济子系统不加节制的扩张。传统的硬法监管模式假定国家有能力直接解决跨国劳动问题;但事实上,跨国经济力量已经远超国家。[1] MNEs自我监管是解决跨国劳动问题的根本途径。正是基于对事实的重新认识,ILO、OECD、UN开始改变传统的思路,对准问题的根源,尝试针对MNEs设计新的监管策略。相比传统硬法监管模式下的国际劳动公约根本不涉及MNEs的义务,尽管ILO三方宣言、OECD指南以及UN全球企业仅为MNEs设定软法义务,却是直指问题的根源。IGOs的软法监管鼓励MNEs进行自我监管。由于MNEs的扩张本性决定了其自我限制也具有不稳定性。

---

[1] 联合国贸易与发展大会近年发布的世界投资报告中,仅2011年发布的报告提到跨国企业产值与全球GDP的比例。截至2010年底,跨国企业的全球总产值占全球GDP的比例约为25%,其海外附属单位创造的产值占全球GDP的10%,占全世界出口总量的1/3。See UNCTAD, *World Investment Report 2011*, New York: United Nations Publication, 2011。

为此，IGOs 的软法监管引入 MNEs 与跨国市民社会力量、有可能对 MNEs 施以影响的政府部门、甚至政府间组织（主要是金融类国际组织）之间的互动机制，对 MNEs 自我监管施以外部压力，让 MNEs 的自我监管处于持续有控制的状态。

与此同时，由于关注的重点转移至引起跨国劳动问题的跨国经济子系统，ILO 也开始重新定位国家的角色。国家在跨国劳动监管中不再被期待成为冲锋陷阵的统帅，相反，它们仅被硬性要求达到或守住与其他国家之间最低限度兼容的监管制度（八个核心劳动公约的批准）。除此之外，国家仅仅是 IGOs 设计的导引机制的参与者，是推动 MNEs 进行自我监管的外部压力之一。

（二）跨国企业自我监管的基础性地位

MNEs 自我监管之所以成为反思性监管框架的基础，理由在于以下几点。

首先，跨国劳动问题最终必须落实到跨国企业内部解决。MNEs 是跨国经济系统自我扩张的既得利益者，有动力配合 NGOs、IGOs 以及国家等外部压力的要求进行自我劳动监管。因为只有这样，MNEs 才能换取后者对其进一步扩张所需的自由化环境的支持，也才能维持跨国经济子系统的稳定发展。

其次，跨国经济子系统的特殊复杂规律使得外力无法直接介入解决其中的劳动问题。面对 MNEs 集团内部或供货链条内部存在的劳动问题，传统的公力硬法监管所遵循的线性因果关系逻辑显然过于粗糙。导引 MNEs 进行自我劳动监管，可以充分发挥跨国经济子系统自我调整（限制）能力。这样，有限的公力监管资源就可以集中在导引自我监管和严重违反劳动标准情况下的直接干预。

再次，MNEs 集团内部以及供货链条内部的复杂网络关系使其拥有独特的监管能力。MNEs 可以利用内部管理制度或者经济杠杆手段，纠正其附属单位违反公司行为守则或全球框架协议的行为。相比公力监管，MNEs 的自我监管更能对准实际存在的问题，因而所制定的解决方案将更为具体、更有针对性（进一步论述详见本章第二节第一目）。

可见，IGOs 的软法监管与私人自我监管所体现的反思理性既有联系又有区别。两者共同的反思理性在于，都着眼于跨国劳动问题的根源（即跨国经济子系统）寻求解决之道，都认识到跨国经济系统的自我限制对解决跨国劳动问题的根本性意义。所不同的是，MNEs 的自我监管具有自发性，如果缺乏控制，将流于形式主义。尽管存在 NGOs 的监督，但如第一章第二节第一目第（二）小目所述，NGOs 对 MNEs 施加的压力不如 IGOs 那么全面持久。因此，在反思性监管框架中，若要有效发挥 MNEs 自我监管的基础性作用，那么 IGOs 软法监管的上位导引就不可缺少（进一步论述详见本章第二节第二目）。

三 公力硬法监管的合理定位

跨国劳动监管以软法机制和私人机制为主导并不意味此等机制对硬法机制的全面取代。并且，公力软法机制和私人机制的反思性监管思路仅仅改变了传统的公力硬法监管模式下国家的定位（即被当作跨国劳动监管的主要对象），并非抛弃国家的作用。国家仍然是国内社会问题的主要监管者，具有对 MNEs 及其附属单位在本国境内引起的社会问题进行监管的权力和义务。因此，国家在反思性监管框架中，仍然是公力硬法监管的对象。

如第一章第二节所述，反思性跨国劳动监管事实上对公力监管者提出了更高的要求。公力监管者必须首先是积极的，即必须发挥劝说和促进的功能，导引社会机制自我监管，组织社会力量之间的相互学习、相互对话与相互沟通。同时，公力监管者又必须是消极的，即应该尽量避免对跨国劳动问题的直接干预，只有当跨国经济系统的自我扩张已经危及社会系统整体的生存或者对其他社会子系统造成严重损害时，公力监管者才需要启动硬法机制，直接加以纠正。在此情况下，公力硬法监管好比"手握大棒的仁慈武士""隐在遥远背景中的枪杆"，仅仅作为最后的威慑。只有在少数特别紧急的情况下，例如当跨国经济子系统的盲目扩张导致一国出现严重且整体性地违反核心（基本）劳动公约的情况时，"武士"才会真正舞动"大棒"，或者背景中的"枪杆"才会移到台前，对准违反的国家"开火"。因此，最低限度的硬法对于维持跨国经济子系统与其他社会子系统的兼容是必要的。

在跨国劳动监管方面维持最低限度的硬法之必要性还可以从目前公司行为守则和全球框架协议进一步扩展面临的现实障碍得到反证。如第四章结论提到的，这两大私人机制的扩展在不同程度上都面临来自某些东道国国内法对集体谈判、结社权和组织权的不予认可或不予有效实施等实施障碍。其中全球框架协议最明显，因为该类协议所赖以发挥作用的"劳"（国际工会组织和基层工会）"资"（MNEs及其附属单位）双方之间的社会对话机制在那些未承认或未能有效实施结社权、集体谈判权和组织权的国家面临相当大的挑战。此类实施障碍往往成为MNEs拒绝深度推进自我监管的借口。如此，跨国经济子系统的自我限制将不具有根本性。因此，若要全面推进MNEs的自我监管，就需要推动国家尽量批准有关结社权、集体谈判权和组织权等方面的核心劳动公约，以便尽早实现国家之间最低限度的硬法监管。

那么，在反思性跨国劳动监管框架下，国家的作用应该如何定位？首先需要区分作为监管者的国家和作为被监管者的国家。前者一般是劳动标准较高的发达国家，在跨国劳动监管的单边措施或条约实践中扮演监管者的角色；后者一般是国内劳动标准较低的发展中国家，因而是发达国家单边措施或条约实践所监管的对象，亦是IGOs重点监管的对象。在国际社会的平权结构下，各国经济、社会与文化发展阶段各异，故而硬性要求作为被监管对象的国家实施统一的劳动标准并不现实。公力硬法因而只能追求国内劳动标准较高的国家与国内劳动标准较低的国家的劳动管理制度之间最低限度的兼容。也正因此，ILO自20世纪90年代中期开始收缩硬法监管的范围，将硬法目标定位于促进成员对其管辖下的八个核心劳动公约的批准上。这八个核心劳动公约（四方面核心劳动标准）的内容是成员国加入ILO时基于宪章做出的承诺。鉴于此，国家有义务尽量克服困难，尽快批准这八个核心劳动公约。另一方面，即便国家尚未完全批准相关的核心劳动公约，若跨国经济子系统的扩张导致国内劳动标准较低的国家出现严重整体性违反基本劳动权利的情况，国家作为跨国劳动问题的被监管对象与国内社会问题的监管者，将成为来自IGOs或其他国家对MNEs的外部压力的"传送带"。公力硬法监管通过"棒打"违反的国家或向违反的国家"开火"，硬性要求有关国家加强自我劳动监管，制止MNEs与其附属单位在本国境内的劳动侵权行为。

可见，在反思性跨国劳动监管中，最低限度的硬法监管不可缺少。ILO成员国基于其对宪章的承诺，应该尽量克服困难，尽快批准与四方面核心劳动标准相对应的八个核心劳动公约。若跨国经济子系统的扩张对国内基本劳动权利的侵蚀程度已达到严重且整体性，作为国内社会问题的监管者之国家将内化 IGOs 或其他国家对 MNEs 的压力，以强制性措施制止 MNEs 与其附属单位对境内劳动者的侵害。国家借此得以避免公力硬法监管的实际制裁或持续制裁。

总之，在国际工人运动持续处于低谷，新自由主义经济观念占据主流以及 ILO 成员对劳动监管的利益偏好存在复杂分歧的新的政治、经济和观念条件下，面对充分复杂的跨国劳动问题，"公""私"监管与"软""硬"监管的作用将被重新定位。其中，公力软法监管与私人自我监管针对跨国劳动问题的根源（即跨国经济系统的盲目扩张）采取回应措施，因而显出相对于公力硬法监管强大的适应性。它们将在当前的跨国劳动监管中发挥主导作用。基于此，公力软法监管与私人自我监管更新了对国家的定位，国家不再被期待成为冲锋陷阵的监管统帅，而仅被视为推动 MNEs 进行自我监管的外部压力之一。这样，公力软法监管与私人自我监管的重点就从国家移至 MNEs。当然，公力软法监管与私人自我监管在反思理性层次上还是有区别的——MNEs 的自我监管是反思性监管的基础，但其作用的有效发挥离不开公力软法监管的上位导引。不可否认，跨国经济系统的自我扩张危及社会系统整体的生存或者对其他社会子系统造成严重损害的可能是存在的。因此，最低限度的公力硬法监管是必要的。ILO 成员国基于其对宪章的承诺，应该尽量克服困难，尽快批准这八个核心劳动公约。当跨国经济系统的自我扩张危及社会系统整体的生存或者对其他社会子系统造成严重损害时，国家同时作为跨国劳动问题的被监管对象与国内社会问题的监管者，为避免遭受来自其他国家或 IGOs 的制裁，将充当外部压力的"传送带"，通过强制性国内措施制止 MNEs 与其附属单位在本国境内的劳动侵权利行为。

第二节　反思性跨国劳动监管的框架

引　言

基于第一节的分析，传统的以国家为直接对象的硬法监管模式已经逐渐解构,"公""私"监管与"软""硬"监管的作用正被重新定位。为了更好地回应跨国劳动问题,应以反思法理论为路径重构跨国劳动监管的新框架。反思性跨国劳动监管的框架由两大部分构成,即基础对象和外部压力。以下将首先论证为什么重构跨国劳动监管的新框架应该以 MNEs 而非国家作为基础对象(第一部分);接着论证在以 MNEs 为基础对象的情况下,促进 MNEs 进行自我监管的诸多外部压力的不同地位和作用(第二部分);然后就外部压力中最特殊的公力硬法监管的具体结构做进一步分析,并论证符合反思理性的公力硬法监管的适用范围、组成与退出时机(第三部分);最后是简短的结论。

一 跨国劳动监管的基础对象

基于政府间组织(IGOs)改变主导性监管策略的事实,即从传统的硬法机制为主导的监管策略转向以促进成员国的自我监管和导引 MNEs 私人监管的软法机制为主导,跨国劳动监管的基础对象相应地将从国家转向MNEs。

(一) 以跨国企业作为基础对象的原因

之所以将 MNEs 作为新的反思性跨国劳动监管框架的基础对象,理由在于以下几点。

首先,MNEs 应该成为跨国劳动监管的基础对象。第一章第二目已经指出,数量众多的 MNEs 及其附属单位在创造巨额 GDP 的同时也制造了严重的跨国劳动问题。根据反思性监管的思路,劳动问题作为跨国经济子系统扩张引起的社会问题,应该通过跨国经济子系统的自我限制加以解决。尽管面对跨国劳动问题,传统的硬法监管模式通过国际劳动公约直接约束国家,但国际劳动公约经国家批准之后,其内化实施的最终对象也将是MNEs。可以认为,MNEs 既是跨国劳动问题的制造者,也将是问题的解决者,应该成为跨国劳动监管的基础对象。

其次,MNEs 具备自我监管的条件。较之 IGOs 和国家复杂的决策程序和有限的执行资源,MNEs 可以凭借相对便捷的公司内部决策程序,在第一时间调动其全球附属单位(affiliates)的资源,迅速制订和实施监管方案。MNEs 可以根据与其附属单位的纵向、横向或纵横交错的网络关系,采取具体的应对措施，纠正其附属单位存在的劳动问题。例如，对于那些仅存在横向供货关系的附属单位，MNEs可以采取单独的杠杆手段（诸如有条件的维持商业关系、中止合同、终止合同关系等）。对于那些母公司拥有较强的垂直控制力的MNEs的分支机构，可以采取预防、阻止和救济的公司内部监管制度设计。而对于母公司垂直控制能力相对较弱的MNEs的分支机构，则可采取预防、阻止、救济的公司内部监管制度设计搭配适当的杠杆手段。

再次，在适当的外部压力下，MNEs能够胜任自我监管。如第一章第二节第一目第（二）小目指出的那样，跨国经济子系统的自我限制常常需要来自外部的压力提醒其进行自我限制，以便维持其与环境系统的兼容，从而维护本系统的稳定性。稳定的社会环境是跨国企业实现可持续性经营的必要条件。来自IGOs、国家、国际工会组织以及其他关注劳动保护的NGOs等的外部压力可以促使MNEs启动社会学习和社会对话机制（详见第四章分析）。MNEs可以凭借其与附属单位之间特殊复杂的网络关系之优势，通过公司行为守则或全球框架协议等方式，直接促使集团内部或供货链条内部的劳动问题得到解决或改善。

（二）不以国家作为基础对象的原因

相反，国家不应该成为反思性跨国劳动监管的基础对象，理由是以下几点。

第一，国家不是跨国劳动问题的制造者。国家的决策可能会助推跨国经济子系统的扩张，但其本身不是该系统内部的利益主体。根据跨国经济子系统自我封闭的结构性特点，跨国经济子系统的自利性扩张引起的劳动问题必须通过系统内部的自我限制才能得到有效的根本性解决。国家可以对跨国经济子系统施加自我限制的外在压力，但何为回应跨国劳动问题的适当方式和力度，只有该系统的主要利益主体（MNEs）才能有效把握。因此，以国家作为基础对象的监管模式，无论力度多大，都无法有效直接回应跨国劳动问题。

第二，以国家为基础对象的监管模式可能造成"过度回应"或"回应不足"的后果。当发展中国家因实施较低的国内劳动标准而遭遇金钱制裁时，实际上是以整个国家的财政资源为MNEs的利益买单。原因是，在出口贸易或投资中，企业（主要是 MNEs 在东道国的分支机构或供货商）因发展中东道国较低的劳动标准可能获取的额外利益未必转化或等额转化为国家财政收入。因此，发展中国家本已捉襟见肘的劳动保护投入将因制裁变得更加紧张，这些国家的劳动问题将更难得到解决。显然，以国家为基础对象的纯粹硬法监管措施将产生"过度回应"的后果。相反，当发展中国家实施国内劳动法的义务既简单又极具弹性时，他们可能会把精力放在其他优先性项目上，并不急于解决国内的劳动问题。这样，以国家为基础对象的纯粹软法监管措施在跨国劳动监管方面将出现"回应不足"的问题。

总之，MNEs 应该充当反思性跨国劳动监管框架的基础对象，因为跨国劳动问题必须通过它们才能得到有效的根本解决。国家仅仅是促进 MNEs 加强自我劳动监管的外部压力之一。由此，其他外部压力可以借助该压力"传送带"，要求 MNEs 对跨国劳动问题做出适当的回应。这样，当公力监管者因规范形式所限必须以国家作为调整对象时，国家的形式地位与实质地位就不会被混淆。

二 跨国企业自我监管的外部压力

如第四章第一节第三目第（二）小目所分析，MNEs 自我监管的外部压力主要有关注劳动问题的 NGOs（包含工会组织）、政府间组织（IGOs）、某些发达国家政府、部分消费者、部分机构投资者和股东。其中，机构投资者和股东不具有典型性，此处不做分析。关注劳动问题的 NGOs（包含工会组织）和部分消费者都属于跨国市民社会力量，后者常常加入前者开展的运动，受前者的指挥，因此本文以关注劳动问题的 NGOs（包含工会组织）作为关注劳动问题的跨国市民社会力量的代表。政府间组织（IGOs）和某些发达国家政府合称为公力监管者。以下将比较针对 MNEs 自我监管的诸多外部压力主体，进而论证各个主体在外部压力结构中的不同地位和作用。

（一）公力监管者与跨国市民社会力量的对比

总体而言，MNEs 自我监管的外部压力结构分为两大块，即公力监管者与跨国市民社会力量。

诚然，关注劳动问题的 NGOs（包含工会组织）所针对的可能仅仅是部分 MNEs 集团内部或供货链条内部在某一时期出现的某些特别严重的劳动问题，因此在监管效果上不如公力监管者那么全面持久。并且，关注劳动问题的 NGOs（包含工会组织）存在所有 NGOs 共有的合法性问题、问责性问题和不平等问题。① 相反，公力监管（单边监管措施除外）基于国家的授权或国家间的同意，具备合法性基础。因此，在公力监管者与跨国市民社会力量之间，前者的地位更权威，在 MNEs 自我劳动监管的外部压力结构中居主导地位。

与此同时，关注劳动问题的 NGOs（包含工会组织）在跨国劳动监管中的地位不容忽视，是 MNEs 自我劳动监管的外部压力机制得以发挥的重要核心环节。理由如下。

首先，与其他社会领域不同，在跨国劳动领域中，关注劳动问题的 NGOs 参与制定跨国劳动监管规则的现象较为普遍。在公力软法监管规则的制定方面，ILO 针对国家的软法监管安排（如 ILO1998 年《关于劳动权利和基本原则及其后续措施的宣言》）以及针对 MNEs 的软法监管安排（如 ILO 三方宣言）的制定中，工人代表组织都依照 ILO 宪章行使了立法权。OECD 指南的最初制定和历次修改都经过与工会顾问委员会（TUAC）磋商这一必备程序。OECD 指南 2011 年修改除了明确工会顾问委员会（TUAC）的磋商地位外，还增加认可了新的关注劳动问题的非政府组织（OECD 观察）的正式磋商地位。

在私人监管规则的制定方面，全球框架协议的缔结是国际工会组织与 MNEs 平等谈判的结果。而公平劳动协会、工人权利联盟等关于公司行为守则的多方利益相关者倡议甚至亲自为 MNEs 厘定自我监管规则［详见第四章第一节第一目第（二）小目］。关注劳动问题的 NGOs 广泛参与制定跨国劳动监管规则的独特现象还可从国家的条约实践和缔结环节得到证明。美国分别与秘鲁、哥伦比亚、巴拿马和韩国之间签订的 FTA 中的劳动标准条款堪称当前同类实践中最严格的典范，原因在于美国工会组织（如美国劳联－产联等）于 2007 年成功游说美国两党在当年达成的新贸易政

---

① NGOs 存在的合法性问题指它们的代表性问题（代表谁的意见、为何能够代表以及如何代表），问责性问题指由谁享受它们的行动所带来的利益并对所产生的后果负责，不平等问题指不同社群参与 NGOs 的机会不同。参见徐崇利《经济全球化与国际法中"社会立法"的勃兴》，《中国法学》2004 年第 1 期，第 146 页。

策中加入严格的劳动标准内容。当前 TPP 劳动标准议题的谈判尽管对外保密，但谈判方仍然定期或不定期举行与相关 NGOs 的见面或听证，听取后者对劳动标准等社会问题的关切意见。①

相比其他类型的社会监管规则，跨国劳动监管规则的制定过程之所以更向关注劳动问题的 NGOs（包含工会组织）开放，与国际工人运动的悠久历史有关。如第二章第一节引言所析，跨国劳动问题是工业革命的产物。而自从有跨国劳动问题以来，就有相应的争取劳动保护的国际工人运动。于是，作为"凡尔赛对布尔什维克的回应"的结果，工人组织自 ILO 成立之时就获得了在三方决策机制②下参与立法的权利。20 世纪 70 年代，OECD 和 ILO 之所以分别制定针对 MNEs 的软法监管规则，与当时四大全球工会组织，即国际自由劳动联盟（ICFTU）、国际劳动联盟（WCL）、国际工会联盟（WFTU）以及国际贸易秘书处（ITS）的多次迫切呼吁直接相关。

关注劳动问题的 NGOs（包含工会组织）之所以能够更广泛地参与跨国劳动监管规则的制定，还与这些 NGOs 内部的团结有关。如第四章第一节所析，20 世纪 70 年代末，关注劳动问题的 NGOs 倡议（如苏利文原则、麦克布莱德原则）开始出现。在两波针对跨国劳动问题的公司行为守则运动中，工会组织越来越多地参与到 NGOs 主导的多方利益相关者的倡议之中，典型的例子可见洁净服装运动、有道德的贸易倡议、公平劳动协会以及工人权利联盟。

其次，关注劳动问题的 NGOs（包含工会组织）的参与是跨国劳动监管规则得以有效实施的中心环节。在公力硬法监管中，关注劳动问题的 NGOs（包含工会组织）是申诉程序的启动者。例如，工会组织可以就 ILO 任何成员国（不管他们是否已经批准关于结社权和集体谈判权的第 87 号

---

① 例如，TPP 第 13 轮谈判前以及第 14 轮谈判结束后均有召开专门的公众见面会或听证会。参见美国贸易代表办公室官方网站之 TPP Round Updates, http://www.ustr.gov/tpp, 2014 - 03 - 20. 此外还有一些不定期的见面会，诸如 Kate Villarreal, USTR Holds Public Hearing on Mexico and the Trans-Pacific Partnership, http://www.ustr.gov/about-us/press-office/blog/2012/september/USTR-holds-hearing-mexico-tpp, 2014 - 03 - 20。

② 按 ILO 宪章，ILO 三方成员包括成员国、工人代表组织和雇主代表组织。其中，出席 ILO 决策机构——国际劳动大会的三方成员人数比例为 2∶1∶1。另外，作为国际劳动大会常设机构的监管处的三方成员人数分别为 28 人、14 人、14 人。

和第 98 号公约）违反结社权和集体谈判权的行为向 ILO 结社权委员会提起申诉。申诉可能进入调查程序，并可能最终导向根据第 33 条的制裁。再如，美国和加拿大既有 FTA 中的劳动标准实践都规定了公众沟通程序，若公众沟通经缔约国国内行政办公室调解未果，可能进入部长级磋商和专家组程序，并最终导向制裁。该程序的启动同样来自关注劳动问题的 NGOs。

在针对 MNEs 的公力软法监管方面，关注劳动问题的 NGOs（包含工会组织）是 OECD 指南、ILO 三方宣言以及 UN 全球契约实施"劝说和促进"策略的关键主体。如第四章第一节第三目第（二）小目所析，若没有关注劳动问题的 NGOs（包含工会组织）的积极参与，OECD 指南的申诉程序无法启动，ILO 三方宣言的劳动权话语难以传播并得到实际应用，UN 全球契约的对话与监督平台也缺乏主角。

较之公力硬法和公力软法监管安排，在 MNEs 自我监管规则的实施过程中，关注劳动问题的 NGOs（包含工会组织）的作用愈加明显。主要原因是，在前者情况下，关注劳动问题的 NGOs（包含工会组织）实际上难以获得同公力监管者一样的规则制定权，并且，他们必须依照公力监管者设定的程序参与有关规则的实施。相比之下，在私人自我监管框架下，他们拥有与 MNEs 平等的地位。如第四章第一节第三目第（二）小目之1.所析，他们可以利用从公力监管安排而来的申诉权、话语依据以及对话和监督平台，敦促 MNEs 加强自我监管。由于获得了与 MNEs 对等的规则制定权（如全球框架协议的缔结），甚至垄断了规则制定权（如关于公司行为守则的多方利益相关者倡议），这些关注劳动问题的 NGOs（包含工会组织）甚至拥有对 MNEs 违反行为的调查权，因而在 MNEs 自我监管规则的实际实施中发挥了极其关键的作用。

可见，在敦促 MNEs 自我劳动监管的外部压力结构中，公力监管者由于具备公认的合法地位，将处于主导地位。同时不得不承认，跨国劳动领域有别于其他跨国社会领域，关注劳动问题的 NGOs（包含工会组织）不仅广泛参与跨国劳动监管规则的制定，而且是促进跨国劳动监管规则成功实施的中心环节。

（二）以国家为对象的公力监管者之间的对比

以国家为对象的公力监管者既有 IGOs，也有国家。这里的国家公力监管者主要是那些自认为国内劳动标准较高，因而试图通过单边措施或条约实践对发展中国家设置劳动标准义务的发达国家。此处的 IGOs 主要是 ILO、世界银行集团和 IMF。

1. 政府间组织与国家之间的对比

（1）国家监管者的自我利益倾向。

美国的单边措施以及美国和加拿大既有 FTA 中的劳动标准实践为国家设置了约束性较强的具体实施要求或义务，并且以制裁作为确保这些要求或义务得以履行的手段。美国和加拿大之所以在单边或区域贸易体制中纳入严格的劳动标准要求，与这两个国家对发展中国家实行的所谓"社会倾销"的严重担忧密切相关。发展中国家于是被不当定位为跨国劳动问题的主要责任者。美国和加拿大试图以此削弱这些发展中国家在劳动密集型产品出口方面的竞争优势。相反，美国和加拿大在劳动标准纳入双边或诸边投资体制方面的实践总体非常宽松，其目的是为了维护本国技术和资本密集型 MNEs 在发展中国家的投资利益。可见，美国和加拿大针对跨国劳动问题的单边措施或条约实践带有明显的利益驱动性，其实践因利益的变动而变动。

较之美国和加拿大，欧盟既有的单边普惠待遇措施与区域贸易体制中的劳动标准实践不以制裁为主导性策略（仅在少数严重违反的例外情况下使用），发展中国家受惠国或缔约方主动履行劳动标准义务的动力来自欧盟承诺的特别优惠。这种做法有助于导引发展中国家批准 ILO 管辖下的八个核心劳动公约，避免这些国家因跨国经济子系统的扩张而出现严重且整体性违反核心（基本）劳动公约的情况，进而避免破坏 ILO 对成员国劳动监管制度所要求的最低限度的兼容。因此，欧盟既有的单边贸易措施和区域贸易体制中的劳动标准实践符合反思性监管的精神。但是，欧盟对跨国劳动监管的条约实践并不一致。相比其单边贸易措施和区域贸易体制，欧盟双边或诸边投资体制中的劳动标准实践缺少特别优惠安排与资金支持和能力建设措施。此举显示欧盟无意通过投资体制鼓励发展中国家缔约国批准 ILO 管辖下的八个核心劳动公约，无意导引发展中国家缔约方实现 ILO 所要求的"最低限度的兼容"。另一方面，欧盟双边或诸边投资体制中的劳动标准实践允许投资者起诉东道国，明显体现维护投资者利益的目的。显然，欧盟针对跨国劳动问题的实践在很大程度上也未能摆脱利益的影响。

国家作为监管者容易出现的利益导向性可以从当前久拖不决的 TPP 劳动标准议题的谈判得到进一步证明。TPP 劳动标准议题历经 18 轮正式谈判和数轮局部磋商仍未果的事实反映出,要求缔约方承担"完全强制执行性的国内实施义务"的美国建议很难为其他谈判方接受。如第三章第四节第四目指出的那样,即便 TPP 谈判必须"以更高的劳动标准搭配更高的经济自由化",如果无法厘清"解决'谁'的劳动问题"和"以'谁'的标准作为谈判的起点"这两个关键问题,将来谈成的劳动标准条款或劳动合作协议将严重背离反思性跨国劳动监管的精神。

(2) 政府间组织的相对利益平衡追求。

较之美国的单边措施以及美国和加拿大的贸易条约实践中严格的劳动标准要求,目前 IGOs 针对国家的监管安排主要体现为软法,这与 IGOs 立法的多边性有关。美国的单边措施之所以最硬,因为它是美国的单边决策。美国和加拿大既有 FTA 中的劳动标准内容虽然也很严格,但较之美国的单边措施,其加入了辅助性的软法性措施,形成软硬措施复杂糅合的结构性特点。这与双边或诸边谈判经常需要的妥协有关。相比之下,IGOs 的授权来自众多成员国。即便无法实现成员国之间利益的绝对平衡,IGOs 也会尽量追求成员国之间利益的相对平衡。因此,相比国家的单边、双边或诸边立法,IGOs 主持下的多边立法在利益方面将相对平衡。

IGOs 以软法为主导对国家进行监管的做法矫正了美国和加拿大既有实践对国家的不当定位。如本章第一节第三目所析,跨国劳动问题的根源在于跨国经济系统,而非国家。国家作为国内社会问题的主要监管者,对于与本国有关的跨国劳动问题负有一定的监管责任,但不是主要责任者。ILO 目前仅追求成员国之间最低限度的协调,将硬法目标缩小为促进成员国对其管辖下的八个核心劳动公约的批准。并且,ILO、世界银行集团以及 IMF 采取了以劝说和促进为主的软法策略,推动成员国对 ILO 管辖下的核心劳动公约的批准。ILO、世界银行集团以及 IMF 的做法符合反思性监管框架下国家的定位。因为国家仅仅是推动 MNEs 进行自我监管的外部压力之一,只有当跨国经济子系统的盲目扩张导致一国出现严重且整体性违反核心(基本)劳动公约的情况时,它才被要求充当其他外部压力的"传送带",通过强制性国内措施制止 MNEs 与其附属单位在本国境内的劳动侵权行为。

显而易见，在针对国家的公力监管者中，国家监管者未能正确认识到跨国劳动问题的根源，且带有自我利益倾向；相比之下，IGOs 能正确定位作为被监管对象的国家在解决跨国劳动问题中的作用，更注意追求成员国之间利益的相对平衡，因而更有可能解决需要公力硬法监管的少数严重违反的例外情况。故此，针对跨国劳动问题的公力监管不应该以国家监管者为主，而应该以 IGOs 为主。

2. 政府间组织之间的对比

以国家为对象的 IGOs 监管者主要是 ILO、世界银行集团和 IMF。它们的功能定位存在根本性差异，前者是目前最古老的 IGO，也是最专业的跨国劳动监管机构；相反，世界银行集团和 IMF 则是专门的跨国金融监管机构。世界银行集团强调自己是发展机构，不是人权机构。IMF 则认为自己的主要职能是维护宏观经济政策稳定，而非解决诸如劳动标准那样的微观经济问题。如第二章第三节第三目所述，世界银行集团和 IMF 仅愿意"促进而非强制实施"那部分不具有政治争议且对经济发展具有明显促进作用的核心劳动标准（即 ILO 确立的禁止强迫劳动、禁止以恶劣形式使用童工、禁止雇佣歧视与不平等报酬这三方面标准）。因此，世界银行集团和 IMF 无意采取硬法监管模式，更无意全面监管跨国劳动问题的实践特点。因此，他们在反思性跨国劳动监管框架中将是辅助性的公力软法监管主体。

综上，在针对国家的诸个公力监管者中，ILO 的权威地位应该被认可。

（三）以跨国企业为对象的公力监管者之间的对比

目前针对 MNEs 的公力监管者主要是 OECD、ILO 以及 UN。如第二章第一节第五目第（二）小目所做的比较，这 3 个针对 MNEs 的软法监管安排，OECD 指南的反思理性相对最高，其次是 UN 全球契约，ILO 三方宣言最低。OECD 指南之所以相对更高，最主要的原因在于，其申诉机制的规定相当严格与精确（见第二章第一节第四目）。迄至 2013 年 11 月 28 日，已经有 46 个国家（包含 34 个 OECD 成员国）自愿承诺遵守 OECD 指南。做出承诺的国家不仅同意设立国内联系点，而且同意主持申诉程序，并愿意发动成员国政府的出口信贷、公共采购等部门对不遵守指南要求的

MNEs 施加经济影响。相比之下，UN 全球契约和 ILO 三方宣言的压力机制缺乏对 MNEs 具有经济影响力的政府部门的参与。造成该区别的原因可能有两个。其一，愿意遵守 OECD 指南的国家多数是经济发达的 OECD 成员国，它们国内的劳动立法与司法制度本来就比较完善，因而接受额外的参与实施的倡议基本没有压力。相比之下，ILO 和 UN 的成员具有普遍性，成员国的经济、社会与文化制度（尤其是劳动监管制度方面的理念）之间的差异相当大，要达成严格的参与实施的倡议非常难。其二，OECD 指南明确与投资挂钩，目的是为了缓和国际社会对发达国家（主要是 OECD 成员）MNEs 带来的社会问题的批评，确保这些国家的 MNEs 的跨国投资不被东道国与跨国市民社会所排斥。这些国家因此有充分的经济动力参与促进 MNEs 自我监管的倡议。相比之下，并非所有的 ILO 和 UN 的成员国都具备类似的经济动力。

必须承认，尽管在促进 MNEs 自我监管方面的效果可能不如 OECD 指南，但 UN 全球契约和 ILO 三方宣言也有自己的独特优势。其中，UN 全球契约的网络、学习与对话平台是 OECD 指南和 ILO 三方宣言不可比拟的；而 ILO 三方宣言基于对劳动标准的专业研究所形成的较为全面精确的劳动权利话语，也是其他两个软法监管文件无法企及的。事实上，正如第四章第一节第三目第（二）小目所分析的那样，OECD 指南、ILO 三方宣言以及 UN 全球契约分别为 NGOs 提供相互补充的三大"战斗武器"——申诉权、话语依据、对话与监督平台，它们与 NGOs 的结合，将产生敦促 MNEs 进行自我监管的强大合力。

可以认为，以 MNEs 为对象的公力监管者（OECD、ILO 和 UN）实际上不存在孰优孰劣的问题，也不存在谁主谁辅的问题。鉴于目前 MNEs 自我监管的效果还有待进一步改善，针对 MNEs 的公力软法监管机制还有进一步发展的空间。国家的单边措施或条约实践中的软法措施也可以尝试纳入针对 MNEs 的义务内容。

综上所述，促进 MNEs 自我监管的外部压力结构应该以公力监管者为主导，在具体实施中注意发挥关注劳动问题的 NGOs（包含工会组织）在跨国劳动监管中的核心环节作用。其中，在针对国家的公力监管者中，应该以 IGOs 为主（ILO 居于中心地位），国家为辅。既有的针对 MNEs 的 3 大公力软法监管者（OECD、ILO、UN）相互补充，不存在主辅之分，也不应排除其他同类监管者加入。

三 公力硬法监管的具体结构

在促进MNEs自我监管的诸多外部压力中，公力硬法监管的作用机制最为特殊。为此，本部分将进一步分析该特殊外部压力的具体结构。

如本章第一节提到的，在当前的国际法实践和国际社会现实中，公力硬法监管无法对MNEs施加直接的影响。但是，保留针对少数严重违反的例外情况的公力硬法措施，以督促发生严重违反情况的国家采取强制性国内措施制止MNEs与其附属单位在本国境内的劳动侵权行为，是纠正跨国经济系统的自我扩张对国家乃至整个国际社会的严重损害所必要的。以20世纪90年代缅甸境内发生的强迫劳动案为例。该案缘起1995年，来自法国的MNE（Total Fina-Elf）以及美国的MNE［Unocal与缅甸油气公司（MOGE）］合资设立的企业涉嫌在铺设缅甸西南部的油气管道时使用强迫劳动。ILO调查委员会于1996年受理国际自由工联（ICFTU）关于该问题的申诉并启动调查。该案一开始，缅甸政府对调查其境内发生的强迫劳动问题的态度非常不合作，以"根据ILO第29号条约第2条b款，该问题属于完全自治政府的公民履行正常的国内义务之服务或工作，可以作为强迫劳动的例外"为由，拒绝调查小组进驻缅甸。[①] 对此，ILO、欧盟与美国相继采取公力硬法措施，促使缅甸政府改变态度并逐步采取措施解决国内的劳动问题。

以下结合ILO、欧盟和美国合作制裁缅甸的实践对公力硬法监管的适用范围、组合与退出时机展开分析。

（一）公力硬法监管的适用范围

关于跨国劳动问题的公力硬法监管的适用范围，国家的单边措施或条约实践并不一致。如第三章第一节所分析，在美国既有的单边监管实践中，可适用制裁（包括禁止市场准入、暂时撤销普惠待遇、取消对外投资支持与融资优惠）的情形限于违反美国所谓的"国际公认的劳动标准"

[①] KRYVOI, YARASLAU, "Why European Union Trade Sanctions Do Not Work", *Minnesota Journal of International Law*, 2008, 17: 231–232.

(即"除平等报酬与禁止雇佣歧视之外的三方面核心劳动标准"以及"最低工资、工作时长以及职业安全与卫生方面可接受的劳动条件")。美国既有的区域贸易体制下的实践,如第三章第二节第一目第(一)小目分析的那样,从1994年生效的NAFTA劳动合作协议包括的违反"禁止使用童工"、"最高工作时长"以及"最低工资水平"这三方面的劳动标准,到2001年至2009年间生效的美国分别与约旦、新加坡、智利、澳大利亚、摩洛哥、巴林王国、多米尼加共和国及5个中美洲国家以及阿曼之间的8个FTA所包含的违反美国所谓的"国际公认的劳动标准"(与美国的单边监管实践同),再到2009~2012年生效的分别与秘鲁、哥伦比亚、巴拿马和韩国之间的4个FTA所包含的违反超核心劳动标准("四方面的核心劳动标准"以及"最低工资、工作时长以及职业安全与卫生方面可接受的劳动条件"),适用制裁的范围呈现扩大的趋势。并且,美国未对可适用制裁的违反劳动标准的程度加以限定。

相比之下,欧盟既有的单边监管措施所要求的制裁(暂时撤销普惠待遇)条件是"严重且整体性地违反ILO管辖下的四方面的劳动标准"以及"存在监狱产品的出口"(详见第三章第一节)。而其区域贸易体制下的劳动标准实践所要求的制裁(中止减让)条件是"严重公然地违反协议第9条第2款所列的包括ILO所确定的四方面核心劳动标准在内的人权"[详见第三章第二节第二部分之(二)]。可见,较之美国既有的单边措施和贸易条约实践将制裁扩及适用于违反"最低工资、工作时长以及职业安全与卫生方面可接受的劳动条件"这一体面工作的情形,欧盟既有的单边和贸易条约实践对适用制裁的违反情形的规定比较一致,都围绕ILO确定的四方面核心劳动标准,并且限定"严重"违反程度之条件。

多边层面,根据ILO现行宪章(1972年修改,1974年生效)第33条规定,若调查委员会针对受理的申诉出具的调查报告所包含的建议未得到违反成员国的遵守,国际劳动大会有权决议采取其认为明智且权宜的行动(包括制裁)。该条规定并未指明适用制裁的具体违反情形。但是,ILO调查委员会迄至2014年2月10日受理并做出报告的13个申诉案件,[①] 均围

---

① 数据来源ILO网站之"国际劳动标准的适用监督"栏目,http://www.ilo.org/dyn/normlex/en/f? p = NORMLEXPUB: 50011: 0:: NO:: P50011_ ARTICLE_ NO: 26, 2014 - 02 - 10。

绕 ILO 四方面的核心劳动标准展开。从既有的案例看，启动制裁的情况限于"公然严重违反 ILO 确定的四方面的核心劳动标准的部分或全部，且成员国未能改正"之情形。ILO 于 2000 年针对缅甸政府严重公然地违反禁止强迫劳动公约的情形启动第 33 条的程序，是迄今为止 ILO 唯一适用制裁的案例。

目前可能引发 ILO 第二次启动第 33 条制裁的国家是白俄罗斯。2003 年，针对白俄罗斯严重违反结社权公约的情形，ILO 调查委员会于 2004 年 7 月提出了 12 点建议。然而，白俄罗斯并未认真履行调查委员会的建议。2007 年，ILO 调查委员会针对白俄罗斯实施 2004 年建议的情况进行评估后得出结论——白俄罗斯未能采取措施保护结社权。欧盟据此于 2007 年暂时撤销对白俄罗斯的普惠待遇。与缅甸改善包括强迫劳动在内的国内劳动问题的努力于 2012 年最终得到 ILO 的认可，并于 2013 年 6 月重新恢复其作为欧盟的普惠待遇国的结果相反，白俄罗斯不仅不能改变违反核心劳动公约的情况，而且还因为其采取的立法[①]使情况恶化。[②] ILO 结社委员会于 2012 年 11 月做出的报告对白俄罗斯政府缺乏合作的情况表示严重的担忧，认为该国在改善国内侵犯工会权利方面没有进展。白俄罗斯严重违反结社权且缺乏合作诚意的行为被认为极有可能导致 ILO 再次启动第 33 条制裁。[③]

显然，欧盟和 ILO 在启动制裁方面的实体和程序条件都非常严格。鉴于欧盟启动制裁都以 ILO 调查委员会的调查或评估结论为依据，而美国既有的单边和区域劳动监管实践因过于广泛随意的制裁已经引发严重的国际合法性质疑之事实，公力硬法监管的适用范围更适宜以 ILO 实践中确立的范围为主，即"成员国严重违反 ILO 所确立的核心劳动标准，且未能改

[①] 2012 年白俄罗斯通过了关于木材类公司（woodworking companies）雇佣的训令，被指退回到"农奴时代"，因为该法律要求雇员签订固定期限的雇佣合同，之后将被延长到尽可能长的时间，未经雇主同意，不得辞职，因不适当履行职责被解雇的雇员必须偿还每个月的奖金。

[②] Andrei Yeliseyeu, Belarus Risks Becoming only State Stripped of EU Trade Preferences, Belarus Digest, 14 February 2013, http://belarusdigest.com/story/belarus-risks-become-only-state-stripped-eu-trade-preferences-12979, 2014-02-10.

[③] 白俄罗斯民主工会委员会（Belarusian Congress of Democratic Trade Unions）主席 Alyaksandr Yarashuk 于 2012 年 11 月 20 日向白俄罗斯媒体 BelaPAN 透露的观点。See ILO may call for sanctions against Belarus, BelaPAN, 20-11-2012, http://udf.by/english/soc/70007-ilo-may-call-for-sanctions-against-belarus.html, 2014-02-10。

正"的情形。

(二) 政府间组织与国家公力硬法监管的协力效果

诚然,国际公力监管和国家公力监管可以单独发挥作用,但两者的结合显然可以达到更佳的效果。其中前者可以对问题进行权威的定性,而后者可以发挥实际执行的作用。在缅甸强迫劳动案中,1996 年 ILO 调查委员会根据受害人提供的陈述,认定缅甸政府的行为属于强迫劳动,要求缅甸立刻撤销有关法律,遵守其已批准的第 29 号关于禁止强迫劳动的公约。[1] ILO 对缅甸劳动问题的定性具有权威性。1997 年,欧盟理事会根据 ILO 调查委员会的结论,撤销对缅甸的普惠待遇,缅甸成为首个因存在大面积的强迫劳动被欧盟撤销普遍优惠的国家。来自欧盟的普惠利益的损失促使缅甸政府采取改正措施。缅甸政府于 1999 年和 2000 年分别通过两个命令,将征用强迫性劳动的行为认定为非法并将科以刑罚。但是,ILO 监管处认为该措施无法具体回应调查委员会的建议。2000 年 6 月,国际劳动大会应监管处的建议,首次启动其成立 80 年来未曾援引的第 33 条程序,要求 ILO 成员及其他国际组织审查其与缅甸的关系,并协助执行调查委员会的建议。缅甸至此才答应接受来自 ILO 的技术合作使团进驻其国内。2002 年,缅甸政府与国际劳动办公室达成《关于指定联系员进驻缅甸的谅解》。2003 年 5 月,双方达成《关于消除强迫劳动的联合行动计划》。

就在缅甸政府与国际劳动办公室之间的《关于消除强迫劳动联合行动计划》通过的当月月底,缅甸再次发生了大面积侵犯人权的行为。彼时,来自美国的公力硬法监管及时介入,进一步加大了针对缅甸劳动问题的国际压力。2003 年 7 月 28 日,美国根据国际劳动大会 2000 年 6 月的集体行动建议,通过了《缅甸自由与民主法案》,全面禁止缅甸产品的进口,且禁止措施将维持至"美国总统与 ILO 总干事和其他机构经磋商认为,缅甸军政府不再实施包括强迫劳动、使用童工、招募儿童军在内的整体性侵害劳动者权利的行为"时为止。在 ILO 与美国和欧盟的制裁压力下,2007 年,缅甸政府与国际劳动办公室进一步达成《推动消除强迫劳动目标实现

---

[1] HEPPLE, BOB, *Labour Laws and Global Trade*, Oxford: Hart Publishing, 2005, p.51.

的深度谅解》。①

（三）公力硬法监管的退出时机

在反思性跨国劳动监管框架下，自我克制的公力硬法监管不仅需要将直接干预限于少数严重违反的情况，而且需要把握及时退出的时机。缅甸强迫劳动案中，ILO 的做法非常明智。在 ILO 与美国和欧盟的制裁压力下，缅甸从 2011 年开始，在政治、经济和社会方面进行彻底的改革，在保护劳动权方面获得了较大的进展。② 2012 年 6 月 13 日，国际劳动大会做出决议认为，尽管缅甸国内仍然存在某些劳动问题，但其在改善劳动权（包括强迫劳动）方面取得了显著的进步。于是，2013 年 4 月 22 日，欧盟理事会决议取消对缅甸的制裁。2013 年 6 月 12 日，欧盟理事会和欧盟国会共同签署立法，恢复缅甸的普惠待遇国身份，并将优惠追溯至国际劳动大会认可其改善劳动权的决议之日。2013 年 6 月，美国普惠制分委员会也就恢复缅甸的普惠国身份举行听证。③

公力硬法监管必须把握退出的时机，这是反思性跨国劳动监管追求最低限度的硬法协调的内在要求。事实上，公力硬法的及时退出，客观上不仅有助于发挥硬法监管的威慑效果，还有助于引发溢出效应。缅甸强迫劳动案证明，在反思性跨国劳动监管框架下，最低限度公力硬法监管的威慑可以促使国家更自觉地解决其他核心劳动标准所存在的实施问题。在公力硬法的压力下，缅甸不仅解决了其境内 MNEs 参与强迫劳动的问题，而且加强了推进其他方面核心劳动标准在国内实施的决心。2013 年 12 月 18 日，缅甸批准 ILO 关于禁止最恶劣形式地使用童工的第 182 号公约，即是有力的证明。

可见，在反思性跨国劳动监管中，公力硬法监管的适用范围更适宜以 ILO 实践中确立的范围为主，即"成员国严重违反 ILO 所确立的核心劳动标准，且未能改正"的情形。若国际公力监管和国家公力监管协力，由前

---

① See ILO in Myanmar, http：//ilo. org/yangon/country/lang—en/index. htm，2014 - 02 - 06.
② European Commission, *EU Re-opens Its Market to Myanmar/Burma*, European Commission Press release，Brussels，18，July，2013.
③ See GSP Subcommittee Gathers Testimony on Eligibility of Burma, Laos for Trade Benefits, http：//www. ustr. gov/about-us/press-office/blog/2013/june/ustr-gsp-hearings-burma-laos，2014 - 02 - 10.

者对有关问题进行定性,由后者协助实际执行,将达到更佳的效果。同时,公力硬法监管需要把握及时退出的时机,这是反思性跨国劳动监管追求最低限度的硬法协调的本质要求。公力硬法监管的及时退出,客观上有助于发挥硬法监管的威慑效果,并可能产生溢出效应。

通过本节的论述,可以用金字塔模型来表示反思性跨国劳动监管的框架(见图5-1)。其中MNEs自我监管位于塔基,是跨国劳动监管的基础。其他各层是导引MNEs自我监管的外部压力。"金字塔模型"从上往下第一层(包括塔尖)是针对国家的公力监管,以IGOs(其中ILO居于中心地位)的监管为主,国家的监管为辅。除塔尖外,该层其他部分都是针对国家的公力软法监管。"金字塔模型"从上往下第二层是针对MNEs的公力软法监管。目前已有的三大公力软法监管者(OECD、ILO、UN)相互补充,不存在主辅之分,同时,该层还有空间留待其他同类监管者加入。"金字塔模型"中,介于公力监管与MNEs自我监管之间的那一层为关注劳动问题的NGOs(包括工会组织)的监督。这些NGOs不仅广泛参与跨国劳动监管规则的制定,而且积极推动MNEs对这些规则的实施,是跨国劳动监管规则得以发挥作用的中心环节。

在MNEs自我监管与其外部压力之间的互动方面,"金字塔模型"从上往下第二层(针对MNEs的公力软法监管)和第三层(NGOs)结合最为密切,前者为后者提供了具有公认合法性的申诉权、话语依据、对话与监督平台等战斗武器,使得这部分关注劳动问题的NGOs(包含工会组织)能够更有力地敦促MNEs进行自我监管。"金字塔模型"从上往下第一层的公力软法监管主要是促进国家尽快批准并通过国内法实施ILO管辖下的八个核心劳动公约,创设国家之间最低限度的硬法协调,预防跨国经济子系统的扩张在一国国内引发严重且整体性的违反基本劳动权利的后果。反过来,即便国家尚未完全批准并有效实施ILO管辖下的八个核心劳动公约,若跨国经济子系统的扩张导致这些国家出现严重整体性违反行为,公力监管者也将启动最低限度的硬法监管。因此,"金字塔模型"从上往下第一层的核心功能是为MNEs自我监管设置基本底线,推动MNEs的自我监管整体向上发展。

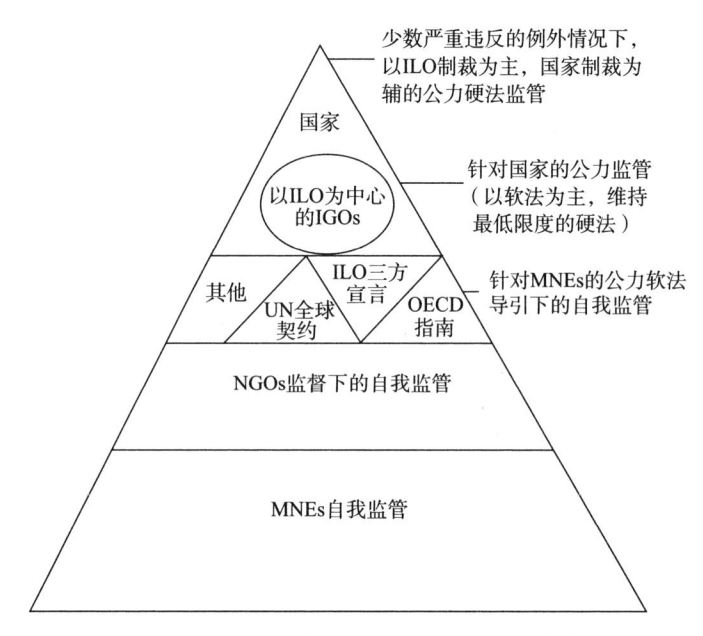

图 5-1　反思性跨国劳动监管框架的金字塔模型

第三节　当前跨国劳动监管制度存在的问题与基本对策

引　言

当前的跨国劳动监管制度与反思性跨国劳动监管框架仍有一定的差距。以反思性跨国劳动监管的框架观之，现有的跨国劳动监管制度存在"部分实践的基础对象不当""公力监管者之间缺乏协调""部分实践监管标准不一致""NGOs 的合法性与问责性"等问题。以下将对这些问题进行简要的分析（第一部分），就基本对策提出初步建议（第二部分），然后得出简短的结论。

一　主要问题

现有的跨国劳动监管制度所存在的问题中，NGOs 的合法性、问责性和不平等性是所有 NGOs 的共性问题，篇幅所限，对此本文不做特别分析。

以下重点就基础对象、公力监管者之间协调以及监管标准这三方面的问题做出评析。

（一）公力监管的基础对象不当

目前以 ILO、世界银行集团和 IMF、OECD 以及 UN 为代表的 IGOs 的监管比较恰当地将基础对象定位在 MNEs，对国家的要求主要是，尽量批准和有效实施 ILO 管辖下的八个核心劳动公约，以便为 MNEs 自我监管创设基本底线。相比之下，一些国家的单边措施或条约实践仍然将基础对象定位于国家，强硬要求国家必须提高劳动标准的水平或实施力度。如本章第二节第一目第（二）小目所析，以国家为基础对象的监管模式将产生"过度回应"或"回应不足"的问题。前者情况以美国的单边措施以及美国和加拿大既有区域贸易体制下的劳动标志实践为典型例证，后者情况以新西兰和 EFTA 的条约实践为典型例证。这些国家的单边或条约实践均未直接或间接提及 MNEs 应该承担的义务，因此，他们的实践并没有对准跨国劳动问题的根源。并且，出于贸易保护主义和保护投资者的利益，一些发达国家（诸如美国和加拿大）在贸易和投资领域的条约实践也不一致，前者严格，后者宽松。

为了预防经济自由化可能产生的负面社会问题，在自由贸易体制与双边或诸边投资体制中纳入较高劳动标准要求的实践，符合反思性监管的精神。然而，由于国家的单边措施或条约中的劳动标准实践不当地将国家作为基础对象，本来为自由化提供相应社会保护的劳动监管，却变味成为发达国家缔约方实现自身经济利益的手段。因此，国家的单边措施或条约实践的基础对象若不改变，其在跨国劳动监管方面的合法性和权威性将受到质疑。

（二）公力监管者之间协调不足

目前的公力监管者既包括 ILO、世界银行集团、IMF、OECD、UN 等 IGOs，还包括美国、加拿大、欧盟、新西兰、EFTA、比利时、卢森堡、奥地利和日本等发达国家或国家集团。不可否认，如第二章第三节第一目第（三）小目所析，ILO 与世界银行集团和 IMF 之间存在一定的协调。例如，世界银行集团和 IMF 在讨论《全面发展框架》和《减少贫穷策略报告》时，经常会邀请ILO参与。然而，在更多的场合，诸如世界银行集团对成员国的贷款、担保和援助申请进行"劳动与工作条件"的绩效评估时，成员国与ILO的协调很少被考虑。OECD指南、ILO三方宣言以及UN全球契约基本各行己道，缺乏横向的沟通与交流。国家的单边措施或条约实践中的分割状态更明显。以区域贸易体制下的劳动标准实践为例，目前至少存在三大相互竞争的实践类型，即美国和加拿大模式、欧盟模式、新西兰和EFTA模式。

符合反思理性的公力监管规则将是对MNEs自我监管的强大的上位导引。然而，若这些公力监管者之间的不协调状态未能改善，其导引MNEs自我监管的合力将被削弱。

（三）监管标准不统一

既有的跨国劳动监管制度中，不仅公力监管实践之间的劳动标准要求不一致，而且公力监管与私人监管实践之间的劳动标准要求也不一致。前者最明显的是美国的实践与其他公力监管实践之间的冲突。美国的单边措施以及贸易和投资条约实践要求缔约方予以认可的劳动标准并未采纳ILO确立的有关标准，而是自立门户，称为"国际公认的劳动标准"。然而，如第三章第二节第一目第（一）小目之1.所析，美国既有的FTA在"国际公认的劳动标准"方面规定的具体内容并不一致。部分FTA（如NAFTA）未将"禁止就业和雇佣歧视"视为必备项目，而另有部分FTA（如美国-秘鲁FTA）则超越ILO确立的四方面核心项目，把属于体面工作内容也视为"国际公认的劳动标准"。与加拿大和欧盟的公力监管实践直接认可ILO的核心劳动标准及"体面工作计划"不同，美国并不承认ILO在确立劳动标准方面的权威地位。因此，何谓"国际公认的劳动标准"内容，由美国国内法确定。国家的双边或诸边投资实践在劳动标准内容方面的差别更大。如第三章第三节第一目第（三）和第（四）小目所析，奥地利和日本既有BIT中的劳动标准实践未明确以ILO相关公约作为确定劳动标准内容的依据。部分比利时和卢森堡BIT中的劳动标准实践也存在类似的问题。

与公力监管机制相比，私人机制内部存在的劳动标准不一致性问题更突出。如第四章第一节第二目的两个表格所析，不同的公司行为守则所纳入的核心劳动标准和非核心劳动标准的项目数量差别很大。在具体劳动标准内容的解释方面，公司自行制定以及商业协会统一制定的行为守则很少认可 ILO 三方宣言。即便是劳动标准水平相对较高的多方利益相关者倡议，相当一部分倡议也未以 ILO 有关公约作为确定劳动标准内容的依据。这方面的例证可见有道德贸易倡议的基本守则（ETI Base Code）以及公平劳动协会制定的《工作场所行为守则》（2011 年版）与相应的《公平的劳动与负责任的采购原则》（2011 年版）。如第四章第二节附件 1 所示，尽管多数全球框架协议包含四方面的核心劳动标准并援引 ILO 有关公约或其他有关国际文件为解释依据，但仍然有部分协议既未明确劳动标准的具体内容，也未明确以 ILO 有关公约作为解释依据。

监管规则所含的劳动标准项目的数量存在差异具有一定的合理性，因为不同的监管者所针对的具体劳动问题可能不同，尤其是私人行为守则的制定可能还会考虑东道国国内法对相关劳动标准（例如结社权、集体谈判权和组织权）是否认可的情况。这也是许多公司行为守则未规定结社权和集体谈判权的原因（参见第四章第一节第二目的表格）。然而，如果同一监管规则的解释依据不一致，将引发严重的规则适用冲突，影响跨国劳动监管的整体效果。

可见，当前的跨国劳动监管制度存在的问题除了 NGOs 的合法性、问责性和不平等问题外，还包括公力监管的基础对象不当、公力监管者之间协调不足以及监管标准不一致等问题。如果这些问题未能得到有效解决或改善，将影响国家作为公力监管者的合法性和权威性，削弱公力监管者之间形成的导引 MNEs 自我监管的合力，并将引发严重的规则适用冲突，最终影响跨国劳动监管的整体效果。

二　基本对策

目前跨国劳动监管制度所存在的问题，有的涉及国家的经济利益，有的涉及国家的政治制度，很难提出速效纠正方案。基于此，问题的解决更需要首先改变国家的观念。以下分别就四个方面的问题提出初步的对策建议。

首先，针对国家的单边措施或条约实践不当将国家作为基础对象的问题，可以考虑在其中纳入 MNEs 的义务。基于 MNEs 的自我监管才是解决跨国劳动问题的根本之道，建议在国家的单边措施中纳入 MNEs 自我监管的法律义务。若国家不愿意为 MNEs 设定硬性的义务，至少应该提及对 MNEs 进行自我监管的期待。类似地，尽管国家的条约实践基于规范的形式限制无法为 MNEs 设定硬性的义务，但国家至少可以在其中的软法措施中纳入对 MNEs 进行自我监管的期待。并且，基于国家并非跨国劳动监管的基础对象之事实，国家的条约实践应该减少强制缔约国提高其国内劳动标准要求的做法，增加国家作为外部压力来源施压 MNEs 进行自我监管的机制。

其次，针对公力监管者之间协调不足的问题，ILO 可以更主动地发挥协调者的作用。在促进 IGOs 软法监管之间的协调方面，ILO 可以更密切地关注世界银行集团和 IMF 有关项目的实施，主动提供更好地促进核心劳动标准实施的建议。目前 OECD 指南和 ILO 三方宣言实施时间均超过 30 年，UN 全球契约的实施也超过了 10 年。这三个软法监管文件之间的互动状况值得评估。期待 ILO 可以对三个软法监管文件的关联性做出专业的评估。相信这样的评估对于促进 ILO、OECD 以及 UN 在导引 MNEs 自我监管方面的合作具有积极意义。在促进国家的单边措施和条约实践之间的协调方面，这些实践带有明显的国家经济利益驱动色彩，短期内要改变不容易。尽管如此，可以期待 ILO 通过能力建设措施与专业的研究，一方面帮助发展中国家逐步提高劳动标准方面的实施能力；另一方面，通过对跨国劳动问题的根源与解决之道方面的专业调查和研究，劝说发达国家逐步改变原来将国家作为基础对象的做法，共同转向重点促进 MNEs 自我监管的一致思路。

再次，监管标准不统一问题的解决也离不开 ILO。美国的单边措施与条约实践之所以绕开 ILO 自创 "国际公认的劳动标准"，其中固然有国家经济利益的考虑，但也不乏观念的因素。如第二章第二节第一目第（三）小目所析，因与 ILO 的观念不同，美国曾于 1975 年宣布退出该组织。1980 年，美国重新加入 ILO 后，对 ILO 的监管能力仍持审慎怀疑态度。1988 年，美国参议院在通过的一份决议中甚至针对批准 ILO 公约规定了三项基本规则：其一，必须经过国内三方［即美国政府、美国劳联－产联与美国国际商业协会（Council for International Business）］磋商；其二，所批准的劳动公约必须与联邦法律及实践并无不同；其三，不能存在通过批准 ILO

管辖下的公约改变各州实践的意图。① 这也是为什么虽然美国国内劳动标准较高，但批准的 ILO 公约（包括核心劳动公约）却很少的原因。

因此，对于国家公力监管标准之间的不统一问题，ILO 可以从两个方面着手：一方面，ILO 可以通过能力建设措施，帮助发展中国家逐步提高劳动标准实施能力，减少美国、加拿大等发达国家在贸易合作中存在的所谓的"社会倾销"的顾虑；另一方面，ILO 可以凭借符合反思理性的监管，逐步获取美国等发达国家对其标准的认同。改变国家的观念不易，但努力总会有所收效。美国贸易与劳动事务办公室（OTLA）于 2008 年、2010 年和 2011 年相继受理了三起分别根据美国与 5 个中美洲国家和多米尼加共和国之间的 FTA、美国－秘鲁 FTA 以及美国－巴林王国 FTA 框架下的劳动标准条款提起的公众沟通案件。较之以往，美国贸易与劳动事务办公室在这三个案件的评估报告中首次采纳 ILO 对危地马拉、巴林王国和秘鲁实施 ILO 有关公约的监督报告。② 这表明，美国对 ILO 监管能力的信任程度正在增加。可以预期，ILO 适应反思理性的监管新模式将以更权威和更有效的监管吸引更多的国家（如比利时、卢森堡、奥地利和日本）在单边措施和条约的劳动标准实践中援引其确立的标准。这样，国家公力监管标准不统一的问题有望逐步得到解决。

与此同时，由于私人监管规则不统一与东道国国内法对相关劳动标准（例如结社权、集体谈判权和组织权）是否认同有关。要争取东道国国内法对这些具有一定政治性质的劳动标准的认可，首先必须改变这些国家的观念。事实上，这些权利可以被纳入法律轨道实施而未必会引起政治问题。中国的例子可以说明这一问题。2010 年，面对南海本田汽车等部分外资企业的"罢工潮"，中国政府并没有像过去那样将其视为群休性事件（政治问题），而是将其视为法律问题。基于这样的观念，中国政府没有直接干预罢工，而是通过引导工人代表与企业理性谈判，最终促使双方达成改善劳动标准的协议。中国政府观念的改变与 ILO 持续不懈的技术性援助

---

① UNITED STATES COUNCIL FOR INTERNATIONAL BUSINESS, Issue Analysis, U. S. Ratification of ILO Core Labor Standards, April 2007, P3, http://www.uscib.org/docs/US_ Ratification _ of_ ILO_ Core_ Conventions. pdf, 2014 - 02 - 10.
② GRAVEL, ERIC & DELPECH, QUENTIN, The comments of the ILO's Supervisory Bodies: Usefulness in the Context of the Sanction-based Dimension of Labour Provisions in US Free Trade Agreements, ILO Research Paper No. 4, Geneva: ILO Publication, 2013, pp. 7 - 25.

有很大的关系。以 ILO 的国别计划为例，中国自 2001 年开始在此计划框架下接受 ILO 的技术援助。2013 年，中国以第十二个五年计划为基础，再次与 ILO 达成《2013~2015 年体面工作（中国）国别计划》。必须承认，该计划在提高中国政府实施国内劳动法能力的同时，也渐渐改变了中国政府对某些核心劳动标准的观念。

故此，尽管私人监管标准的统一不可能也没有必要，但基本底线以及具体劳动标准内容解释依据的统一非常重要，因为这是确保私人监管规则整体向上发展的前提。对此没有直接有效的办法。而间接的办法，即通过改变东道国对某些具有政治性质的核心劳动标准的排斥观念，这仍然离不开 ILO 的促进。值得注意的是，ILO 通过《关于劳动权利和基本原则及其后续措施的宣言》以及《关于公平的全球化所需要的社会正义的宣言》的后续跟踪措施，正朝着细化核心劳动标准实施的策略性目标努力。[1]

最后，关注劳动问题的 NGOs 的合法性、问责性和不平等问题的解决，最关键的是培育发展中国家 NGOs，鼓励它们更多地参与跨国劳动规则的制定和实施。发达国家与发展中国家关注劳动问题的 NGOs 之间的沟通与合作，一方面可以更准确为公力监管者提供亟待解决的具体的跨国劳动问题方面的信息，另一方面可以加强对 MNEs 及其附属单位自我劳动监管的监督。ILO 和国家应该发挥这方面的导引作用。

综合本节，ILO 将在解决当前跨国劳动监管制度所存在的主要问题中发挥主导作用。其一，ILO 需要劝说和引导国家在其单边措施或条约实践中纳入 MNEs 自我监管的法律义务，或者至少表达对 MNEs 自我劳动监管的期待，以此逐步解决基础对象不当的问题。其二，要解决 IGOs 之间协调不足的问题，需要 ILO 通过对 OECD 指南、ILO 三方宣言以及 UN 全球契约这三个软法监管文件的互动状况进行评估，在此基础上促进这三大

---

[1] 参见国际劳动办公室的以下会议报告：INTERNATIONAL LABOUR OFFICE. Review of the follow-up to the 1998 ILO Declaration on Fundamental Principles and Rights at Work, International Labour Conference, 99th Session, Report VII, Seventh Item on the Agenda, 2010; INTERNATIONAL LABOUR OFFICE. Implementation plan: ILO Declaration on Social Justice for a Fair Globalization, GB. 304/SG/DECL/1, 304th Session, First Item on the Agenda, March 2009; INTERNATIONAL LABOUR OFFICE. Progress Report on the Implementation Plan on the Pollow-up to the ILO Declaration on Social Justice for a Fair Globalization, GB. 309/SG/DECL/2, Second Item on the Agenda, November 2010。

IGOs 软法监管安排的协调。同时，若要改变国家的单边措施或条约实践之间的不协调状态，既需要 ILO 通过能力建设等促进性措施帮助发展中国家逐步提高劳动标准实施能力，也需要 ILO 通过更有效的监管实践和更权威的调查研究等方式，劝说发达国家逐步改变原来将国家作为基础对象的做法，转向重点监管 MNEs 自我监管的一致方向。其三，要解决监管标准不统一的问题，一方面需要 ILO 通过能力建设措施，帮助发展中国家逐步提高劳动标准实施能力，减少美国、加拿大等发达国家对所谓的"社会倾销"的顾虑；另一方面，需要 ILO 凭借符合反思理性的监管，逐步获取美国等发达国家对其标准的认同。私人监管的基本规则（底线规则）及其解释依据的统一非常重要，但没有直接有效的统一办法，间接可行的办法是通过 ILO 的促进措施增强东道国对某些具有政治性质的劳动标准的认同。其四，要解决关注劳动问题的 NGOs 的合法性、问责性和不平等性问题的解决，最关键的是培育发展中国家 NGOs，鼓励它们更多地参与跨国劳动规则的制定和实施。

本章小结

本章的分析显示，面对 20 世纪 70 年代中期以来新的政治、经济和观念条件，即国际工人运动持续处于低谷，新自由主义经济观念占据主流以及 ILO 成员对劳动监管的利益偏好存在复杂分歧，在回应更为复杂的跨国劳动问题方面，"公""私"监管与"软""硬"监管的作用正被重新定位。其中，公力软法监管与私人自我监管因为对准跨国劳动问题的根源（即跨国经济系统的盲目扩张），将以强大的适应性在今后的跨国劳动监管中发挥主导作用。这样，公力软法监管与私人自我监管的重点就从国家移至 MNEs，国家不再被期待成为冲锋陷阵的监管统帅，而被视为与 IGOs、某些发达国家、关注劳动保护的 NGOs（包含工会组织）共同推动 MNEs 进行自我监管的外部压力之一。在此情况下，公力硬法监管正被重新定位，即被限定在纠正跨国经济系统的自我扩张危及社会系统整体的生存或者对其他社会子系统造成严重损害所需的最低限度内，应该严守"有限的适用范围"、"以 ILO 硬法为主，国家硬法协同"与"及时退出"的原则。

此时，国家同时作为跨国劳动问题的被监管对象与国内社会问题的监管者，为避免遭受来自其他国家或 IGOs 的制裁，将充当外部压力的"传送带"，通过强制性国内措施制止 MNEs 与其附属单位在本国境内的劳动侵权行为。

基于此，旨在更好地回应跨国劳动问题的反思性跨国劳动监管框架可以用"金字塔模型"来表示（见本章第二节模型图）。其中 MNEs 自我监管位于塔基，是跨国劳动监管的基础。其他各层是导引 MNEs 自我监管的外部压力。"金字塔模型"从上往下第二层（针对 MNEs 的公力软法监管）和第三层（NGOs 的监督）结合最为密切，前者为后者提供了具有公认合法性的申诉权、话语依据、对话与监督平台等战斗武器，使得这部分关注劳动问题的 NGOs（包含工会组织）能够更有力地敦促 MNEs 进行自我监管。"金字塔模型"从上往下第一层的公力软法监管主要是促进国家尽快批准并通过国内法实施 ILO 管辖下的八个核心劳动公约，创设国家之间最低限度的硬法协调，预防跨国经济子系统的扩张在一国国内引发严重且整体性的违反基本劳动权利的问题。反过来，即便国家尚未完全批准并有效实施 ILO 管辖下的八个核心劳动公约，若跨国经济子系统的扩张导致这些国家出现严重整体性违反行为，公力监管者也将启动最低限度的硬法监管（塔尖）。因此，"金字塔模型"从上往下第一层的核心功能是为 MNEs 自我监管设置基本底线，推动 MNEs 的自我监管整体向上发展。

目前跨国劳动监管制度所存在的主要问题包括"部分实践的基础对象不当""公力监管者之间缺乏协调""部分实践监管标准不一致""NGOs 的合法性与问责性"等。其中，有的问题涉及国家的经济利益问题，有的问题涉及国家的政治制度问题，因此很难提出速效纠正的方案。基于此，问题的解决更需要通过改变国家观念的方式。ILO 将在这些问题的解决中发挥主导作用，具体如下。

其一，为了解决部分国家监管实践中存在的基础对象不当的问题，ILO 需要劝说和引导国家在其单边措施或条约实践中纳入 MNEs 自我监管的法律义务，或者至少表达对 MNEs 自我劳动监管的期待。

其二，ILO 可以采取对 OECD 指南、ILO 三方宣言以及 UN 全球契约这三个软法监管文件的互动状况进行评估的方式，促进这三大 IGOs 软法监管安排的协调。为了改变国家的单边措施或条约实践之间的不协调状态，

ILO 一方面可以通过能力建设等促进性措施帮助发展中国家逐步提高劳动标准实施能力，另一方面可以通过更有效的监管实践和更权威的调查研究等方式，劝说发达国家逐步改变原来将国家作为基础对象的做法，转向重点促进 MNEs 自我监管的一致方向。

其三，要解决监管标准不统一的问题，既需要 ILO 通过能力建设措施，帮助发展中国家逐步提高劳动标准实施能力，减少美国、加拿大等发达国家对所谓的"社会倾销"的顾虑；也需要 ILO 凭借符合反思理性的监管，逐步获取美国等发达国家对其标准的认同。私人监管规则很难也没有必要统一，但其基本规则（底线规则）及其解释依据的统一是确保私人监管规则整体向上发展所必要的。在缺乏直接有效的统一办法的情况下，间接可行的办法是通过 ILO 的促进措施增强东道国对某些具有政治性质的劳动标准的认同。

其四，ILO 和国家可以通过培育发展中国家的 NGOs 并鼓励它们参与跨国劳动规则的制定和实施，以此解决关注劳动问题的 NGOs 在跨国劳动监管中的合法性、问责性和不平等性问题。

| 第六章 |

跨国劳动监管与中国的法律选择

前五章以反思法理论为视角,结合政府间组织(IGOs)当前的主导性监管策略、国家的单边措施和条约实践以及私人自我监管机制,论证在跨国劳动监管方面,传统的以国家为直接对象的硬法监管模式正逐渐解构,"公""私"监管与"软""硬"监管正被重新定位的发展趋势。适应这一发展趋势的跨国劳动监管的新框架将是一个以跨国企业(MNEs)自我监管为塔基,以针对国家的公力硬法监管(塔尖)、针对国家的公力软法监管(从上往下第一层)、针对MNEs的公力软法监管(从上往下第二层)和非政府组织(NGOs)的监督(从上往下第三层)作为外部压力的"金字塔模型"。

作为正在崛起的发展中贸易大国,中国不可缺位于跨国劳动监管制度的重构。当前中国正致力于构建开放性经济体制,加快自由贸易区建设。[①]在与美国、欧盟等发达国家或国家集团谈判自由贸易协定与双边或诸边投资协定过程中,劳动标准方面的"短板"已引起中国政府的高度重视。因此,本章将立足于中国,探讨跨国劳动监管制度的整体发展趋势之于中国的意义、挑战及应对。

第一节 中国对传统的公力硬法监管的态度

引 言

根据反思性跨国劳动监管框架,公力硬法监管的适用必须控制在最低限度内。基于此,中国对传统的公力硬法监管的态度在很大程度上可以反

[①] 参见2013年11月12日中国共产党十八届三中全会通过的《中共中央关于全面深化改革若干重大问题的决定》的第七部分。

映中国的实践是否符合反思性跨国劳动监管的发展趋势。反过来也可以验证，反思性跨国劳动监管的新框架是否支持中国的实践。以下将从两个方面论证中国对传统的公力硬法监管的态度，其一是中国对政府间组织[主要是国际劳动组织（ILO）]传统的硬法监管的态度（第一部分），其二是中国对国家的单边措施和条约实践的硬性要求的态度（第二部分），最后是简短的结论。

一 对政府间组织传统的硬法监管之审慎态度

对于 ILO 传统的硬法监管模式，中国一贯积极参与国际劳动标准的制定，但对有关劳动公约的批准持审慎态度。

（一）积极参与国际劳动标准的制定

中国是 ILO 的创始成员国，新中国成立前，ILO 共通过了 90 个条约，但旧中国政府仅仅批准了其中的 14 个。对 ILO 于 1919 年~1928 年召开的历届国际劳动大会，当时的北洋军阀政府都曾指派驻外使领馆人员作为政府代表参加会议。但北洋军阀政府时期，由于政局不稳，土地荒废，劳动方面的法律形同虚设，已批准的公约亦是如此。[①] 1929 年开始，当时的国民政府每年都派遣包括政府、雇主和工人三方代表组成的代表团出席国际劳动大会。1944 年，中国成为 ILO 的常任理事国之一。当时的国民政府虽然形式上批准了一些公约，但由于未及时制定相应的法律，或者制定了法律未正式施行，因而这些劳动公约的批准对于改善当时工人的劳动状况和生活条件并无任何实际效果。例如，1930 年，当时的国民政府批准了 ILO 关于最低工资的第 26 号公约，但直到 1934 年才颁布了《最低工资法》。并且，当时的国民政府一直也未宣布该法的实施。直到新中国成立前，工人的最低工资都未能得到该法律的保障。

新中国成立后，由于台湾当局占据 ILO 的席位，新中国政府长期没有

---

① 1925 年参加第七届国际劳动会议的中国首席代表唐在复公使在演讲中提到，1906 年关于矿工以及使用白磷制造火柴的公约在当时的中国无法实施，因为政权未巩固，土地荒废等原因，劳动法不易实施。民国早期，当时的政府对雇主和雇员关系极其放任。1923 年，当时的政府虽然制定了临时工厂条例，但是无强制执行之意。1925~1926 年关于士团联合会的法律规定，当时的政府也无强制执行之意。参见国民政府财政部驻沪调查货价处，编印《中国劳动问题之现状》，商务印书馆，1928，第 3~4 页。

参加 ILO 的活动。1971 年，联合国大会通过决议恢复了中国的合法席位。同年，ILO 第 184 次理事会根据联合国大会第 396（V）决议，通过了恢复中华人民共和国（以下简称"中国政府"）合法权利的决议，驱逐了台湾当局的三方代表，并通知中国政府参加国际劳动大会和其他会议。经过多次反复磋商，中国政府决定从 1983 年召开的第 69 届国际劳动大会开始，正式参加 ILO 的各项活动。之后每届国际劳动大会，中国政府都派遣代表团出席 ILO 理事会以及其他会议。1984 年，中国工会代表成功当选为理事会工人组副理事。1985 年，ILO 在北京设立 ILO 北京局，负责与中国政府、雇主、工人组织以及其他学术团体的联系，以便广泛开展国际劳动标准的技术合作、研究咨询和出版宣传等各种工作。

（二）慎重对待劳动公约的批准

中国政府于 1983 年第一次参加 ILO 会议时曾经表示，中国对 ILO 已经制定的劳动公约，将进行研究并分情况做出批准和实施的决定。[①] 这次大会后，中国首先对旧中国政府 1949 年之前已批准的 14 个公约进行审议，认为其基本符合中国的实际情况。1984 年 5 月，经国务院决定，对这 14 个公约予以承认。新中国成立后台湾当局以中国名义非法批准的 23 个公约，被中国政府宣布无效。

1988 年，中国政府开始批准新的劳动公约。然而，1988～1998 年，中国政府仅批准了 1 个核心劳动公约（即关于平等报酬的第 100 号公约）、1 个治理性公约（关于雇佣政策的第 122 号公约）以及 2 个技术性公约［关于职业康复和雇佣（残障人士）的第 159 号公约以及关于化学物质的第 170 号公约］。[②]

中国对于 ILO 传统的硬法监管模式的慎重态度体现在中国历任劳动部（现改为"劳动与社会保障部"）部长的公开表态之中。1995 年，当时的劳动部部长李伯勇就批准核心劳动公约问题致信当时的 ILO 总干事汉森，指出："中国政府在参与 ILO 活动中，重视国际劳动标准在维护工人利益、促进经济发展和社会进步方面的作用。在劳动标准的批准实施问题上，坚

[①] 林燕玲主编《国际劳工标准》，中国劳动社会保障出版社，2007，第 14～16 页。
[②] 数据来源 ILO 网站之中国批准情况，http://www.ilo.org/dyn/normlex/en/f? p = 1000：11200：0：：NO：11200：P11200_COUNTRY_ID：103404，2014 - 02 - 05。

持积极和认真负责的态度……中国政府批准国际劳动公约的原则，同 ILO 绝大多数成员国一样，一方面是根据本国的实际情况，考虑国家的政治、经济、社会发展阶段和水平；另一方面，是要求以国内已具备比较完善的相应国家立法作为批准公约的基础和保障。我相信，随着中国社会主义市场经济的建设和有关法律的进一步完善，中国政府将逐步批准更多的劳动公约。"① 2001 年 5 月 17 日，时任劳动和社会保障部部长的张左己与到访的 ILO 总干事索马维亚会谈时，再次阐述了中国政府的立场，指出："中国劳动标准对于维护工人的合法权益、促进社会进步具有积极意义。中国政府一贯重视对公约的研究、批准和实施工作，对于这些工作采取积极和认真负责态度，今后我们将根据条件和实际需要陆续批准一些国际劳动公约，包括核心劳动公约。"②

二 反对国家的单边措施和条约实践的硬性要求

对于将劳动标准与对外经济政策硬性挂钩的主张，中国坚决反对。可以认为，劳动标准未能进入 GATT 或 WTO，与包括中国、印度在内的主要发展中国家的强烈反对有重要关系。中国既反对将劳动标准与国家的对外经济政策单边硬性挂钩，也反对将劳动标准与贸易和投资协定硬性挂钩。截至 2014 年 2 月 10 日，中国已缔结并生效的 8 个 FTA，③ 无一纳入硬法性质的劳动条款。中国对外缔结并签订的 88 个 BIT④ 也均未包含劳动标准条款。

中国反对国家的单边措施和条约实践中的硬性劳动标准要求，且对于 ILO 在 20 世纪 90 年代中期之前推行的硬法监管模式持审慎态度，主要原因有以下两个方面。

第一，严格的主权观念和发展权观念。尽管中国所持的主权观念已非绝对的主权观念，但仍然相当严格。经济方面的主权被视为与政治、军事

---

① 余云霞：《国际劳工标准：演变与争议》，社会科学文献出版社，2006，第 390 页；转引自刘旭《国际劳工标准概述》，中国劳动社会保障出版社，2003，第 136~137 页。
② 同上。
③ 数据来自 WTO 网站之 RTA dadabase，http://rtais.wto.org/UI/Public AllRTAList.aspx，2014-02-10。
④ 数据来自 UNCTAD 网站之 BIT 数据库，http://www.unctadxi.org/templates/DocSearch.aspx?id=779，2014-02-10。

和文化方面的主权不可分割，国内社会事务被视为是一国的内政，不容其他国家干预。中国对人权的理解基于国家的传统以及经济发展的水平。包括劳动权在内的社会方面的权利被视为是集体权利，不能超越国家的主权，应该由中国国情决定。这种观念决定了中国政府批准公约的原则。1983 年，中国政府明确批准劳动公约的原则是"尽力避开政治性公约，选择技术性但有一定政治影响、中国立法和实践条件基本具备的公约"。[①] 缘于此，中国至今尚未批准 ILO 有关结社权和集体谈判权的第 87 号和第 98 号公约，而其在 2001 年批准联合国《经济社会文化权利公约》时也对该权利的有关条款提出保留。

第二，支持劳动标准的比较优势之立场。劳动标准作为一国的经济比较优势，不仅是 1996 年 WTO 新加坡部长级会议认可的内容，也是 1998 年 ILO《关于劳动权利和基本原则及其后续措施之宣言》再次强调的内容。作为世界上人口最多的发展中国家，不可否认，中国过去三十多年来国际贸易与投资的发展得益于其人口红利之下劳动标准方面的比较优势。尽管中国未来的发展将改变传统的依靠挖掘人口红利促进经济增长的方式，但劳动标准方面的相对优势只要客观存在，中国政府不会排斥其对促进本国经济发展的作用。

可见，作为 ILO 的创始成员国，中国一贯积极参与国际劳动标准的制定，但由于历史和现实的原因，中国所批准的劳动公约的数量并不多。中国不仅在批准劳动公约方面态度慎重，而且对将劳动标准与经济政策硬性挂钩的主张持反对态度。中国对待传统的硬法监管的审慎态度，受到中国严格的主权观念和发展权观念，以及中国支持劳动标准的比较优势立场的深刻影响。如第五章所述，跨国劳动问题的根源在于跨国经济子系统的扩张，不是发展中国家所实行的劳动标准，发展中国家本身也是受害者。跨国劳动监管的重点对象不应该是国家，而应该是国际经济自由化最大的既得利益者（即 MNEs）。发展中国家既有的劳动标准是否合理，应该根据这些国家所处的经济、社会与文化发展阶段来判断。基于此，中国反对将国家作为跨国劳动监管的基础对象，支持国家在劳动标准方面的比较优势，审慎对待传统的公力硬法监管的实践，并不违背反思性

---

① 余云霞：《国际劳工标准：演变与争议》，社会科学文献出版社，2006，第 388 页。

跨国劳动监管的精神；相反，反思性跨国劳动监管的新框架恰恰可以支持中国维持这样的实践。因此可以认为，反思性跨国劳动监管的新框架对中国而言，总体有利。

第二节　中国面对公力软法和私人自我监管的法律选择

引　言

如本章第一节所论，反思性跨国劳动监管框架对公力硬法的克制态度可以支持中国对传统的公力硬法监管模式的审慎实践。那么，公力软法监管和私人监管机制占据主导的格局是否有利于中国？中国是否做好了参与建构反思性跨国劳动监管的准备？这些问题值得进一步探讨。为此，本节将结合中国的具体情况，分别就中国面对公力软法监管的选择（第一部分）与中国面对私人监管机制的选择（第二部分）展开分析，最后是简短的结论。

一　面对公力软法监管之选择

基于本章第一节第一目和第二目所述的中国对 IGOs 的公力硬法监管的审慎态度以及对国家单边措施和条约实践硬性要求的反对，IGOs 针对国家的软法监管以及某些发达国家条约实践中的软法措施对中国有较大的吸引力。具体表现在四个方面。

首先，中国既有的实践表现出对 ILO 软法监管模式较高程度的认同。中国已批准的 4 个 ILO 管辖下的核心劳动公约，有 3 个[①]是在 1998 年 ILO《关于劳动权利和基本原则及其后续措施之宣言》通过之后批准的。中国自 2000 年开始实施 ILO 有关反对强迫劳动的项目。2007 年，中国积极同 ILO 接触，讨论批准《强迫劳动公约》事宜。中国批准该公约的障碍在于

[①] 即关于平等报酬和禁止歧视的第 100 号和第 111 号公约（2006 年批准），关于最低雇佣年龄和禁止最恶劣形式地使用童工的第 138 号（1999 年批准）和第 182 号公约（2002 年批准）。

原来的劳动教养制度与该公约存在抵触。因此，随着 2013 年 11 月 28 日，全国人大常委会制定的《关于废止劳动教养制度的决定》的颁行，批准 ILO 关于强迫劳动的公约，有望提上重要的立法议程。

其次，对于 ILO 提出的体面工作计划，中国积极响应。2001 年 5 月，中国劳动和社会保障部与 ILO 签订谅解备忘录，就双方共同商定的目标以及体面工作议程的 4 个战略性目标达成一致。双方为此还成立了专门的组织机构——联合委员会。2013 年，中国以第十二个五年计划为基础，再次与 ILO 达成《2013～2015 年体面工作（中国）国别计划》，争取 ILO 的技术性援助，以便实现充分就业、加强社会对话以及提高社会保护这三大优先战略目标。

再次，中国积极争取来自 ILO 在促进就业方面的资金支持和技术援助。自 2004 年 7 月，中国劳动和社会保障部开始与 ILO 合作开展"创办和改善你的企业"项目（SIYB），为中国下岗失业人员、青年学生、农村转移劳动力中有志创业的人员提供创业培训。2008 年 7 月，双方开始合作开展"紧急创办和改善你的企业"项目（E-SIYB），帮助中国地震灾区的小型企业重新开业，并帮助失去工作的人们创办新企业。2005 年 8 月，ILO 开始在中国实施"大学生创业教育"项目（KAB），培养大中学生的创业意识和能力。这三个项目构成完整的创业培训体系，其实施的地域范围逐步扩大，在促进国内创业与就业方面发挥了积极的作用。

最后，对于部分经济合作伙伴的公力软法监管措施，中国开始接受。中国在对外缔结并生效的 2 个 FTA（即分别与智利和新西兰之间的 FTA）中接受了软法性质的劳动合作备忘录。

在跨国劳动监管方面，中国对硬法的遵守记录良好。[①] 但诚如中国前劳动部部长李伯勇向 ILO 前总干事汉森表达的那样，中国对硬法持审慎态度，若国内实施条件不具备，不会轻易接受硬法。中国所批准的劳动公约

---

① 中国一贯本着认真、务实、严肃和积极的态度批准和实施 ILO 的劳动公约。对于已批准的核心劳动条约，中国的遵守情况良好。迄至 2014 年 2 月，ILO 调查委员会立案的 26 个申诉案件，无一涉及中国。即便是未批准的核心劳动公约，中国也较少被诉违反。例如，尽管中国没有批准结社权方面的公约，但是 ILO 结社委员会根据 1998 年《关于劳动权利和基本原则及其后续措施的宣言》仍然受理了对中国的申诉。2007 年 1 月 1 日之前，ILO 共受理 6 起针对中国的结社权申诉，但均已在此时间之前结案。截至 2014 年 2 月，ILO 未新增针对中国的此类申诉。

（尤其是核心劳动公约）不多，并非证明中国缺乏在跨国劳动问题方面合作的政治意愿，恰恰表明中国在跨国劳动监管方面亟须国际社会的资金支持和技术援助。有鉴于此，中国今后应继续结合自身的发展规划，确立优先战略性目标，并就这些目标争取 ILO 和其他方面的资金支持和技术援助，以弥补国内劳动标准实施资源的不足，争取尽早具备批准更多核心劳动公约的国内条件。

二 面对私人监管机制之选择

较之对公力软法监管的积极认同，中国对私人监管机制的认同程度较低。然而，中国并非仅仅是此类行为守则的被动接受者。并且，尽管目前尚无来自中国的跨国企业与国际工会组织签订全球框架协议，但中国并不当然与全球框架协议无关。鉴于公司行为守则和全球框架协议的生命力以及中国在全球供货链条上的位置，这两大私人机制的作用值得中国重视。

（一）有关跨国劳动问题的公司行为守则与中国的关系

中国并非有关跨国劳动问题的公司行为守则的发源地，但与这类行为守则有特殊的关系。一方面，中国是 20 世纪 90 年代西方国家兴起的有关跨国劳动问题的公司行为守则运动的主要对象国家；另一方面，随着中国对外投资的扩大，中国企业将越来越重视以此类行为守则维护自己的品牌声誉。

1. 对中国出口企业的影响

20 世纪 90 年代兴起的有关跨国劳动问题的公司行为守则对中国制造业出口企业的影响大致可分为两大阶段。

第一阶段，20 世纪 90 年代至 2004 年，严重冲击阶段。20 世纪 90 年代初，西方媒体和 NGOs 多次关注中国制造业存在的劳动问题，公司行为守则开始显示对中国吸引投资和促进对外贸易的消极影响，例如 Levi Strauss 于 1993 年对外宣布将中国排除在其采购的国别目录之外。[①] 1994 年美国政府倡议所有在中国投资的美国 MNEs 就劳动问题制定公司行为守则

---

① DOOREY, DAVID J., The Transparent Supply Chain: from Resistance to Implementation at Nike and Levi-Strauss, *Journal of Business Ethics*, 2011, 103 (4): 596.

之后，更多的美国 MNEs 在供货合同中要求供货商遵守其所制定的公司行为守则。与此同时，一些欧洲的 MNEs 如 C&A、Pentland Group 等也开始效仿美国 MNEs 提出类似要求。许多中国供货商，尤其是服装、纺织品、鞋业、玩具部门的供货商，由于对买方的公司行为守则不够理解或不够重视，加上缺乏实施经验，其国外订单被中止、取消甚至合作关系被终止的情况时有发生。可以认为，是订单的压力促使中国出口企业开始重视学习有关跨国劳动问题的公司行为守则。

第二阶段，从 2005 年至今，有限影响阶段。面对欧美国家兴起的公司行为守则运动，中国企业界在经历一段时间的被动应对之后，开始积极寻求对策。2005 年，中国纺织工业协会率先发布行业行为守则即《中国纺织企业社会责任管理体系》。该行为守则以国内有关劳动的法律规定以及 ILO 有关公约为参考，其中某些标准甚至高于国外公司行为守则的要求。例如，该行业行为守则将雇佣童工的最低年龄规定为 16 周岁，高于绝大多数买方公司、公平劳动协会以及社会责任国际所规定的 15 周岁的标准。再如，工作时间方面，该行业行为守则规定的 40 小时周工作时间，也比绝大多数买方公司、公平劳动协会以及社会责任国际规定的 48 小时周工作时间严格。中国纺织工业协会还与社会责任国际合作在中国推行 WE 计划，培训企业如何通过对话发现工作场所存在的制度性问题根源并制订相应的解决方案。2006 年深圳证券交易所颁布了《上市公司社会责任指引》，要求上市公司在经营活动中应当遵纪守法，遵守商业道德，维护消费者的合法权益，保障劳动者的健康和安全。与此同时，多数中国的出口企业也吸取教训，认真学习有关的公司行为守则的要求，积极参与买方公司组织的公司行为守则培训或第三方认证机构的专业培训（如 SA8000），并积极配合买方或第三方对行为守则实施情况的检查或调查。

不可否认，由于目前中国在纺织业、电子产品等行业供货链条中所处的中低端位置，中国仍将继续成为西方 MNEs 行为守则实施的主要对象国家之一，也将继续成为公平劳动协会、工人权利联盟等多方利益相关者倡议重点关注的区域。公平劳动协会业已受理的针对中国的调查包括：接受彪马公司的请求，于 2008 年对中国泰威运动用品工厂（Taiway Sports Factory）进行独立调查；接受 Higher Jack Inc. 的请求，于 2009 年对公司在中国大陆的工厂进行独立调查；2010 年，应耐克、彪马、新平衡公司要求，对上海旺德运动产品公司（Shanghai Wangde Sports Goods Company）进行独立调查（此前该问题已经引起工人权利联盟的注意）；2012年至2013年，应苹果公司请求，对富士康公司在中国的部分工厂进行独立调查及后续评估。而工人权利联盟曾于2009年对两家中国工厂（浙江省诸暨市良龙袜业有限公司与深圳赐昌鞋业有限公司）进行独立调查。然而，上述案例中，除Higher Jack Inc. 在中国的工厂因拒绝改正被母公司关闭外，其他认真按照调查的建议进行改正的企业都争取到买方或母公司的谅解。

如果说2005年之前，中国政府对于有关跨国劳动问题的公司行为守则采取等待观望态度，既不完全接受，也不彻底拒绝，那么自2005年开始，可以认为，中国政府对于此问题的态度发生了积极转变。随着中国共产党十六届四中全会提出"构建社会主义和谐社会"，中国法律和政策明确重视包括劳动权利在内的企业的社会责任。2005年修改的《公司法》新增第5条规定："公司从事经营活动，必须遵守法律、行政法规，遵守社会公德、商业道德，诚实守信，接受政府和社会公众的监督，承担社会责任。" 2007年通过的《劳动合同法》加大了对劳动者的保护力度。同年通过的《就业促进法》强化了反就业歧视。中国目前已有的劳动立法规定除了结社权与西方国家有一定的差距外，其他方面的保护水平并不会低于买方公司行为守则要求的标准。事实上，中国目前所暴露的劳动问题主要是实施的问题。随着中国继续推行可持续发展战略，作为社会可持续发展重要内容之劳动保护，其实施力度将得到加强。

可以预期，在国内劳动法实施尚未得到有效加强期间，国外买方公司仍将利用公司行为守则要求中国出口企业加强劳动保护，公司行为守则由此仍可能继续对中国的出口企业造成一定的影响。然而，随着多数企业将此项内容纳入常规管理，且在面临问题时寻求专业指导或买方的支持以积极改正，公司行为守则对出口订单的影响将会更加有限。

2. 对中国对外投资的启示

随着中国对外直接投资项目规模扩大，中国企业（尤其是国有企业）在劳动保护等方面的社会责任引起了西方媒体和NGOs的关注。《亚洲社会责任》、《南非资源观察》（SARW）、《洛杉矶时报》和《纽约时报》撰文批评首钢等中国国有企业在非洲、拉丁美洲的投资缺乏社会责任，存在支付低工资、提供恶劣工作条件、执行松散的卫生与安全标准等劳动标准问题。[1] 这样的批评缘于，中国向其他发展中国家投资，尤其是对最不发达国家的发展中国家投资时，面临着当地劳动标准缺失或实施不力的情况。尽管这些企业的分支机构或供货商所提供的劳动保护未必违反东道国的法律，但却可能被 NGOs 认为违反 ILO 的相关公约、《世界人权宣言》与《经济社会文化权利公约》等规定的基本人权，由此影响企业的品牌声誉，进而可能影响其消费市场和融资市场。中国政府鼓励对外投资的中国企业实践负责任的商业行为。中国《公司法》第 5 条关于公司承担社会责任的义务的规定在属人效力方面，不仅适用于国内经营的中国企业，也适用于对外投资的中国企业。2007 年，中国商务部与瑞典外交部签署了《公司责任合作谅解备忘录》，要求中国和瑞典双方的企业、政府、学术机构就社会责任问题进行对话和交流。

基于上述国际和国内关注企业社会责任的背景，建议那些在发展中国家投资的中国企业，不妨采取公司行为守则的方式，根据投资当地具体的劳动保护情况，将适当水平的劳动标准纳入公司行为守则之中，要求海外分支机构及合作伙伴予以实施。这样，对外可以维护公司的品牌声誉，对内可以提高当地员工的归属感，从而实现中国对外投资的可持续发展。

（二）全球框架协议与中国的关系

由于部分签订全球框架协议的 MNEs 在中国设有分支机构，因此，中国自然包括在全球框架协议的适用范围之内。从第四章第二节附件 1 之表 2 可以看出，目前实施环节涉及中国的全球框架协议大致有 11 个，[2] 即 IndustriALL 分别与德国戴姆勒·克莱斯勒（Daimbler Chysler, 2008 年最新版）、德国宝马公司（BMW, 2005 年）、德国博世公司（Bosch, 2004

---

[1] FROST, STEPHEN, Chinese Investments Abroad-Shougang and Labour Protests in Peru, http://csr-asia.com/csr-asia-weekly-news-detail.php?id=4446, 2014 - 03 - 29; THOKE, MORATUOA, Corporate Citizens? Working Conditions and Corporate Social Responsibility in Chinese Owned Companies, http://www.sarwatch.org/pt-pt/node/297, 2014 - 03 - 29; 经济合作与发展组织编著《2008 年度中国投资报告：鼓励负责任的商业行为》，中国经济出版社，2008，第 141 页；转引自 Robyn Dixon《非洲人猛烈抨击中国用人单位》，《洛杉矶时报》2006 - 10 - 06。

[2] 该数据的统计依据是这些 MNEs 在中国设有分支机构，且其与国际工会组织签订的全球框架协议均包含中文版本。

年)、德国莱尼公司(Leoni,2002 年)、德国普莱(Prym,2004 年)、德国采埃孚公司(ZF,2011 年最新版)、法国标致(PSA Peugeot Citroën,2010 年)、法国罗地亚(Rhodia,2008 年)、法国电力集团(EDF,2009 年)、挪威海德鲁公司(Norsk Hydro,2010 年)以及比利时优美科(Umicore,2011 年最新版)签订的全球框架协议。

与公司行为守则全面影响中国纺织行业、电子行业等轻工业的供货公司不同,全球框架协议影响的公司范围较小。其影响的范围主要是部分 MNEs 在中国的分支机构,这部分 MNEs 所处的行业集中在汽车及汽车配件制造、电力及与电力有关的配件制造、铝金属制造、化工产品生产等重工业领域。从这部分全球框架协议的实施情况来看,协议均译有中文版本且发送给在中国的分支机构。截至 2014 年 3 月底,并未发生来自中国工会组织基于全球框架协议的申诉案件。造成这种现象的可能原因有两个。第一个可能的原因是,这部分 MNEs 在中国的分支机构对员工的技术依赖较大,给予员工的劳动标准尤其是工资与福利待遇高于同行业的平均水平,员工对企业的满意度比较高。故此,通过结社权和集体谈判权来确保工资和劳动条件的提高比较不具迫切性。第二个可能的原因是,这些 MNEs 在中国的分支机构有意采取预防性的人力资源管理政策,例如实行劳动者直接参与制度、以员工代表替代工会组织参与有关问题的讨论、无须经过工会的直接申诉程序等。

必须承认,全球框架协议如缺乏建立在结社权和集体谈判权基础上的社会对话机制,其实施的效果将存在较大的限制。尽管中国于 2001 年批准了联合国《经济、社会与文化权利的公约》,但对该公约第 8 条甲款关于自由组建和参加工会的规定做了保留。根据 2001 年《中华人民共和国工会法》第 2 条和第 9 条规定,中国目前仍然实行由中华全国总工会统一领导的一元化的工会制度,所有组建的工会必须经过上一级工会组织的批准并服从上级工会组织的领导,劳动者也不能随意加入非法的工会组织,因此劳动者在自由组建和参加工会方面是有限制的。另外,根据 2001 年《中华人民共和国工会法》第 6 条规定,工会组织在维护全国人民总体利益的同时,代表和维护职工的合法权益。不可否认,在日益复杂的社会结构下,个体劳动者的利益与全国人民总体利益可能存在冲突,一部分劳动者的利益可能与另一部分劳动者的利益相冲突。如此,背负复杂利益冲突的工会组织在履行集体谈判职能时难免会陷入有心无力的尴尬境地。

另外，虽然根据联合国《经济、社会与文化权利的公约》第8条乙款的规定，工会有权组织或参加国际性工会组织，但2001年《中华人民共和国工会法》并未涉及中国工会组织的该项权利。对于联合国《经济、社会与文化权利的公约》第8条丁款关于罢工权的规定，中国目前现行的宪法未做出规定，2001年《中华人民共和国工会法》第27条仅仅通过承认停工、怠工的劳动者的合理要求间接有限认可了劳动者的罢工权。可以认为，在目前中国国内劳动法对结社权、集体谈判权、罢工权存在较大的法律限制，且国内工会组织无法直接与国际工会组织建立联合的情况下，全球框架协议在中国的实施效果将具有一定程度的不确定性。

总之，由于全球框架协议所实施的中国企业本身对员工的技术依赖较强，因此有可能为员工提供较好的劳动标准。如果结社权、集体谈判权和罢工权能够更有效发挥作用，这部分中国企业有望成为行业劳动标准自我监管的良好实践范例。值得关注的是，中国与ILO合作推行的《2013～2015年体面工作（中国）国别计划》已经将促进社会对话作为三大优先性目标之一。可以期待，随着解决国内劳动问题的社会对话机制进一步完善，全球框架协议在促进中国劳动标准的进步方面将发挥更大的作用。

综合本节的观点，在跨国劳动问题上，中国政府对公力硬法监管的审慎态度，使得其对公力软法监管机制表现出较高程度的认同，并开始尝试接受私人监管机制。中国一贯本着认真、务实、严肃和积极的态度批准和实施ILO的劳动公约，所批准的劳动公约数量（包括核心劳动公约）不多，并非其主观上的不合作，乃是因为国内的实施条件尚不具备。就公力软法监管所提供的资金支持和技术援助有助于改善中国实施核心劳动标准的能力而言，ILO及其他关注中国劳动标准提高的政府间组织和国家所追求的目标与中国是一致的。中国应该结合本国的发展规划，继续争取来自ILO和其他方面的资金支持和技术援助，以弥补国内劳动标准实施资源的不足，争取尽快具备批准更多核心劳动公约的国内条件。

私人监管机制方面，公司行为守则既影响中国国内的出口企业，也影响中国的对外投资企业，并且将更多地影响后者，为实现中国对外投资的可持续发展所必要。全球框架协议对国内的影响范围虽然不如公司行为守则，并且更明显地受制于中国的结社权、集体谈判权和罢工权尚不完善的现实。但是，其本身所包含的社会对话机制已是ILO《2013~2015年体面工作（中国）国别计划》的三大优先性目标之一。有理由相信，随着中国社会对话机制的完善，全球框架协议的作用将进一步得到发挥。

可以相信，随着国内劳动标准（尤其是核心劳动标准）实施能力的提高，中国将更接近反思性跨国劳动监管框架对国家的定位。

第三节 中国应对有关协定劳动标准问题谈判的法律对策

引 言

如第五章第三节所述，当前的跨国劳动监管制度尚未达到足够的反思理性。其中最突出的一个问题是，某些发达国家的单边措施和条约实践不当地将发展中国家作为跨国劳动监管的基础对象，以制裁威胁强制后者提高国内劳动标准的水平或实施力度。

中国目前的贸易总额跃居世界第一。中国共产党十八届三中全会明确，中国政府坚持双边、多边、区域、次区域开放合作，以周边为基础加快实施自由贸易区战略，推动"对内对外开放相互促进""引进来和走出去更好结合"，加快同有关国家和地区商签投资协定。目前中国参与或重点关注的几个主要的自由贸易协定（FTA）或双边投资协定（BIT）谈判［如中国－美国BIT谈判、中国－欧盟BIT谈判、跨太平洋伙伴协定（TPP）谈判］都涉及劳动标准问题。不可否认，这些协定的自由化程度将超越既往实践。从防范更高程度的经济自由化可能带来更严重的社会问题的角度看，美国和欧盟在这些协定的谈判中纳入较高劳动标准要求的做法，并无不当。然而，正如第三章结论所言，国家条约实践中的劳动标准内容带有明显的经济利益驱动色彩，要么体现贸易保护主义，要么为了维护本国投资者海外投资利益。因此，此类实践并非对准跨国劳动问题根源的解决之道。

然而，为推进区域自由化战略，中国在劳动标准问题上可能不得不有所妥协。中国既有的实践距离这些谈判中发达国家或发达国家集团提出的劳动标准要求，差距较大，硬性要求中国提高劳动标准不仅不利于跨国劳动问题的解决，也将给中国带来严重的履行负担。因此，如何最大限度减少将来谈成的劳动标准条款对反思性跨国劳动监管精神的背离以及如何减少这些劳动标准条款对中国国内实施条件的冲击等问题，或将成为中国进行劳动标准问题谈判的努力方向。基于此，本节拟针对当前与中国有关的 FTA 或 BIT 谈判中的劳动标准问题展开分析，在找出中国与有关发达国家或国家集团既有实践差距的基础上，分别就如何应对贸易协定谈判（包括将来可能加入的 TPP 谈判）中的劳动标准问题（第一部分）与投资协定谈判中的劳动标准问题（第二部分）提出初步建议。

一 应对贸易协定谈判中的劳动标准问题之建议

（一）中国既有的实践

截至 2014 年 2 月 10 日，中国对外缔结且已生效的 FTA 有 8 个，[①] 其中有 2 个 FTA 纳入了劳动合作协议，一个是 2005 年中国与智利签订的 FTA 中的劳动和社会保障谅解备忘录，另一个是 2008 年中国与新西兰签订的 FTA 中的劳动合作谅解备忘录。

中国与智利的 FTA 中的劳动和社会保障谅解备忘录源于中国与智利的 FTA 第 108 条 "劳动、社会保障和环境合作"：缔约双方应通过劳动和社会保障合作谅解备忘录及环境合作协定增强缔约双方在劳动、社会保障和环境方面的交流和合作。该备忘录关于劳动标准的主要特点是：

第一，仅仅认可 ILO 的宗旨，没有提及国际核心劳动标准；[②]

第二，规定了缔约双方在劳动合作方面的具体行动，包括信息与专业交流、专家与代表团互访、问题磋商等；[③]

第三，合作行动的开展受经费能力的约束和国内法规定的约束；[④]

[①] 数据来自 WTO 官方网站，其中中国与香港地区和澳门地区属于区域经济一体化安排，此处不列入 FTA。这 8 个 FTA 分别是中国与东南亚国家联盟、中国与孟加拉、印度、韩国、老挝和斯里兰卡签订的亚太贸易协定，中国与智利、中国与哥斯达黎加、中国与新西兰、中国与新加坡，中国与巴基斯坦，以及中国与秘鲁签订的自由贸易协定。
[②] 中国－智利劳动合作备忘录第 1 条。
[③] 中国－智利劳动合作备忘录第 2 条。
[④] 中国－智利劳动合作备忘录第 4 条。

第四，组织机制方面，仅仅提及设立国内协调员，没有设立国家间组织机构；

第五，备忘录不影响双方基于国际性法律文件所承担的义务；①

第六，缔约一方可以单方终止备忘录的履行，只要提前 6 个月通知对方即可。②

相比之下，中国与新西兰之间的 FTA 中的劳动合作谅解备忘录则比较详细。该 FTA 第 177 条明确，双方应通过劳动合作谅解备忘录加强双方在劳动问题上的交流与合作。该劳动合作谅解备忘录具有以下特点：

第一，虽然认可作为国际组织成员的义务，认可 ILO 的核心劳动标准，但尊重国家制定、管理和实施国内劳动法的主权；③

第二，虽然规定了不得通过降低劳动法的保护来鼓励贸易和投资，但同时也规定缔约国不得将劳动标准用于贸易保护主义；④

第三，规定劳动合作的具体措施，但同时限定所需要的资金支持按具体的计划分别确定，其取决于缔约国的预算能力和国内法律、法规的规定，且在邀请公众或国内 NGOs 参与实施的方面，缔约国可以自行决定，不是必须；⑤

第四，公众参与或社会对话方面，虽认可这方面的必要性，但是否邀请公众参与由缔约国自己决定；⑥

第五，组织机构方面，仅仅设立国内的协调员，并规定负责劳动事务的政府高级别会议必须在备忘录生效后第一年召开 1 次会议，以后每两年召开 1 次讨论合作问题，但没有设立国家间的组织机构；⑦

第六，争端解决程序方面，设立了磋商制度，但仅仅规定国内协调员之间的磋商，未规定更高级别的磋商，且对磋商没有具体的时间限定；经一方要求，可在 90 天内召开专门解决问题的联合会议，但无固定的争端解

---

① 中国－智利劳动合作备忘录第 5 条。
② 中国－智利劳动合作备忘录第 6 条。
③ 中国－新西兰劳动合作备忘录第 1.1 条、第 1.2 条。
④ 中国－新西兰劳动合作备忘录第 1.4 条、第 1.3 条。
⑤ 中国－新西兰劳动合作备忘录第 2.2 条、第 3.2 条、第 3.5 条。
⑥ 中国－新西兰劳动合作备忘录第 1.5 条、第 2.4 条。
⑦ 中国－新西兰劳动合作备忘录第 3.1 条、第 3.4 条。

决机构；还要求应通过合作、磋商和对话达成一致，但未提及制裁威慑；①

第七，缔约一方可以单方终止谅解备忘录的履行，只要提前6个月通知对方即可。②

可见，作为推进劳动合作方面的初步尝试，中国目前签订的FTA劳动合作谅解备忘录采取的纳入模式几乎避开了硬法模式的所有硬性要素。中国与新西兰签订的劳动合作谅解备忘录相比中国与智利之间的劳动与社会保障谅解备忘录，唯一增加的硬性要素就是规定了"不降低要求"，但同时又通过"禁止用于贸易保护主义"之规定加以平衡。在软性机制方面，相比美国和加拿大既有实践所采取的软性机制，中国既有的这两个FTA劳动合作谅解备忘录更为软化，表现在对于劳动合作的具体措施限定"所需资金支持按具体的计划分别确定"，"必须在缔约国的预算能力和国内法律、法规规定的限度内开展合作行动"；在邀请公众或国内NGOs参与实施以及在公众参与或社会对话方面，均由缔约国自行决定；任何一方只要提前通知对方就可以单方解除谅解备忘录。总之，这两个劳动合作谅解备忘录所包含的硬性要素超级软弱，属于纯粹的软法纳入模式。可以预见，谅解备忘录的履行不会给双方带来太大的压力。

（二）未来谈判的对策

以软法模式将劳动条款纳入FTA符合中国目前的现实情况。这是因为以下几点原因。

其一，中国目前已不需回避劳动保护方面的国际合作。作为正在崛起的发展中大国，中国积极寻求与美国、加拿大、欧盟成员等发达国家在国际经济领域的合作，罔顾对方在贸易谈判方面的顾虑是不可能的。作为贸易大国的中国一直备受西方国家"社会倾销"的质疑，因此，在劳动保护方面采取合作态度有助于打消谈判对手的顾虑，可以对外宣示中国对劳动者基本权利的尊重和保护之理念。与此同时，随着中国进入老龄化社会，中国的人口红利正在逐步消失，中国政府一再强调可持续发展战略，并将之上升为国家战略，而以劳动权利保护为重要内容的社会保护正是可持续

---

① 中国-新西兰劳动合作备忘录第4.1条、第4.3条。
② 中国-新西兰劳动合作备忘录第5条。

发展不可或缺的三大支柱之一。[①]

其二，以软法模式将劳动条款纳入 FTA 是中国目前的明智选择。中国加入 WTO 本来就比美国、加拿大、欧盟等迟了将近 7 年，加入之后也没有马上对外签订 FTA，因此，在 FTA 的签订方面本来谈判经验就不足，更何况要在 FTA 中纳入技术性极强的劳动条款。而软法的好处，是可以在制定硬法面临技术不确定、主体不确定以及国内不确定性的情况下，[②] 仍能够聚拢各国的观念和引导各国的行为，进而消弭相互之间的分歧，以期最终将一些已经形成共识的标准写入国际条约。[③] 况且，以人均国民生产总值论，中国目前仍然是一个发展中大国，经济、社会与文化权利的保护还不可能一步到位，国内劳动法的强制实施难免受制于财政能力的约束。基于中国的客观情况，中国在 8 个核心劳动条约中仅批准了 4 个，对于结社权、组织权、集体谈判权以及禁止强迫劳动方面的核心劳动条约尚未做好批准准备。这也决定了中国难以在 FTA 中接受超过自己所能承担的劳动保护方面的硬性国际义务。

然而，中国不得不直面的问题是，美国、加拿大以硬法模式在 FTA 中纳入劳动标准已基本定型，其硬性要素不可能轻易改变。鉴于此，建议中国未来与美国和加拿大进行 FTA 的劳动合作谈判时，可以采取以下做法。

首先，应强化缔约双方在软性机制方面的共识。如前所述，硬法模式中也包含软性机制，且目前为止，美国和加拿大均没有动用专家组及制裁机制，申诉案件的解决均导向国内实施、合作行动与能力建设、社会对话或公众参与等软性机制。因此，强化此方面的共识容易为对方所接受。

其次，如果硬法要素非得纳入劳动合作协议，则应参考美国、加拿大签订的 FTA 中的劳动条款或劳动合作协议中硬度较弱的规定，建议做如下规定。

1. 认可 ILO 的核心劳动标准之程度方面

除继续沿用中国与新西兰的做法，认可作为 ILO 成员的义务，认可

[①] 2012 年联合国可持续发展大会报告《我们希望的未来》强调，可持续发展包括三个层面，即经济发展、环境与社会保护。

[②] 徐崇利：《跨政府组织网络与国际经济软法》，《环球法律评论》2006 年第 4 期，第 421 页；"技术上的不确定性"，指在各方对议题的重要性程度尚把握不准或对要解决的问题尚缺乏足够信息的情况下，不可能仓促定约；"主体上的不确定性"指一些国家对另一些国家缔约的意愿和履约能力等心存疑虑，以致无法马上立约；"政治上的不确定性"指一些国家对创制并参加一项国际经济条约的政治成本和政治收益尚心中无数。

[③] 陈安主编《国际经济法学专论》（2），高等教育出版社，2007，第 180 页。

ILO 的核心劳动标准，还可以借鉴《北美劳动合作协议》的规定，增加"缔约方只是承诺根据国内法加以推进，缔约方有权以自己的方式保护有关劳动者的权益范围，所认可的劳动标准不构成共同的国内最低标准"。

2. 缔约国的义务

（1）保护水平方面，可以沿用中国与新西兰的做法，规定"不得降低劳动法的保护来鼓励贸易和投资"，但同时规定"缔约国不得将劳动标准用于贸易保护主义"加以平衡，还可以借鉴欧盟与韩国 FTA 中提到的"缔约国在劳动标准方面的比较优势无论如何不应该被质疑"。

（2）政府强制实施方面，除了借鉴《北美劳动合作协议》"通过适当的政府行动，促进劳动法的遵守以及有效的强制实施"，还可以借鉴美国－约旦 FTA 中的劳动条款，强调"缔约方有权行使调查、起诉、监管和违法审查方面的自由裁量权，有权按善意原则就劳动法的强制实施的资源分配的优先问题做出决定"。另外，还可以美国分别与智利、多米尼亚共和国及五个中美洲国家、秘鲁、哥伦比亚、巴拿马以及韩国之间的 FTA 为借鉴，增加"本章（或本款）规定不得被解释为授权缔约方在另一缔约方强制执行劳动法"。

（3）私人救济权方面，接受"有权诉诸行政、准司法、司法程序并请求强制执行"之规定问题不大。

（4）程序保障方面，可以接受"公平、公正、透明，裁决须书面且说明理由并尽快送达"要求，但不宜接受"正当程序"。因为"正当程序"概念源于西方的判例法传统，其内涵比较抽象，且目前尚未得到中国国内仲裁法和诉讼法确认。

（5）透明度方面，美国对外签订的 FTA 并非都有此内容，只有《北美劳动合作协议》规定"法律和有关规定公开，给利害关系人发表意见的机会"，相比之下，加拿大对外签订的 FTA 都有类似要求；如果未来与美国和加拿大谈判 FTA 中的劳动标准非得纳入透明度要求，依据中国目前的司法情况，即使接受，也不会出现大的实施问题。

（6）信息公开和公众的认识方面，宜借鉴美国分别与智利和新加坡之间的 FTA 的措辞——"应促进公众知悉其国内劳动法"，避开"应确保"之措辞。

3. 组织机构方面

建议沿用中国与新西兰的劳动合作谅解备忘录模式，只设立国内机构。如果必须设立国家间机构，则建议以《北美劳动合作协议》的模式为借鉴，设立专门的组织机构，但更适宜尽量简化，如采用国内联系点或国家间劳动事务理事会。

4. 争端解决程序方面

应强调通过合作、磋商与对话最终达成一致，不得诉诸贸易协定的争端解决程序，并明确排除不得诉诸 WTO 解决。如果非得接受专家组的审查，则可综合借鉴《北美劳动合作协议》、加拿大分别与哥斯达黎加、哥伦比亚、约旦和秘鲁签订的劳动合作协议，以及美国分别与智利、新加坡、澳大利亚、摩洛哥、巴拿马、巴林王国、阿曼，5 个中美洲国家和多米尼亚共和国之间的 FTA 中的劳动条款，设定以下条件：限定在职业卫生与安全、最低工资水平、使用童工方面三个技术性劳动标准；必须与贸易有关；必须是国内法未能有效强制实施且该状态具有持续性；必须经磋商未能解决。其中"与贸易有关"的概念，可借鉴《北美劳动合作协议》以及加拿大对外签订的其他劳动合作协议，明确为：主体是从事货物或服务贸易的工厂、公司、企业，在缔约方领土之间从事产品或服务贸易，所生产的产品或提供的服务在另一缔约国领土内相互竞争，且所涉劳动法属于协议的调整范围。

5. 制裁方面

应力争排除制裁的适用。如果必须适用，宜借鉴《北美劳动合作协议》，设定上限，存于专门账户，且明确必须用于改善或提高被申诉方劳动法的强制实施。

（三）中国面对 TPP 谈判中的劳动标准问题之选择

中国对于 TPP 倡议持开放态度，一直重视并跟踪 TPP 谈判的进展情况。[1]

---

[1] 《外交部发言人：中方对包括 TPP 在内利于促进亚洲经济融合和共同繁荣的倡议持开放态度》（新华网 2013 年 5 月 31 日电），http://news.xinhuanet.com/world/2013-05/31/c_115991476.htm，2013-06-24；《商务部新闻发言人沈丹阳就若干经贸热点问题接受媒体联合采访》（中国商务部 2013 年 5 月 30 日发布的新闻），http://www.mofcom.gov.cn/article/ae/ag/201305/20130500146218.shtml，2013-06-24。

中国对于把劳动标准纳入 FTA 并不陌生。尽管如此，TPP 谈判与中国现行 FTA 实践之间仍然存在较大的差别，可能对中国加入 TPP 谈判带来挑战。

1. 中国既有贸易协定实践中的劳动标准问题

如本目第（一）小目所析，在中国分别与智利和新西兰之间的 FTA 中，劳动标准纳入 FTA 的模式均属于并列模式（以劳动合作备忘录形式出现，且承诺水平低于 FTA 中的贸易或投资条款）。从承诺水平看，除了中国-新西兰 FTA 劳动合作谅解备忘录规定的"不降低要求"比较严格外，这 2 个 FTA 劳动合作谅解备忘录的其他规定总体属于软法性义务。

在上述 2 个 FTA 中，中国同意且只同意纳入较低水平的承诺是有原因的。从相对缔约方的角度看，虽然智利是发展中国家，但它已经批准全部八个 ILO 管辖下的核心劳动公约。新西兰则是被公认具有较高水平的劳动保护的发达国家。这两个国家均有在 FTA 中接受或主动纳入劳动标准的经验。与他们相比，作为第一人口大国的发展中国家，中国在劳动保护方面虽然取得重要进展，但仍然存在许多问题。据此，中国仅仅批准了有限数量的 ILO 管辖下的核心劳动公约。[①] 并且，中国在 2005 年以前未有任何将劳动标准纳入 FTA 的经验。显然，作为推进劳动合作方面的初步尝试，中国在与智利和新西兰分别签订的 2 个劳动合作备忘录中排除了对本国实施能力挑战较大的国内实施义务、国际层面的组织机制、第三方争端解决程序以及制裁，其他方面履行压力不会太大。

2. TPP 谈判中的劳动标准问题对中国的影响及对策

必须承认，从劳动标准的保护水平看，中国既有的 FTA 实践与 TPP 谈判文本之间存在较大差距。如果未来加入 TPP 谈判，中国不可避免地面临较大的谈判压力。

（1）主要影响

如果中国加入 TPP 谈判，可能会被要求承担较中国分别与智利和新西兰签订的劳动合作备忘录更高的义务。这 2 份劳动合作备忘录几乎都是软性条款，在约束力方面，它们甚至更低于 TPP 谈判中新西兰所坚持的"P4

[①] 2005 年与智利签订 FTA 之前，中国仅批准了 ILO 管辖下的 3 个核心劳动公约；2008 年与新西兰签订 FTA 之前，中国仅批准了 ILO 管辖下的 4 个核心劳动公约。截至 2013 年 12 月 30 日，中国未新增批准 ILO 管辖下的核心劳动公约。

协定"劳动合作备忘录。① 相比之下，虽然 TPP 谈判最终产生的劳动标准不太可能完全采纳美国的实践，但可能在国内实施义务的强制执行性方面大大超越"P4 协定"的劳动合作备忘录。据此，中国需要在强制实施国内劳动法方面投入较多的成本。尽管如此，较之以往，现在的中国有必要以一种更具建设性的眼光看待劳动标准问题的国际合作。原因有以下几点。

首先，从外部的贸易环境方面看。诚如本目第（二）小目所论，在与美国、加拿大、欧盟成员等发达国家开展经济合作时，贸易实力不断趋强的中国完全不考虑对方在劳动标准方面的要求不太可能。多年来，一些西方国家频频指责作为贸易大国的中国实施"社会倾销"。鉴于此，中国对劳动标准问题采取合作态度是宣示中国对劳动者基本权利持尊重和保护之理念，从而打消谈判对手的顾虑。就 TPP 谈判而言，劳动标准问题上的合作还有助于规制发展中国家谈判方在吸引外资或出口贸易方面的"游戏场地"，避免这些国家在此方面陷入恶性的"逐底竞争"（race to the bottom）。

其次，从外部的投资环境来看。目前分别启动和进入实质性阶段的中欧 BIT 以及中美 BIT 谈判中，劳动标准问题难以回避。② 作为母国，出于其国（境）内工会组织与其他关注劳动问题的 NGOs 对中国劳动标准现状的担忧，欧盟和美国极有可能在要求中国开放投资的同时附加劳动标准方面的"不降低要求"。作为东道国，为换取国（境）内对引入中资的支持，欧盟和美国也会考虑通过 BIT 为中国设置加强实施国内劳动标准的条约义务。TPP 谈判内容包含投资章。鉴于美国、加拿大和新西兰既有 FTA 之劳动标准实践中，"不降低要求"对贸易和投资问题一并适用，将来谈成的 TPP 之劳动标准将全部或至少部分适用于投资问题。可见，中国参与 TPP 谈判在劳动标准问题方面可能面临的"短板"，也是中国分别与美国和欧盟谈判 BIT 亟待解决的重要问题。

---

① 中国分别与智利和新西兰签订的劳动合作备忘录均允许缔约一方单方终止谅解备忘录的履行，只要提前 6 个月通知对方即可，而 P4 协定无此规定。参见中国 - 智利劳动与社会保障谅解备忘录第 6 条以及中国 - 新西兰劳动合作谅解备忘录第 5.1 条。
② 美国无论以 2004 年 BIT 范本还是 2012 年 BIT 范本为基础同中国谈判，都将包括劳动标准，因为这两个 BIT 范本均包含专门的劳动标准条款（第 13 条）。而公司社会责任、环境与劳动标准是欧盟委员会优先关注的谈判内容之一，参见张正富《BIT 谈判：欧洲的筹码》，财经国家新闻网，2013 - 10 - 12。

再次，从内部的发展动力方面看。中国逐步进入老龄化社会促使中国改变以往重视挖掘"人口红利"的经济增长模式，转向经济、社会与环境可持续发展战略，其中加强劳动保护是社会可持续发展的内在要求。2004年开始出现的"用工荒"以及2010年发生在南海本田汽车等部分外资企业的"罢工潮"，给中国敲响了加强实施国内劳动标准的警钟。鉴于中国市场化条件下劳动的从属性特点，有效实施国内劳动法既有的规定，将是中国政府促进劳资共同发展、构建和谐劳动关系的重中之重。[①] 为此，中国一方面应推动个体劳动关系法治化（合同化）以便为劳动者提供公力救济的机会；另一方面，应重视建构和规制集体劳动关系（结社权、集体谈判权和罢工权），以便引导劳动者理性地自力救济。

最后，从内部的结构性改革方面看。TPP 谈判中，美国、加拿大和新西兰既有的实践均只重申遵守 1998 年 ILO 宣言的义务，并非要求遵守 ILO 管辖下的八个核心劳动公约的义务，因而在 TPP 谈判中把劳动标准设定在缔约方承担既有的国际义务限度内，是可能的。事实上，相关谈判方面临的主要挑战在于，切实有效实施国内已有的劳动法。"扩大开放，释放改革红利，以开放促改革"是中国政府推进经济持续发展的基本指针。据此，国内劳动法实施方面的挑战，若换个角度考虑，恰如一些专业的财经分析家指出的那样，其本身就是下一步中国经济结构改革的需要，是"倒逼国内相应结构性改革的重要契机"。[②]

（2）基本对策

从 TPP 谈判看，中国在劳动立法方面也可能面临挑战。比如，虽然中国现行劳动法对于集体谈判权以及结社权（参加和组织工会权）做出了规定，但与 ILO 管辖下的第 87 号公约和第 98 号公约[③]的规定还存在较大的差距。在其发布的《关于劳动权利和基本原则宣言的后续措施的审查报告》（2013）中，ILO 指出，中国仍然是唯一未表示准备批准 ILO 管辖下的第 87 号和第 98 号公约的成员。对此，可以从两个方面加以应对。

---

① 常凯：《劳动关系的集体化转型与政府劳工政策的完善》，《中国社会科学》2013 年第 6 期。
② 张正富：《BIT 谈判：欧洲的筹码》，财经国家新闻网，访问日期：2013 - 10 - 12。
③ 第 87 号公约即关于结社权和组织权的公约，第 98 号公约即关于组织权和集体谈判权的公约。

一方面，鉴于ILO的审查意图并非苛求成员国立即批准，而更重视成员国的积极态度，中国可以在承认国内劳动法不足的同时以国内存在的特殊的现实困难作为尚不能批准ILO管辖下的第87号和第98号公约的理由。中国目前仍然实行由中华全国总工会统一领导的一元化的工会制度，[①] 所有组建的工会必须经过上一级工会组织的批准并服从上级工会组织的领导，劳动者也不能随意加入非法的工会组织。从这个意义上说，中国劳动者在自由组建和参加工会方面是有限制的。由于国内法的特殊规定，中国在2001年批准联合国《经济、社会与文化权利的公约》时对该公约第8条甲款关于自由组建和参加工会的规定做了保留。这也是中国迄今未能批准ILO管辖下的第87号和第98号公约的主要原因。尽管如此，中国有理由向ILO报告其在履行尚未批准的核心劳动公约（尤其是ILO管辖下的第87号和第98号公约）方面所付出的努力。[②] 不可否认，中国一直致力于完善关于结社权、组织权和集体谈判权方面的立法。例如，尽管中国现行国内立法未明确认可罢工权，但2001年《中华人民共和国工会法》第27条通过承认停工、怠工劳动者的合理要求间接有限认可了劳动者的罢工权。并且2001年工会法第三章关于工会的权利和义务以及第六章关于法律责任的规定给予职工参加工会以及工会工作人员依法履行职责比较有力的保障和规制。

另一方面，为了做好参与TPP谈判的准备，建议中国政府以ILO管辖下的第87号和第98号公约为参照，进一步完善有关权利的规定。例如，可以根据ILO第87号公约第5条关于国内工会组织与国际工会组织联合的权利之规定，考虑赋予国内工会组织与国际工会组织交流的权利。理由是以下几点。

首先，赋予国内工会组织与国际工会组织交流的权利是中国履行已批准的联合国《经济、社会与文化权利的公约》第8条乙款"关于确保'工会有权组织或参加国际性工会组织'"的国家义务之需要。

其次，允许国内工会组织与国际工会组织的交流也是促进跨国劳动监

[①] 参见现行有效的2001年修订的《中华人民共和国工会法》第2条、第9条，2001年全国人大对1992年《中华人民共和国工会法》进行修改时，有关工会组织机制的内容没有变动。

[②] 根据1998年ILO《关于劳动权利和原则的宣言的后续措施》的要求，各成员有义务报告对已批准和未批准的核心劳动公约的履行情况，后者包括在争取公约批准方面的努力以及尚不能批准的原因。

管、维护本国劳动者权益的需要。必须承认,中国目前在全球供货链条上尚处于中低端位置,部分中国的供货商以及某些 MNEs 在国内的分支机构为了获取更大的利润,不惜牺牲中国劳动者权益,导致所谓的"血汗工厂"问题,2010 年富士康员工跳楼事件即是例证之一。尽管多数中国地方政府主管部门对类似事件比较重视并积极处理,然而该类事件在外资企业和为 MNEs 代工的内资企业中比较频繁发生,无疑暴露了中国与其他许多发展中国家类似的在实施国内劳动法方面有心无力的缺陷。针对发展中国家可能无力监管国内劳动法的实施之问题,关注劳动者权益的 NGOs,如有道德的贸易倡议(ETI)、公平劳动协会(FLA)、工人权利联盟(WRC)推动 MNEs 制定公司行为守则,要求他们通过订单等经济杠杆确保其全球供货商遵守公司行为守则,即实施所在国国内劳动标准或者 ILO 核心劳动标准。与此同时,国际工会组织,诸如全球工业总工会(IndustriALL Global Union)、建筑与木材劳动者国际联盟(BWI)、国际网络工会(UNI)、国际公共服务工会联盟(PSI),也积极推动 MNEs 母公司与其签订全球框架协议,要求母公司承诺所有的附属单位(包括分支机构、供货商、承包商等)至少达到所在国国内劳动标准,并争取成为行业的良好实践模范。不可否认,中国是公司行为守则与全球框架协议实施的重点国家之一。这两大私人机制成功实施的重要条件之一就是 MNEs 附属单位的工会组织与关注劳动问题的 NGOs(包含工会组织)的配合。因此,中国有必要赋予国内工会组织同国际工会组织交流的权利。

诚然,TPP 谈判中的劳动标准问题对中国加入谈判带来一定的挑战,但中国有必要以更具建设性的眼光看待劳动标准方面的国际合作。劳动标准问题不应成为中国考虑加入 TPP 谈判的阻碍因素。

二 应对投资协定谈判中的劳动标准问题之建议

截至 2014 年 2 月 10 日,中国缔结生效的 88 个 BIT 无一纳入劳动标准条款。在所缔结生效的 8 个 FTA 中,中国仅在分别与智利和新西兰签订的 2 个 FTA 中接受可适用于投资问题的劳动合作谅解备忘录。中国将劳动标准纳入双边或诸边投资体制方面的经验非常有限。当前,中国 - 美国 BIT 开始进入实质性谈判,中国 - 欧盟 BIT 谈判也正式启动,其中劳动标准问题将不可回避。① 为了更好地应对当前及未来的双边或诸边投资体制中的劳动标准问题谈判，在研究全球范围内劳动标准纳入双边或诸边投资体制的特点（详见第三章第三节分析）的基础上，进一步找出中国与谈判对方既有实践之间的差距，非常有必要。

既有的将劳动标准纳入双边或诸边投资体制的发达国家或国家集团中，仅新西兰与加拿大同中国签订了FTA或BIT。其中，新西兰与中国缔结的FTA纳入了可适用于投资问题的劳动标准，加拿大与中国缔结的BIT则未包含劳动标准。在劳动标准纳入双边或诸边投资体制方面，中国似乎仅接受"类型三"实践（即新西兰和EFTA的实践模式）。与美国、欧盟、日本等发达国家或国家集团在BIT或FTA框架下谈判适用于投资问题的劳动标准条款时，中国既需要把握与谈判对方既有实践之间的差距，也需要凝聚双方在既有实践中显示的共识，以促成相关的劳动标准条款尽快谈成。

（一）中国既有的实践

如本节引言所述，目前中国仅在有限的2个FTA中接受了可适用于投资问题的劳动标准要求，即分别与智利和新西兰缔结的FTA之劳动合作谅解备忘录。中国－新西兰FTA已包含投资章。中国－智利FTA签订之时未纳入投资章，2012年9月双方达成了《关于投资的补充协定》。这2个FTA中的劳动合作谅解备忘录均未排除对投资问题的适用。如本节第一目第（一）小目所分析，在这2个FTA劳动合作谅解备忘录中，"不降低要求"之外的其他规定总体属于软法性义务。尤其是根据这2个劳动合作谅解备忘录的规定，与投资有关的劳动标准争端（或争议）只能通过磋商解决，既无投资者诉东道国的仲裁机制，也无缔约国之间的强制性争端解决机制，因此排除了东道国被诉的可能性。

可见，中国既有FTA中适用于投资与贸易问题的劳动标准实践一致，

---

① 2013年7月12日，中美第5轮战略与经济对话闭幕，双方同意就BIT进行实质性谈判。美国无论以2004年BIT范本还是2012年BIT范本为基础同中国谈判，都将包括劳动标准，因为这2个BIT范本包含专门的劳动标准条款（第13条）。2013年11月20~21日举行的第十六次中国欧盟领导人会晤中，双方共同宣布启动中欧BIT谈判。据悉，公司社会责任、环境与劳动标准是欧盟委员会优先关注的谈判内容之一。

均属于不具强制执行性的低水平承诺，接近于"类型三"实践。可以预见，将来中国与 EFTA 国家谈判双边或诸边投资体制中的劳动标准条款基本没有问题。

（二）与美国及加拿大谈判应注意的问题

1. 与美国谈判应注意的问题

尽管美国既有的双边或诸边投资体制中的劳动标准实践总体具有局部性，但据其 2007 年新贸易政策以及 2004 年和 2012 年 BIT 范本的要求，此后其与发展中国家签订 FTA 或 BIT 时，可能会普遍纳入适用于投资问题的劳动标准条款。中国与美国无论是谈判 FTA 还是 BIT，都将包含适用于投资问题的劳动标准条款。

如第三章第三节第一目第（一）小目之 1. 所述，美国既有的双边或诸边投资体制中的劳动标准实践均不允许投资者就有关劳动标准争议诉东道国。这点与中国既有的实践一致。中国与美国谈判 BIT 或 FTA 中适用于投资问题的劳动标准条款时，需要注意选择谈判所依据的法律框架。如第三章第三节第一目表 3.1 所示，美国 FTA 框架下的劳动标准条款显然比其 BIT 框架下的劳动标准条款严格。美国既有的分别与乌拉圭和卢旺达缔结的 BIT 中的劳动标准条款仅包含"不降低要求"的实体义务以及"国家间磋商"的救济机制。这两个 BIT 根据 2004 年美国 BIT 范本签订而成，对于磋商机制仅包含原则性规定。

若美国依照其 2004 年 BIT 范本与中国谈判劳动标准条款，中国接受没有问题。但若美国依照 2012 年 BIT 范本与中国谈判此条款，则该范本中劳动标准条款之磋商规定值得注意。相比其 2004 年 BIT 范本，美国 2012 年 BIT 范本的劳动标准条款新增两处内容，一处是"不受限制的磋商范围"（即任何与协定的劳动标准有关的事项），另一处是"较短的磋商期限"（即收到书面磋商要求的 30 天内做出回应）。既然是投资协定，有关劳动标准的磋商理应与投资有关，而投资分直接投资和间接投资，BIT 主要涉及直接投资。据此，磋商范围似乎应明确"与直接投资有关的劳动标准争端"。另外，缔约一方对另一方的磋商请求"应于 30 天内予以回应"是否合适，也需要中国政府根据相关工作程序加以酌定。

与此同时，不能排除将来中国与美国可能在 FTA 谈判适用于投资问题的劳动标准条款。如本节第一目第（三）小目提到的，中国重视并高度关注 TPP 谈判的进展。至 2014 年 2 月 10 日，TPP 谈判方已经完成了 18 场全面谈判以及 2013 年底部长级会议之前的两次预备会议谈判。根据透露的信息，在劳动标准问题上，谈判方的分歧仍然非常大。美国 2011 年 10 月 28 日提出的劳动标准建议文本据悉要求高于其与秘鲁、哥伦比亚和巴拿马之间 FTA 中的劳动标准条款。目前其他谈判方反对美国建议文本最集中之处在于"完全强制执行机制"（即劳动标准争端与商事争端适用相同的争端解决机制与制裁措施）。由于 TPP 谈判内容包含投资章，若美国关于劳动标准的建议文本被接受，也可能一并适用于投资与贸易问题。必须承认，中国既有的双边或诸边投资体制中的劳动标准实践相比美国建议文本的要求，差距较大。若加入 TPP 谈判，为避免承担明显高于自己承受能力的劳动标准方面的义务，中国有必要与反对美国建议文本的其他谈判方联合，争取从义务和授权两个方面加以弱化［详见第三章第四节第二目第（二）小目］。尤其应该注意，若最后实体规定（尤其是国内实施的各项具体要求）无法争取美国让步，至少应该从程序方面增加强制性争端解决机制的适用条件，将提交专家组解决的劳动标准争端限定为"与贸易有关"。这样，可以将与投资有关的劳动标准争端排除在国家之间的强制性争端解决机制和制裁措施之外。

此外，如果中国加入 TPP 谈判，对于投资章的劳动标准条款，可以依据美国 2004 年和 2012 年两个 BIT 范本及其既有的 BIT 实践所认同的做法，直接排除投资者诉东道国的仲裁机制对有关劳动标准争议的适用。

2. 与加拿大谈判应注意的问题

2012 年中国与加拿大缔结并生效的 BIT 未纳入劳动标准条款，但并不意味着中国将来不会在双边或诸边 FTA 框架下与加拿大谈判适用于投资问题的劳动标准条款。TPP 即为可能的谈判框架之一。

加拿大在劳动标准纳入双边或诸边投资体制方面并不像美国那样拥有明确的立法或政策依据。并且，根据加拿大既有的 FTA 中适用于投资问题的劳动标准条款，缔约国之间与投资有关的劳动标准争端均被排除适用缔约国之间的仲裁机制与制裁措施。若将来中国与加拿大谈判包含投资内容的 FTA，无论是在双边还是诸边场合，应强调双方至少在以下两方面存在的重要共识：其一，在监督投资者实施劳动标准方面，双方均认可更适宜将缔约国的义务限于鼓励境内企业遵守"国际公认的企业社会责任",至于鼓励措施的范围以及"国际公认的企业社会责任"的界定,由缔约各方自己确定;第二,双方均认可,缔约国之间与投资有关的劳动标准争端应通过磋商解决,不应该提交给缔约国之间的仲裁机制,更不能适用任何制裁。

(三) 与欧盟及日本谈判应注意的问题

如第三章第三节第二目所述,在既有的双边或诸边投资体制的劳动标准实践中,欧盟部分成员(比利时、卢森堡和奥地利)与日本属于要求最高的"类型一"实践。中国既有的相关实践与之差距甚远。由此,中国与欧盟和日本进行双边或诸边投资体制中的劳动标准问题谈判,将面临极大的挑战。

1. 与欧盟谈判应注意的问题

欧盟独立谈判 BIT 或在 FTA 投资章的授权始于 2009 年生效的《里斯本条约》,该条约将投资政策纳入欧盟的共同商业政策。① 迄至 2013 年 9 月 30 日,欧盟尚未签订任何 BIT。2009 年之后至今,欧盟签订的 FTA 有 3 个纳入了劳动标准,即欧盟 - 韩国(2011 年生效)、欧盟 - 秘鲁和哥伦比亚(2013 年生效)以及欧盟 - 中美洲国家(2012 年签订,待生效)。尽管这 3 个 FTA 均规定"不得以不降低国内劳动标准的方式鼓励贸易或投资"以及"不得为影响缔约国之间的贸易或投资,通过持续或反复的行动或不行动,不对国内劳动法进行有效的实施",似乎涵盖了投资问题。然而,由于这 3 个 FTA,除了 EU 与哥伦比亚和秘鲁之间的 FTA 包含了非常简单的投资促进条款外,都未纳入专门的投资章节或投资条款,且劳动标准内容均规定在"贸易与可持续发展"章节中,故很难认为这 3 个 FTA 的劳动标准条款适用于投资问题。在此情况下,若欧盟与发展中国家谈判 BIT 中的劳动标准条款,欧盟成员既有的双边或诸边投资体制中的劳动标准实践将成为其重要参考。

如本节引言所述,欧盟委员会已将劳动标准列为其与中国谈判 BIT 优

---

① 参见 2007 年通过 2009 年生效的《里斯本条约》对《马斯特里赫特条约》进行修订所增加的第 188C.1 条。

先关注的内容之一。欧盟成员中，比利时、卢森堡及奥地利既有的双边或诸边投资体制中的劳动标准实践最重要的内容是"不降低要求"、"投资者诉东道国的仲裁机制"以及"劳动标准规制权"。鉴于此，中国与欧盟谈判 BIT 中的劳动标准条款时，需要注意以下三点。

首先，鉴于"不降低要求"是既有双边或诸边投资体制中的劳动标准实践之共同条款，且该条款可为东道国预留提高劳动标准的政策空间，中国可以考虑接受。但是，鉴于目前中国相对于欧盟多数成员仍有利用劳动标准方面的比较优势之空间，建议中国与欧盟谈判 BIT 中的劳动标准条款时，加入"缔约国在劳动标准方面的比较优势不得被质疑"以及"缔约国拥有制定、修改国内劳动法方面的主权权力"这两个条款，以便对"不降低要求"加以平衡。

其次，劳动标准规制权条款可以为东道国提供政策调整的弹性空间，日益重视民生的中国政府从长远来看也需要这方面规定。然而，考虑欧盟建设"社会型欧洲"理念强烈，如果该条款纳入将来中国 - 欧盟 BIT 之中，极有可能构成对欧盟境内中国投资者的约束，可能需要考虑排除。反过来，站在东道国的立场上，由于该条款与主权条款具有一定的交叉，中国若需采取提高国内劳动标准的措施，可援引主权条款为据。

最后，投资者诉东道国的仲裁机制为"类型一"实践所独有。即便是劳动标准纳入区域贸易体制方面最为严格的美国也未采用。该争端解决机制的商业化色彩较浓，不利于带有一定政治性质的劳动标准争端的解决。对此条款，中国不应该接受。除此之外，"类型一"实践多数还包括缔约国之间的强制性争端解决机制，但并未规定任何制裁。这反映了欧盟部分成员已经注意到劳动标准争端的特殊性，因而在强制执行机制上将其与商业争端进行了适当区分。基于此，中国与欧盟谈判 BIT 中的劳动标准条款时，应当强化双方在"劳动标准争端与商业争端应适当区分"方面的共识，争取将与投资有关的劳动标准争端排除在缔约国的强制性争端解决机制之外，代之以强化的磋商机制。

2. 与日本谈判应注意的问题

2012 年缔结的中日韩 BIT 未包含劳动标准条款。截至 2013 年 11 月 26 日，中日韩 FTA 前 3 轮谈判也未包含劳动标准议题。这再次证明，日本将劳动标准纳入双边或诸边投资体制具有局部性，并不像美国和欧盟那样具备明确的政策导向。

然而，不能排除中国与日本有可能将来在 TPP 框架下谈判适用于投资问题的劳动标准。日本作为目前的贸易进口大国，对美国试图通过 TPP 中的劳动标准削弱劳动密集型产品出口国的竞争优势之做法一般不会反对。如第三章第四节第一目第（三）小目所析的原因，推动劳动标准进入 TPP 投资章可以为日本企业争取东道国销售市场上的公平竞争机会。缘此，日本可能在 TPP 劳动标准议题的谈判中成为美国建议文本的坚定支持者，甚至可能在投资章中提出比美国更严格的劳动标准建议。若未来中国参与 TPP 劳动标准问题的谈判，基于类似本小目之 1. 所述的理由，对于日本可能要求的投资者诉东道国的仲裁机制以及缔约国之间的强制性争端解决程序，应力争予以排除。

总之，在劳动标准纳入双边或诸边投资体制方面，中国的经验极为有限，其实践接近于承诺水平最低的"类型三"。因此，与美国、欧盟、日本等发达国家或国家集团谈判双边或诸边投资体制中的劳动标准条款时，中国需要把握谈判双方既有实践之间的差距，以便锁定双方的共识与利益折中点，促成相关劳动标准条款尽快谈成。

综合本节所述，必须承认，当前中国参与或重点关注的 3 个投资和贸易协定谈判（即中国 – 美国 BIT、中国 – 欧盟 BIT 以及 TPP 谈判）中的劳动标准问题均对中国形成较大的挑战。中国既有的适用于贸易和投资问题的劳动标准实践总体呈现软法性质。诚如第三章第二节和第三节已经论证的，当前美国、欧盟等发达国家或发达国家集团区域贸易体制中的劳动标准实践相对于其单边劳动标准实践，呈现出软硬复杂糅合的结构性变革，而双边或诸边投资体制中的劳动标准实践则总体上不如区域贸易体制中的劳动标准实践仔细严格。有鉴于此，中国在这些已经开展或将来可能开展的 BIT 或 FTA 劳动标准问题的谈判中，应首先强化谈判方之间在软法机制方面的共识。

一方面，为了避免承担明显高于自身履行能力的义务，中国应争取从义务性和授权性方面弱化对方提出的硬法性规定。这样既可以减少这些协定中的劳动标准实践对反思理性的偏离，也可以减少对中国国内实施能力的冲击。另一方面，无论是从外部的贸易环境和投资环境，还是从内部的发展动力和结构性改革看，较之以往，现在的中国都应该以更具建设性的眼光看待劳动标准问题的国际合作。美国、欧盟等发达国家或发达国家集团既有的区域贸易体制和双边或诸边投资体制中的劳动标准实践并非要求缔约国履行共同的劳动标准，或承担共同的国际劳动公约的义务，而是要求有效实施国内既有的劳动法。这一要求本身也是中国政府促进劳资共同发展、构建和谐劳动关系的重中之重。因此，中国应该以这些协定中的劳动标准问题谈判为契机，适度倒逼国内深化劳动法实施方面的改革。这样可以减少美国、加拿大和欧盟等发达国家或发达国家集团对中国实行所谓"社会倾销"之顾虑，让经济协定中的劳动标准实践重心转至合作交流等能力建设机制上，实现对反思性跨国劳动监管的回归。

概言之，劳动标准问题不应该是中国推进中国－美国 BIT、中国－欧盟 BIT 谈判以及考虑加入 TPP 谈判的阻碍因素，但中国应该积极深化国内劳动标准实施方面的改革。

本章小结

中国对跨国劳动问题硬法监管模式持审慎态度，而反思性跨国劳动监管的新框架恰恰可以支持中国维持这样的实践。因此，跨国劳动监管的整体发展趋势对中国而言，是有利的。中国政府对公力硬法监管的审慎态度，使其对公力软法监管机制表现出较高程度的认同，并开始尝试接受私人监管机制。就公力软法监管所提供的资金支持和技术援助有助于改善中国实施核心劳动标准的能力而言，ILO 及其他关注中国劳动标准提高的政府间组织和国家所追求的目标与中国是一致的。中国应该结合本国的发展规划，继续争取来自 ILO 和其他方面的资金支持和技术援助，努力提高劳动标准实施能力，争取尽快具备批准更多核心劳动公约的国内条件。与此同时，公司行为守则和全球框架协议对中国企业和中国劳动问题的积极影响和挑战已经引起中国政府的重视。中国正积极争取 ILO 国别计划下的援助，建设国内社会对话机制。有理由相信，随着国内劳动标准（尤其是核心劳动标准）实施能力的提高，中国可以更加靠近反思性跨国劳动监管框架对国家的定位，成为重构跨国劳动监管新框架的力量之一。

根据透露的消息，目前中国参与或重点关注的几个主要的 FTA 或 BIT

谈判（如中国-美国 BIT 谈判、中国-欧盟 BIT 谈判以及 TPP 谈判）所涉及劳动标准问题，均对中国形成较大的挑战。这些谈判反映了目前部分发达国家的单边措施和条约实践不当地将发展中国家作为跨国劳动监管的基础对象，以制裁来威胁强制后者提高国内劳动标准的水平或实施力度的问题。这样的实践将严重背离反思性跨国劳动监管的精神。为了减少这些协定的劳动标准实践对反思理性的偏离，同时减少对中国国内实施能力可能带来的冲击，中国在这些已进行或未来可能进行的劳动标准问题谈判中，应首先强化谈判方之间在软法机制方面的共识。

与此同时，较之以往，现在的中国也应该以更具建设性的眼光看待劳动标准问题的国际合作。这不仅是外部的贸易环境和投资环境的要求，也是中国内部的发展和结构性改革所必需的。中国可以借这些协定中的劳动标准问题谈判之契机，适度倒逼国内深化劳动法实施方面的改革。这样可以减少美国、加拿大和欧盟等发达国家或发达国家集团对中国实行所谓的"社会倾销"的顾虑，让经济协定中的劳动标准实践重心转至合作交流等能力建设机制上，实现对反思性跨国劳动监管的回归。

总之，较之传统的"命令与遵从型"硬法监管框架，新的反思性监管框架更符合中国的需要。中国在加快建设自由贸易区及发展双边投资合作时，应该据理以争，反对劳动标准的完全强制实施机制，同时以更积极的态度补齐国内劳动标准方面的"短板"。

尾　论

　　本文旨在从碎片化的跨国劳动监管实践中寻求整体的发展规律。以政府间组织（IGOs）、国家、非政府间组织（NGOs）与跨国企业（MNEs）为主体的不同监管实践看似分散，但总体呈现从公向私、从硬到软的发展趋势。本文的论证结构与思路得益于反思法理论所揭示的国家（公）监管与社会（私）机制之间的关系。本文运用反思法理论对不同跨国劳动监管主体在规则的生成、实施与修改过程中发挥的作用进行比较，论证不同主体在反思性监管框架中的不同地位与作用。在文中，笔者的主要观点是，传统的以国家为对象的公力硬法监管无法适应充分复杂的跨国劳动问题，正在走向解构；而更具回应能力的以公力软法监管和私人机制为主导的跨国劳动监管的新框架，正在建构。回应跨国劳动问题的新框架应该是一个以 MNEs 自我监管为基础，以 IGOs、国家、NGOs 为外部压力的"金字塔模型"。

　　论文的论证逻辑可以用以下七组意思相对的概念加以概括。

　　1. "本"与"末"。引起跨国劳动问题的根源在于跨国经济子系统的扩张，而非国家不提高劳动标准要求。

　　2. "私"与"公"。MNEs 的自我监管（私人监管）是解决跨国劳动问题的根本途径。以 IGOs 为主、国家为辅的公力监管在 MNEs 自我监管的外部压力结构中居主导，NGOs 的监督是跨国劳动监管规则得以发挥作用的中心环节。

　　3. "软"与"硬"。公力软法规范将对 MNEs 自我监管起上位引导作用；公力硬法规范必须限制在最低限度内，以维持国家之间最低限度的硬法协调为目标，预防跨国经济子系统的扩张在一国国内引发严重且整体性的违反基本劳动权利的后果。

　　4. 作为"主体"的国家和作为"对象"的国家。作为监管主体的国家一般是国内劳动标准较高的国家，但只有当其实施的公力硬法监管是配合 ILO 在少数严重违反的例外情况下采取的制裁措施时，它们才符合反思性跨国劳动监管框架对国家的定位。作为监管对象的国家一般是国内劳动标准较低的国家，其在反思性跨国劳动监管框架中的定位并不是冲锋陷阵的监管统帅，而被视为与 IGOs、某些发达国家、关注劳动保护的 NGOs（包含工会组织）共同推动 MNEs 进行自我监管的外部压力之一。当跨国经济子系统的扩张导致国内劳动标准较低的国家出现严重且整体性违反基本劳动权利的情况时，这些国家同时作为跨国劳动问题的被监管对象与国内社会问题的监管者，将成为来自 IGOs 或其他国家对 MNEs 外部压力的"传送带"，即通过强制性国内措施制止 MNEs 与其附属单位在本国境内的劳动侵权行为，以避免公力硬法监管的实际制裁或持续制裁。

5. "解构"与"建构"。 传统的以国家为直接对象的硬法监管模式正在逐渐解构，以公力软法和私人机制为主导的监管模式正在建构。

6. "应然"与"实然"。 符合反思理性的跨国劳动监管新框架是具备回应充分复杂的跨国劳动问题的应然监管框架。以该应然模式反观当前的跨国劳动监管制度，可以发现目前实践所存在的实然缺陷。在应然与实然之间，需要各个监管主体共同努力加以完善。

7. "国际视野"与"本土情怀"。 应该以国际化视野研究跨国劳动监管的整体趋势，但更应该以本土化情怀关注中国与跨国劳动监管制度重构的关系。

在本文的撰写过程，有些问题虽然没有被充分论证，但值得进一步思考。

其一，推进跨国劳动监管的人权路径与经济路径的区别与联系。劳动标准具有道德与经济双重性质，这也是为什么它能够广泛渗入人权、贸易、投资和金融领域的原因。若是归入人权领域，劳动标准可能更软，因为联合国《经济、社会与文化权利公约》仅要求国家在劳动标准方面承担尊重与促进的软法义务。正是由于贸易、投资和金融领域的有关安排渗入了国家利益的考量，于是在某些情况下，施加于发展中国家的义务有所强化。从促进国家批准八个核心劳动公约，以便维持国家之间最低限度的协调之角度看，这样的强制不无意义。然而，如果偏离这个目标，变质成为金钱或贸易制裁，则属赤裸裸的霸权行径。因此，推进劳动标准的人权路径与经济路径应该如何更好地结合，值得进一步研究。

其二，经济协定中的劳动标准实践能否为发达国家设置实际义务的问题。在经济协定的劳动标准实践中，承担实施义务的国家实际上是劳动标准较低的发展中国家缔约方。由于跨国劳动问题的根源并非国家在提高劳动标准方面的不作为，而是MNEs不计社会后果的牟利。鉴于当前跨国劳动问题比过去更为复杂，理论上可以对MNEs施加更大的压力。如果能够在贸易和投资协定中纳入MNEs自我监管的义务以及国家督促MNEs自我监管的义务，则既可以适当减少这些协定中的劳动标准实践对反思性监管精神的偏离，又可以适当平衡发达国家和发展中国家监管资源不足的问题。但是，这样的设计在多大程度上可能被发达国家缔约国接受呢？

其三，经济自由化引起的不同社会问题被重视的程度有区别。经济协定中的劳动标准与环境保护实践常常并行，但后者往往更为具体、严格。为什么会存在这样的区别？经济协定中的环境保护实践是否存在可供借鉴之处？

总之，在反思性跨国劳动监管框架真正实现之前，还有许多问题值得进一步探索。

参考文献

一、著作

（一）中文专著

[1] 安增科. 国际劳工标准问题与中国劳资关系调节机制创新研究——蜂农模型、校场模型和雇主钟模型［M］. 北京：中国社会科学出版社，2010.

[2] 董保华. 社会法原论［M］. 北京：中国政法大学出版社，2001.

[3] 杜晓郁. 全球化背景下的国际劳工标准［M］. 北京：中国社会科学出版社，2007.

[4] 李炳安. 劳动权论［M］. 北京：人民法院出版社，2006.

[5] 廖义铭. 行政法基本理论之改革［M］. 台北：翰芦图书出版有限公司，2002.

[6] 刘旭. 国际劳工标准概述［M］. 北京：中国劳动社会保障出版社，2003.

[7] 刘志云. 国际经济法律自由化原理研究［M］. 厦门：厦门大学出版社，2003.

[8] 史尚宽. 劳动法原论［M］. 台北：正大印书馆，1978.

[9] 苏永钦. 跨越自治与管制［M］. 台湾：五南图书出版公司，1999.

[10] 孙萌. 经济、社会与文化权利的可诉性——标准与实践［M］. 北京：知识产权出版社，2011.

[11] 王家宠. 国际劳动公约概要［M］. 北京：中国劳动出版社，1991.

[12] 王阳. 转型期中国劳动力市场灵活安全性研究［M］. 北京：首都经济贸易大学出版社，2011.

[13] 谢增毅. 劳动法的比较与反思［M］. 北京：社会科学文献出版社，2011.

[14] 余文霞. 国际劳工标准：演变与争议 [M]. 北京：社会科学文献出版社，2006.

[15] 周长征. 劳动法原理 [M]. 北京：科学出版社，2004.

[16] 朱景文教授. 全球化条件下的法治国家 [M]. 北京：中国人民大学出版社，2006.

（二）中文编著

[1] 陈安，主编. 国际经济法学专论（2）[M]. 北京：高等教育出版社，2007.

[2] 关怀，主编. 劳动法学基础（劳动部劳动关系与监察司组织编写）[M]. 北京：中国劳动出版社，1994.

[3] 关怀，主编. 法学概论与劳动法（劳动人事部人事教育局组织编写）[M]. 北京：中国劳动人事出版社，1987.

[4] 国民政府财政部驻沪调查货价处，编印. 中国劳动问题之现状 [M]. 北京：商务印书馆，1928.

[5] 黄德北，冯同庆，徐斯勤，主编. 全球化下的劳工处境与劳动研究 [M]. 北京：社会科学文献出版社，2011.

[6] 黄河涛，赵健杰，主编. 经济全球化与中国劳动关系重建 [M]. 北京：社会科学文献出版社，2007.

[7] 经济合作与发展组织，编著. 2008年度中国投资报告：鼓励负责任的商业行为 [M]. 北京：中国经济出版社，2008.

[8] 林燕玲，主编. 国际劳动标准 [M]. 北京：中国劳动社会保障出版社，2007.

[9] 刘文军，王祎，主编. 国际劳工标准案例评析 [M]. 北京：中国劳动社会保障出版社，2009.

[10] 刘由锦，编译. 国际劳工法概要 [M]. 北京：劳动人事出版社，1985.

（三）中文译著

[1]〔法〕埃米尔·涂尔干. 社会分工论 [M]. 渠东译，北京：生活·读书·新知三联书店，2000.

[2]〔美〕诺内特，塞尔兹尼克. 转变中的法律与社会 [M]. 张志铭

译，北京：中国政法大学出版社，1994.

［3］〔英〕哈特. 法律的概念［M］. 许家馨，李冠宜译，北京：法律出版社，2011.

［4］〔德〕卢曼. 社会中的法律［M］郑伊倩译，北京：人民出版社，2009.

［5］陈序经. 现代主权论［M］. 张世保译，北京：清华大学出版社，2010.

（四）英文专著

［1］ASHIABOR, DIAMOND. The European Employment Strategy: Labour Market Regulation and New Governance［M］. Oxford: Oxford University Press, 2006.

［2］AYRES, IAN& BRAITHWAITE, JOHN. Responsive Regulation: Transcending Deregulation Debate［M］. Oxford: Oxford University Press, 1992.

［3］BERNSTEIN , RICHARD J.. Beyond Objectivism and Relativism: Science, Hermeneutics, and Praxis［M］. Pennsylvania: University of Pennsylvania Press, 1983.

［4］BLANPAIN, ROGER& COLUCCI, MICHELE. the Globalization of Labour Standards, the Soft Law Track［M］. ZE Alphen aan den Rijn, the Netherlands: Kluwer International Law, 2004.

［5］BREINING-KAUFMANN, CHRISTINE. Globalization and Labour Rights: the Conflict between Labour Rights and International Economic Law［M］. Oxford: Hart Publishing, 2007.

［6］BRONSTEIN, ARTURO. International and Comparative Labour Law［M］. Hampshire: Palgrave Macmillan, 2009.

［7］FLANAGAN, ROBERT J.. Globalization and Labor Conditions［M］. Oxford: Oxford University Press, 2006.

［8］HALL, PETERA. & SOSKICE, DAVID. Varieties of Capitalism: the Institutional Foundations o f Comparative Advantage［M］. Oxford: Oxford University Press, 2001.

［9］HEPPLE, BOB. Labour Laws and Global Trade［M］. Oxford: Hart Publishing, 2005.

[10] POLANYI, KARL. The Great Transformation [M]. Gibraltar: Beacon Press, 1957.

[11] RHEISTEIN, M.. Max Weber on Law in Economy and Society [M]. Cambridge, MA: Harvard University Press, 1954.

[12] TULLY, STEPHEN. Corporations and International Lawmaking [M]. Leiden: Martinus Nijhoff Publishers, 2007.

（五）英文编著

[1] ALSTON, PHILIP, ed. Labour Rights as Human Rights [M]. Oxford: Oxford University Press, 2005.

[2] BERCUSSON, BRIAN & ESTLUND, CYNTHIA, ed. Regulating Labour in the Wake of Globalization [M]. Oxford: Hart Publishing, 2008.

[3] DAU-SCHMIDT, KNNETH G. &HARRIS, SETH D. & LOBEL, ORLY, ed. Labor and Employment Law and Economics [M]. Northampton, MA: Edward Elgar Publishing Limited, 2009.

[4] DAVIDOV, GUY & LANGILLE, BRIAN, ed. The Idea of Labour Law [M]. Oxford: Oxford University Press, 2011.

[5] HELD, DAVID& KOENING-ARCHIBUGI, MATHIAS, ed. Taming Globalization: Frontiers of Governance [M]. Cambridge: Polity Press, 2003.

[6] HEPPLE, BOB, ed. Social and Labour Rights in a Global Context [M]. Cambridge: Cambridge University Press, 2005.

[7] JOERGES, CHRISTIAN&SAND, INTER-JOHANNE&Teubner, Günter. Transnational Governance and Constitutionalism [M]. Oxford: Hart Publishing, 2004.

[8] PAPADAKIS, KONSTANTINOS, ed. Shaping Global Industrial Relations [M]. Hampshire: Palgrave Macmillan, 2011.

[9] Teubner, Günter, ed. Justification of Social Spheres: a Comparative Analysis in the Areas of Labor, Corporate, Antitrust and Social Welfare Law [M]. Berlin: Walterde Gruyter, 1987.

（六）英文译著

[1] Teubner, Günter. Constitutional Fragments: Societal Constitutionalism

and Globalization [M]. Translated by Gareth Norbury, Oxford: Oxford University Press, 2012.

[2] Teubner, Günter. Networks as Connected Contracts [M]. Translated by Michelle Everson, Oxford: Hart Publishing, 2011.

[3] Teubner, Günter. Law as an Autopoietic System [M]. Translated by Anne Bankowska and Ruth Adler, Oxford: Blackwell Publishers, 1993.

二、论文

（一）中文论文

[1] 蔡从燕.市民社会、协商民主与国际法的范式转换 [A]. 厦门大学法律评论 [C]. 厦门：厦门大学出版社, 2005, (9).

[2] 常凯.劳动关系的集体化转型与政府劳工政策的完善 [J]. 中国社会科学, 2013, (6).

[3] 陈布雷.社会法的功能嬗变、代际更替和中国社会法的定位与建构 [J]. 现代法学, 2012, (3).

[4] 杜健荣.卢曼法社会学理论研究——以法律与社会的关系问题为中心 [D]. 吉林：吉林大学博士学位论文, 2009.

[5] 杜健荣.融合与超越——对卢曼法社会学理论的比较分析 [A]. 张文显, 黄文艺主编. 法理学论丛 (5) [C]. 北京：法律出版社, 2011.

[6] 鄂晓梅.以劳工标准为基础的单边贸易措施与、WTO 规则 [J]. 环球法律评论, 2010, (2).

[7] 郭华春.规范金融跨国监管关系的程序化路径研究——基于反思法理论的视角 [D]. 厦门：厦门大学, 2011.

[8] 李海飞.卡尔·波兰尼反市场自由主义思想评析 [J]. 当代经济研究, 2012, (6).

[9] 罗文波.卢曼的自我创生法律系统论研究——法律自治性追寻 [D]. 山东：山东大学博士学位论文, 2008.

[10] 孙国东.合法律性、合道德性与合法性：对哈贝马斯商谈论合法化理论的一种解读 [D]. 吉林：吉林大学博士学位论文, 2008.

[11] 孙伊然.全球经济治理的观念变迁：重建内嵌的自由主义？ [J]. 外交评论, 2011, (3).

［12］孙伊然. 全球化、失衡的双重运动与"内嵌的自由主义"——基于微观层面的探讨［J］. 世界经济与政治, 2010, (5).

［13］王全兴, 谢天长. 我国劳动关系协调机制整体推进论纲［J］. 法商研究, 2012, (3).

［14］徐崇利. 软硬实力与中国对国际法的影响［J］. 现代法学, 2012, (1).

［15］徐崇利. 国家社会理论与国际法原理［A］. 李琦, 主编. 厦门大学法律评论［C］. 厦门: 厦门大学出版社, 2008, (16).

［16］徐崇利. WTO 贸易议题与社会政策连结的内在途径［J］. 法律科学, 2008 年, (3).

［17］徐崇利. 跨政府组织网络与国际经济软法［J］. 环球法律评论, 2006, (4).

［18］徐崇利. 经济全球化与国际法中"社会立法"的勃兴［J］. 中国法学, 2004, (1).

［19］余劲松. 国际投资条约仲裁中投资者与东道国权益保护平衡问题研究［J］. 中国法学, 2011, (2).

［20］曾华群. 论双板投资条约实践的失衡与革新［J］. 江西社会科学, 2010, (6).

［21］庄虔友, 德力格尔玛. 波兰尼《大转型》的当下价值——再谈国家、市场与社会的关系［J］. 鲁东大学学报（哲学社会科学版）, 2011, (3).

（二）中文译文

［1］图衣布纳. 现代法中的实质要素和反思要素（矫波译）［A］. 北大法律评论（2）［C］. 北京: 北京大学出版社, 1999, (2).

［2］图衣布纳. 法律与社会中的自创生: 对勃兰根堡的反驳（冯健鹏译）［A］. 郑永流, 主编. 法哲学与法社会学论丛（10）［C］. 北京: 北京大学出版社, 2007.

（三）英文论文

［1］ABBOTT, KENNETH W. & SNIDAL. DUNCAN. Strengthening International Regulation through Transnational New Governance: Overcoming the Orchestration Deficit [J]. Vanderbilt Journal of Transnational Law, 2009, 42.

[2] ABBOTT, KENNETH W.. Enriching Rational Choice Institutionalism for the Study of International Law [J]. University of Illinois Law Review 2008, 2008.

[3] ABBOTT, KENNETH W.. Toward a Richer Institutionalism for International Law and Policy [J]. Journal of International Law & International Relations 2005, 1.

[4] ABBOTT, KENNETH W. & SNIDAL. DUNCAN. Values and Interests: International Legalization in the Fight against Corruption [J]. Journal of Legal Studies, 2002, 31.

[5] ABBOTT, KENNETH W. & SNIDAL. DUNCAN. International 'Standards' and International Governance [J]. Journal of European Public Policy, 2001, 8 (3).

[6] ABBOTT, KENNETH W. & KEOHANE, ROBERT O., etc. The Concept of Legalization [J]. International Organization, 2000, 54 (3).

[7] ABBOTT, KENNETH W. & SNIDAL, DUNCAN. Hard and Soft Law in International Governance [J]. International Organization, 2000, 54 (3).

[8] ABBOTT, KENNETH W.. International Relations Theory, International Law, and the Regime Governing Atrocities in Internal Conflicts [J]. American Journal of International Law, 1999, 93.

[9] ABBOTT, KENNETH W.. The Many Faces of International Legalization [J]. the Many Faces of International Legalization, 1998, 92.

[10] ALBEN, ELISSA. GATT and the Fair Wage: A Historical Perspective on the Labor-Trade Link [J]. Columbia. Law Review, 2001, 101.

[11] ALSTON, PHILIP. Facing Up to the Complexities of the ILO's Core Labour Standards Agenda [J]. European Journal of International Law, 2005, 16.

[12] ALSTON, PHILIP. "Core Labour Standard" and the Transformation of the International Labour Rights Regime [J]. European Journal of International Law, 2004, 15.

[13] ANDERE, ERIC DE BRAB. Human Rights and Transnational Cor-

porations: the Limits of Direct Corporate Responsibility [J]. Human Rights & International Legal Discourse, 2010, 4.

[14] BACCARO, LUCIO & VALENTINA, MELE. . Pathology of Path dependency? The ILO and the Challenge of New Governance [J]. Industrial and Labor Relations Review, 2012, 65.

[15] BAL, SALMAN. International Free Trade Agreements and Human Rights: Reinterpreting Article XX of the GATT [J]. Minnesota Journal of Global Trade, 2001, 10.

[16] BANKS, KEVIN. Trade, Labor and International Governance: an Inquiry into of the Potential of the New International Labor Law Effectiveness [J]. Berkeley Journal of Employment and Labor Law, 2011, 32.

[17] BARNARD, CATHERINE & DEAKIN, SIMON. 'Negative' and 'Positive' Harmonization of Labor Law in the European Union [J]. Columbia Journal of European Law, 2002, 8.

[18] BARRY, CHRISTIAN & REDDY, SANJAY G. . Global Justice and International Economic Arrangements, International Trade and Labor Standards: A Proposal for Linkage [J]. Cornell International Law Journal, 2006, 39.

[19] BASU, KAUSHIK. Compacts, Conventions, and Codes: Initiatives for Higher International Labor Standards [J]. Cornell International Law Journal, 2001, 34.

[20] BIERMAN, LEONARD. The "Social Dimension" of EC 1992: Implications for U. S. Labor-Management Relations [J]. Boston College International and Comparative Law Review, 1992, 15.

[21] BIGGE, DAVID M. . Bring on the Bluewash: a Social Constructivist Argument against Using NIKE v. KASKY to Attack the UN Global Compact [J]. International Legal Perspectives, 2004, 14.

[22] BLACK, JULIA. Constitutionalising Self-Regulation [J]. Modern Law Review, 1996, 59.

[23] BLANKENBURG, ERHARD. The poverty of Evolutionism: a Critique of Teubner's Case for "Reflexive Law" [J]. Law and Society Review, 1984, 18 (2).

[24] BLANPAIN, ROGER. Decent Work in the European Union: Hard Goals, Soft Results [J]. Employee Rights and Employment Policy Journal, 2011, 15.

[25] BLANPAIN, ROGER. Guidelines for Multinational Enterprises, for Ever? The OECD Guidelines, 20 Years Later [J]. International Journal of Comparative Labor Law and Industrial Relations, 1998, 14 (4).

[26] BRADFORD, ANU & POSNER, ERIC A.. Universal Exceptionalism in International Law [J]. Harvard International Law Journal, 2011, 52.

[27] BRAVO, KAREN E.. Regional Trade Arrangements and Labor Liberalization: (Lost) Opportunities for Experimentation [J]. Saint Louis University Public Law Review, 2008, 28.

[28] BUHMANN, KARIN. Regulating Corporate Social and Human Rights Responsibilities at the UN Plane: Institutionalizing New Forms of Law and Lawmaking Approaches? [J]. Nordic Journal of International Law, 2009, 78.

[29] CABIN, MICHAELA.. Labor Rights in the Peru Agreement: Can Vague Principles Yield Concrete Chance? [J]. Columbia Law Review, 2009, 109.

[30] CANNER, STEPHEN J.. the Multilateral Agreement on Investment [J]. Cornell International Law Journal, 1998, 31.

[31] CAPPS, PATRICK & OLSEN, HENRIK PALMER. Legal Autonomy and Reflexive Rationality in Complex Societies [J]. Social and Legal Studies, Sage Publications, 2002, 11 (4).

[32] CHALAMISH, EFRAIM. The Future of Bilateral Investment Treaties: A De Facto Multilateral Agreement? [J]. Brooklyn Journal of International Law, 2009, 34.

[33] CHARNEY, JONATHAN I. Transnational Corporations and Developing Public International Law [J]. Duke Law Journal, September, 1983.

[34] CHATTERJEE, DR C. the OECD Guidelines for Multinational Enterprises: An Analysis [J]. Amicus Curiae Issue, 2002, 43.

[35] CHIRWA, DANWOOD MZIKENGE. The Long March to Binding Obligations of Transnational Corporations in International Human Rights Law [J]. South African Journal on Human Rights, 2006, 22.

[36] CLARKE, OLIVE. the Work of the OECD in the Labour Field, the International [J]. Journal of Comparative Labour Law and Industrial Relations, 1987, 3 (4).

[37] COGAN, JACOB KATZ. the Regulatory Turn in International Law [J]. Harvard International Law Journal, 2011, 52.

[38] COLE, ANTHONY N.. Labor Standards and the Generalized System of Preferences: the European Labor Incentives [J]. Michigan Journal of International Law, 2003, 25.

[39] COLEMAN, SARAH. Enforcing International Framework Agreements in U. S. Courts: A Contract Analysis [J]. Columbia Human Rights Law Review, 2010, 41.

[40] COMPA, LANCE& HINCHLIFFE-DARRICARERE, TASHIA. Enforcing International Labor Rights through Corporate Codes of Conduct [J]. Columbia Journal of International Law, 1995, 33.

[41] COMPA, LANCE. The Multilateral Agreement on Investment and International Labor Rights: A Failed Connection [J]. Cornell International Law Journal, 1998, 31.

[42] COTTROL, ROBERT J.. Law, Labor, and Liberal Ideology: Explorations on the History of a Two-Edged Sword [J]. Tulane Law Review, 1993, 67.

[43] DAVARNEJAD, LEYLA. In the Shadow of Soft Law: the Handling of Corporate Social Responsibility Disputes under the OECD Guidelines for Multinational Enterprises [J]. Journal of Dispute Resolution, 2011, 2011.

[44] DEVA, SURYA. Global Compact: A Critique of the U. N.'s "Public-Private" Partnership for Promoting Corporate Citizenship [J]. Syracuse Journal of International Law and Commerce, 2006-2007, 34.

[45] DEVA, SURYA. The UN Global Compact for Responsible Corporate Citizenship: is It Still too Compact to be Global? [J]. Corporate Governance Law Review, 2006, 2.

[46] DICAPRIO, ALISA. Are Labor Provisions Protectionist?: Evidence From Nine Labor-Augmented U. S. Trade Arrangement [J]. Comparative Labor Law & Policy Journal, 2004, 26.

[47] DIMICK, MATTEW. Labor Law, New Governance, and the Ghent System. [J]. North Carolina Law Review, 2012, 90.

[48] DOOREY, DAVID J.. In Defense of Transnational Domestic Labor Regulation [J]. Vanderbilt Journal of Transnational Law, 2010, 43.

[49] DOOREY, DAVID J.. The Transparent Supply Chain: from Resistance to Implementation at Nike and Levi-Strauss [J]. Journal of Business Ethics, 2011, 103 (4).

[50] DROUIN, RENEE-CLAUDE. Promoting Fundamental Labor Rights through International Framework Agreements: Practical Outcomes and Present Challenges [J]. Comparative Labor Law and Policy Journal, 2010, 31.

[51] DROUIN, RENEE-CLAUDE. Promoting Fundamental Labor Rights through International Framework Agreements: Practical Outcomes and Present Challenges [J]. Comparative Labor Law and Policy Journal, 2010, 31.

[52] EREN,? ZEN. The Role of the International Labor Organization's (ILO'S) 1998 Declaration on Fundamental Principles and Rights at Work in Strengthening the ILO Regime: A Study on the ILO's Committee on Freedom of Association (CFA) [D]. Lubbock, TA: Texas Tech University, 2010.

[53] FOOTER, MARY E.. Bits and Pieces: Social and Environmental Protection in the Regulation of Foreign Investment [J]. Michigan State Journal of International Law, 2009, 18.

[54] FRANCIOSE, CHRISTOPHER N.. A Critical Assessment of the United States' Implementation of the OECD Guidelines for Multinational Enterprises [J]. Boston College International & Comparative Law Review, 2007, 30.

[55] FUDGE, JUDY. The New Discourse of Labor Rights: From Social to Fundamental Rights [J]. Comparative Labor Law & Policy Journal, 2007, 29.

[56] GAINESS, SANFORD E.. Reflexive Law as a Legal Paradigm for Sustainable Development [J]. Buffalo Human Rights Law Review, 2002–2003, 10.

[57] GARVEY, JACK I. Trade Law and Quality of Life—Dispute Resolution under the NAFTA Side Accords on Labor and the Environment [J]. American Journal of International Law, 1995, 89.

[58] GEIGER, RINER. Coherence in Shaping the Rules for International

Business: Actors, Instruments, and Implementation [J]. George Washington International Law Review, 2011, 43.

[59] GENUGTEN, WILLEM VAN & BIJSTERVELDA, SOPHIE VAN. Codes of Conduct for Multinational Enterprises: Useful Instruments or a Shield against Binding Responsibility? [J]. Tilburg Foreign Law Review, 1998 – 1999, 7.

[60] GHAFELE, ROYA & MERCER, AUGUS. 'Not Standing in Sixth Gear': An Assessment of the U. N. Global Compact's Use of Soft Law as A Global Governance Structure for Corporate Social Responsibility [J]. University of California Davis Journal of International Law and Policy, 2010 – 2011, 17.

[61] GOLDMAN, ALVIN L. . Enforcement of International Framework Agreements under U. S. Law [J]. Comparative Labor Law and Policy Journal, 2012, 33.

[62] GREENFIELD, DEBORAH. the Importance of Core Labor Rights in World Development [J]. Michigan Journal of International Law, 2004, 26.

[63] GüNTER, HANS. The International Labour Office Declaration of Multinational Enterprises and the International Code of Conduct Movement [J]. Loyola of Los Angeles International & Comparative Law Journal, 1981, 4.

[64] HAGEN, KATHERINE A. Issues Involving Codes of Conduct from an ILO Perspective [J]. American Society of International Law Proceedings, 1998, 92.

[65] HELFER, LAURENCE R. . Understanding Change in International Organizations: Globalization and Innovation in the ILO [J]. Vanderbilt Law Review, 2006, 59.

[66] HENNEBERT, MARC-ANTONIN & FAIRBROTHER, PETER & LEVESQUE, CHRISTIAN. The Mobilization of International Framework Agreements: A Source of Power for Social Actors? [J]. Comparative Labor Law and Policy Journal, 2012, 33.

[67] HEPPLE, BOB. Enforcing Equality Law: Two Steps Forward and Two Steps Backwards for Reflexive Regulation [J]. Industrial Law Journal, 2011, 40 (4).

［68］ HEPPLE, BOB. Fundamental Social Rights since Lisbon Treaty ［J］. European Labour Law Journal, 2011, 2（2）.

［69］ HEPPLE, BOB. The EU Charter of Fundamental Rights ［J］. Industrial Law Journal, 2001, 30（2）.

［70］ HEPPLE, BOB. A Race to the Top? International Investment Guidelines and Corporate Codes of Conduct ［J］. Comparative Labor Law & Policy Journal, 1999, 20.

［71］ HEPPLE, BOB. New Approaches to International Labour Regulation ［J］. Industrial Law Journal, 1997, 26（4）.

［72］ HEPPLE, BOB. The Future of Labour Law ［J］. Industrial Law Journal, 1995, 24,（4）.

［73］ HEPPLE, BOB. The Implementation of the Community Charter of Fundamental Social Rights ［J］. The Modern Law Review, 1990, 53：5.

［74］ HEPPLE, BOB. Democratic Society ［J］. Industrial Law Journal, 1990, 11.

［75］ HEPPLE, BOB. The Crisis in EEC Labour Law ［J］. Industrial Law Journal, 1987, 77.

［76］ HERRNSTADT, OWEN E.. Are International Framework Agreements A Path to Corporate Social Responsibility? ［J］. University of Pennsylvania Journal of Business and Employment Law, 2007, 10.

［77］ HESS, DAVID. Social Reporting: a Reflexive Law Approach to Corporate Social Responsiveness, Journal of Corporation Law, 1999-2000, 25.

［78］ HO, JUNLIN. The International Labour Organization's Role in Nationalizing the International Movement to Abolish Child Labor ［J］. Chicago Journal of International Law, 2006, 7.

［79］ HOLT, BENJAMIN & WALLER, MICHAEL. International Trade and Workers' Rights: Practical Tools for Reading Labor Rights Provisions of Free Trade Agreements ［J］. Human Rights Brief, 2004, 11（3）.

［80］ HORN, NORBERT. International Rules for Multinational Enterprises: the ICC, OECD, and ILO Initiatives ［J］. American University Law Review, 1980-1981, 30.

[81] JACOBS, CODY. Trade We Can Believe In: Renegotiating NAFTA's Labor Provisions to Create More Equitable Growth in North America [J]. Georgetown Journal on Poverty Law & Policy, 2007, 17.

[82] JOSEPHS, HILARY K.. Global Trade Issues in the New Millennium: Upstairs, Trade Law; Downstairs, Labor Law [J]. George Washington International Law Review, 2001, 33.

[83] KAUFMAN, BRUCE E.. the Theoretical Foundation of Industrial Relations and Its Implications for Labor Economics and Human Resource Management [J]. Cornell University Industrial & Labor Relations Review, 2010, 64.

[84] KAUZLARICH, RICHARD D.. the Review of the 1976 OECD Declaration on International Investment and Multinational Enterprises [J]. American University Law Review, 1980 – 1981, 30.

[85] KAY, TAMARA. The Relationship between Transnational Social Movement Building and International Law [J]. Law and Social Inquiry, 2011, 36.

[86] KENNED, D.. Form and Substance in Private Law Adjudication [J]. Harvard Law Review, 1976, 89.

[87] KING, BETTY. the UN Global Compact: Responsibility for Human Rights, Labor Relations, and the Environment in Developing Nations [J]. Cornell International Law Journal, 2001, 34.

[88] KIRSCHNER ELI J.. Fast Track Authority and Its Implication for Labor Protection in Free Trade Agreements [J]. Cornell International Law Journal, 2011, 44 (1).

[89] KLEE, JOSEF& KLEE, UDA. Cooperation between United Nations and Private Sector Addressing Issues of Global Concern [J]. Seton Hall Journal of Diplomacy and International Relations, 2002, 3.

[90] KOLBEN, KEVIN. The Hard Law/Soft Law Terrain: Labor Rights and Environmental Protection: Transnational Labor Regulation and the Limits of Governance [J]. Theoretical Inquiries in Law, 2011, 12.

[91] KOLBEN, KEVIN. Labor Rights as Human Rights [J]. Virginia Journal of International Law, 2010, 50.

[92] KOLBEN, KEVIN. Integrative Linkage: Combining Public and Private

Regulatory Approaches in the Design of Trade and Labor Regimes [J]. Harvard International Law Journal, 2007, 48.

[93] KREVER, TOR. The Legal Turn in Late Development Theory: The Rule of Law and the World Bank's Development Model [J]. Harvard International Law journal, 2011, 52 (1).

[94] KRYVOI, YARASLAU. Why European Union Trade Sanctions Do Not Work [J]. Minnesota Journal of International Law, 2008, 17.

[95] KUDRLE, ROBERTT. . Governing Economic Globalization: The Pioneering Experience of the OECD [J]. Journal of World Trade, 2012, 46 (3).

[96] KURTZ, JURGEN. NGOs, the Internet and International Economic Policy Making: The Failure of the OECD Multilateral Agreement on Investment [J]. Melbourne Journal of International Law, 2002, 3.

[97] LANDU, C. E.. the Influence of ILO Standards on Australian Labour Law and Practice [J]. International Labour Review, 1987, 126 (6).

[98] LANGILLE, BRIANA. Core Labour Rights—the True Story (Reply to Alston) [J]. European Journal of International Law, 2005, 16.

[99] LEARY, VIRGINIA A.. Nonbinding Accords in the Field of Labor [J]. Studies in Transnational Legal Policy, 1997, 29.

[100] LIBERTI, LAHRA. OECD 50th Anniversary: The Updated OECD Guidelines for Multinational Enterprises and the New OECD Recommendation on Due Diligence Guidance for Conflict-Free Mineral Supply Chains [J]. Business Law International, 2012. 13 (1).

[101] LIUBICIC, ROBERT J.. Corporate Codes o f Conduct and Product Labeling Scheme: the Limits and Possibilities of Promoting International Labor Rights through Private Initiatives [J]. Law and Policy in International Business, 1999, 30.

[102] LO, CHANG-FA. A Comparison of BIT and the Investment Chapter of Free Trade Agreement from Policy Perspective [J]. Asian Journal of WTO & International Health Law & Policy, 2008, 3.

[103] MAKI, HILLARY E.. Trade Protection vs. Trade Promotion: Are Free Trade Agreements Good For American Workers? [J]. Notre Dame Journal

of Law, Ethics & Public Policy, 2006, 20.

[104] MANSOOR, FARKHANDA. Laughter and Tears of Developing Countries: the WTO and the Protection of International Labor Standards [J]. International Trade Law Journal, 2005, 14.

[105] MARYANOV, DEBRA COHEN. Sweatshop Liability: Corporate Codes of Conduct and the Governance of Labor Standards in the International Supply Chain [J]. Lewis& Clark Law Review, 2010.

[106] MARZO, CLAIRE. From Codes of Conduct to International Framework Agreement: Contractualising the Protection of Human Rights [J]. Northern Ireland Legal Quarterly, 62 (4).

[107] MAUPAIN, FRANCIS, Revitalization Not Retreat: the Real Potential of the 1998 ILO Declaration for the Universal Protection of Workers' Rights [J]. European Journal of International Law, 2005. 16 (3).

[108] MCLEAN, JANET. The Translational Corporation History: Lessons for Today? [J]. Indiana Law Journal, 2004, 79 (2).

[109] MEYER, WILLIAM H. & STEFANOVA, BOYKA. Human Rights, the UN Global Compact and Global Governance [J]. Cornell International Law Journal, 2001, 34.

[110] MURPHY, SEAN D. Taking Multinational Corporate Codes of Conduct to the Next Level [J]. Columbia Journal of Transnational Law, 2005.

[111] MURRAY, JILL. A New Phrase in the Regulation of Multinational Enterprises: the Role of the OECD [J]. Industrial Law Journal, 2001, 30 (3).

[112] NOLAN, JUSTINE. The United Nations' Compact with Business: Hindering or Helping the Protection of Human Rights? [J]. University of Queensland Law Journal, 2005, 24.

[113] ORTS, ERIC W. Reflexive Environmental Law [J]. Northwestern University Law Review, 1995, 89.

[114] OSHIONEBO, EVARISTUS. The U. N. Global Compact and Accountability of Transnational Corporations: Separating Myth From Realities [J]. Florida Journal of International Law, 2007, 19.

[115] PAGNATTARO, MARISA ANNE. The "Helping Hand" In Trade

Agreements: An Analysis of and Proposal for Labor Provisions in U. S. Free Trade Agreements [J]. Florida Journal of International Law, 2004, 16.

[116] PATERSON, JOHN & Teubner, Günter. Changing Maps: Empirical Legal Autopoiesis [J]. Social & Legal Studies, 1998, 7 (4).

[117] PEREZ-LOPEZ, JORGE F.. Promoting International Respect for Workers Rights through Business Codes of Conduct [J]. Fordham International Law Journal, 1993, 17.

[118] REVAK, HALEY. Corporate Codes of Conduct: Binding Contract or Ideal Publicity [J]. Hastings Law Journal, 2012.

[119] ROBILANT, ANNA DI. Genealogies of Soft Law [J]. American Journal of Comparative Law, 2006, 54.

[120] ROY, J MICHEL L. Equalization and Labour Relations: a tentative reconstruction of Teubner's Model of Reflexive Law [D]. Ottawa: Carleton University, Canada, 1995.

[121] RUGGIE, JOHN GERARD. The United Nations and Globalization: Patterns and Limits of Institutional Adaptation [J]. Global Governance, 2003, 9.

[122] RUGGIE, JOHN GERARD. Global-Governance.Net: the Global Compact as Learning Network [J]. Global Governance, 2001, 7.

[123] RUGGIE, JOHN GERARD. International Regimes, Transactions, and Change: Embedded Liberalism in the Postwar Economic Order [J]. International Organization, 1982, 36 (2).

[124] SALZMAN, JAMENS. Labor Rights, Globalization and Institutions: the Role and Influence of the Organization for Economic Cooperation and Development [J]. Michigan Journal of International Law, 1999 – 2000, 21.

[125] SALZMAN, JAMES. The Organization for Economic Cooperation And Development's Role in International Law [J]. George Washington International Law Review, 2011, 43.

[126] SALZMAN, JAMES. Labor Rights, Globalization and Institutions: the Role and Influence of the Organization for Economic Cooperation and Development [J]. Michigan Journal of International Law, 1999 – 2000, 21.

[127] SANTNER, ASHLEY L.. A Soft Law Mechanism for Corporate Re-

sponsibility: How the Updated OECD Guidelines for Multinational Enterprises Promote Business for the Future [J]. George Washington International Law Review, 2011, 43.

[128] SANTOS, ALVARO. Three Transnational Discourses of Labor Law in Domestic Reforms [J]. University of Pennsylvania Journal of International Law, 2010, 32.

[129] SCAMARDELLA, FRANCESCA. Reflexive Law beyond the Globalization: a New Perspective [J]. Sortuz Onati Journal of Emergent Socio-legal Studies, 2008, 2 (1).

[130] SCHAEFFER, KRISTI. Mercosur and Labor Rights: the Comparative Strength of Sub-Regional Trade Agreements in Developing and Enforcing Labor Standards in Latin American States [J]. Columbia Journal of Transnational Law, 2007, 45.

[131] SCHLIEMANN, CHRISTIAN. Procedural Rules for the Implementation f the OECD Guidelines for Multinational Enterprises—A Public International Law Perspective [J]. German Law Journal, 2012, 13.

[132] SCHMIDT, ANDREA R.. Do Labor and Environmental Provisions in Trade Agreements Serve Social Interests or Special Interests? [J]. Indiana International & Comparative Law Review, 2009, 19.

[133] SCHULER, GEFION. Effective Governance through Decentralized Soft Implementation: the OECD Guidelines for Multinational Enterprises [J]. German Law Journal, 2008, 9.

[134] SCIARRA, SILVANA. Notions of Solidarity in Times of Economic Uncertainty [J]. Industrial Law Journal, 2010, 39 (3).

[135] SERVAIS, JEAN-MICHEL. Universal Labor Standards and National Cultures [J]. Comparative Labor Law and Policy Journal, 2004, 26.

[136] SHAFFER, GREGORY. WTO Blue-Green Blues: the Impact of U. S. Domestic Politics on Trade-Labor, Trade-Environment Linkages for the WTO's Future [J]. Fordham International Law Journal, 2000, 24.

[137] SNEIDER, CAROLYN M.. The Slepak Principles Act and Soviet Union-United States Joint Ventures: Profits for People [J]. Loyola of Los An-

geles International and Comparative Law Review, 1990, 13.

[138] SPEECE, LYNDSAY D.. Beyond Borders: CAFTA's Role in Shaping Labor Standards in Free Trade Agreements [J]. Seton Hall Law Review, 2007, 37.

[139] STERIO, MILENA. The Evolution of International Law [J]. Boston College International and Comparative Law Review, 2008, 31.

[140] STEVIS, DIMITRIS & FICHTER, MICHAEL. International Framework Agreements in the United States: Escaping, Projecting, or Globalizing Social Dialogues? [J]. Comparative Labor Law and Policy Journal, 2012, 33.

[141] STOERMANN W. E. . ILO Activities in the Field of Multinational Enterprises [J]. The Journal of International Law and Economics, 1975, 10.

[142] STONE, KATHERINE VAN WEZEL. Labor and the Global Economy: Four Approaches to Transnational Labor Regulation [J]. Michigan Journal of International Law, 1995, 16.

[143] SUCHMAN, MARK C.. Managing Legitimacy: Strategic and Institutional Approaches [J]. Academy of Management Review, 1995, 20 (3).

[144] TAVIS, LEE A.. Novartis and the U. N. Global Compact Initiative [J]. Vanderbilt Journal of Transnational Law, 2003, 36.

[145] TAYLOR, C. O'NEAL. Regionism: The Second-best Option? [J]. Saint Louis University Public Law Review, 2008, 28.

[146] Teubner, Günter. The Law Before It is Law: Franz Kafka on the (Im) Possibility of Law's Self-reflection [J]. German Law Journal, 2013, 14.

[147] Teubner, Günter. Self-Constitutionalizing TNCs? On the Linkage of "Private" and "Public" Corporate Codes of Conduct [J]. Indiana Journal of Global Legal Studies, 2011, 18.

[148] Teubner, Günter. "And God Laughed..." Indeterminacy, Self-Reference and Paradox in Law [J]. the German Law Journal, 2011, 12.

[149] Teubner, Günter. "And If I By Beelzebub Cast out Devils ...": an Essay on the Diabolics of Network Failure [J]. German Law Journal, 2009, 10.

[150] Teubner, Günter. State Policies in Private Law? A Comment on Hanoch Dagan [J]. American Journal of Comparative Law, 2008, 56.

[151] Teubner, Günter. Contracting Worlds, the Many Autonomies of Private Law [J]. Social & Legal Studies, 2000, 9 (3).

[152] Teubner, Günter. After Privatization? The Many Autonomies of Private Law [J]. Current Legal Problems, 1998, 51.

[153] Teubner, Günter. Breaking Frames: the Global Interplay of Legal and Social Systems [J]. American Journal of Comparative Law, 1997, 45.

[154] Teubner, Günter. The King's Many Bodies: the Self-Deconstruction of Law's Hierarchy [J]. Law and Society Review, 1997, 31.

[155] Teubner, Günter. How the Law Thinks: Toward a Constructivist Epistemology of Law [J]. Law and Society Review, 1989, 23.

[156] Teubner, Günter. Autopoiesis in Law and Society: a Rejoinder to Blankenburg [J]. Law and Society Review, 1984, 18 (2).

[157] Teubner, Günter. Substantive and Reflexive Elements in Modern Law [J]. Law and Society Review, 1983, 17 (2).

[158] THRIEN, JEAN-PHILIPPE & POULIOT, VINCENT. The Global Compact: Shifting the Politics of International Development? [J]. Global Governance, 2006, 12.

[159] TRUBEK, D. M.. Complexity and Contradiction in the Legal Order: Balbus and the Challenge of Critical Social Thought about Law [J]. Law and Society Review, 11.

[160] TRUBEK, DAVID M. & TRUBEK, LOUISE G.. Hard and Soft Law in the Construction of Social Europe: the Role of the Open Method of Co-ordination [J]. European Law Journal, 2005, 11 (3).

[161] TULLY, STEPHEN. The 2000 Review of the OECD Guidelines for Multinational Enterprises [J]. International & Comparative Law Quarterly, 2001, 50 (2).

[162] WADE, BRANDIE BALLARD. CAFTA-DR Labor Provisions: Why They Fail Workers and Provide Dangerous Precedent for the FTAA [J]. Law and Business Review of the Americas, 2007, 13.

[163] WAKKIE, PETER N.. Some Comments on the Impact of the OECD Guidelines for Multinational Enterprises on European Employment Relations [J].

Loyola of Los Angeles International and Comparative Law Annual, 1979, 2.

［164］WAKKIE, PETER N.. Some Comments on the Impact of the OECD Guidelines for Multinational Enterprises on European Employment Relations [J]. Loyola of Los Angeles International and Comparative Law Annual, 1979, 2.

［165］WEILERT, KATARINA. Taming the Untamable? Transnational Corporations in United Nations Law and Practice [J]. Max Planck Yearbook of United Nations Law, 2010, 14.

［166］WEILERT, KATARINA. Taming the Untamable? TransnationalCorporations in United Nations Law and Practice [J]. Max Planck Yearbook of United Nations Law, 2010, 14.

［167］WESTFIELD, ELISA. Globalization, Governance, and Multinational Enterprise Personality: Corporate Codes of Conduct in the 21st Century [J]. Virginia Journal of International Law, 2002, 40.

［168］WET, ERIKA DE. Governance through Promotion and Persuasion: The 1998 ILO Declaration on Fundamental Principles and Rights at Work [J]. German Law Journal, 2008, 9.

［169］WEXLEY, MATTHEW H.. The Impact of Sweden's Accession into the European Union on Its Social and Labor Polices [J]. Cardozo Journal of International and Comparative Law, 1996.

［170］WHITE, NIGEL D. & MACLEOD, SORCHA. EU Operations and Private Military Contractors: Issues of Corporate and Institutional Responsibility [J]. European Journal of International Law, 2008, 19 (5).

［171］ZEE, EVA VAN DER. Incorporating the OECD Guidelines in International Investment Agreements: Turning a Soft Law Obligation into Hard Law? [J]. Legal Issues of Economic Integration, 2013, 40 (1).

［172］ZUMBANSEN, PEER. Law after the Welfare State: Formalism, Functionalism, and the Ironic Turn of Reflexive Law [J]. American Journal of Comparative Law, 2008, 56.

［173］ZUMBANSEN, PEER. & SAAM, DANIEL. The ECJ, Volkswagen and European Corporate Law: Reshaping the European Varieties of Capitalism [J]. German Law Journal, 2007, 8.

[174] ZUMBANSEN, PEER. The Parallel Worlds of Corporate Governance and Labor Law [J]. Indiana Journal of Global Legal Studies, 2006, 13.

（四）英文译文

[1] FISCHER-LESCANO, ANDREAS& Teubner, Günter. Regime Collisions: the Vain Search for Legal Unity in the Fragmentation of Global Law [J]. Translated by Michelle Everson, Michigan Journal of International Law, 2004, 25: 1000.

三、其他资料

（一）中文资料（网络）

[1] 商务部新闻发言人沈丹阳就若干经贸热点问题接受媒体联合采访（中国商务部2013年5月30日发布的新闻）[EB/OL]. http://www.mofcom.gov.cn/article/ae/ag/201305/20130500146218.shtml.

[2] 外交部发言人：中方对包括TPP在内利于促进亚洲经济融合和共同繁荣的倡议持开放态度（新华网2013年5月31日电）[EB/OL]. http://news.xinhuanet.com/world/2013-05/31/c_115991476.htm.

[3] 张正富. BIT谈判：欧洲的筹码 [N]. 财经国家新闻网。

（二）英文资料（网络）

[1] "A Role for Labor Standards in the New International Economy?" Seminar and Panel Discussion, 2: 40 p.m., Wednesday, September 29, 1999. Hampton Room, Omni-Shoreham Hotel Washington, D.C. [EB/OL]. http://www.imf.org/external/np/tr/1999/tr990929.htm.

[2] Andrei Yeliseyeu, Belarus Risks Becoming only State Stripped of EU Trade Preferences, Belarus Digest, 14 February 2013 [EB/OL]. http://belarusdigest.com/story/belarus-risks-become-only-state-stripped-eu-trade-preferences-12979.

[3] BELL, STUART. All change? 10 years of ETI member reports [EB/OL]. http://www.ethicaltrade.org/news-and-events/blog/stuart-bell/all-change-10-years-of-ETI-member-reports.

[4] BUREAU FOR WORKER'S ACTIVITIES OF ILO. Standard-setting

Policy: Ratification and Promotion of Fundamental ILO Conventions, 1997 [EB/OL]. http://actrav.itcilo.org/actrav-english/telearn/global/ilo/seura/ilostand.htm.

[5] Camp Sees Fast-Track Vote 'Early Next Year' If Administration Engages [N]. Inside U. S. Trade.

[6] Canada Pushes Alternative Enforcement for TPP Labor Rights Obligations [N] Inside U. S. Trade.

[7] Canada Tables Alternative Enforcement Mechanism in TPP Labor Chapter [N]. Inside U. S. Trade.

[8] FAIR LABOR ASSOCIATION. Second FoxconnVerification Status Report (2013) [EB/OL]. http://www.fairlabor.org/report/2013-foxconn-remediation-verification.

[9] FROST, STEPHEN. Chinese Investments Abroad-Shougang and Labour Protests in Peru [EB/OL]. http://csr-asia.com/csr-asia-weekly-news-detail.php? id = 4446.

[10] GSP Subcommittee Gathers Testimony on Eligibility of Burma, Laos for Trade Benefits [EB/OL]. http://www.ustr.gov/about-us/press-office/blog/2013/june/ustr-gsp-hearings-burma-laos.

[11] IFC. Environmental and Social Review Procedures Manual [EB/OL]. http://www.ifc.org/wps/wcm/connect/190d25804886582fb47ef66a6515bb18/ESRP + Manual.pdf? MOD = AJPERES.

[12] IFC Advisory Services in Sustainable Business [EB/OL]. http://www.ifc.org/wps/wcm/connect/Topics_ Ext_ Content/IFC_ External_ Corporate_ Site/IFC + Sustainability/Sustainable + Business + Advisory + Services/.

[13] ILO GOVERNING BODY. Proposals for reporting on the effect given to the Tripartite Declaration of Principles concerning Multinational Enterprises and Social Policy, GB. 297/MNE/3297th Session, Geneva, November 2006 [EB/OL]. http://www.ilo.org/wcmsp5/groups/public/—ed_ norm/—relconf/documents/meetingdocument/wcms_ gb_ 297_ mne_ 3_ en. pdf, 13Jan. 2013.

[14] ILO in Myanmar [EB/OL]. http://ilo.org/yangon/country/lang-en/index.htm.

［15］ ILO may call for sanctions against Belarus, BelaPAN, 20 - 11 - 2012 ［EB/OL］. http://udf. by/english/soc/70007-ilo-may-call-for-sanctions-against-belarus. html.

［16］ ILO. Survey on the Implementation of the MNE Declarationin Ghana ［EB/OL］. http://www. ilo. org/wcmsp5/groups/public/—ed _ emp/—emp _ ent/—multi/documents/publication/wcms_ 117585. pdf.

［17］ IMF Conditionality ［EB/OL］. http://www. imf. org/external/np/exr/facts/conditio. htm.

［18］ INOUE, SADAHIKO. Japanese Trade Unions and their Future: Opportunities and Challenges in an Era of Globalization ［EB/OL］. http://library. fes. de/pdf-files/gurn/00165. pdf.

［19］ International Finance Corporation's Performance Standards on Social & Environmental Sustainability (2006 edition) ［EB/OL］. http: www. ifc. org.

［20］ JOHNSON, STEVEN. Companies Fail UN's Global Compact ［N］. Financial Times.

［21］ Jordan Signs OECD Agreement to Strengthen Investment Climate, November28, 2013 ［EB/OL］. http://www. oecd. org/daf/inv/investment-policy/jordansignsoecd agreementtostrengtheninvestmentclimate. htm.

［22］ KATE VILLARREAL. USTR Holds Public Hearing on Mexico and the Trans-Pacific Partnership ［EB/OL］. http://www. ustr. gov/about-us/press-office/blog/2012/september/USTR-holds-hearing-mexico-tpp.

［23］ Kirk Sees Encouraging Signs From Vietnam Regarding Labor Rights TPP Obligations ［N］ Inside U. S. Trade.

［24］ Malaysia Says 14 TPP Chapters 'Substantially Closed', Lists Procurement Objections ［N］. Inside U. S. Trade.

［25］ MARKEY, RAYMOND& RAVENSWOOD, KTHERINE. The Effects of Foreign Direct Investment and Multinational Enterprises on the areas covered by the 1977 MNE Declaration of the ILO ［EB/OL］. http://www. ilo. int/wcmsp5/groups/public/@ ed_ emp/@ emp_ ent/@ multi/documents/publication/wcms_ 117580. pdf.

［26］ MCMANUS, Sean. the Macbride Principles ［EB/OL］. http://www.

umn. edu/humanrts/links/macbride. html.

[27] Members & Reporting of Equator Principles [EB/OL]. http://www. equator-principles. com/index. php/members-reporting/members-and-reporting.

[28] MIGA. Advancing Sustainable Investments, April 2013 [EB/OL]. http://www. miga. org/documents/Advancing_ Sustainable_ Investments. pdf.

[29] MINISTRY OF FOREIGN AFFAIRS AND TRADE OF NEW ZEALAND. Trans-Pacific Strategic Economic Partnership Agreement: National Interest Analysis [EB/OL]. http://www. mfat. govt. nz/downloads/trade-agreement/transpacific/transpacific-sepa-nia. pdf.

[30] Multilateral Investment Guarantee Agency Performance Standards on Environmental and Social Sustainability (2013editon) [EB/OL]. http://www. miga. org/documents/performance_ standards_ social_ and_ env_ sustainability. pdf.

[31] Multilateral Investment Guarantee Agency's Policy on Social & Environmental Sustainability (2007editon) [EB/OL]. http://www. miga. org/docu-ments/environ_ social_ review_ 021507. pdf.

[32] Numerical targets for agriculture [EB/OL]. http://www. wto. org/english/docs_ e/legal_ e/14-ag. doc.

[33] OECD. International investment Perspective (2004 edition) [EB/OL]. http://www. oecd. org.

[34] RIISGAARD, LONE. the IUF/COLSIBA-Chiquita Framework Agreement: A Case Study, Multinational Enterprises Programme Working Paper No. 94 [EB/OL]. http://www. ilo. org/wcmsp5/groups/public/—ed_ emp/—emp_ ent/—multi/documents/publication/wcms_ 101049. pdf.

[35] Secretary-General Proposes Global Compact on Human Rights, Labour, Environment, In Address to world Economic Forum in Davos, UN Press Release SG/SM/6881 [EB/OL]. http://www. un. org/News/Press/docs/1999/19990201. sgsm 6881. html.

[36] Secretary-General Proposes Global Compact on Human Rights, Labour, Environment, In Address to world Economic Forum in Davos, UN Press

Release SG/SM/6881 [EB/OL]. http://www.un.org/News/Press/docs/1999/19990201.sgsm6881.html, pp1, 3.

[37] Statement on the 18th Round of Trans-Pacific Partnership Negotiations in Kota Kinabalu, Malaysia [EB/OL]. http://www.ustr.gov/trade-agreements/free-trade-agreements/trans-pacific-partnership/round-18-malaysia.

[38] TAPIOLA, KARI. The Importance of Standards and Corporate Responsibilities-The Role of Voluntary Corporate Codes of Conduct [EB/OL]. http://www.oecd.org/investment/mne/2089872.pdf.

[39] Teubner, Günter. Societal Constitutionalism: Alternatives to State-centered Constitutional Theory [EB/OL]. https://fhi.duke.edu/sites/default/files/Teubner,%20Societal%20constitutionalism.pdf.

[40] The International Finance Corporation Procedure for Environmental and Social Review of Projects, (December 1998) [EB/OL]. http:www.ifc.org.

[41] THE WORLD BANK, Core Labor Standards Toolkit-Step 1, [EB/OL]. http://web.worldbank.org/WBSITE/EXTERNAL/TOPICS/EXTSOCIALPROTECTION/EXTLM/0, contentMDK: 20224310 ~ menuPK: 390633 ~ pagePK: 148956 ~ piPK: 216618 ~ theSitePK: 390615, 00.html.

[42] THE WORLD BANK. Core Labor Standards and the 12th and 13th Replenishments to IDA [EB/OL]. http://web.worldbank.org/WBSITE/EXTERNAL/TOPICS/EXTSOCIALPROTECTION/EXTLM/0, contentMDK: 20224310 ~ menuPK: 390633 ~ pagePK: 148956 ~ piPK: 216618 ~ theSitePK: 390615, 00.html.

[43] THE WORLD BANK. Core Labor Standards and the World Bank [EB/OL]. http://web.worldbank.org/WBSITE/EXTERNAL/TOPICS/EXTSOCIALPROTECTION/EXTLM/0,, contentMDK: 20310132 ~ menuPK: 390633 ~ pagePK: 148956 ~ piPK: 216618 ~ theSitePK: 390615, 00.html.

[44] THOKE, MORATUOA. Corporate Citizens? Working Conditions and Corporate Social Responsibility in Chinese Owned Companies [EB/OL]. http://www.sarwatch.org/pt-pt/node/297.

[45] TPP Ministers Drop Year-End Goal, But Linkages Come into Focus [N]. Inside U.S. Trade.

[46] TPP Round Updates [EB/OL]. http://www.ustr.gov/tpp.

[47] TUAC. Trade union guide to OECD Guidelines for Multinational Enterprises [EB/OL]. http://www.tuac.org.

[48] U. S. DEPARTMENT OF LABOR. the Apparel Industry and Codes of Conduct (1996) [EB/OL]. http://www.dol.gov/ILAB/media/reports/iclp/apparel/main.htm.

[49] U. S. -Japan Market Access Talks In TPP Not To Begin Until Late August [N]. Inside U. S. Trade.

[50] UN Global Compact Participants [EB/OL]. http://www.unglobalcompact.org/ParticipantsAndStakeholders/index.html.

[51] UN. Guidelines on Cooperation between the United Nations and the Business Community [EB/OL]. http://www.un.org/en/business/Guidelines_on%20UN_Business%20Cooperation.pdf.

[52] UNITED STATES COUNCIL FOR INTERNATIONAL BUSINESS. Issue Analysis, U. S. Ratification of ILO Core Labor Standards [EB/OL]. http://www.uscib.org/docs/US_Ratification_of_ILO_Core_Conventions.pdf.

[53] US Generalized System of Preferences (GSP) [EB/OL]. http://www.ustr.gov/trade-topics/trade-development/preference-programs/generalized-system-preference-gsp.

[54] USTR on Republic of Korea Interest in Trans-Pacific Partnership [EB/OL]. http://iipdigital.usembassy.gov/st/english/texttrans/2013/11/20131130288141.html#axzz2qcMEWnPJ.

[55] USTR Tables TPP Labor Proposal that Goes Beyond May 10 Temple [N]. Inside U. S. Trade.

[56] USTR Tables TPP Labor Proposal, Holds Initial Talks during Ninth Round [N]. Inside U. S. Trade.

[57] Vietnam Likely To Face Apparel, Labor, Trade Remedy Status Issues in TPP [N]. Inside U. S. Trade.

[58] Vietnam plans to raise labor standards before FTA negotiations [N]. Vietnam Net Bridge.

(三) 英文资料 (报告)

[1] ARMSTRONG, SHIRO. Australia and Future of the Trans-Pacific Partnership Agreement, Eaber Working Paper Series, Paper No. 71 [R]. Canberra: Eaber Working Paper Series, 2011.

[2] BERNASCONI-OSTERWALDER, NATHALIE & JOHNSON, LISE. Belgium's Model Bilateral Investment Treaty: A Review [R]. Manitoba: International Institute for Sustainable Development.

[3] BERNASCONI-OSTERWALDER, NATHALIE & JOHNSON, LISE. Commentary to the Austrian Model Investment Treaty [R]. Manitoba: International Institute for Sustainable Development, 2011.

[4] BOIE, BERTRAM. Labour Related Provisions in International Investment Agreements (Employment Working Paper No. 126) [R]. Geneva: ILO Publication, 2012.

[5] DAVARNEJAD, LEYLA. Strengthening the Social Dimension of International Investment Agreements by Integrating Codes of Conduct for Multinational Enterprises [R]. Paris: OECD Global Forum on International Investment, 2008.

[6] Development and Human Rights: the Role of the World Bank. [R]. Washington: the International Bank for Reconstruction and Development/the World Bank, 1998.

[7] DIRECTORATE FOR FINANCIAL, FISCAL AND ENTERPRISE AFFAIRS Making Codes of Corporate Conduct Work: Management Control Systems and Corporate Responsibility [R]. Paris: OECD Publication, 2001.

[8] EBERT, FRANZ CHRISTIAN & POSTHUMA, ANNE. Labour Standards and Development Finance Institutions: a Review of Current Policies and Activities [R]. Geneva: ILO Publication, 2010.

[9] FALLON, PETER & TZANNATOS, ZAFIRIS. Child Labor Issues and Directions for the World Bank [R]. Washington: the World Bank, 1998.

[10] GORDON, KATHRYN. Rules for the Global Economy: Synergies between Voluntary and Binding Approaches [R]. Paris: OECD Publication, 1999.

[11] GRAVEL, ERIC & DELPECH, QEENTIN. The Comments of the ILO's Supervisory Bodies: Usefulness in the Context of the Sanction-based Di-

mension of Labour Provisions in US Free Trade Agreements, ILO Research Paper No. 4 [R]. Geneva: ILO Publication. 2013.

[12] GRAVEL, ERIC & DELPECH, QUENTIN. The comments of the ILO's Supervisory Bodies: Usefulness in the Context of the Sanction-based Dimension of Labour Provisions in US Free Trade Agreements, ILO Research Paper No. 4 [R]. Geneva: ILO Publication, 2013.

[13] GüNTER, HANS. The Tripartite Declaration of Principles Concerning Multinational Enterprises and Social Policy (History, contents, follow-up and relationship with relevant instruments of other organizations), NO. 18 Working paper of ILO's Multinational Enterprises Programme [R]. Geneva: ILO Publication, 1981.

[14] HANSENNE, MICHEL. The ILO, standard setting and globalization, Report of the Director-General [R]. International Labour Conference 85th Session, 1997.

[15] ILO. Outcome of the Field Exercise towards an Alternative Modality to Evaluate the Effect Given to the MNE Declaration [R]. GB. 306/MNE/2, 2009.

[16] INTERNATIONAL LABOUR OFFICE. Follow-up on and Promotion of the Tripartite Declaration of Principles Concerning Multinational Enterprises and Social Policy [R]. GB. 280/MNE/1/2, First Item on the Agenda, 2001.

[17] INTERNATIONAL LABOUR OFFICE. Fundamental principles and rights at work: From commitment to action [R]. International Labour Conference, 101st Session, Report VI, Sixth Item on the Agenda, 2012.

[18] INTERNATIONAL LABOUR OFFICE. Implementation plan: ILO Declaration on Social Justice for a Fair Globalization [R]. GB. 304/SG/DECL/1, First Item on the Agenda, March 2009.

[19] INTERNATIONAL LABOUR OFFICE. Key events to promote the MNE Declaration and Update on Relevant CSR-related Activities within the Office and in Other International organizations and Initiatives [R]. GB. 306/MNE/3, Third Item on the Agenda, 2009.

[20] INTERNATIONAL LABOUR OFFICE. Multinational Enterprises and

Social Policy: Reflections on Twenty Years' Tripartite Declaration [R]. Geneva: ILO Publication, 1999, 45.

[21] INTERNATIONAL LABOUR OFFICE. Outcome of the field exercise towards an alternative modality to evaluate the effect given to the MNE Declaration [R]. GB. 306/MNE/2, Second Item on the Agenda, 2009.

[22] INTERNATIONAL LABOUR OFFICE. Previous Decisions Relating to the Review of the Follow-up to the Tripartite Declaration of Principles Concerning Multinational Enterprises and Social Policy [R]. GB. 311/7/2 (Corr.), Seventh Item on the Agenda, 2011.

[23] INTERNATIONAL LABOUR OFFICE. Progress Report on the Implementation Plan on the Follow-up to the ILO Declaration on Social Justice for a Fair Globalization [R]. GB. 309/SG/DECL/2, Second Item on the Agenda, November 2010.

[24] INTERNATIONAL LABOUR OFFICE. Promotion of the Tripartite Declaration of Principles Concerning Multinational Enterprises and Social Policy [R]. GB. 295/MNE/1/3, First Item on the Agenda, 2006.

[25] INTERNATIONAL LABOUR OFFICE. Promotion of the Tripartite Declaration of Principles concerning Multinational Enterprises and Social Policy [R]. GB. 295/MNE/1/4, First Item on the Agenda, 2006.

[26] INTERNATIONAL LABOUR OFFICE. Report of the Tripartite Ad Hoc Working Group on the Follow-up Mechanism of the MNE Declaration [R]. GB. 313/POL/9 (Rev.), Ninth Item on the Agenda, 2012.

[27] INTERNATIONAL LABOUR OFFICE. Request for Interpretation of the Tripartite Declaration of Principles Concerning Multinational Enterprises and Social Policy [R]. GB. 264/MNE/2, Second Item on the Agenda, 1995.

[28] INTERNATIONAL LABOUR OFFICE. Review of the follow-up to the 1998 ILO Declaration on Fundamental Principles and Rights at Work [R]. International Labour Conference, 99th Session, Report VII, Seventh Item on the Agenda, 2010.

[29] INTERNATIONAL LABOUR OFFICE. Update on Progress towards An Alternative Modality to Evaluate the Effect Given to the Tripartite Declaration

of Principles Concerning Multinational Enterprises and Social Policy [R]. GB. 304/MNE/2, Second Item on the Agenda, 2009.

[30] INTERNATIONAL LABOUR OFFICE. Update on Strategic Priorities 2010 – 11, including Promotion of the Tripartite Declaration of Principles Concerning Multinational Enterprises and Social Policy in Collaboration with Intergovernmental and Other International Organizations [R]. GB. 312/POL/13, Thirteenth Item on the Agenda, 2011.

[31] JENKINS, RHYS. Corporate Codes of Conduct [R]. New York: United Nations Research Institute for Social Development, 2001.

[32] OECD. Code of Corporate Conduct: Expanded Review of their Contents [R]. Paris: OECD Publication, 2001.

[33] PARRIS, BRETT. Foreign Direct Investment and Corporate Codes of Conduct in National Development Strategies: Costs, Benefits and Policy Options [R]. Paris: OECD Publication, 2001.

[34] Record of Proceedings [R]. Geneva: International Labor Conference, Sixty-third Session, 1977.

[35] RIISGAARD, LONE. The IUF/COLSIBA-Chiquita Framework Agreement: A Case Study, Multinational Enterprises Programme Working Paper No. 94 [R]. Geneva: ILO Publication, 2004.

[36] THE WORLD BANK. Global Economic Prospects and the Developing Countries [R]. Washington: the World Bank, 2001.

[37] THE WORLD BANK. Implications of World Development Report 2012: Gender Equality and Development for the World Bank Group [R]. Washington: the World Bank, 2011.

[38] TRADE DIRECTORATE&TRADE COMMITTEE. Codes of Conduct—Exploring Their Economic Significance [R]. OECD TD/TC/WP (2001) 10/FINAL, 2001.

[39] UNCTAD. World Investment Report 2010 [R]. New York: United Nations Publication, 2010.

[40] UNCTAD. World Investment Report 2011 [R]. New York: United Nations Publication, 2011.

［41］ UNCTAD. World Investment Report 2013［R］. New York：United Nations Publication.

［42］ WARNER, KRIS. Protecting Fundamental Labor Rights：Lessons from Canada for the United States［R］. Washington：Center for Economic and Policy Research, 2012.

［43］ WTO. World Trade Report（2013）［R］. Geneva：WTO Publication, 2013.

四、数据库网址

［1］ http：//ec. europa. eu.

［2］ http：//eur-lex. europa. eu.

［3］ http：//labordoc. ilo. org.

［4］ http：//oecdwatch. org/.

［5］ http：//oecdwatch. org/cases/case-database/cases/all-cases/casesearchview.

［6］ http：//place. uniglobalunion. org.

［7］ http：//rtais. wto. org/UI/PublicMaintainRTAHome. aspx.

［8］ http：//unctad. org/Sections/dite_ pcbb/docs/bits_ austria. pdf.

［9］ http：//unctad. org/Sections/dite _ pcbb/docs/bits _ belgium _ luxum. pdf.

［10］ http：//workersrights. org.

［11］ http：//www. bwint. org/default. asp? Issue = Multinationals & Language = EN.

［12］ http：//www. dol. gov/ILAB/media/reports/iclp/apparel/overview. htm.

［13］ http：//www. dol. gov/ilab/programs/nao/status. htm.

［14］ http：//www. ethicaltrade. org.

［15］ http：//www. fairlabor. org.

［16］ http：//www. global-unions. org.

［17］ http：//www. hrsdc. gc. ca.

［18］ http：//www. ilo. org/.

［19］ http：//www. ilo. org/public/libdoc/ilo/P/09616/.

[20] http：//www. industriall-union. org.

[21] http：//www. international. gc. ca.

[22] http：//www. ituc-csi. org.

[23] http：//www. levistrauss. com/sustainability/product/product-suppliers.

[24] http：//www. mfat. govt. nz.

[25] http：//www. naftalaw. org.

[26] http：//www. naftalaw. org/disputes_ canada_ ups. htm.

[27] http：//www. sa-intl. org.

[28] http：//www. state. gov/e/eb/ifd/bit/117402. htm.

[29] http：//www. state. gov/e/eb/tpp/bta/fta/fta/index. htm.

[30] http：//www. unctadxi. org/templates/DocSearch. aspx？id＝779.

[31] http：//www. ustr. gov/tpp.

[35] http：//europa. eu/eu-law/treaties.

[36] https：//treaties. un. org/.

[32] https：//www. wto. org.

[33] www. ustr. gov/trade-agreements/free-trade-agreements.

后 记

2011年9月，当我感到教学与科研陷入瓶颈的时候，我选择放下工作，回到硕士阶段的母校——美丽的厦门大学攻读博士学位。全日制的学习生活简单而充实。尽管过程非常艰辛，所幸的是，我的博士论文如期完成并顺利通过答辩。笨拙的努力竟然能够换来出书的结果，诚然不能错失致谢的机会。

此博士论文凝聚了我的导师徐崇利教授三年来的精心指导。回想读博之初，我的脑海里仅仅有模糊的方向和不成体系的想法，在徐老师高屋建瓴的引导下，论文才逐渐成型。徐老师身兼行政职务，留给自己的时间本来就少，但他宁可挤压个人时间，也会优先满足我们的小课要求。徐老师开阔的学术视野、灵敏的学术眼光、犀利独到的学术见解，常常将看似枯燥的选题与极为混乱的论证思路引入"柳岸花明"的境地。在文稿的修订阶段，徐老师提出了诸多建设性意见，让论文顿时有了较强的"立体"感。我的博士论文篇幅不小，徐老师的修改却精细到文句措辞和标点符号！苍白的语言无法表达对导师的深深敬意，唯有以导师为人为学的态度为标杆，不懈努力。

深深感谢厦门大学法学院国际法专业博士生导师组的辛苦培育。感谢陈安教授、曾华群教授、廖益新教授、李国安教授、于飞教授、陈辉萍教授、蔡从燕教授、韩秀丽教授、Patricia Wouters教授无私地与我们分享他们的学术与人生智慧。许多时候，学生如羊迷失方向，是他们以身作则的"正能量"，让我们开始理解、明辨与坚持。

真诚感谢福州大学法学院的李炳安教授。在对国际经济法和劳动法进行交叉研究的尝试中，他是我在劳动法方面的老师。李教授学术工作繁忙，但在帮助青年学者的成长方面从不吝惜自己的时间。

诚挚感谢福建师范大学法学院院长林旭霞教授。感谢社会科学文献出版社及本书编辑刘骁军和蒋北娟女士。没有她们的支持，本书的顺利出版是不可想象的。

  感谢家人为我付出的辛劳。我的父母、公公婆婆虽久居乡下，却思想开明。对于我辞职读博的决定，他们没有任何的犹豫，悉心帮我照看孩子，无怨无悔。我的丈夫周爱滨先生在此期间也锻炼成为名副其实的"超级奶爸"。小恩泽活泼可爱，常常主动与我分享他的"发明"与"发现"。在他眼里，幼儿园授予的"小博士"称号远胜于妈妈获得的博士学位。深愿探索的种子与学习的快乐继续伴随他！

  还有许多给予我关怀和支持的老师和朋友，虽无法一一列出名字，但温暖的感动常在心中。谢谢他们不离不弃的爱！

郑丽珍

2014 年 11 月于福州

图书在版编目(CIP)数据

跨国劳动监管制度的重构/郑丽珍著.—北京:社会科学文献出版社,2014.12
 ISBN 978-7-5097-6717-7

Ⅰ.①跨… Ⅱ.①郑… Ⅲ.①劳动法-研究 Ⅳ.①D912.504

中国版本图书馆 CIP 数据核字(2014)第262779号

跨国劳动监管制度的重构

著　　者 / 郑丽珍

出 版 人 / 谢寿光
项目统筹 / 刘骁军　芮素平
责任编辑 / 蒋北娟　关晶焱

出　　版 / 社会科学文献出版社·社会政法分社(010)59367156
　　　　　 地址：北京市北三环中路甲29号院华龙大厦　邮编：100029
　　　　　 网址：www.ssap.com.cn
发　　行 / 市场营销中心 (010) 59367081　59367090
　　　　　 读者服务中心 (010) 59367028
印　　装 / 三河市东方印刷有限公司
规　　格 / 开　本：787mm×1092mm　1/16
　　　　　 印　张：27.25　字　数：445千字
版　　次 / 2014年12月第1版　2014年12月第1次印刷
书　　号 / ISBN 978-7-5097-6717-7
定　　价 / 98.00元

本书如有破损、缺页、装订错误，请与本社读者服务中心联系更换

▲ 版权所有 翻印必究